HERMANN KESTEN

Ferdinand und Isabella

HERMANN KESTEN
GESAMMELTE WERKE
IN EINZELAUSGABEN

Ferdinand und Isabella

SIEG DER DÄMONEN

ROMAN
VON
HERMANN KESTEN

VERLAG KURT DESCH

Von HERMANN KESTEN
erschienen in unserem Verlag

Ich, der König (1950, 1969)
Casanova (1952, 1959)
Um die Krone (1952)
Sieg der Dämonen (1953)
Copernikus (1953)
Ein Sohn des Glücks (1955, 1966)
Dichter im Café (1959, 1960)
Bücher der Liebe (1960)
Die Abenteuer eines Moralisten (1961)
Lauter Literaten (1963)
Deutsche Literatur im Exil (1964)
Der Scharlatan (1965)
Die Zeit der Narren (1966)
Meine Freunde die Poeten (1967)
Die 30 Erzählungen (1967)
Filialen des Parnaß (1967)
Der Gerechte (1967)
Die Lust am Leben (1968)
Ein Optimist (1970)
Ferdinand und Isabella (1972,
Neuausgabe von »Sieg der Dämonen«)
Der Mann von 60 Jahren (1972)

VERLAG KURT DESCH MÜNCHEN WIEN BASEL

Gesamtdeutsche Rechte beim Verlag Kurt Desch GmbH München
Copyright by Hermann Kesten, New York
Alle Rechte, einschließlich derjenigen des auszugsweisen Abdruckes
und der fotomechanischen Wiedergabe, vorbehalten
Printed in Germany 1972
ISBN 3-420-04650-2

Erstes Buch

Die Könige beider Spanien

Der Tod reitet schnell. In der Nacht war König Heinrich gestorben. Am Mittag wußte es die Stadt Segovia.

»O Isabella«, rief weinend Beatrix und rannte zur Freundin, um
sie zu umarmen, »der König ist tot!«

»Warum weinst du?« fragte die Infantin.

»Weil du so allein bist. Immer bist du in Gefahren allein. Wäre
doch Ferdinand hier! Was wirst du tun? Man muß Boten nach
Aragon schicken. Ferdinand reitet schnell!«

»Wo bleibt Cabrera?« fragte Isabella.

Endlich fanden sie ihn im Turmzimmer. Er saß am Fenster, die
Hände im Schoß, und sah hinaus ins kahle, winterliche Land.
Er wandte sich nicht um, als seine Frau und Isabella eintraten.
Hatte er sie nicht bemerkt?

»Andres!« rief Beatrix. »Was tust du?«

Cabrera erschrak wie ertappt. Er wandte sich um und sprang
auf, als er Isabella erblickte. Sein Gesicht sah sonderbar aus.
Seine Augen waren gerötet. Er stand höflich da und schwieg.
Wäre er kein Mann, so hätte Isabella geglaubt, er habe geweint.
War er am hellen Tag betrunken?

»Andres!« flüsterte erschrocken Beatrix. »Weißt du noch
nicht? Der König ist tot!«

Da lächelte Cabrera, wahrhaftig, er grinste und hob die Hand
und sagte, mit der gleichgültigsten Miene der Welt:

»Es lebe Isabella, König von Kastilien!«

»Andres!« rief Beatrix und sah auf ihre Freundin. Doch begriff
sie endlich und schrie, und ihre Stimme kreischte ein wenig vor
Aufregung:

»Heil Isabella, der Königin von Kastilien!«

Da begann das Totenglöckchen zu wimmern.

»Ich bin betrübt, Freunde«, erklärte Isabella. Ihre schöne, dunkle Stimme schwang durchs Turmzimmer. »Zwei Brüder hatte ich, Könige beide, Alfons und Heinrich. Und ich muß beide überleben. Mein Schmerz ist zu groß, um ihn auszudrücken. Ich will in die St.-Michaels-Kirche gehen und für das Seelenheil meines Bruders beten. Heinrich war nicht böse. Er war euch ein holder Herr. Er war nicht weise. Und verstand sich doch auf den Wert der Menschen. Hat er euch nicht emporgehoben aus dem Gewimmel? Hat er nicht den Mendoza erkannt? Und den guten Grafen Haro? Er war schwach. Er verschwendete alles, sein Gut und das der andern und sein Leben zuletzt. Ihr wart sein Schatzmeister. Ihr sollt Schatzmeister bleiben! Und mehr!« fügte sie rasch hinzu. Sie witterte eine dunkle Gefahr, sie spürte einen Widerstand, sie erkannte nicht die Gründe. Aber sie war entschlossen, diesen Menschen zu gewinnen. Er bewachte des Königs Schatz, er schützte Segovia, er hatte mächtige Freunde, er gab ein Beispiel. Sie ist in seinen Händen, und der Mann weiß es und schwankt. Vielleicht ist er nur erschüttert. Vielleicht denkt er nach? Bedenkt sein Leben? Isabella empfand eine ungeheure Kraft. Sie fühlte sich allen Menschen überlegen. Gott war bei ihr. Sie durchschaute die Menschen und spielte mit ihnen. Wie alle praktischen Menschenkenner sah sie das menschliche Triebwerk allzu einfach und verdankte gerade diesem Fehler ihre meisten Siege. Die Menschen spüren es, wenn man sie wie Bestien behandelt, und sie reagieren als Bestien. »Wieviel«, fragte Isabella, »enthält der Schatz des Königs, Don Andres?«
»Zehntausend Mark Silber«, erwiderte Cabrera.
»Ich ernenne Euch zum Marquis von Moya, Don Andres, und Ihr sollt die gehörige Rente empfangen. Wir müssen dieser Beltraneja zuvorkommen. Sie ist gefährlich, eine Intrigantin!«
Ein Kind von dreizehn Jahren? dachte Beatrix. Die junge Frau verstand weder ihren Mann noch ihre Freundin.

Cabrera sagte, ohne für den neuen Titel auch nur mit einem Kopfnicken zu danken: »Man muß den Adel, den Bischof und den Magistrat auffordern, Euch inständig zu bitten, Euch als Königin von Kastilien krönen zu lassen.«

»Morgen«, rief Isabella, »krönt mich morgen!«

»Laut Ehevertrag«, fuhr Cabrera fort, »ist der Infant von Aragon oder wie man ihn heißt, der König von Sizilien, Euer erhabener Gatte, in manchen Rechten gleich, in vielen untergeordnet. Über den Fall der Krönung ist nichts vorgesehen, Majestät.«

Isabella mußte lächeln. Einmal freute sie sich, zum ersten Male im Leben den langersehnten Titel ›Majestät‹ zu vernehmen. Er gebührt mir, so dachte sie. Dann aber glaubte sie, endlich diesen sonderbaren Menschen zu verstehen. Er hatte Angst vor Ferdinand. Das war alles. Man mußte ihn beruhigen. Ein sonderbarer Narr! Auf diesen Einfall, dachte Isabella, kann nur ein Jude kommen. Ferdinand sollte mir die Majestät beneiden? Der mich liebt? Der selber sicherer Erbe von Aragon ist? Den ich liebe? Nur ein Jude, dachte Isabella, denkt so zynisch von Menschen. Er irrt, aber darum geht es nicht. Offenbar will er Sicherheit. Immer muß man zahlen. Für alles zahlt man. Und Freunde sind oft teurer als Feinde.

»Ich«, sagte Isabella, »bin die Königin von Kastilien! Ferdinand –« sie schwieg.

Endlich ergänzte Cabrera: – »ist Euer Gatte.«

»Ja«, sagte Isabella.

»Abgesehen von der Rechtsauffassung«, fuhr Cabrera nach einer Pause fort, »ist alles ganz einfach. Ich, Andres von Cabrera, ein getaufter Jude, eines Schneiders Sohn und Euer treuester Diener, Majestät, übergebe das Schloß, den Schatz des Königs Heinrich und die Stadt Segovia mit Stolz und Lust in Eure königlichen Hände. Die Ritter Segovias tun wie ich. Der Bischof Arias, Sohn von Juden, liebt Euch und führt Euch den

Klerus zu. Im Magistrat sitzen unsere Verwandten, mächtige, reiche Marranen. Wir wollen Euch zur Königin von Kastilien krönen. Wir sind alle stolz darauf, die künftige Königin Spaniens zu krönen.«

»Ich danke Euch, Marquis de Moya. Ihr beide, Beatrix und Ihr, werdet mir immer ganz nahe stehen.«

Da kniete, endlich, der Marquis de Moya, und Isabella reichte ihm die Hand zum Kusse.

»Bist du toll geworden?« fragte Beatrix ihren Mann, als die Infantin Isabella sie allein ließ, um sich für die Kirche umzukleiden. »Wie sprichst du zu ihr?«

Cabrera sah sich um und umarmte seine Frau, aber statt sie zu küssen, wie sie erwartete, flüsterte er ihr ins Ohr:

»Begreifst du nicht, daß ich heute ihr Herr bin und nie wieder? Ich mache ihr Schicksal heute und also mein Schicksal. Wenn ich sie fange ...«

»Andres!« schrie Beatrix und klammerte sich an ihren Mann.

»Sei still! Ich tue es nicht. Aber wenn ich sie entführte und auslieferte, zum Beispiel dem König von Portugal, so wird Johanna Königin von Kastilien. Sie ist dreizehn Jahre alt, einer könnte über sie und Kastilien herrschen. Wenn ich nur den Schatz Heinrichs nicht ausliefere, ist Isabella arm wie eine Kirchenmaus, und das weiß sie. Verstehst du? So eine Stunde kehrt in meinem Leben nie wieder.«

»Aber«, flüsterte Beatrix, »du sagst, du willst sie krönen. Warum sie dann erzürnen? Ist es nicht ein schrecklicher Fehler, deine Macht ihr zu zeigen, wenn du sie nicht ausübst? Du reizest sie für nichts! Du zeigst, wie gefährlich du sein könntest, und gibst dich in ihre Hände. Du beschämst sie – und wird sie sich nicht rächen?«

»Du hättest«, erwiderte Cabrera, »bei jedem anderen Menschen recht. Isabella ist nicht nur fromm und gesonnen, redlich zu sein, sie ist sogar auch stolz und großmütig. Sie hat mich verstanden und mir das eine versprochen und das andere abgelehnt.«

»Wovon sprichst du, Andres?« fragte Beatrix. »Ich verstehe nichts.«

»Sie verstand mich. Ich forderte von ihr für die Krönung zweierlei: Beständigen Lohn für uns. Den hat sie bewilligt. Und Frieden für die Marranen und Conversos und getauften Juden. Und den hat sie nicht bewilligt.«

»Aber«, stammelte Beatrix, »davon hab' ich nichts gehört . . .«

»Auf nichts in deinem ganzen Leben hättest du schärfer merken sollen, Beatrix! Laufe! Isabella wartet auf dich.«

Isabella ritt am Morgen des 13. Dezember 1474 unter einem winterblauen, kalten Himmel durch die Stadt Segovia, sie trug ihr ganzes Geschmeide und ein langes, weißes Brokatkleid mit Hermelin. Zwei Stadtdiener hielten die Zügel ihres weißen, goldgezäumten Zelters. Ihr voran reitet Andres de Cabrera, Marquis de Moya, und hält ein blankes Schwert empor, daß der Stahl funkelt in der kalten Wintersonne. Das blanke Schwert bedeutet die Gewalt des Königs über Leben und Tod. Zu Isabellas Linken reitet der Erzbischof von Toledo, Don Alonso de Carillo. Über dem stählern blitzenden Panzer trägt er einen Mantel aus Purpur und Gold. Er kommt aus Alcala geritten. Er flüstert: »Hab' ich's gehalten? Machte ich dich zur Königin? Goldkind! O Isabella, Königin von Spanien!«

Zur Rechten der Königin reitet ein Herzog. Er blickt stolz und reitet wie keiner sonst. Es ist Don Beltran, Herzog von Albuquerque. Von Zeit zu Zeit schaut Isabella zur Rechten, wie um sich zu vergewissern, ob Don Beltran neben ihr reitet, der Vater der Beltraneja.

Unmittelbar hinter Isabella reitet Don Gonzalo de Cordova, der König der Jugend, der schönste Mann von Spanien, seit Don Beltran den Glanz der Jugend verlor. Das Volk von Segovia schreit: »Kastilien! Kastilien!« und »Isabella! Isabella!«

Niemand denkt daran, Aragon zu rufen. Niemand ruft Ferdinand. Es jubeln die armen und die reichen Leute von Segovia, die Christen, die Mohren, die Juden, die Marranen, die Morisken, die Kinder, die Greise, die Frauen, die Männer. Vergessen haben die Marranen und Juden das Massaker, in dem sie für die Königin bluteten, vergessen haben die Morisken und Mohren, daß Isabella ihnen oft den Tod schwor, vergessen haben die armen Leute, daß erst kürzlich auf dem gleichen Markt, wo sie jetzt vom Pferd absteigt und aufs Podium schreitet, ihrer spottete und die Neuchristen den Altchristen gleichstellte. Alle haben alles vergessen und schauen freudetrunken, wie Isabella auf dem Thron sich niedersetzt und strahlt, von Glanz und Jugend und Schönheit und Majestät, dreiundzwanzig Jahre alt und ein Genie! Die Trompeten schmettern, und der Bischof von Segovia, Arias Davila, setzt ihr die goldene Krone auf. »Seht«, rufen die Leute von Segovia, »sie lächelt und trägt die Krone!« Atemlos lauschen die guten Leute von Segovia dem Ruf des Herolds, indes Andres von Cabrera vor der Königin kniet und ihr die Schlüssel der Stadt und der Burg von Segovia übergibt.

Der Herold aber ruft in alle vier Winde: »Kastilien! Kastilien für den König Don Ferdinand und seine Gemahlin Doña Isabella, Königin und Besitzerin der Reiche Leon und Kastilien!«

Entzückte Augen sehen die königlichen Fahnen flattern im Wind. Entzückte Ohren hören alle Glocken der Stadt Segovia läuten: Königin! Königin! Die Kanonen donnern: Kastilien! Kastilien! Das Volk schreit: Isabella! Isabella!

Isabella vernimmt eine andere Stimme, sie kommt von ferne und klingt höher, und Isabella lauscht dieser wahren Stimme: Regina Hispaniae! So summt diese sanfte, ungeheuerlich ferne Stimme, die wie ein Gesang ist. Und noch ferner klingt ein Brausen, noch höher singt es, oder ist dieser Ton nur das Sausen ihres Blutes in ihren Ohren? Es summt ganz hoch und fern und fein: Regina mundi!

Sie schwören und küssen ihr die Hand, Andres von Cabrera, Marquis von Moya, Schatzmeister von Kastilien, Gouverneur von Segovia, als erster. Der zweite ist der Bischof von Segovia, Arias Davila. Der dritte ist Don Beltran, Herzog von Albuquerque. Er sagt, da er ihr die Hand küßt: »Heil der Königin von Kastilien!« Isabella blickt ihn strenge an. Der Herzog kam ungerufen, unbezahlt. Er ist nicht mehr jung. Er war ein Page. Er will nicht mehr gewinnen. Er will nur noch behalten. Daß er kam und huldigte, ist freilich einen Herzogstitel wert. Isabella lächelt dem Herzog zu. Es schwören und küssen die Hand Isabellas der Minister des Königs, der gute Graf Haro; der Freund Pachecos, Graf von Benavente; Don Fadrique Henriquez, der Admiral von Kastilien, der Großvater Ferdinands, sein Schifferbart schwankt drohend. Der Admiral blickt finster. Am Morgen tadelte er die Eile. »Ihr solltet auf Ferdinand warten!« Isabella lächelt ihm zu. Der Erzbischof von Toledo, Carillo, kommt schwer und langsam, er hält Abstand, alle Granden machen ihm Platz, er schwört und sagt: »Ich grüße dich, Isabella, ich segne dich mit dem Segen der Kirche, du wirst die Königin von Spanien sein.« Dann erst küßt er beide Hände der Königin. Isabella ist rot geworden. Sie blickt zur Seite. Wo ist Mendoza, der Minister des Königs, der Nebenbuhler Carillos, Kardinal von Spanien? Er fehlt. Carillo tritt schwer zur Seite, alle schauen auf ihn und wissen, er ist der Königsmacher. Carillo lächelt stolz. Er blickt auf Isabella, als sei sie seine Tochter oder Nichte. Die Königin liest in seinem Gesicht die bekannten Worte: Ich mache zur Königin! Ich setze auf den Thron! Ich, Carillo!

Es schwören: ihr Kämmerer Cardenas, ihr Chronist Palencia und viele Chronisten noch, alle kommen, ihr zu schwören, nur Castillo, der Freund der Beltraneja, blieb ferne. Isabella sucht ihn im Schwarm. Castillo fehlt. Da küßt ihr Gonzalo die Hand, ihr Liebling, der König der Jugend, und er sagt leise: »O Königin der Welt!« Sie aber lächelt reizend und gibt ihm einen sanften Streich auf die Wange. Jeder sah es, und alle lächeln. Der holde Prinz der Jugend!

Isabella erhob sich und sah herunter auf das atmende Volk von Segovia. Der Erzbischof Carillo sprach, und sie sprach nach: »Ich schwöre, alle Freiheiten meiner Reiche unverbrüchlich zu wahren!«

Sogleich stieg die Königin vom Thron und vom Gerüste herab und ritt langsam zum Dom. Sie sangen Te Deum. Vor dem Hochaltar warf sich die Königin Isabella nieder.

»Allmächtiger! Dir danke ich. Du hast mich geschützt. Du hast mich auf den Thron erhoben. Du hast mich gekrönt. Dich rief ich in der Not. Du halfest. Du rettetest. Du segnetest mich. Ich flehe dich an. Wollest mich künftig erleuchten mit deinem Rat! Schenke mir Weisheit und Gerechtigkeit. Ich will weise sein. Ich will gerecht sein. Und ich will regieren! Über Kastilien! Über Spanien! Und die anderen Reiche, die du mir schenken wirst! Gott! Dir allein will ich danken und die Menschen nicht mehr achten, als du sie achtest! Ich schwöre dir, Gott, ich will dir vor allen gehören und dich lieben mehr als die Menschen und ihre Welt! Gib mir die Gnade! Segne mich, o Herr. Dich lieb' ich!«

Ein Weib

Im Hurenhaus zu Perpignan, dem lieblichen Städtchen jenseits der Pyrenäen, fand der würdige Domherr Don José Caracho endlich den Ferdinand. Der König von Sizilien lag im Bade. Drei Jungfern, die offenbar aus bitterer Armut in ein Hemd und aus Bescheidenheit in einen Mann sich teilten, dienten dem Ferdinand. Der Domherr ward fast verrückt, weil er sich nicht zu entschließen wußte, welchem Körperteil dieser drei Jungfern er sein stärkstes Augenmerk widmen sollte. Er kam vom Busen

zum Hintern, schweifte ab zu den Waden und Knien, verlor
sich zwischen Knie und Bauch, warf einen raschen Blick auf
den Rücken, rückte entschlossen zum Hals und zu den Augen
der Holden auf, streifte ihr Haar, aber die Haare verführten ihn
zu den verwegensten Stellen. Erbittert dachte der fromme
Domherr: Die Haare zumindest sind vom Teufel!
»Zum Teufel«, schrie der nackte König und spritzte mit dem
warmen, parfümierten Badewasser nach dem dicken, rotwangi-
gen, schnaufenden Domherrn, »was wollt Ihr? Wer seid Ihr?
Wie heißt Ihr? Woher kommt Ihr?«
Der Domherr zog einen Brief aus der Soutane und schwenkte
ihn aufgeregt und stotterte: »Seine Eminenz der Erzbischof
von Toledo, schickt expreß diesen Brief an den König von
Kastilien.«
Die Mädchen lachten, daß sie zu zerspringen drohten. Sie
stammelten keuchend: »Der Erzbischof!«
Ferdinand aber lachte nicht mehr. Er saß auf den Teppichen
und runzelte die Brauen und fragte böse: »An was für einen
König schreibt Euer Erzbischof?«
»An Ferdinand«, stotterte zitternd der Domherr, »König von
Kastilien!«
Ferdinand sprang auf, lief zum Domherrn und entriß ihm den
Brief. »Von Sizilien!« schrie Ferdinand, »du meinst, König von
Sizilien!«
Und er las die Aufschrift und verstummte.
»Hinaus, Huren«, sagte er plötzlich leise. Seine Augen funkel-
ten böse. Die Mädchen verstummten mitten im Lachen und lie-
fen hinaus. Auch der Domherr wollte ihnen nach. »Du bleib!«
sagte Ferdinand.
Zitternd stand Don José in der Badestube.
»Was ist mit König Heinrich? Hat meine Frau revoltiert?«
»Der König ist tot!« sagte wie ein Geständnis Don Caracho.
Ferdinand rief: »Heda! Meine Kleider! Laßt satteln! Du

Schuft!« schrie er den Domherrn an. »Woran starb Heinrich? Hast du Auftrag von meiner Frau?«

»Nein, Majestät. Seine Eminenz . . .«

»Zum Teufel! Was macht meine Frau?«

»In Segovia, Herr?«

»Du bist dick. Solche Dicken reiten langsam! Wie kommt es, daß du den Boten Isabellas überholt hast? Seltsam! Sie muß mir doch einen Eilkurier geschickt haben.«

»Ich weiß nicht, Herr.«

»Du hast recht. Oder trafst du doch . . . Sehr seltsam! Und meine Frau ist wohl? Aber was frag' ich dich? Du hast sie nicht gesehn . . .«

»Ich sah sie.«

»So?«

»Ganz Segovia sah sie, auf dem Markte.«

»Auf dem Markte? Meine Frau Isabella?«

»Bei der Krönung.«

»Was für eine Krönung?« fragte Ferdinand und wurde blaß und brach das Siegel des Briefs und entfaltete ihn und las. Carillo schrieb, Isabella habe sich krönen lassen, zu Segovia, mit Hilfe der Marranen, auch der Herzog von Albuquerque habe ihr gehuldigt, einesteils sei dieser äußerst eilige Akt günstig, man sei der Beltraneja zuvorgekommen, die Stadt Segovia hätte ein Beispiel gegeben, viele große Städte folgten, und jeden Tag liefen Granden und Ritter herbei, um der neuen Königin zu huldigen, eben sei Marquis Santillana, Herzog von Infantado und Haupt der Mendozas, zu Segovia eingeritten, einesteils sei alles schön und gut, andernteils aber sei es nicht weise, allzuviel Macht in den Händen eines Weibes zu lassen. Stirnrunzelnd warf Ferdinand den Brief zu Boden. Gekrönt! Isabella gekrönt! O ja, sie war geschickt! Und geschwind, das war sie, einerseits! Eines Weibes! Was erlaubt sich Carillo? Ein Weib! Die Königin . . . andererseits, dachte Ferdinand, andererseits. Ach was!

Sie liebt mich! Sie hat viel gewonnen. Konnte dieser Heinrich nicht günstiger sterben? Ferdinand las noch einmal.

Indes kamen Badediener und trockneten und salbten den König und kleideten ihn und schnallten ihm Rüstung und Sporen an, brachten Federhut und Schwert, da führte man einen neuen Eilkurier herein, es war der Chronist Palencia.

»Endlich!« schrie Ferdinand, da er den Chronisten erblickte, »wo steckt Ihr? Habt Ihr geschlafen?«

»Majestät«, sagte in höchstem Erstaunen Palencia, »niemand kann rascher reiten!«

»Was schreibt Isabella?«

»Ich bring' Euch einen Brief vom Kämmerer Cardenas!«

Ferdinand warf einen Blick auf das Siegel.

»Aber«, sagte er und ward blaß, »wo habt Ihr den Brief meiner Frau?«

»Ich habe keinen Brief der Königin!«

»Keinen?... Natürlich. Ihr seid Freunde, Ihr und Cardenas? Ein wackrer Mann. Ich schätz' euch beide nach Verdienst, Señor, und lieb' euch über Gebühr.« Indes öffnete der König den Brief und las. Die Hand, die den Brief hielt, zitterte.

»Ihr saht die Krönung, Señor?«

»Ja, Majestät!«

»Aber da schreibt Euer Freund Cardenas, er schildert diesen Akt, die sogenannte Krönung, und schreibt, Don Cabrera oder wie er den Juden heißt, Marquis Moya, sei mit dem blanken Schwert des Gerichts vor meinem Weibe geschritten. Seit wann trägt man das Symbol von Leben und Tod vor einem Weib?« Der König hatte so laut gebrüllt, daß vor der Tür die Mädchen zusammenliefen. Ferdinand schlug mit der Hand auf das Pergament.

»Euer Freund fabelt?« fragte er mit leiser Stimme.

Palencia sah den König an. Da sagte der König: »Palencia, ich schenk' Euch ein neues Pferd!«

Ferdinand gehörte zu jenen ungebildeten Fragern, die von guterzogenen und unterrichteten Menschen schamlos alles herauszupressen suchen. »Ihr studiert Geschichte, Palencia?« fragt der König und reitet im Trab.

»Ich studiere und schreibe!«

»Ich weiß zur Not, wie man Geschichte macht!« schrie Ferdinand, im Galopp, »aber wie schreibst du?«

»Ich prüfe, frage Augenzeugen, beschreibe Taten und forsche nach Gründen.« Palencia ward atemlos. Er galoppierte gern. Er redete gern. Aber er liebte nicht, zu reden und zu reiten.

»Ihr müßt mich unterrichten!« schrie Ferdinand und wippte auf und ab, auf und ab, und mit ihm wippten die Äste der Bäume an den Landstraßen, die Bäume wippten auf, ab, auf, ab, und Kirchtürme in der Ferne und Schafe auf den riesigen Weiden der Großen von Kastilien, auf und ab.

Ferdinand schrie: »Gibt es Gesetze in der Geschichte? Ich meine, Methoden, nach denen man unfehlbar siegt? Wenn es keine Methoden gibt, schreibt Ihr Märchen.«

»Ihr meint, Erfahrungen«, schrie Palencia, »aus denen man lernen kann?«

»Nein!« rief Ferdinand, nun trabten sie wieder gemächlich, Ferdinand ein wenig voraus, damit Palencia den Staub Kastiliens schlucke und nicht er, »ich meine Regeln. Ihr versteht mich nicht. Ich stelle mir das so vor. Es gibt, wie Ihr wohl auch bemerkt habt, sehr wenig Spielarten unter Menschen. Sie gehorchen alle den gleichen wenigen Trieben. Es gibt immer dieselben Situationen. Man darf sich durch Details nicht verwirren lassen. Es gibt einige erfolgreiche Männer in jedem Jahrhundert. Verfolge ihre Taten, achte nicht auf ihre Äußerungen, berechne ihre Erfolge und handle wie sie. Palencia, ich kenne die Menschen. Alle haben Ausreden. Ich fragte in Segovia den

König Heinrich: Warum regiert Ihr schlecht? Er antwortete, gar nicht gekränkt: Weil mir alles schief hinausgeht. Das nenn' ich eine kluge Antwort! Glück! Glück macht die großen Männer. Gibt es ein Rezept, um Glück zu haben? Ihr seid gelehrt. Ihr habt studiert. Sprecht!«

»Herr«, erwiderte Palencia. »Die Rezepte, glücklich zu sein, stammen von Philosophen. Die Rezepte Glück zu haben, stammen von Scharlatanen.«

»Siehst du«, sagte triumphierend Ferdinand. »Du hast Verstand. Ein Fürst muß ein Scharlatan sein. Das war das Unglück dieser Johann und Heinriche, sie waren ehrlich. Aber Scharlatanerie ist nicht genug. Man muß Rezepte haben, die Menschen zu lenken. Es gibt sie. Das hab' ich längst bemerkt. Da mitunter wohl auch kluge Menschen schreiben, müssen diese Rezepte auch irgendwo aufgeschrieben sein. Findet sie mir, Palencia.«

»Ich bin nicht Eurer Meinung«, sagte der Chronist, der töricht genug war, einem König seine wahre Meinung zu sagen. »Die Geschichte hat kein System. Es gibt nur eine Lehre: Die Größe und den Sieg der Wahrheit. Da wir kleiner als beide sind, erkennen wir sie nur fragmentarisch.« Ferdinand hörte nicht mehr zu.

Wer ist der König?

Ferdinand klopfte ungeduldig mit allen zehn Fingern auf seine weißen, knappen Atlashosen. Er saß neben seiner Frau im Rittersaal von Segovia und sah einem Schäferspiel zu, das Isabella ihm zu Ehren aufführen ließ. Die Schäfer tanzten; einer war als Wolf verkleidet; ein anderer stellte den Tod dar; Mädchen hopsten, sie waren weder jung noch hübsch. Die Eifersucht Isabellas, dachte Ferdinand, sie schickt alle hübschen, jungen Hoffräuleins in die Provinz oder verheiratet sie und umgibt sich mit alten Eulen und Nachtmützen.

Der König langweilte sich. Er trommelte bereits auf seinen Knien. Die Schäfer deklamierten Verse. Ferdinand mußte gähnen, wenn erwachsene Menschen plötzlich zu reimen anfingen. Es beleidigt die Ohren. Was für eine Schönheit, wenn abgemessene Worte aufeinander klappen? Gedroschenes Stroh! Und die Vernunft?

Nun sang eine dicke, asthmatische Schäferin von fünfzig Jahren, die zuerst hervorragend getanzt hatte. Mit einem Lächeln, dessen Liebreiz wie Sprengpulver wirkte, sang sie: »Ich bin unschuldig siebzehn Jahre / Und so ist die wunderbare / Jugend / Tugend / Die ist rare.«

So hörte Ferdinand die schönsten Verse, ihm ward fast übel.

Er beugte sich näher zu Isabella, und indes die dicke Alte nun Stoffblumen zu einem Kränzchen flocht und von einem Ritter sang, flüsterte er: »Gilt der Schiedsspruch, Isabella?«

Ferdinand lächelte sein berühmtes, sonniges Lächeln und faßte zärtlich die Hand seiner Frau. Ich spiele besser Theater als diese Schäfer, dachte er.

»Die Würdigsten sprachen«, erwiderte leise Isabella.

Ferdinand lächelte reizend. »Meinst du den Verräter Carillo oder den Esel Mendoza?«

»Sie studierten die Geschichte Kastiliens. Alle Beispiele . . .«

»Du bleibst dabei?«

»Bei Recht und Gesetz?«

»Du bleibst dabei?«

»Es ist Gottes Wille!«

»Du bleibst dabei?«

Isabella lächelte. Sie bemerkte, daß der Hof unruhig wurde. Die dicke Schäferin auf der Bühne sang noch lauter, sie sei unschuldig siebzehn Jahre, sie sang es drohend. Die Ritter blickten kühn. Die Fräulein sahen bescheiden in den Schoß.

»Ich reise heute«, sagte halblaut Ferdinand.

»Wohin?« flüsterte Isabella.

»Nach Aragon«, erklärte Ferdinand, nun fast schon laut. »Ich kehre nicht zurück. Ich will König sein oder nichts. Ich bin Herr, Soldat, König, Ritter und kein Weiberknecht. Bei uns in Aragon regieren Männer.«

»Das salische Gesetz gilt nicht in Kastilien.«

»Mein Gesetz gilt«, sagte schon ganz laut Ferdinand und erhob sich, »wo ich leben soll.«

Ferdinand verließ den Saal. Die Königin schien den Auszug ihres Gemahls nicht bemerken zu wollen. Admiral Don Fadrique bahnte sich eine Gasse zu Isabella und flüsterte ihr ins Ohr: »Gib nach, Isabella! Ferdinand läßt sich scheiden, er schwört es! Du bist eine Frau. Gehorche!«

Cabrera und Gonzalo von Cordova blickten beschwörend auf Isabella. Bleibe stark, sagten ihre Blicke.

Isabella stand auf und eilte Ferdinand nach, indes sieben Schäfer dem als Tod verkleideten Schauspieler in lieblichen Versen bewiesen, wie süß der Tod sei in den Armen einer Raquel oder Micaela oder Josefa.

Die Königin ging so hastig, daß es fast aussah, als hüpfte sie heraus.

Die Ritter blickten kühn, die Damen bescheiden in ihren eigenen Schoß.

Die Vergewaltigung

Isabella lief durch die hallenden, halbfinsteren Gänge. Sie wollte weder ihre Macht noch ihren Mann verlieren. Geb' ich ihm die Macht, wird er nie mehr mit mir schlafen. Gebe ich sie ihm nicht, wird er mich verkaufen. Er ist ein Verräter von Natur, ein Lügner für jeden Zweck. Er hat keine Grundsätze, keinen Glauben, keinen Charakter. Die Königin lief und hielt mit beiden Händen die Schleppe ihrer Röcke hoch. Die Wachen sahen schmunzelnd die schönen Waden. Isabella beschloß: Wenn er schon fortgeritten ist, rufe ich ihn nicht zurück. Wenn er sich scheiden läßt, heirate ich Onkel Alonso und vereine Kastilien und Portugal. Oder erhöre Gonzalo. Ihn mache ich zum König von Kastilien. Ich erobere Aragon! Der Bettelkönig! Der Bettelkönig! Sein Vater Juan mußte mitten im Winter seinen Pelzmantel vom Leib weg verpfänden! Schöne Könige! Führen Krieg mit den eigenen Untertanen! Und so einer will Kastilien regieren?

In seinem Schlafzimmer fand sie ihn endlich. Er fuhr fort, seinen Höflingen Befehle zu geben. Isabella stand mitten im Gemach und hörte zu. Merkte Ferdinand nicht, wie lächerlich er war? Er stand, umgeben von seinem Oberkämmerer, seinem Oberhofmeister, seinem Oberstallmeister und seinem Beichtvater, den vier Häuptern seines Hofstaats, und besprach seine Abreise. Der Oberkämmerer, der in der Kammer des Königs schlief und die tägliche Tafel hielt, war ein Graf aus Katalonien, der achtzigtausend Dukaten im Jahre einnahm, aber Ferdinand besaß hundert Dukaten, der Graf regierte über dreißigtausend Untertanen und Diener, aber Ferdinand besaß zwei Kleider, eines davon war fleckig und zerrissen. Mit feierlicher Würde besprachen der Bettler Ferdinand und der Millionär, der seinen Oberkämmerer spielte, den Transport des einen Kleids, das andere trug Ferdinand nämlich am Leibe. Der Oberstallmeister, unter dessen Aufsicht der Troß von Herolden, Trompetern, Sattlern, Zeltbewahrern, Pferden und Maultieren stand, war ein Marquis aus Valencia, er besaß mehr Sklaven als Ferdinand Pfennige. Mit stolzer Strenge tadelte Ferdinand, ein Jüngling von zweiundzwanzig Jahren, den fünfzigjährigen Marquis, wegen eines Hufeisens, das schlecht beschlagen war. Mit dem Oberhofmeister, der die Ritter vom bewaffneten Gefolge und vom Dienst bei Tafel, Brot und Wein hütete und Mayordomo-mayor oder Patron genannt wurde, gleichfalls ein Millionär, besprach Ferdinand den Reiseweg. Der

Beichtvater, Hüter der beiden Prediger, der Kaplane und der Musiker, stand schweigend und fromm in einer Ecke. Als Isabella eintrat, rief die Wache: »Die Königin!« Da aber Ferdinand seine Frau nicht zu gewahren schien, taten die Höflinge wie er. Isabella stand wie ein Fackelträger, des man nicht achtet. Um aber die Königin nicht zu kränken – sie vor dem König zu grüßen, verbot das Hofzeremoniell –, schlugen die Höflinge die Augen nieder, als sei die Königin nicht da, wenn man sie nicht anblickte.

Endlich fragte Isabella: »Befiehlt Eure Hoheit, daß man das Kind Elisabeth aufwecke? Die Infantin wird weinen, wenn Eure Hoheit ohne Abschied für immer davonreitet?«

Ferdinand sah seine Frau an. Er war nicht mehr sicher, ob sie ihn liebte. Soll ich abreisen? Ich reise. Ich bin nicht gemacht, der Schatten einer Frau zu sein. Ich bin der erste oder nichts. Da Isabella schon zu zittern anfing vor Beschämung, sagte er laut: »Kommt, Doña Isabella!«

Nun sanken die drei Würdenträger ins Knie, und der Beichtvater verbeugte sich tief vor der Königin. Ferdinand faßte die Hand seiner Frau und führte sie ins Kinderzimmer. Die Infantin, die wie ihre Mutter Isabella oder Elisabeth hieß, schlief bereits. Sie war schon vier Jahre alt, ein reizendes, blondes Mädchen mit blauen Augen.

Sie blieben allein vor dem Bett ihres Töchterchens.

»Ferdinand«, sagte Isabella, »du willst mich verlassen?«

»Du willst es!«

»Ich liebe dich. Dir gehör' ich.«

»Dem Namen nach!« entgegnete Ferdinand böse. »Der Vertrag, den du mir zumutest, gibt dir den Staatsschatz, dir das Recht über die Festungskommandanten, dir das Recht des Gerichts, dir das Recht, weltliche und geistliche Ämter zu verleihen. Was habe ich? Außer dem Recht, dir Kinder zu machen? Du degradierst mich. Sie werden in Europa über mich lachen.

Der? Der Ferdinand? Das ist der Mann von der Königin! Der kastilische Zuchtstier!«

»Was liegt daran, da du Spanien besitzen wirst? Willst du Macht oder Titel? Glaubst du an Staatsverträge? Kein Wort von Liebe! Über Kastilien herrscht, wer mich besitzt!«

»Wenn Isabella feuriger wäre, vielleicht?«

Die Königin ward rot.

»Bedenke«, bat sie, »wir haben nur eine Tochter. Das salische Gesetzt schließt Frauen aus. Wir wären ohne Erben.«

Ferdinand dachte an seinen schönen Bastardjungen Juan d'Aragon. Ich bin zweiundzwanzig Jahre alt. Erben mach' ich hundert! Auch Isabella dachte an die Bastarde Ferdinands. Wie hatte er sie betrogen! Die gefälschte Hochzeitsbulle war noch nicht durch eine gültige ersetzt! Er will sich scheiden lassen? Sind sie denn gültig getraut? Sie durchschaute ihn gut, seine Schwächen, seine Enge. Sie beschloß, ihm ihre geistige Überlegenheit deutlich zu zeigen. Ich schonte ihn bisher. Aber schont er mich? Öffentlich erklärt er, mich zu verlassen. Öffentlich erklären seine Freunde, ich sei nur ein Weib. Nur ein Weib?

»Du verkennst«, sagte sie und wechselte Ausdruck, Ton, Stimme, Farbe, »mich und Kastilien. Du verkennst deine Lage. Du verkennst unsere Ziele. Hättest du mehr Charakter, würdest du nicht um Dörfer streiten, da man dir eine Welt anbietet.«

»Wer macht die Offerte?«

»Ich! Weil du mich nackt sahst, glaubst du, mich zu kennen? Weil du gelernt hast, mich lachen zu machen, glaubst du, Isabella sei die Person, die man kitzelt! Ich bin Königin von Kastilien durch mein Recht und den Willen Gottes. Gott hilft, wenn du dir hilfst! Und Recht allein gilt im Himmel! Wir aber haben keine Truppen, kein Geld. Ich habe fünfhundert Lanzen im Reich verstreut. Für die Beltraneja erklärte sich fast mein ganzer Adel: der Herzog von Medina Sidonia, der Eroberer von

Gibraltar; der Marquis Villena, die beste Lanze Kastiliens, dem halb Neu-Kastilien gehört; der Herzog von Arevalo mit halb Estremadura; der Großmeister von Calatrava und sein Bruder; der Marquis von Cadix, ›der junge David‹, wie ihn Heinrich hieß; und zuletzt Carillo. Der wechselt mit unsern Feinden Briefe, schon hat er sich entschuldigt und ritt auf seine Güter nach Alcala, warum? Deinetwegen! Ich versprach ihm große Güter und kann sie ihm nicht geben, weil du sie deinen Freunden von Aragon gabst, damit du nicht dein Reich verlierst, dein Aragon! Carillo rettete mich hundertmal. Ich opfre ihn und gefährde mein Reich für deines, Kastilien für Aragon. Davon will ich nicht sprechen. Weiter: Alonso von Portugal ist mit fünftausend Lanzen und vierzehntausend Fußsoldaten, der Blüte Portugals, in Estremadura einmarschiert. In Placencia hat ihm der junge Pacheco die Johanna vorgestellt, ein Kind von dreizehn Jahren. Alonso und Johanna haben sich verlobt, ließen sich als Herrscher Kastiliens ausrufen, und Alonso schickte nach Rom, um einer echten Bulle willen, daß der Papst sie löse wegen der zu nahen Verwandtschaft, den Onkel und seine Nichte. Deine Lage kennst du. Kaum bist du aus Perpignan fortgeritten, ließ Ludwig die beiden Provinzen Cerdagne und Roussillon besetzen. Dein Vater sah zu, wie man seine Stadt Perpignan stürmte. Er hat kein Geld. Seine Truppen und Untertanen meutern. In Saragossa herrscht ein Räuber namens Ximenes Gordo. Das ist deine Lage. Dafür haben wir schöne Ziele: Wir beenden die Anarchie und zeigen dem Volk den Herrn. Ich habe das Gesindel Heinrichs fortgejagt, die Mohren nach Granada, die Räuber auf die Galeeren, die Diebe hing ich, die Juden entließ ich. Unser Leben wird vorbildlich sein. Die Tugend wird an meinem Hofe herrschen. Unsere Tafel wird einfach sein, nach deinem Geschmack. Den Klerus muß man reformieren. Die Mönche sind unwissend, die Geistlichen ausschweifend, die Klöster Bordelle und Spielhöllen. Pest, Hunger und Laster haben die Kirche ver-

dorben. Ich reinige sie. Ich knüpfe die Raubritter auf, fordere die verschwendeten Krongüter zurück, saniere die Finanzen, beende den Bürgerkrieg zwischen Adel und Städten, Altchristen und Neuchristen, begünstige die Städte, die für uns sind, und das niedere Volk, das mich anbetet, und entmachte den Adel, der portugiesisch ist. Und mache so die Krone groß, reich, gefürchtet, und lege, wenn du willst, dann alles in deine Hände! O Ferdinand, wir werden Alonso schlagen, Granada erobern, den Franzosen deine Provinzen nehmen, die Kirche einig und spanisch machen! Spanien wird groß sein und blühen, du wirst deine Besitzungen in Italien vergrößern, deine Flotte wird im Mittelmeer herrschen, wir werden unsere Kinder mit England, Portugal, Frankreich und dem Deutschen Kaiser verbinden, wir werden erben, siegen und groß sein – wenn du willst! Ich biete dir Ruhm und Macht – wenn du willst. Wir werden Entdeckungen machen, Christi Ruhm vermehren, unsern Kindern ein Weltreich hinterlassen, die Türken schlagen, die Mauren nach Afrika treiben, alle Juden taufen! Wir werden uns lieben! Und du willst nach Aragon? Ferdinand, liebst du mich nicht mehr? Oder hast du keinen Mut? Unsere Sache steht nicht so schlecht. Ich habe die Minister Heinrichs behalten, um die Kontinuität der Regierungsgeschäfte zu wahren: Den guten Grafen Haro machte ich zu meinem Konnetabel; deinen Großvater Fadrique zu meinem Admiral; deinen neuen Freund Cardenas zum Schatzmeister, obwohl ich meinem Freund Cabrera das Amt versprochen habe. Ich behalte den Kardinal von Spanien, Mendoza, als Kanzler. Sie sind alle von deiner Partei. Die Kirche ist für uns. Du bist ein Held. Wir werden von Stadt zu Stadt ziehn und das Volk aufrufen gegen den Erbfeind Portugal. Wir werden eine Armee aus dem Boden stampfen!«
Ferdinand ließ seine Frau reden. Er bewunderte ihre Klugheit. Da sie ohne Frömmigkeit sprach, gefiel sie ihm. Seine Augen funkelten. Plötzlich streckte er seine Arme aus und umfaßte sie.

Sie wollte sich wehren. Sie liebte ihn in dieser Stunde nicht. Er küßte sie, sie ließ es geschehen. Da begann er, sie zu Boden zu drücken, sie empfand plötzlich Angst und Abscheu und wehrte sich. Er hatte aber schon das Übergewicht und warf sie zu Boden. Sie schlug ihm ins Gesicht, er zerriß ihr Kleid, sie kratzte ihn und wollte sich nicht ergeben. Er vergewaltigte sie. In wütender Lust genoß er seine überwältigte Frau. Auch Isabella empfand trotz der beißenden Scham eine brennende Lust und ließ sich ein zweites Mal nehmen. Als sie endlich zerschlagen vom Teppich sich aufhoben, sahen sie die offenen Augen ihres Töchterchens Elisabeth auf sich gerichtet und entsetzten sich und zitterten beide.

Stammelnd fragte der Vater: »Warum schläfst du nicht, Elisabeth?«

Gehorsam drückte das Kind sofort die Lider zu und lag still atmend da. »Schläfst du?« fragte mit zitternder Stimme die Mutter.

»Nein, Señora«, antwortete das kleine Mädchen.

Entsetzt lief die Königin Isabella aus dem Zimmer.

Ferdinand folgte ihr auf dem Fuße.

Musik

Der Krieg begann mit Musik. Der Herzog von Medina Sidonia, ein schöner, schwärmerischer Jüngling, hatte Isabella gehuldigt, solange sie verfolgt war, und huldigte nun der verfolgten Johanna. Er hielt seit drei Jahren Truppen im Sold, da seine Familie Krieg gegen die Familie Ponce de Leon führte. Der Herzog zog mit zweitausend Rittern gegen die Stadt Llerena, die Isabellas Kämmerer Cardenas gehörte. Vor des Herzogs Armee marschierten sechzig Chorknaben in ihren weißen, goldverbrämten Chorhemden. Mit ihren glockenhellen Stimmen sangen sie trillernd gleich Lerchen Marienlieder, schmelzend wie Nachtigallen Jesuweisen, gleich melodiösen Raben dunkle Chorgesänge von Schuld und Gericht. Den Chorknaben folgten Ritter, deren kleinköpfige, breitbrüstige und starkbeinige Pferde geschult waren, nach den Weisen der Sängerknaben zu tänzeln im kurzen Trab oder langsamen Schritt. Ganze Trupps Sevillaner Straßensänger zertrampelten Weinfelder, Safranäcker, Gras und Blumen und summten kleine, unanständige Liedchen, unkeusch im Rhythmus, manche trällerten hoch wie Kastraten, manche klapperten mit den Kastagnetten, manche machten unzüchtige Gebärden. Die Ritter hoch zu Roß summten die Melodien mit. Ihr Summen schwang über die Wälder, Flüsse und Mauern der Städte wie der mächtige Gesang der Grillen am Abend. Dazu spielten die Musikkapellen, das Erz dröhnte, Posaunen schmetterten, Trommeln und Klarinetten. Die jungen Leute in den Dörfern und Städten verließen Vater und Mutter, die Kinder rannten aus der Schule, die Mädchen ließen die Wassereimer am Brunnen überfließen, alle liefen der singenden Armee des Herzogs nach, einzelne mehr als hundert Schritte weit. Der Herzog, sein eigener Armeekapellmeister, der mit einem Taktstock die ganze Armee auf und ab ritt und die Kapelle dirigierte, war umgeben von einer buntscheckigen Eskorte von gewerbsmäßigen Spaßmachern; Narren, die auf Eseln ritten; Schmarotzern, Kupplern und Rinderhirten, die riesige Hüte und Lassos trugen und ungeheure Herden von den Weiden des Cardenas forttrieben und mitführten. Lieblich läuteten die Kuhglocken zum Gesang der Knaben, die großen Schäferhunde bellten frech in die Choräle hinein, die Esel wieherten, und die Hirten bliesen auf ihren Flöten unter den ewig blauen Himmeln Andalusiens. Wenn die Armee rastete, sprangen Tänzer und Tänzerinnen. Gaukler zeigten ihre Künste. Man rastete oft. Da es Abend war und die Luft sich abkühlte, ließ der Herzog die Zelte aufschlagen, an großen Wachtfeuern briet man Ochsen, Hämmel und Geflügel und trank Xeres und Malvasier aus Schläuchen und Lederflaschen. Die Marketenderinnen, Mädchen aus den Häusern Sevillas, machte das Geld schwach, sie gaben alles hin. Der Herzog saß am Eingang seines purpurnen Zeltes vor einem Wachtfeuer und starrte abwechselnd auf die flackernden Flammen und die flimmernden Sterne und sang zur Erbauung seiner Armee, von zwei Flötenspielern begleitet, ein Lied an den Mond, der golden am dunkeln Himmel heraufstieg. Da die Feuer fast schon erloschen und die Wachen laut schnarchten, weckten einige hundert Ritter des königlichen Kämmerers unter den Rufen »Cardenas! Cardenas!« die musikmüden Truppen des Herzogs, um sie totzuschlagen. Ohne Hosen, Helm und Stiefel floh der Herzog, im Hemd und in einem Pelz, er lief wie ein Hirsch quer übers Feld und zertrat Lauten und Flöten, fiel über die große Heerpauke, daß sie dumpf schrie, und stolperte über verbuhlte Chorknaben. Ihm nach rannten die Narren, die Kirchensänger, die Kuppler und Huren von Sevilla, die Falschspieler und Würfler und die Ritter des Kämmerers Cardenas. Der Herzog verlief sich zwischen den geraubten Herden, die aufgeschreckten Hirten hieben mit ihren Peitschen nach ihm, die frechen Schäferhunde schnappten nach seinen Waden, die Kühe erhoben ihr lautes Gemuhe zum Chorgesang, ihre Glöcklein trillerten wie die hellen Knabenstimmen, die Frösche quakten wie Sevillaner Straßensänger, ein Rabe krächzte melancholisch von Gericht und Tod, ein Käuzchen schrie, der Wind sauste, und den Herzog trugen seine blutenden Füße in die großen Wälder, wo ihn die Pansmusik der Bäume äffte. Der Mondschein leuchtete wie hunderttausend Fackeln, um den Verfolgern den Weg zu weisen. Das vorjährige Laub lärmte unter des Herzogs Füßen lauter als der Lärm der Pauken. Die Winde pfiffen wie tausend Flöten. Der Herzog rannte vor der schrecklichen Musik der Natur. Er betete zu Gott um Stille. Die Musik ist mein Tod; hilf,

Gott, und laß schweigen! Lauter rauschte das Laub und stöhnte wie von hundert Wunden und tönte unheimlich wie Grabmusik. In ein dichtes Gebüsch verkroch sich der nackte Herzog, den Pelz hatte er längst verloren, die Dörner hatten sein Hemd zerrissen, mit den Fäusten verschloß der Herzog seine Ohren, wimmernd in der kühlen Nacht, ein Feind der holden Musik. Ein Page fand ihn und lieh ihm seinen Mantel. Da der Morgen graute, führte er den Herzog auf Umwegen nach Sevilla.

Die Doggen

König Alonso schrieb nach Valladolid:
»Ich heirate meine Nichte Johanna. Jeder weiß, sie ist Heinrichs des Vierten Tochter und Erbin. Ich bin also König von Kastilien. Die Herzöge und Marquis, Grafen und Großmeister und der Erzbischof von Toledo bieten mir ihre Truppen, der Herzog von Arevalo, der von Albuquerque, der Marquis von Villena, der von Cadix, der Großmeister von Calatrava und sein Bruder und der stolze Held Don Alonso de Aguilar und täglich mehr. Schon vierzehn Städte haben uns gehuldigt. Ferdinand und Isabella, Kronräuber, Thronräuber, Reichsräuber, was wollt Ihr ohne Geld und Armee, wenn ich komme, um Euch zu fangen? Und bei der Gnade Gottes, ich tue es. Ich der König von Kastilien.«
Isabella schrieb an Alonso:
»Ich bin erstaunt. Ihr verteidigt das Unrecht? Ihr brecht den Frieden? Meine Untertanen, die heut einer Johanna huldigen, zwangen gestern Heinrich, eine Beltraneja abzuleugnen. Wenn Ihr mich zwingt, kämpfe ich für das Recht. Das Blut komme über Euch! Ich die Königin von Kastilien.«
Isabella schrieb an Carillo:
»Denkt Ihr noch an die Jahre meiner Jugend? Ein Priester

greift zu den Waffen? Euer Kleid, Eure Religion klagen Euch an! Ein Vater des Trostes kämpft und will die Armen weinen, Tyrannen jubeln machen und Mörder ermutigen? In des Himmels Namen, Señor, versuchet nicht Gott! Oder erwartet sein schrecklich Gericht! Ich die Königin.«

Einer der Freunde Carillos bei Hof erklärte der Königin, der Erzbischof habe nicht die Absicht, sie zu kränken. Der Kanzler Mendoza schlug dem König Alonso einen Waffenstillstand von einigen Tagen vor, um der Ehre Gottes und des Friedens willen.

Alonso erwiderte: ›Zu spät!‹

Mendoza fuhr zu Carillo. Die beiden Erzbischöfe saßen einander gegenüber im Palast zu Alcala. Zu ihren Füßen lagen zwei große Doggen aus Murcia. Mendoza sagte behutsam: »Wir kennen den Lauf der Welt. Das Recht, das die Menschen usurpieren wollen, ist nur bei Gott. Die Fürsten der Kirche verwalten es. Alonso ist ein Heide, ein Tor, er heiratet seine Nichte aus Eitelkeit. Isabella ist fromm. Sie wird Euer Werk der Kirchenreform fortsetzen. Ihr seid ein großer Mann, Fürstprimas von Spanien! Isabella wird wie Wachs in unsern Händen sein. Spanien ist groß und hat Platz für zwei!«

Carillo pfiff leise. Die riesigen Doggen sprangen auf und stellten ihre Vorderpfoten auf die Knie Mendozas und fauchten den Kardinal von Spanien an. Ihr heißer Atem wölkte dem Kanzler Isabellas ins Gesicht. Er wollte mit der Hand abwehren. Da zeigten die Hunde ihre schrecklichen Zähne und knurrten. Dem Erzbischof von Sevilla ward schwül.

»Was soll der Spaß, Don Alonso?« fragte er den Carillo.

»Alarcon!« schrie der Erzbischof von Toledo. »Beato!« rief er. Sogleich gingen die Hunde fort und legten sich links und rechts vor die Türe, unverwandt auf Mendoza starrend. Die Türe öffnete sich gleichzeitig, und des Carillo Alchimist Alarcon und Astrolog Beato traten ein.

»Heißen Eure Hunde oder Eure Diener so?« fragte Mendoza.

»Das sind meine vier Freunde«, entgegnete Carillo und schlug mit der Faust plötzlich auf seine Knie und schrie: »Das Testament Heinrichs! Wo habt Ihr es, Mendoza?«

»Ihr glaubt die Verleumdung?«

»Man sagt, Ihr habt es Ferdinand ausgeliefert. Das ist wider das Recht! Ihr kommt Euch geschickt vor. Mit dem Testament kauft Ihr Ferdinand, und Ferdinand erpreßt damit Isabella. So gewannt Ihr des Aragonesen Gunst. Ihr denkt nicht an die Kirche, Mendoza. Ihr wollt Macht und Frauen. Wieviel Kinder habt Ihr schon, Kardinal?«

»Wollte Gott mich zum Eunuchen, hätte er mich dazu geschaffen«, erwiderte kalt Mendoza und fuhr fort: »Carillo, Ihr sollt Präsident der Cortes sein, die Isabella nach Segovia berief. Ich, Kardinal und Kanzler, trete hinter Euch zurück!«

»Eure Stimme ist zu laut, Mendoza. Da Ihr den König Heinrich an seinem Sterbebett fragtet, ob Johanna seine Tochter sei, betetet Ihr sogleich so laut lateinisch, daß man das Ja des Sterbenden nicht hörte. Aber des Königs Geheimschreiber Oviedo und sein Chronist Castillo hörten das Ja Heinrichs!«

»Also«, sagte Mendoza, »seid Ihr ein Feind der Königin?«

»Sagt Isabella«, antwortete Carillo und stand auf, und mit ihm erhoben sich die beiden Doggen und traten links und rechts neben den Kirchenfürsten von Toledo, und der Astrolog und der Alchimist traten hinter ihn, »sagt der Fürstin, sie möge Euch fortschicken, ich will ihr Kanzler sein, sie soll es gleich tun. Wir wollen nicht mehr warten auf ihre Gnaden, sonst müßten wir sie vielleicht von Schuldturminsassen einfordern, sagt ihr das. Und sagt ihr, ich dächte noch ganz gut an die Jahre ihrer Jugend, ich hätte nichts vergessen, sagt ihr das!«

»O Don Alonso«, sagte der Kardinal und erhob sich nun auch und machte das Zeichen des Kreuzes, »Gott segne Euch und bewahre Euch vor den Bösen!« Und Mendoza blickte scharf

auf Beato und Doktor Alarcon. Da er hinausschritt, ungeleitet
von Carillo, schlugen die riesigen Doggen scharf an.
»Beato!« schrie der Erzbischof von Toledo. »Alarcon!«

Die Demütigung

Isabella erklärte Ferdinand: »Der Klerus ist für mich. Die
Organisation der Kirche ist glänzend. Die Beichtväter, Prediger
und Bettelmönche herrschen über das niedere Volk, aus dem sie
kommen, mit dem sie verwandt sind, das sie kennen. Die Kirche
ist so gut wie eine Armee. Das Volk haßt die Portugiesen, weil
die vor hundert Jahren unsere Ritter schlugen. Arme Leute
haben keine Sorgen. Wir brauchen Zeit, um eine Armee aufzu-
stellen. Es gibt genug starke Kerle in Kastilien. Wir nehmen
sie überall: Bauernsöhne, entlaufene Sklaven, Zigeuner, Straßenräuber, wir machen die Kerker leer, wir öffnen die Schuld-
türme; wer für den König ficht, wird frei und ohne Schuld. Das
gemeine Volk ist patriotisch. Du mußt im Lande herumreiten
und reden, auf den Märkten, zu den Schmieden und Schlächtern, in der Sprache des Volkes. Ich reite zu Carillo nach Alcala,
Mendoza rät es. Carillo war mein Freund. Vielleicht hat er es
noch nicht ganz vergessen.«
Ferdinand sah seine Frau an, prüfend. Sie merkte es und errötete. Sie wußte, was seine Blicke bedeuteten.
Sie antwortete: »Weil ich schwanger bin, soll ich stillsitzen und
zusehen, wie wir unser Reich verlieren?«
»Der Arzt«, sagte Ferdinand.
»Was weiß der Jude von den Wundern unsres Gottes?« rief
Isabella begeistert. »Es wird ein Sohn sein, und er wird so tapfer
werden wie seine Mutter jetzt!«
»Wenn Carillo nein sagt, wird die Schande ein Fleck auf unserm
Mantel sein.«

»Besser ein Fleck am Mantel des Königs, als daß beide verbrennen. Ferdinand, ich gewinne den Alten. Wir müssen nämlich siegen!«

Sie ritt mit den Herzögen von Alba und Infantado und dem Konnetabel Graf Haro nach Alcala. In einem Dorfe, eine Meile vor Alcala, wartete Isabella und sandte die Herren voraus, um sie anzumelden. Isabella saß auf einer Bank vor dem Haus des Dorfalkalden, einer niederen Strohhütte, an der Straße nach Alcala. Die Bäuerin hatte ein Kissen gebracht, damit die Königin weich sitze. Sie trug Oliven und Wein herbei. Isabella nippte vom Wein und aß einige Oliven. Es war ein schöner Tag im Frühling. Sie saß im Schatten einer alten, riesigen Kastanie und sah die Bauern an, die ernst und würdig auf der anderen Seite der Dorfstraße standen. Die Dorfkinder, halbnackt, in ein paar schmutzige Lumpen gewickelt, bettelten die Königin von ferne an, mit erhabenen Gebärden und schmelzenden Worten: »Spende, süße Señora! Der Himmel zeige dir das Bild seiner Gärten und spende dir Honig! Einen halben Maravedi, Doña! Erwirb dir den Himmel! Gib uns unser Recht, Doña!«

Isabella warf ein paar Maravedi auf die Straße. Die Kinder schlugen sich. Ein sanfter Wind wehte. Aus einem Garten kam ein schwerer Duft von Arzneipflanzen. Das Pferd Isabellas, an den Brunnen gebunden, wieherte ungeduldig. Auf einem Misthaufen grunzten eine Muttersau und sechs Ferkelchen. Hühner pickten mit krummen Schnäbeln eitel-gierig und schauten kurzsichtig blöde. Ein Bettelmönch ritt auf seinem Eselchen vorüber, beide sahen mager aus, als ritte die Armut auf dem Hunger. Isabella wartete und zitterte. Sie hatte einen guten Tag. Die Beschwerden ihrer Schwangerschaft schwiegen. Sie fühlte sich leicht und voller Hoffnungen. Sie wollte überlegen, was sie Carillo sagen werde. Ihr fielen nur ein paar törichte Wendungen ein. Der Frühling, dachte sie. Ich verspreche

Carillo was. Er ist auf Mendoza neidisch. So groß ist die Welt und so klein sind Menschen. Sie sehen immer einen, überall einen; der steht ihnen im Weg, glauben sie; der könnte sie seligmachen, meinen sie. Warum verblendest du uns? Warum gibst du uns nicht Klarheit von Anfang? Hättest du uns doch den Bienen gleichgemacht, die weise in der Jugend sind, und dem Hirsche gleich, dessen Kraft mit dem Alter wächst. Gott! Hier sitze ich, auf einer Dorfstraße, wie die Bettlerin vor dem Hause des reichen Mannes. Der reiche Mann sitzt bei Tafel und schmaust. ›Herr, draußen wartet die Bettlerin.‹ ›Das hat Zeit‹, sagt der Reiche und fragt nach seinem Pferd oder Hund. Wie lange noch! Was tun sie? Isabella blickte die Straße entlang, die zwischen Wiesen hinlief, eine kleine Brücke führte über ein Flüßchen, das rasch sein Wasser hinabtrug, am Rande standen Weiden, ihr Laub hing mühselig herunter, der Himmel strahlte im heitersten Blau. Ein Kätzchen spielte zu den Füßen Isabellas, es legte sich auf den Rücken und sog an seinem Pfötchen, plötzlich sprang es und hieb mit dem Tätzchen gegen den Handschuh Isabellas, der herabgefallen war. Isabella sah die Hirten auf den Wiesen, sie sah die mageren Kühe. Der Pfarrer ging vorüber, er las in seinem Brevier und verneigte sich von ferne. Auf dem Flüßchen trieb ein Kahn heran, darin saß ein junger Mensch und sang, sein Lied hallte wie ein Echo herüber. Die Bauern waren ihrer Wege gegangen, andere waren an ihre Stelle getreten und schauten ernst und fromm.
Wo blieben die Herzöge und Haro? Ich warte, wie lange schon? Stunden – Tage – Jahre? Immer warte ich, erst auf den Bräutigam, auf Ferdinand, nun wart' ich worauf? Auf mich warten mein Volk und der Tod und der Himmel. Ach, wie süß ist das Leben! Warum sitze ich nicht alle Tage zwischen stillen, frommen Leuten; Hühner gackern, das Kätzchen spielt, auf dem Flusse fährt der Sänger vorüber, am Abend läutet die Vesper. Ist das nicht genug für ein Leben? Die Königin bedeckte die

Augen. Plötzlich hörte sie Stimmen. Die Herzöge und Haro standen vor ihr. Sie blickte rasch. Carillo war nicht mit ihnen.

»Reiten wir?« fragte sie und wollte aufstehen und sah die Mienen ihrer Großen und blieb sitzen.

Graf Haro senkte den Blick. »Hoheit, der Erzbischof will nicht.«

»Was sagt Ihr?«

»Der Erzbischof empfing uns höflich. Ich mahnte ihn an sein Amt, seine Person, seine Pflicht, seine Liebe zu Euch. Ich erinnerte ihn, daß Ihr ihn liebt, ihn wie einen Vater achtet. Er schien gerührt. Ich erwähnte, daß Ihr in Hoffnung seid! ›Ach‹, flüsterte er und wischte seine Augen, ›sie ist fromm und hold.‹ Schließlich bat er um eine Stunde Geduld, er wolle seine Freunde fragen. Wir insistierten, gaben nach. Er stieg in den Turm zu seinem Alchimisten Alarcon und seinem Astrologen Beato. Endlich kam er wieder, zornig, kalt, frech.

»Die Königin wartet«, sagte Herzog Alba. Da runzelte der Erzbischof seine schweren Brauen und ward rot wie ein Kardinalshut und rief: »Wenn Isabella zur Tür hereinkommt, gehe ich zur andern heraus. Ich zog diese Prinzessin aus dem Elend, ich gab ihr ein Zepter, ich stoße sie hinunter, zurück ins Elend!«

Isabella ward bleich, sie hielt zwischen den Händen ein Spitzentüchlein, sie ließ es zu Boden fallen, ihre Hände sanken ihr vom Schoß, ihr Rücken beugte sich, sie schloß die Augen. Endlich, nach einer langen Weile blickte sie auf und sah umher, die armseligen Hütten, die alten Bäume, die schmutzigen, nackten Kinder, die magern Hühner. Sie seufzte. Dann stand sie auf und machte ein paar Schritte, als wollte sie zu Fuß fortgehen, und kehrte sich um zu ihren Dienern und hob wie flehend die Hände und tat einen Schritt und stand still und flüsterte: »O Gott und Herr Jesus, helft!«

No se gano Zamora en una hora
(Nicht in einer Stunde ergibt sich Zamora!)

Alle Welt hielt Isabella für verloren. Alonso von Portugal hatte
mit zwanzigtausend Mann das halbe Königreich Leon genom-
men und saß in Toro und in Zamora. Die Herzöge und Grafen
von Kastilien huldigten ihm, der Erzbischof Carillo ritt mit
fünfhundert Lanzen zu ihm. König Ludwig von Frankreich
schloß ein Bündnis mit ihm und marschierte mit vierzigtausend
Mann gegen Kastilien und belagerte Fontarabia. Die Cortes be-
willigten keine Steuern. Juan von Aragon war krank und geschlagen. Kastilien war erschöpft. Das Land zerfiel. Isabella
war ärmer als irgendein Graf. Sie hatte weder Soldaten noch
Geld. In sechs Städten zerstreut dienten ihr insgesamt keine
fünfhundert Soldaten. Der Papst beantwortete ihre Briefe nicht
mehr. Die Granden drohten, sie zu fangen. Das Volk war müde
der Bürgerkriege. Hungersnot und Seuchen herrschten. Europa
lachte bereits über Isabella. Außer ihrem Mann, ihren Mini-
stern, ein paar Freunden, ein paar Rittern, hing ihr niemand
mehr an. Nur ihre Minister glaubten noch an ihr Recht, nur ihr
Mann noch an ihre Klugheit, nur ihr paar Ritter an ihr Glück
und nur noch der Jüngling Gonzalo an ihr Genie. An ihre Berufung glaubte nur sie. König Alonso schrieb an den Papst,
Frankreich, Kastilien und Portugal: »Binnen wenigen Tagen
werde ich die frechen Thronräuber Ferdinand und Isabella fangen oder aus Kastilien verjagen. Ich der König von Portugal
und Kastilien.«
»Thronräuber!« schrien die Leute auf den Straßen hinter Ferdinand.
»Wir sind verloren«, erklärte Ferdinand und erwog bereits die
Flucht nach Aragon. Verloren, wiederholten die Minister Isabellas, der Konnetabel Haro, der Admiral Don Fadrique, der
Finanzminister Cardenas, der Kanzler Mendoza und die beiden

Beichtväter. Isabella lauschte und schwieg. Sie hatte nur ihren Glauben und ihr Genie. Sie hatte nur sich. Aber war das nicht genug?

»Uns fehlt alles«, sagte bitter Ferdinand.

»Nur Zeit!« rief Isabella, »uns fehlt nur Zeit.« Gott schenkte ihr seine großen Worte. »Wir brauchen Soldaten. Ist Kastilien arm an Männern? Ich will auf die Straße gehen und zu meinem Volk sprechen: Ich bin Kastilien. Wir haben kein Geld, aber Gott ist für uns. Die Grafen reiten zu Alonso, aber die Jugend ist für mich. Das Volk liebt den Frieden, ich bringe ihn. Portugal ist unser Erbfeind. Mendoza, schicket Eure Mönche und Priester ins Land. Lasset den heiligen Krieg predigen! Don Fadrique, eilt in die Häfen, versprecht den Matrosen Gold und werbt sie. Mein guter Schatzmeister Cardenas, geht sammeln zu den reichen Juden! Mein guter Graf Haro, geht zu Euren Freunden, bittet sie um Leute, öffnet die Gefängnisse, sammelt entlaufene Sklaven. Ich will durchs Land reiten, will Briefe schreiben, will reden und zu Gott beten, daß er uns Zeit schenke!«

Ferdinand ritt nach Salamanka. Die Studenten pfiffen ihn aus.

»Wer schickt dich?« rief einer.

»Thronräuber!« schrien sie.

»Wo ist Heinrichs Testament?« schrie eine hohe Stimme.

»Das Testament!« schrien zweitausend Studenten. »Gib es heraus!«

Ferdinand mußte abbrechen. Er ritt nach Castel-Nuno. Der Kommandant drohte, ihn zu verhaften. »Wer seid Ihr? Was sucht Ihr in Leon? Habt Ihr Vollmacht der Königin?«

Ferdinand kam müde zu Isabella, auf seiner Stirn stand die erste Falte. Isabella tröstete ihn. »Sie werden dir die Füße küssen. Unter tausend Meuterern gibt es nur einen echten Empörer. Geduld!«

Isabella zog ihre Eisenhosen an und ritt nach Salamanka. Die

Studenten gaben ihr einen Fackelzug von der Römerbrücke bis zur Kathedrale. Sie redete vom Balkon der Universität: »Kommilitonen! Auch ich studiere. Nämlich Kastilien groß und glücklich zu machen! Gott ist mit mir! Ich habe Großes vor mit euch. Der dürre Alonso schwur: Die Afrikaner schlug ich im Dutzend, die Kastilier im Schock. Kastilier! Zu Aljubarotta meuchelten sie unsere Väter mit Hilfe von Verrätern, Juden oder Mohren. Wer? Portugiesen! Unsern Kindern rissen sie die Augen, unsern Pfarrern die Zungen, unsern Bauern die Glieder aus, schändeten Jungfrauen, vergifteten Brunnen, machten aus Kirchen Ställe – wer? Portugiesen! Verführten Knaben und Mütter, verbrannten Häuser und Herden – wer? Portugiesen! Und das wollt ihr dulden? Du, Priester? Du, Ritter? Du Handwerker, Kaufmann, Bauer? Und ihr, edle Studenten? Kämpft ihr nicht mehr für Freiheit und Glauben? Wer unter uns will Christum verraten? Wollt ihr das?«

»Nein!« heulten die Studenten. »Nein!« brüllte das Volk.

Zwölfhundert meldeten sich zu den Fahnen in Salamanka.

Isabella ritt alle Tage von Stadt zu Stadt und sprach auf den Märkten, immer dasselbe, allen versprach sie alles, zeigte Tränen oder lachte, zückte Degen oder Kreuz, verhieß Gott den Sieg, Spanien die Einheit, den Mädchen Männer, den Männern Gold. »Warum darben?« schrie sie. »Greift zu! Volle Beute! Reiche Beute! Kommt her zu mir alle! Wer will haben? Kommt!« Sie breitete die Arme, als wollte sie das ganze Volk ans Herz drücken. Oft diktierte sie ihren Geheimsekretären Briefe, bis der Morgen graute. Sie kämpfte mit Papier, mit Wort, mit Dieben und Wundern. Sie pries in Konferenzen sich als Rezept für Kastilien, eindringlich wie Wunderdoktoren, begeistert wie Heilige. »Nur Isabella kann Kastilien retten!« So erfuhr Kastilien, daß es der Rettung bedurfte. Umherreisend sah sie die Nöte des Landes, sah und griff zu und reformierte. Die Richter sprachen kein Recht mehr. Also setzte sich Isabella an den Gerichtstagen auf den Stuhl des Richters, den Degen quer über ihren eisernen Hosen, und hielt Gericht. Alle Verbrecher, die sich nicht freiwillig zur Armee melden wollten, bestrafte sie summarisch, exemplarisch! Die schwierigen Rechtsfälle, die schon Jahre sich hinschleppten, entschied sie in fünf Minuten. Am härtesten strafte sie Diebe. Wer ein Stück Brot stahl, den ließ sie öffentlich auspeitschen, wer Geld stahl, verlor die rechte Hand. Wer einen Esel stahl, den ließ sie mit Pfeilen erschießen. Sie befahl, den Missetätern das Sakrament zu reichen wie anderen guten Christen und sie ohne Zeitverlust danach hinzurichten, damit ihre Seele nur ja in den Himmel komme. Im Himmel hoffte sie die Diebe Kastiliens wiederzuseten. Sie trug unfehlbare Gesetze im Busen. Recht ist, was dem König nützt. Alles für Spanien, Spanien für den König. Ferdinand lernte von ihr.

In Saragossa lud er den reichen Ximenes Gordo ins Schloß. Gordo hatte Ordnung in Saragossa geschaffen, die faulen Beamten des Königs Juan verjagt und eine segensreiche Volksherrschaft geübt. Er zwang Juan, die Freiheiten Saragossas zu bestätigen und die Finanzen zu ordnen. Das Volk liebte Gordo. Er kam mit fünfzig Rittern ins Schloß. Ferdinand schlug ihm vor, den kastilischen Erbfolgekrieg gegen Portugal zu finanzieren, und bat ihn in ein Privatkabinett, damit sie unter vier Augen das Geschäft abmachen könnten. Sie kamen in ein Gemach, dessen Tür hinter ihnen zufiel. Vor Gordo stand der Scharfrichter von Saragossa. Gordo seufzte und sah die Instrumente des Todes: Beil, Priester und Strick.

»Beichte«, rief Ferdinand, »du bist zum Tod verurteilt!«

»Ohne Gericht?«

»Der König ist Richter!«

»Der Justicia ist über dem König der oberste Richter. Ihn berufe ich!«

»Umsonst.«

»Und meine Dienste? Ich gab mein halbes Vermögen.«
»Nicht genug, Gordo!«
»Königsdank!« rief der reiche Mann und lachte falsch und bitter. Er faßte nach seinem Hals, als erstickte er schon.
»Beichte, Gordo! Deinen Kindern dank' ich.«
»Ich beichte nicht!« schrie Gordo verzweifelt.
»Ein Marrane«, erklärte trocken Ferdinand.
Der Pfarrer schwang sein großes Kreuz. »Apage, Satanas!«
»Mörder!« schrie Gordo und zückte seinen Dolch gegen Ferdinand.
»Packt den Dieb!« rief Ferdinand.
Die Knechte des Henkers erschlugen den Gordo und stellten sein Haupt am gleichen Tag auf dem Markt aus. Ferdinand zog das Vermögen des Millionärs ein, steckte seine Söhne in die Armee, seine Töchter ins Kloster – aus Dankbarkeit.
»Du bist ein Held«, sagte bewundernd Isabella zu Ferdinand, »du bist ein Richter.« Sie schwärmte für Schnelljustiz.
In der Ebene von Valladolid vereinten beide zwölftausend Reiter, davon viertausend gerüstet, und dreißigtausend Fußsoldaten, Pächter, Bettelmönche und Sklaven, Studenten und Diebe, Lehrlinge, Schmuggler, Gebirgler, Grenzler und Straßenräuber. Da waren riesige Basken, schamlose Sevillaner, entlaufene Mohrensklaven, Patrioten aus Guipuscoa, Fromme aus Asturien, Matrosen, Jäger und Juden. Ferdinand marschierte nach Toro und wollte stürmen. Er schickte seine Herolde in die Stadt und forderte Alonso auf, zur Feldschlacht oder zum Duell, König gegen König. Alonso, schmächtig, magenkrank, romantisch, ältlich, nahm begeistert das Duell mit Spaniens bestem Fechter an. Er bot Johanna als Geisel und forderte Isabella dafür. Ferdinand entgegnete: »Infantin gegen Infantin« und bot seine Tochter Elisabeth an. Alonso lehnte ab; wenn Ferdinand falle, habe Alonso nichts gewonnen, da Isabella Königin, Feldherr und Herrscher sei und sie die Eisenhosen trage.

Ferdinand brach ab und berief seinen Kriegsrat in eine Wallfahrtskirche, eine Meile von Toro. Auf dem Kirchhof banden sie ihre Gäule fest. Als sie aus dem Brand des Mittags in die kühle Kirche kamen, blendete sie das Dunkel. Sie lüpften die Eisenhauben und setzten die eisernen Schuhe vorsichtig auf, um Gottes Ruhe nicht zu stören. Sie sprengten Weihwasser und bekreuzigten sich. Ferdinand kam mit raschen Schritten und rief:

»Señores! Der Kommandant von Castel-Nuno hat uns verraten. Unsere Zufuhr ist abgeschnitten. Binnen vierundzwanzig Stunden stieg der Brotpreis von zwei auf zehn Maravedi. Wir müssen Toro stürmen oder den Rückzug befehlen.«

»Sturm!« schrien die jungen Offiziere. Ferdinand fühlte wie sie.

Die alten Generäle erklärten: »Wir haben keine Kanonen. Toro ist zu stark befestigt, der Douro und die Forts schützen die Stadt.«

»Wir haben Mut und Christum!« rief ein Jüngling.

»Auch die Portugiesen sind Christen«, entgegnete ein greiser General. »Mit Christentum schießt man keine Breschen.«

Ferdinand beschloß den Rückzug. Auch sein Vater Juan hatte ihm geschrieben, er solle nicht sein Reich auf eine Schlacht wagen, sondern einen Kleinkrieg führen. Da sie noch den Rückmarsch berieten, entstand ein Lärm vor der Kirche, plötzlich brachen Soldaten ein, schrien, als Ferdinand ihnen entgegentrat: »Verräter!« und »Hoch Ferdinand!« hoben ihn auf ihre Schultern und trugen ihn trotz seiner wütenden Proteste hinaus und in sein Zelt. Dort erfuhr er, sie seien Biscayer und hätten ihn gerettet.

»Wovor?« brüllte er. Sie erklärten: Eine Verschwörung seiner Generäle, die ihn zum Rückzug zwingen wollten! Ferdinand verfluchte im stillen die übergroße Treue der Biscayer. Da er endlich vors Zelt trat, bot sich ihm das schrecklichste Schauspiel. Seine Armee floh regellos. Gerüchte, die Pest oder Portugal kämen und die Generäle seien geflohen, trieben sie auseinander. Die Soldaten warfen die Waffen und Röcke fort und liefen wie Hasen.

Ferdinand brachte zwölfhundert Mann und zwei Fähnlein Biscayer nach Tordesillas ins Hauptquartier Isabellas. Hätte Alonso nur zweitausend Ritter nachgeschickt, wären Ferdinand und Isabella gefangen und verloren gewesen.

Isabella, noch geschwächt nach einer Fehlgeburt, die sie infolge ihrer rücksichtslosen Überanstrengung erlitten, empfing ihn auf einem Felde vor Tordesillas, wo sie eben mit sechzehnhundert Rekruten exerzierte. Sie kommandierte von einer Sänfte aus, ließ die Rekruten springen, laufen und schwitzen. Je mehr die Soldaten schwitzen, um so mehr sind sie begeistert, dachte sie. Sie war eine magistrale Natur. Sie predigte Ferdinand: Könige, die Stellvertreter Gottes, sollen die Reichen bereichern und die Armen begeistern. So will Gott. Sie besorgte alle Heeresgeschäfte in ihrem Hauptquartier zu Tordesillas, sammelte Waffen und Proviant, Pferde und Maultiere, ohne Geld und Kenntnisse. Die Händler verkauften ihr faulen Mais, trockene Oliven, sauren Wein. Die Granden lieferten verdorbene Gerste, verseuchtes Vieh. Die Soldaten starben entweder vor Hunger, an Seuchen oder vom Essen und Trinken. Der Tod setzte sich stets mit zu Tisch. Isabella sah Reiter und erkannte Ferdinand von weitem. Ihr Herz klopfte, und sie vergaß die Rekruten und ließ sie am Boden liegen laut ihrem letzten Kommando, daß es Ferdinand schauderte und ihm wie ein Feld voll Leichen erschien. Isabella sprang aus der Sänfte mit zitternden Beinen, sie war noch schwach und leicht zu Tränen geneigt, obwohl sie heimlich viel Tränen im Bett schon vergossen hatte, wegen ihrer Fehlgeburt. Sie hatte auf einen Jungen gehofft. Sie hatte um ihren Sohn geweint. Nun kam Ferdinand, sie küßte ihn und fühlte das Unglück. Ferdinand schlug die Augen nieder und deutete auf seine Reiter: »Das blieb uns!«

Isabella erblaßte und tröstete sogleich Ferdinand. »Gott straft unsere Dummheit. Das war eine Lektion. Nun sind wir klüger.«

»Isabella!« schrien die Reiter Ferdinands und die zwei Fähnlein Biscayer.

»Ferdinand!« schrien die sechzehnhundert Rekruten, die noch am Boden lagen, von unten. Es klang, als huldigten sie aus dem Schoß der Erde. Mir huldigen die Toten, dachte schaudernd Ferdinand.

Da erinnerte sich Isabella ihrer sechzehnhundert Rekruten und gab den Befehl zum Aufstehen. Die Rekruten sprangen auf und schrien noch einmal:

»Ferdinand!« Nun klang es hell und lebendig. Ferdinand lächelte mitten in Scham und Gram. Siehe die Stärke Isabellas: Schon huldigen mir die Lebenden. Meine Frau ist ein Genie, dachte Ferdinand und fühlte sich getröstet.

Aber nun fehlten wieder Geld und Soldaten.

»Ohne Geld«, sagte Isabella, »folgt uns keiner mehr. Wir brauchen Geld.«

Sie berief die Cortes. Die Cortes schworen, das Land sei ausgeplündert. Niemand hatte Geld.

»Also sind wir verloren!« riefen Ferdinand und die Minister.

Da machte der Kardinal Mendoza den Vorschlag, die Hälfte aller Kirchenschätze zu schmelzen, gegen das Wort Isabellas, später zurückzuzahlen.

Isabella sträubte sich. »Wie? Was die Väter seit aberhundert Jahren der Kirche vermachten, die goldenen Becher und Kelche, die silbernen Taufbecken und Geräte, die Juwelen und Perlen, die ganzen frommen Schätze?« Sie bebte. »Die Heiligtümer? Die Altertümer?« Sie weigerte sich. »Nein!« flüsterte Isabella. »Nein!«

Ferdinand sah schon im Geist die großen Kanonen vom Erlös der Kirchenschätze. Mit jedem Schuß konnte man hunderte

Arme und Beine frommer Katholiken abweichender politischer Richtung in die Lüfte wirbeln. War das nicht ein paar goldene Becher wert?

»Nein«, flüsterte Isabella, »nein!«

Mendoza und Ferdinand überzeugten sie schließlich. Die Kirchenschätze ergaben dreißig Millionen Maravedi. Die Waffenfabrikanten in Europa lobten Gott und spendeten geweihte Kerzen. Damals hatte Ferdinand den fast genialen Einfall, die katholische Kirche zum Steuerbüttel der spanischen Juden zu machen; denn die Kirche war allen Finanzjuden überlegen. Große Ideen reifen langsam. Sechs Jahre später machte Ferdinand die Inquisition, das alte Ketzergericht, zur Judenbank.

Mit dreißig Millionen fühlte sich Isabella gerettet. Die Soldaten strömten ihr zu. Am 1. Dezember 1476 ritt Ferdinand an der Spitze von fünfzehntausend gutgedrillten und bewaffneten Soldaten am Douro entlang vor Toro, wo Alonso immer noch saß. Inzwischen waren Cardenas und Gonzalo in Portugal eingefallen und hausten mit Feuer und Schwert. Die Herzöge von Albuquerque und Medina Sidonia schrieben Alonso, ihre Astrologen rieten ihnen, noch zu warten. Die Portugiesen litten unter Mangel und klagten, daß die Kastilier ungestraft ihre Güter in Portugal verwüsteten. Da kam ein Bote Mendozas und schlug Alonso eine geheime Zusammenkunft der Könige vor, um Frieden zu machen. Der Minister Alonsos, Abravanel, riet dringlich dazu. Alonso willigte ein.

Die Könige

In einem Bauernhaus an der Landstraße kamen die Könige Ferdinand und Alonso, die Königinnen Isabella und Johanna und die Minister Mendoza und Abravanel zusammen. Don Gonzalo de Cordova und ein portugiesischer Ritter waren vorausgeritten und untersuchten das Bauernhaus, das mitten im Tal am Ufer des Douro zwischen flachen Weiden ganz übersichtlich lag. Sie schickten die Bauersleute samt dem Hund und dem Kind in der Wiege aufs freie Feld, wo sie unter einem sanften Regen stehen mußten, bis die Könige wieder fortgeritten waren. Beide Ritter durchsuchten Haus, Stall und Scheuer, vermachten alle Fenster und Türen und stellten sich auf die Landstraße vor dem Haus, rechts und links davon, jeder mit Schwert und Schild und herabgelassenem Visier, hoch zu Pferde.

Die Könige und Minister kamen ohne Waffen und Diener. Zu gleicher Zeit ritten sie von zwei Seiten heran, stiegen ab, begrüßten einander zeremoniös und schritten Hand in Hand zu zweien in die Hütte und in die Wohnstube, Alonso zuerst an der Hand von Ferdinand, Isabella und Johanna danach, zuletzt der Kardinal von Spanien, Marquis Mendoza, Kanzler Kastiliens, und der Finanzjud von Portugal, Isak Abravanel, Hand in Hand auch sie.

Die Könige und Königinnen setzten sich auf eine lange Bank an der rückwärtigen Wand, alle vier nebeneinander in einer Reihe. Die Minister gingen in die kleinere Knechtstube daneben und breiteten ihre Papiere auf dem Bett aus und begannen das Friedensgeschäft.

Indes führten die Könige Konversation. Beide waren zerstreut und beklommen. Ferdinand fürchtete sich. Als er eintrat, zitterte er sichtbar. Sein Verdacht, Alonso stellte ihm eine Falle, war ungeheuer. Er wollte nicht kommen. Isabella überredete ihn. »Alonso ist ein Ritter«, sagte sie. Ferdinand war fahl, sein Blick unruhig. Er hatte die Möglichkeit, Alonso abzuschlachten, lange und genau erwogen. Wenig genug sprach dagegen: Der formelle Tadel der Kirche, vielleicht die Exkommunikation, die europäische Empörung, das eigene Gewissen, das waren nichtige Einwände. Schwerer wogen die Scheu vor dem Äußersten und die Sorge, für unmodern zu gelten, auch Rücksichten auf Isabellas frommen Ruf. Aber das war nicht entscheidend, nicht einmal die Angst, es könnte mißglücken, und die Blamage darüber. Es entschied die staatsmännische Erwägung, solche allzu einfache, allzu radikale, enttäuschende Lösung sei falsch und wertlos und gegen alle Lehren der kunstvoll komplizierten neueren Diplomatie. Wenn die Könige einander offen abschlachten, geben sie den Völkern ein übles Beispiel. Unsere Person ist geheiligt, auch wo sie usurpatorisch ist, auch ein Bastard noch. Wir sind die Stellvertreter Gottes! Diese dunkle Empfindung entschied. Versteckt unterm schlichten, braunen Wollmantel trug Ferdinand einen Kettenpanzer, ein Kurzschwert, einen Dolch und ein Messer. Er dachte, notfalls sein Leben teuer zu verkaufen. Er zitterte um sein Leben. An die Sicherheit von Ritterschwüren glaubte er nicht. Und ob Alonso so klug war, die nämlichen Erwägungen wie er zu treffen, bezweifelte Ferdinand. Alonso, klein, schmächtig, trug einen Purpurmantel mit Gold und Juwelen bestickt, in der Hand einen Reitstock aus purem Gold. Portugal hatte im vorigen Jahr eine der reichsten Goldminen in Afrika entdeckt und schwamm im Golde. Alonso kam furchtlos und vertraulich, er zitterte nicht vor Ferdinand, sondern vor den hellen durchdringenden Blicken seiner kleinen, jungfräulichen Johanna, der Königin von Kastilien, die er liebte. Und er scheute die Begegnung mit Isabella, die er geliebt hatte. Er kam mit hochfliegenden Plänen. Der Frieden, den es zu schließen galt, schien ihm eine Bagatelle. Er wollte Ferdinand vorschlagen, gemeinsam gegen die Mauren und Afrikaner und Türken zu kriegen und ein Weltreich zu gründen. Teilen wir die Welt, hatte er im Sinn, Ferdinand zu sagen. Kastilien, Aragon und Portugal sind mächtig genug! Da er nun neben Ferdinand saß, brachte er kein Wort davon über die Lippen. Er war enttäuscht. Er war entsetzt. War das ein König, dieser vulgäre junge Mensch mit dem selbstzufriedenen Lächeln im mageren Gesicht, mit dem kurzen, breiten Leib, den stämmigen Schenkeln, der Glatze, den frechen Augen, dem schäbigen Anzug, mit dieser ungebildeten, schnarrenden Kommandostimme? War das ein König? Diesen Bastard hat Isabella mir vorgezogen? Ein Fuchs wie sein Vater, verhurt wie seine Mutter! Darum so fromm, Isabella, darum so fein, darum so wählerisch gewesen? Wie gierig der plumpe Kerl auf die nackten Brüste meiner Frau schaut!

Ferdinand starrte wirklich auf den nackten, rosigen, zarten Busen Johannas, die ein durchsichtig leichtes, tief ausgeschnittenes, mit Perlen und Smaragden verbrämtes Kleid aus veilchenfarbener Seide trug, das sich eng an ihren schmalen Körper schmiegte und die Brüste und die Schultern freiließ. Seltsame Gedanken beschlichen Ferdinand, indes er wie fasziniert auf diese runden, festen Halbkugeln starrte. Wie, wenn diese die Echte wäre? Wenn ich die geheiratet hätte? Wozu der billige Streit um Toro und Zamoro (um des Gleichklangs willen, machte er ein A zum O)? Europa braucht einen Herrn, wie der Papst sein geistlicher Hirte ist. Vor dem Christentum sind alle Getauften gleich, ich meine gleichgeschickt, zu dienen. Jener wollte die Welt, ich könnte Europa erlösen? Warum nicht ich? Johanna hätte mich nicht gestört. Sie ist jung, schön, rein . . . Hab' ich die Falsche? Ferdinand erschrak vor seinen Gedanken. Er atmete tief. Die Luft war dumpfig in der niedern Stube. Es roch nach ranzigem Öl und Hühnerdreck. Sklavengeruch, dachte Ferdinand und gestand sich: Ich habe Angst. Er blickte zu seiner Frau. Isabella saß heiter lächelnd da, eine furchtlose Amazone, stark und kühn, wie ein Mann gekleidet, in eisernen Hosen, in einem stählernen Harnisch, mit einem Eisenhelm und Eisenschuhen. Ferdinand fühlte seine Angst schwinden.

Isabella blickte heiter lächelnd auf Johanna. Die jungen Frauen studierten einander schamlos und prüften ihre körperlichen Veränderungen. Johanna sagte sogleich: »Tante Isabella, du bist dick geworden.«

»Schädigen die bekannten Anstrengungen der Ehe«, fragte heiter lächelnd Isabella, »nicht deine zarte Gesundheit, mein Kind?« Und sie deutete auf die schmalen Schultern und Wangen Johannas.

Johanna errötete und erwiderte schroff: »Nein, Doña.«

Da saßen die beiden Königinnen von Kastilien. Welche war echt? Sie hielten sich noch an den Händen. Die zarten, kühlen, unruhigen Finger Johannas, mehr Knöchel als Fleisch, verschwanden fast in den harten, kräftigen, warmen Händen Isabellas. Plötzlich drückte Isabella die Finger Johannas, als wollte sie die Hand der Feindin zerbrechen. Johanna verzog die kindlichen, roten Lippen, aber sie hielt schweigend den Schmerz aus. Isabella ließ heiter lächelnd los. Sie beschloß: Hab' ich dich erst, sperre ich dich ins Kloster! Und fast mitleidig sah sie das zarte Geschöpf an und dachte: Du wirst nicht alt. Aber Johanna lebte fast doppelt so lange wie Isabella, sie überlebte Feinde und Freunde und alle Freier und ward steinalt und böse.

Alonso erzählte von den neuesten Entdeckungen Portugals. Dieses kleine Volk beschenkte die Welt mit Inseln, Reichen und neuen Kontinenten. Alonso sprach mit bescheidenem Feuer. Er wußte, sein Name würde ewigen Ruhm tragen. Sie kamen auf Entdeckungen, auf den Buchdruck zu sprechen. Alonso eiferte: Die Berührung des Geistes mit der Maschine sei Teufelswerk. Das Wort sei göttlich und müsse es bleiben. »Die Zukunft wird schaurig sein!« rief mit tönender Stimme der schmächtige, fahlblonde König und sah zürnend auf Ferdinand, als sei der schuld an der Zukunft oder als sei er Gutenberg. »Berge von Büchern werden wie mit Geröll die Menschen zudecken. Jeder wird lesen und schreiben können. Die Wissenschaft wird käuflich, die Kunst nützlich, die Träume der Menschheit werden wohlfeil. Dieser Deutsche wird durch seine Erfindung Europa barbarisch machen und die Kirche zerstören.« Alonso blickte düster starr, als schaue er auf die Trümmer der Kirche und Europas. Ferdinand und Isabella lachten schallend. Schließlich erklärte Ferdinand kichernd: Die Zeit der irrenden Ritter sei vorbei. Eine bessere Zeit steige auf, die neue Zeit!

Alonso nickte traurig. Genauso hatte er sich die Meinungen dieses ungebildeten Jünglings vorgestellt. Isabella merkte Alonsos Verachtung für Ferdinand und schämte sich ihres Gatten. Sie erklärte rasch: »Ich lasse alle gedruckten Bücher zollfrei nach Kastilien.« Ein wenig albern fügte sie hinzu: »Ferdinand und ich sind modern.«

Nun errötete Ferdinand. Johanna musterte mit hellen, prüfenden Blicken die Großen. Sie durchschaute ihre Falschheit und verachtete alle und war empört.

Die beiden Minister erschienen. Abravanel verkündete die Friedensbedingungen. Portugal forderte: Toro, Zamora, die Provinz Galicien und die Kriegskosten.

Isabella saß starr, als träume sie. Ferdinand sah auf seine Frau. Da sie schwieg, fragte er, wie es mit dem französischen Bündnis stehe? In seine Worte hinein murmelte Isabella wie verstört: »Keinen Fußbreit!«

Ferdinand erhob gereizt seine Stimme. Die territorialen Ansprüche seien zu hoch. Wo der Vorteil für Kastilien ...

»Keinen Fußbreit«, sprach schon lauter Isabella. Ferdinand versuchte noch lauter fortzufahren. Toro *und* Zamora sei zuviel, eine der Festungen ... Da rief Isabella, mit einer Stimme viel zu mächtig für die kleine Hütte: »Keinen Fußbreit meiner Reiche sollt ihr haben. Geld und Frieden – sonst nichts!« Sie atmete heftig.

»Majestät«, begann eindringlich Abravanel, »was verliert Ihr an Galicien? Eine rauhe, feuchte Gegend, am schrecklichen Ozean, arm an Seelen ...«

»Keine Seele!« schrie Isabella. »Keine Seele verkaufe ich! Lieber soll ich zugrunde gehen und mein ganzes Haus, ehe ich mein Erbe Kastilien verkleinern ließe. Das schwöre ich bei Gott!«

»Majestät«, flehte Abravanel.

»Jude, davon verstehst du nichts«, erklärte Isabella hochmütig. Ferdinand und Mendoza blickten betroffen einander an. Ferdinand stand auf und ging zum Fenster. Er blickte hinaus auf die trostlose Landstraße mit den beiden Rittern, die wie Wachhunde standen. Ferdinand sah die feuchten Äcker, den rieselnden Regen, den lehmig gelben Douro und in einiger Entfernung auf der Landstraße zusammengedrängt die Bauernfamilie im Regen, die wartete, bis die Könige ihr Haus verließen. Ferdinand zürnte Isabella. Was für eine Rolle spiele ich? Mendoza trat zu ihm. Sie flüsterten. Schließlich erklärte Mendoza: »Kastilien bietet: die Kriegskosten, eine Generalamnestie für alle Rebellen, eine Jahresrente von einer Million für Johanna und einen Friedenspakt von zehn Jahren.«

Wäre Alonso weniger entsetzt von Ferdinand gewesen, vielleicht hätte er zugestimmt. Abravanel winkte ihm mit den Augen.

Alonso aber erklärte schroff: »Ich habe verhandelt. Ich handle nicht.«

Da stand Isabella klirrend auf und verließ brüsk die Hütte. Bestürzt folgten Mendoza, Ferdinand und Abravanel.

Alonso blieb allein mit Johanna. Er blickte unsicher auf seine Frau. Das Mädchen ging zum Fenster. Aber sie sah nicht die Trostlosigkeit draußen, Tränen trübten ihre Blicke. Sie sah ihr trostloses Leben. Plötzlich wandte sie sich um und fragte leise: »Warum verschmäht mich mein Gatte?«

Alonso starrte in das Gesicht des kleinen Mädchens, und ihm schien, er sehe den Abschein eines schrecklichen Brandes, Haß, Angst, Stolz und Fanatismus. Alonso schwieg kummervoll und beschämt. Mußte er nicht auf die Bulle des Papstes Sixtus warten, damit er sie löse von naher Verwandtschaft? Alonso fühlte die teuflische Wollust eines keuschen Herzens. Johanna ging mit eleganten, raschen Schritten zu ihrem Mann und setzte sich plötzlich auf seinen Schoß und drängte ihre nackten Brüste an seine Brust und umklammerte ihn mit den nackten Armen und küßte ihn unter Tränen und flüsterte: »Liebt Ihr mich gar nicht, Señor?« Alonso saß stumm da, die süße Last auf den Knien, die Hände nach hinten an die kalte, kahle Mauer gedrückt. So saß er lange, bis seine Glieder taub wurden. Johanna hörte auf, ihn zu küssen. Ihren hellen Augen entströmten reichlich Tränen. Sie weinte lautlos.

Endlich trat Abravanel ein, und sie verließen die Hütte und ritten zurück nach Toro. Zwei Geier begleiteten hoch in den Lüften ihren Ritt. Es war Abend. Der Wind kam kühl vom Douro.

Auf Engelsflügeln

Gonzalo und Isabella ritten über die bewaldeten Hügel bei Linares. Die Sonne brannte durch das Laubdach. Als der Wald aufhörte, erblickten sie die breiten, mächtigen Berge und wie Wolken die Schneegipfel, in der Ferne das silberne Band des Guadalquivir, vor sich das weite Tal, mit den regelmäßigen Reihen der Ölbäume zwischen den Weinfeldern. Die Lüfte leuchteten wie vom eigenen Glanz mit hundert Sonnenaugen.

Sie stiegen ab, ließen die Pferde grasen und legten sich zwischen Blumen, in den Schatten einiger Steineichen. Der Himmel blaute feurig und unendlich hoch. Gonzalo lag auf dem Rükken, sein Haupt neben dem Knie Isabellas. Sie saß still atmend und schaute auf das kühne, schöne Antlitz des Freundes. Gonzalo blickte zu ihr hinauf und lächelte. Seine Augen blinzelten vor dem doppelten Feuer der beiden blauen Himmel über ihm, dem Sonnenhimmel und dem schönen Himmel in den blauen Augen Isabellas. Er schloß die Augen und entschlummerte.

Seit Monaten ritten sie kreuz und quer durch Kastilien, unermüdlich, allgegenwärtig. Isabella warb leichte Reiter in Andalusien, kaufte Schinken und Hämmel in Estremadura, wallfahrtete nach Santiago de Compostella am Ende der Welt, exerzierte Rekruten in Tordesillas, in den Ebenen am Douro, predigte vor den hohen Türmen von Madrigal, in der Kirche San Pablo zu Valladolid und von der Brüstung des alten, arabischen Sonnentors zu Toledo. Sie achtete weder Tag noch Nacht, weder Frost noch Hitze, weder Hunger noch Schlaf noch Räuber. Das Volk sagte: Isabella reitet auf Engelsflügeln. Ihre Haut ward braun, ihr Busen voll, ihre Schenkel wurden eisern, ihre Hände hart. Sie roch nach Pferd und Weihrauch. Die Bauern beteten zu ihr. Ihr Antlitz war Güte, ihre Gestalt Majestät. Ritter und Mönche umschwärmten die junge Königin wie Bienen.

Mit Rührung blickte Isabella auf den schlafenden Jüngling. Eine tiefe Wehmut erfaßte sie. Wie Schalen fielen von ihr ab: ihre ungeheuerliche Energie, die hunderte und hunderte Menschen um sie herum antrieb, das Außerordentliche zu tun, als sei es alltäglich; die wunderbare, seltene Gabe, Menschen für das Große und Gute zu begeistern und das Äußerste von ihnen zu fordern und zu erlangen; ihre tiefe Frömmigkeit, deren Abglanz alles erleuchtete, wie der Widerschein eines Brandes an fernen Himmeln leuchtet, ohne daß man die Flamme sieht, aber man riecht das Feuer meilenweit; ihr Genie, spürbar in ihren einfachen Gesten und deutlichen Worten; die ganze milde Aureole süßer, kindlicher Erhabenheit, die sie umschwebte; alles fiel von ihr ab wie Mantel, Panzer, Gewand und Hemd. Isabella sah sich dasitzen in anmutiger und schrecklicher Nacktheit neben dem reizenden, schlafenden Jüngling, dessen Locken auf ihre Knie fielen. Sie schämte sich sehr und fand nichts, ihre Blöße zu bedecken. Da beschloß sie, mit großen Taten, mit Wohltaten ihre Nacktheit vor dem Jüngling zu verbergen. Ihr kam vor, er sei ihr Richter. Mein Gott, sagte sie mit zitternden Lippen, ich bin fünfundzwanzig Jahre alt, ich bin die Königin – was habe ich getan? Sie las hinter den geschlossenen Lidern ihres Jünglings die erhabene Forderung. Isabella beschloß, sich zu verantworten und zu beweisen. Mit zärtlichem Lächeln streifte ihr Blick den goldenen und juwelenblitzenden Prunk am Anzug ihres Freundes. Wenn Gonzalo eitel ist, will er mir allein gefallen. Sie überließ sich sanfteren Träumen. Sie war eine Schäferin im kurzen Rock, sechzehn Jahre alt, er war ein Hirte, der sein Mädchen an den Rand der Felder führt, oder ein Jäger vielleicht? Sie pflückt ihm aus Feldblumen einen Kranz um die Locken, er legt seinen Kopf in ihren Schoß und bläst auf der Rohrflöte die kleinen, süßen Melodien, die tanzen oder weinen machen; sie singt die frommen Liedchen vom Helden, der Mohrenköpfe säbelt, oder vom Mädchen, das am Bache weint. Am Abend sitzen sie um die Hirtenfeuer, und einer erzählt Märchen oder von den Königen des Landes, die in großen Schlössern regieren; die Herden schlummern, die Hunde bellen im Traum, der Mond zieht herauf und schläfert die Hirten mählich ein. Am Sonntag tanzen die Schäfer und Schäferinnen unter den Nußbäumen oder am Brunnen, oder sie gehen zum Stierkampf. Das einfache Leben, träumte Isabella, das einfache Leben . . .

»Steht auf, Ritter«, rief sie, »Kastilien wartet auf uns!«

Da sie langsam die Höhe hinabritten, gestand Isabella dem idealen Jüngling, sie wolle das Leben der Spanier von Grund auf ändern. Ich bringe ihnen das einfache Leben. Es ist süßer als alles, glaubt mir, Gonzalo. Und es ist christlich. Die Nächstenliebe soll die Ehre der Spanier werden. Ich verbiete das Duell! Ich beende den Bürgerkrieg. Mir will das Herz brechen, wenn ich unsere Kastilier anschaue. Streit im Haus, Streit in der Kirche, Streit auf den Straßen, Streit in den Städten, Streit im Staat. Vater und Sohn gehören zu verschiedenen Parteien, Brüder erschlagen Brüder, Familien kämpfen mit Familien, der

König ist ohne Achtung, die Cortes ohne Geltung, die Kirche korrumpiert, der Adel verblendet, die Juden und Mohren verführen die neuen Christen zur Ketzerei! O Gonzalo, ich sehe das alles, und mir wird übel. Denn ich weiß, man kann es ändern. Ich will es ändern! Ihre Sitten schaffe ich ab, ihre schlechten Gebräuche stoße ich um. Ich kann mich nicht zufriedengeben! Die Menschen beruhigen sich zu rasch vor allem Unrecht und heißen es den Lauf der Welt! Das ist nicht wahr! Gott hat uns den Weg gewiesen. Ich will ihm folgen! Es gibt keine Ordnung in Kastilien. Ich werde sie von Grund auf schaffen. Ich schwöre es dir! Wie es Gott gibt, den dreieinigen, so soll die Herrschaft einig sein, Macht, Gericht und Kirche, dreieinig unter dem König, er soll die ganze Macht haben! Er kann alles Recht, alles Heil und alle Größe erschaffen! Wie glücklich bin ich, daß ich der König bin; denn ich will das Gute, und Gott will, daß ich es tue. Ich reformiere, Gonzalo! Ich reformiere Kastilien, die Kirche, das Gericht, die Gesetzbücher, das Familienleben, die Ordnung der Stände, die Regierung, den Thron und die Krone. Ich mache sie neu, ehe daß sie sterben und vergehen! Ich schaffe eine Polizei, ich richte die heilige Bruderschaft, die Hermandad, in ganz Kastilien ein. In meinem Reiche soll es keine Diebe, keine Räuber, keine Mörder mehr geben, oder sie sollen sterben. Dies ist nur der Anfang, Gonzalo. Hab' ich erst Frieden gemacht im Haus und im Reich, den Adel zum Gehorsam, die Bürger zur Freiheit, die Bauern zum Wohlstand geführt und die Geistlichen gesäubert, daß sie arm und keusch leben und wohltun, so will ich die Armut abschaffen, die Unruhen fortjagen, die Seuchen kurieren, die Ketzerei verbannen! Wer nicht ans Heil glaubt, schließt sich selber aus aller Gemeinschaft. Ich will den Hunger stillen. Die Liebe soll in Spanien regieren. Das ist erst der Anfang, Gonzalo! Haben wir erst Aragon und Kastilien vereint, ist Spanien einmal erstanden, so erobere ich Granada dem Glauben und dem

Himmelreich und taufe die Mohren und Juden und gewinne durch meine Kinder Portugal und Navarra, und Ferdinand mag Italien dazugewinnen, wie er träumt, vielleicht schlagen wir den Türken und erobern das Heilige Grab und Afrika. O Gonzalo, ich weiß, Christi Reich ist nahe, und ich will dazu helfen. Sollen denn die Menschen ewig ihr Blut und das Blut ihrer Brüder vergießen? Sollen Tränen ihr Salz und Hunger ihr Koch und Raub ihr Erbe sein? Hat uns Gott nicht erschaffen, daß wir alle uns lieben wie die Kindlein und seinen Namen lobpreisen? Gonzalo, zuweilen möchte ich niederknien und mein Gesicht in den Staub werfen und die schmutzigen Füße eines Bettlers küssen. Wozu bin ich mehr als er, wenn ich ihn nicht aus seiner Not erlöse? Warum hat Gott mich ausgewählt, wenn ich ihm nicht diene? Es ist nicht wahr, daß die Finsternis herrschen muß! Es ist nicht wahr, daß Satan siegen wird. Und eine Frau, Gonzalo, wird das Heil gebären. Ward es nicht so verheißen? Verstehst du, Gonzalo?«

»Ja«, sagte der schwärmerische Jüngling. Er verstand Isabella. Er liebte sie. Sie war das Genie Spaniens. Sie glich der Madonna. Er ging in ihr unter. Er ging in ihr auf. Er begehrte sie nicht einmal. Er besaß sie; tiefer, vollkommener, da er die Vertraulichkeit ihrer Seele besaß und ihre Gegenwart. Sah er zuweilen ihre von Liebe blinden Blicke, oder streiften seine Lippen ihre Hände, spürte er im Zittern ihrer Haut eine ewige Hochzeit bis ins innerste Gemüt. Ohne Eifersucht sah er Ferdinand und Isabella zärtlich tun. Jener war der König, der Gatte, der Liebhaber. Gonzalo fühlte mehr. Er war der unsagbare Traum am Morgen, er war der flüchtige Bote des Genius, er war der Bruder im Geiste. Da der idealische Jüngling robust war, hielt er solche himmlische Liebe aus.

»Verstehst du, Gonzalo?«

»Ja!« flüsterte er, »Ich verstehe.«

»Einfach ändern!« rief Isabella und hüpfte im Sattel.

»Die althergebrachten Sitten!« rief Gonzalo, »den ewigen Charakter Kastiliens!«

»Ja«, rief Isabella heiter schwärmerisch. »Einfach ändern.«

»Also wollt Ihr die Menschen ändern?«

»Auch das!« schrie Isabella. »Unter anderm!«

Sie fühlte sich stark und ungeheuer. Triumphierend schaute sie auf die hohen Berge, die glänzenden Wolken und den silbernen Lauf des Guadalquivir. Übermütig hob sie die Schultern. Warum soll ich nicht die Berge versetzen und den Lauf der Flüsse ändern und die Wolken bewegen? Bin ich weniger als der Wind? Sie fühlte sich der Welt gewachsen.

Indes prophezeiten die klugen Leute an allen Höfen Europas und auf den Schlössern Spaniens und in den Klöstern der Christenheit das schmähliche Ende und den vollkommenen Untergang der armen und wohl auch falschen Königin Isabella.

Don Gonzalo ritt im Galopp neben Isabella. Er sah, ihre blauen Augen strahlten den himmlischen Schein der Treue. Und ihre rötlichen Locken flammten im ewigen Glanz der Sonne so unverwüstlich!

Die Schlacht von Toro

»Die Zeit ist gekommen«, erklärte Isabella, »die große Schlacht zu schlagen.« Ferdinand hatte mit Hilfe der armen Leute von Burgos die reichen Leute, die für Johanna gesinnt waren, in der Kathedrale ohne Gnade erschlagen. Die Kathedrale war in Kreuzesform vom König Ferdinand dem Heiligen erbaut worden, 106,40 m lang, 59,64 m breit. Die Leichen der reichen Leute von Burgos schwammen in ihrem eigenen Blut durch die Kathedrale in Kreuzesform, 106,40 m lang, 59,64 m breit. Die Kathedrale ist prächtig. Hans von Köln baute die Türme.

Ferdinand gewann mit Blut die Stadt Burgos, Isabella mit einem Beutel voll Gold die Stadt Zamora. Alonso hatte vor kurzem den Stadtkommandanten von Zamora bestochen. Isabella bestach den Kommandanten des Brückenforts, daß er nachts Ferdinand einließ und die Fahne Kastiliens hißte. Isabella schickte die großen Kanonen, die sie in Italien und Deutschland gekauft hatte, von den goldenen Meßkelchen und silbernen Taufbecken der kastilischen Kirchen. Alonso verließ Zamora und marschierte nach Toro.

Cardenas, der Schatzmeister, und Gonzalo, der Ritter der Königin Isabella, verwüsteten mit raschen Scharen leichter Reiter aus Andalusien und Estremadura die unbewachten Grenzländereien Portugals. Feuer und Schwert schlugen alles Lebende. Da bot Alonso durch Herolde die Schlacht an.

»Soll ich?« fragte Ferdinand durch Boten Isabella. »General Lista rät: Nein! Ich billige Listas Rat.«

Sie schickte Mendoza nach Zamora. »Nur der Sieg kann uns retten!« rief der Kardinal. Er hatte bereits sein Familiensilber eingeschmolzen.

Ferdinand billigte Mendozas Rat. Er stellte sein Heer in Schlachtordnung auf und wartete den ganzen Tag und führte es abends ins Zeltlager zurück. Anderntags rückte Joao mit zwanzigtausend frischen Portugiesen an. Fünfzehn Tage lang blockierten sie die kastilische Armee in Zamora. Das spöttische Gelächter der Portugiesen hörten die Kastilier noch nachts im Traum. Ferdinand schickte alle Tage Boten nach Tordesillas ins Hauptquartier Isabellas. Sie schlief kaum, betete, exerzierte, diktierte Briefe, expedierte Boten, aß stehend am Wachfeuer aus einem Topf mit ihren Rekruten, kniete mit ihnen alle Morgen auf dem Feld und hörte die Messe, duldete weder Flüche noch Huren noch Würfel, sah auf Zucht und Sitte, trug Rosenkranz und Degen, ließ eine schwachbesetzte Festung im Rücken der feindlichen Armee durch zweitausend Reiter überrumpeln, schnitt den Portugiesen die Zufuhr ab und zwang sie, ihre Truppen zu teilen, indem sie kleine Sturmhaufen gegen die

Festungen aussandte, die der Feind besetzt hielt. Die Portugiesen litten unter dem Nachtfrost. Alonso bat um fünfzehn Tage Waffenstillstand. Ferdinand war dafür, Isabella dagegen. Um acht Uhr morgens kam ein Bote Ferdinands nach Tordesillas und meldete Isabella, der Feind sei geflohen. Er habe das Südende der großen Römerbrücke zerstört. Da die Kähne nicht ausreichten und der Fluß durch die Winterregen zu angeschwollen sei, müsse man die Brücke reparieren, um den Feind zu verfolgen. Isabella lauschte, ohne recht zu begreifen. Warum floh Portugal? Ohne Schlacht? Was war geschehen? Um zwölf Uhr mittags kam der zweite Bote, sie hätten die Brücke überschritten und setzten den Portugiesen nach.

Um sieben Uhr abends kommt ein dritter Bote. Das Heer habe im Hohlweg zwischen dem steilen Berg und dem Douro, kurz vor Toro, die Portugiesen erreicht. Kardinal Mendoza sei auf Patrouille geritten und mit der Meldung zurück, daß die portugiesische Armee nicht fliehe, sondern in Schlachtordnung in der Ebene warte. Mendoza habe erklärt, die Königin wünsche die Schlacht. »Sogleich«, ließ Ferdinand seiner Frau ausrichten, »rufe ich vorwärts, und wir reiten in die Ebene vor Toro. Toro sah meine Schmach. Toro sieht meinen Sieg oder Tod. Es ist spät und neblig. Bete für uns, Isabella! Bete für Kastilien! Vorwärts!« So habe der König geschrien, und die Kastilier seien durch den Hohlweg geritten und hätten sich in der Ebene formiert. Um acht Uhr abends kam ein verwundeter Ritter aus der Umgebung des Admirals Don Fadrique. »Kastilien ist verloren«, meldete er stöhnend. Joao, der den linken Flügel der Portugiesen kommandierte, Schirmreiter und Büchsenschützen, habe so wohlgezielt, daß die Truppen des Admirals von Kastilien und des Herzogs von Alba regellos in den Hohlweg zurückflohen. Und der Erzbischof von Toledo, der alte Carillo, der den rechten Flügel der portugiesischen Armee mit den kastilischen Verbündeten Alonsos kommandierte und sich mit dem äußersten Flügel auf den Douro stützte, habe den Kardinal Mendoza erschlagen, und dessen sechs Korps samt den Schirmreitern aus Leon und Galicien, niedergeschlagen durch den Verlust ihres Führers, wichen und würden wohl auch fliehen.«

»Und Ferdinand?« fragte Isabella. Der Ritter zuckte die Achseln und schwieg. Isabella sank auf die Knie und betete. Eine Stunde später, um neun Uhr abends, kam ein Bote Ferdinands, ein leichtverwundeter Page.

Ferdinand ließ seiner Frau sagen: »Alles steht gut. Die Kastilier kämpfen wie Erzengel. Alonso soll tot sein. Joao ist ein Held!«

»Wie steht die Schlacht?« schrie Isabella. Der Page lächelte mühsam. Sie hatten ihm zwei Finger fortgeschossen. »Es dunkelt schon«, sagte er und fiel in Ohnmacht. Danach kam kein Bote mehr. Der Page, den man verband und zu Bett brachte, wußte nicht viel zu erzählen. Die Kastilier hätten San Jago gerufen! Viele hätten auch San Lazaro geschrien. Aber das taten die Kastilier meistens, auch ohne Schlacht. Die Lanzen wären beim ersten Zusammenprall schon zersplittert.

»Und?« fragte Isabella.

König Alonso und König Ferdinand seien handgemein geworden.

»Erschlug Ferdinand den Alonso?« fragte angstvoll Isabella.

»Sie wurden getrennt«, flüsterte der Page. Seine fortgeschossenen Finger brannten ihn wie das höllische Feuer.

»Und dann?« fragte Isabella und streichelte das blutleere, grüne, fiebernasse Gesichtchen des Knaben. »Und dann?«

»Der Fahnenträger«, erinnerte sich der Page und wurde aufgeregt, »sie riefen ihn Duarte d'Almeyda, der Fahnenträger Alonsos ist ein Held!«

»Was tat er?«

»Die Unsern rissen an der Fahnenseide, die Portugiesen rissen auch, die Seide zerriß, er hielt die Fahne. Einer schlug ihm den rechten Arm ab, da nahm er die Fahne in die Linke, einer zer-

schoß ihm die Linke, da nahm er die Fahne mit den Zähnen . . .«

»Und?« fragte Isabella schaudernd.

»Wir erschlugen ihn«, sagte der Page, »und gewannen den
Stock.« Plötzlich begann der Knabe schrecklich zu weinen. Isabella lief vom Bett des Knaben fort. Sonst hätte sie vor Kummer
und Mitleid laut geheult. Isabella wachte und betete die ganze
Nacht. Am andern Morgen um acht Uhr kam ein Bote Mendozas, schon aus Zamora. Er berichtete vom Kardinal: »Vollkommener Sieg! Ferdinand ist ein Held!« Das war alles. Aber der
Bote wußte mehr.

Die Schlacht begannen die Truppen Carillos und Mendozas.
Beide Erzbischöfe, das Schwert in den Händen, über den Panzern die weißen Chorhemden, über den Helmen die Mitra, hät-
ten sich mehrmals eine Gasse durchs Schlachtfeld geschlagen.
Jeder Erzbischof erschlug wohl mehr als fünfzig Feinde mit
eigener Hand. »Das sind Kirchenfürsten!« sagte der Bote voll
Stolz. »Wo bist du, falscher Mendoza?« habe Carillo übers
Schlachtfeld gerufen, durch den Pulverdampf und Nebel wie
ein Ochs aus Oporto brüllend, und habe sich mit den blutigen
Händen den Schweiß von der Stirn gewischt, und Mendoza
habe gerufen: »Verräter Carillo, wo bist du? Hat dir dein
Astrolog deinen Tod schon verkündet? Komm, daß ich deine
Falschheit in deinem Blut ertränke!« »Was für Kirchenfür-
sten!« prahlte stolz der Bote, ein Erzdiakon von Sevilla, ein
Heiliger. Drei Stunden habe die fürchterliche Schlacht ge-
währt. Herzog Alba habe den linken Flügel der Portugiesen
aufgerollt. Sie flohen, die Hunde! Hunderte sprangen in den
Douro und ertranken. Tausend wollten in Toro eindringen.
Auf der Brücke standen wir und erschlugen sie und warfen die
Leichen in den Fluß, als stumme Boten für die Bürger von
Toro. Wäre nicht die Nacht so schnell gekommen und hätte
nicht der strömende Regen die Nacht noch schwärzer gemacht,

wir hätten alle erschlagen. Viele dieser Hunde schrien: ›Ferdinand und Isabella!‹, um im Dunkeln für die Unsern zu gelten. Die ganze Nacht ließ Joao die Trompeten blasen und Feuer anzünden, um seine fliehenden Truppen zu sammeln. Am Morgen marschierte er fort nach Toro.

»Und Alonso?« fragte Isabella. »Ist er tot?«

Der Bote wußte nichts. Um elf Uhr kam endlich der Bote Ferdinands und brachte einen Brief: »Isabella! Ich habe gesiegt! Zwölftausend Feinde schwimmen als Leichen den Douro herunter. Alonso floh mit drei Dienern nach Castel-Nuno und ist schon in Toro bei seinem Söhnchen Joao. Ohne das Hühnchen hätte ich den alten Gockel gefangen! Wir sind bis nach Mitternacht auf dem Schlachtfeld geblieben, um der Ehre willen. Wir haben acht Fahnen und das ganze Gepäck Portugals erbeutet. Zwischen Großväterchen Fadrique und dem tapfern Mendoza ritt ich als Sieger dem Heere voran in Zamora ein. Zusammen mit der Sonne ging unser Ruhm über Zamora auf. Ich habe vielen armen, nackten Gefangenen Geld und Kleider und Geleitbriefe nach Portugal gegeben. Denn leider schneiden in berechtigtem Volkszorn unsere Bauern vielen Portugiesen die Zungen, Arme, Beine, Schamteile ab, blenden sie oder werfen sie in Dunggruben und schütten sie mit Mist zu, bis sie ersticken, oder erschlagen sie mit Stangen und Stöcken, wie es vor mehr als hundert Jahren die Portugiesen an unsern Vätern taten, wir wissen es alle aus deinen prachtvollen Volksreden. ›Rache für Aljubarotta!‹ schreien die Bauern. Sie meinen freilich, Rache für gestern und heut. Ich bin entrüstet und helfe den tapfern Rittern und Soldaten des großen, berühmten Portugal. Ich küsse Dich.   Dein glücklicher Sieger Ferdinand.«

Mit dem Brief in der Hand lief Isabella ans Fenster ihres Hauses, vor dem das Volk von Tordesillas wartete. Alle hatten am Tage zuvor den Schall der Kanonen gehört und warteten.

»Sieg!« rief Isabella und schwenkte den Brief Ferdinands. »König Ferdinand hat einen großen Sieg errungen. Zwölftausend Portugiesen sind tot und ertrunken.«

Das Volk von Tordesillas jubelte. Es jubelten Christen, Mohren und Juden. Isabella aber gab Befehl, daß man in der Kirche St. Paul, vor den Toren von Tordesillas, am Ufer des Douro, eine Messe lesen solle, zum Dank für den Sieg und zum Gedächtnis der Toten. In feierlichem Zug durch die Stadt folgte Isabella den Geistlichen ihres Hofstaats und den betenden Mönchen, die ›Te Deum‹ sangen. Die Glocken läuteten, und das Volk fiel auf die Knie. Isabella ging barfuß. Sie trug ein schlechtes, wollenes Kleid, ohne Zier und Schmuck. Barfuß und barhaupt ging die große Königin Isabella ihrem Hof und den Rekruten und dem Hofstaat voran. Das Volk starrte auf ihre nackten, weißen, zierlichen Füße. »Isabella, die Große!« schrien sie. »Isabella, die Heilige!« Die Sonne strahlte wieder nach dem großen Regen und schien warm auf ihre nackten Füße, aber die Sohlen erschauerten auf den kalten Steinen. »Demütig bin ich vor dir, o Gott. Strafe mich nicht ob meinem Stolz. Nur Stolze sind demütig. Überhöre das Heulen des Triumphes in meinem Herzen. Siehe, mit bloßen Füßen nahe ich dir. Empfange mich, Herr. Mit nackten Füßen schreite ich auf den kalten Steinen. Meine Füße glühen. O Erde, ich spüre dich mit meiner bloßen Haut. Und du, ungeheure, gewaltig schöne Geliebte, die spanische Erde, fühlst du mich nackt und bloß?« So betete Isabella laut und schamlos vor dem versammelten Volke. Das Volk aber starrte auf die nackten Füße der Königin. Nur ein Hieronymitermönch, ein schlichter Mann in brauner Kutte und Kapuze, von fünfzig Jahren etwa, mit einem gewöhnlichen Gesicht, aber durchdringenden und feurigen Augen, der nahe und unbemerkt Isabella folgte, hörte auf den hochmütigen Sinn dieser Worte und beschloß, die Königin zu demütigen. Er kam aus dem Kloster Santa Maria de Prado, unweit von Valladolid, und war zwanzig Jahre Prior dieses Klosters gewesen. Er war ein Mann ohne Ahnen und Herkunft, irgendein Bankert eines Bettelmönchs oder fahrenden Gesellen, seine Mutter stammte von armen getauften Juden. Der Chronist Oviedo fand keine besseren Ahnen später für ihn als Adam und Eva, ein schlimmer Fall für einen Kastilier! Der Mönch folgte Isabella in die Kirche und beobachtete sie, von einem Pfeiler halb gedeckt. Isabella kniete und betete laut und gab Gott die Ehre. Mit bloßen Füßen trat sie vor den Herrn. Wie die babylonische Hure, dachte der fromme Mönch.

Talavera

Später ging der Mönch an den Wachen vorbei in das Haus der Königin, unangefochten. Viele Mönche gingen aus und ein bei den Königen Kastiliens, in hundert Ämtern und Geschäften. Der Mönch trug ein härenes Gewand. Er ging barfuß. In der Hand hielt er den Rosenkranz und betete. Seine nackten Füße klatschten auf dem Boden. Ungestört kam er bis zum Zimmer Isabellas. Er trat zur offenen Türe und sah die Königin. Sie war noch barfuß, aber ihr Kleid hatte sie mit einem andern vertauscht. Obwohl es aus billiger Seide war und sehr einfach, erschien es dem Mönch schon zu wollüstig; denn die Seide umspannte den Busen Isabellas zu enge, und man sah durch die Seide die starken Spitzen ihrer Brüste. Der Mönch ward zornig. Isabella sah ihn nicht. Sie saß am Boden, auf einem Teppich, und spielte mit ihrem einzigen Kind, ihrem Töchterchen Elisabeth, einem hübschen Mädchen mit ein wenig starren Blicken und einem großen Kreuz aus Gold auf der Brust und zwei silbernen Rosenkränzen um den Hals. Isabella saß am Boden und sang mit einer angenehmen, leisen Stimme dem Mädchen, das etwa sechs Jahre alt war, ein Liedchen vor. Das Mädchen kniete vor der Mutter und blickte fromm zu Boden. Seine hübschen Züge verbargen nicht eine starke Einfältigkeit. Isabella sang:

>>Da oben auf dem Berge,
Da rauscht der Wind,
Da sitzet Maria
Und wieget ihr Kind.<<

Das kleine Mädchen begann nachzusingen:

>>Da oben auf dem Berge,
Da rauscht der Wind,
Da sitzet . . .<<

Da schaute das Kind, sah an der Tür den fremden Mönch, stand ruhig auf, ging mit dem gemessenen Schritt einer spanischen Infantin zu dem Mönch und küßte ihm die zarte, feine Hand. Der Mönch segnete das Kind.

>>Gott grüße Euch, Bruder. Wer seid Ihr? Wer schickt Euch?<< fragte die Königin und bedeckte ihre nackten Füße mit ihrem Kleid.

>>Gott hat mich geschickt<<, antwortete der Mönch mit einer gebildeten, sanften Stimme. >>Ich heiße Hernando de Talavera.<<

>>Ihr heißt Ferdinand<<, sagte lächelnd Isabella und erhob sich. >>Mein Kanzler Mendoza schickt Euch, ehrwürdiger Vater. Gott grüße Euch. Gebt mir Euren Segen, Vater.<< Und sie neigte das Haupt.

Der Mönch erklärte: >>Ich habe Euren Stolz gesehen, Majestät. Ich sah Euch, da Ihr durch die Stadt gingt. Ich hörte Euer Gebet in der Kirche.<<

Isabella übergab ihr Töchterchen einer Hofdame. Da sie mit dem Mönch allein war, bat sie ihn, sich zu setzen, und wies ihm einen niedern Schemel neben ihrem Stuhle. Der Mönch blieb stehen. Isabella betrachtete ihn strenge.

»Ihr sollt mein neuer Beichtvater sein, ehrwürdiger Vater. Soll ich gleich beichten?«

»Also beichte, meine Tochter. Knie nieder und beichte!«

Isabella lächelte. Sie sagte zart: »Das ist nicht die Sitte bei Hofe. Wenn die Königin von Kastilien zur Beichte kniet, kniet ihr Beichtvater neben ihr und empfängt so ihre Beichte.«

»Meine Tochter, gehe herab von deinem Stuhl, daß ich mich darauf niederlasse und du vor mir kniest und so beichtest. Denn so ist die Sitte vor Gott. Denn er sitzt über allen irdischen Königen, sie sind vor ihm, wie die Vöglein auf dem Acker vor dem Bauern, mit einem Stein verscheucht er sie alle. Es sind Zaunkönige! Knie; ich sitze für Gott.«

Isabella blickte stumm den Mönch an, seine nackten schmutzigen Füße, die rauhe Kutte, die strengen Augen, sie dachte: Auch wir Könige sind Platzhalter Gottes. Hat Gott so viele Vertreter? Sie sah den Mönch an. Er war einfach. Darin sah sie die Größe. Es war wie eine Erleuchtung. Gehorsam erhob sie sich und kniete. Der Mönch setzte sich auf ihren Sessel und legte die Hand ans Ohr und lauschte.

Don Quixote

An einem kühlen Septembermorgen stand König Alonso auf dem Pont-Neuf zu Paris und schaute zur Seine herab. Er steht allein und unbemerkt in einem alten, grauen Soldatenmantel, eine Tuchmütze verdeckt sein spärlich fahlblondes Haar, der König trägt keine Waffe, kein Zeichen seiner Würde. Er pfeift und starrt in die raschen Fluten. Er pfeift die Melodie eines Liedes, das die Ochsenhirten in Oporto singen. Da stößt ihn einer am Arm. Alonso greift an die Stelle, wo sonst sein Degen sitzt. Er kehrt sich um. Ein Bäuerlein steht vor ihm und fragt ihn. Alonso versteht ihn nicht. Er lebt seit einem Jahr in Frankreich als Gast und auf Kosten des Königs Ludwig des Elften, um von seinem Bundesgenossen eine Armee zum Krieg gegen Isabella von Kastilien zu erhalten, er hat nur Enttäuschungen und Bitterkeit und Mißtrauen gelernt, aber kein Wort französisch. Alonso spricht portugiesisch, sagt einige Worte auf kastilisch, versucht es mit provençalisch, lateinisch, italienisch, er spricht sogar ein paar Brocken deutsch, aber der Bauer schüttelt den Kopf immer stärker. Der Bauer hat den König um den Weg zur Kirche St. Germain des Prés gefragt. Er lächelt gutmütig, greift in seinen Sack und gibt dem fremden Soldaten ein Stück Weißbrot und eine Handvoll Oliven. Alonso will sie nicht nehmen. Da drückt ihm der Bauer gutmütig das Brot in die Hand und sagt lachend: »Friß, du ausländisches Tier.«

Schließlich nimmt der König Brot und Oliven und holt aus seiner Tasche einen portugiesischen Dukaten und reicht ihn dem Bauer. Der Bauer sieht den Dukaten an, dann den Mann im Soldatenmantel, erschrickt plötzlich, bekreuzigt sich, wirft den Dukaten in die Seine und schreit »Teufel!« und rennt in die Richtung der Kirche Notre-Dame auf der Seine-Insel.

Alonso steht und sieht dem Bauern nach. Er blickt auf die Kirche Notre-Dame und empor in den dunstigen Himmel und den Fluß entlang und betrachtet die grauen, großen Häuser an der Seine und die vielen Schiffe auf dem Fluß und die grünen Bäume am Ufer. Er bückt sich über die Brüstung und schaut in den Fluß, als suchte er den Dukaten. Das war sein letzter Dukaten. Die Sonne kommt hinter Gewölke hervor, sie wärmt nicht, sie scheint nur. Es ist eine fremde Sonne.

Alonso verließ endlich die Brücke und ging ins Haus des Königs.

Ludwig empfing den Herrn Bruder in seinem Privatkabinett. Auch der König von Frankreich war schlecht gekleidet, der Rock war fleckig und aus gemeinem Tuch, aber neben dem König Alonso schien Ludwigs Anzug von einer gepflegten,

67

koketten Einfachheit. Ludwig begrüßte den Herrn Bruder lateinisch. Alonso sah ihn vorsichtig an, als erkenne er ihn nicht, und tat plötzlich drei Schritte vor. In diesem Augenblick trat ein hagerer, ordinärer Mensch ins Zimmer. Alonso hatte ihn nicht durch die Türe eintreten sehen. Der Kerl grinste.

»Was ist das?« fragte Alonso in einem höchst zutraulichen Ton den Ludwig und deutete auf den suspekten Kerl wie auf eine Dogge.

»Das ist niemand«, erwiderte Louis und lächelte so reizend er konnte, »mein Friseur.«

»Wie heißt das Tier?«

»Oliver«, erwiderte Louis, schon grinsend, »die Leute nennen ihn den Bösen.«

»Er stinkt nur nach der Hölle«, erklärte Alonso und warf einen raschen Blick auf den Menschen, »es ist nichts dran an ihm.«

»Das ist Moschus, was Sie riechen, Sire«, sagte der Kerl plötzlich lateinisch.

Nun erklärte König Ludwig: »Graf Meulan spricht Latein.«

»Ihr macht die Bartscherer zu Grafen Frankreichs?« begann lebhaft Alonso, der den Kerl vollkommen ignorierte. »Seht Ihr, das verdirbt die Könige. Darum ist unsere Zeit vorbei. Wenn man die Unterschiede zwischen Menschen aufhebt, macht man alle gemein. Ihr nehmt ein böses Ende, Ludwig!«

»Nehmen wir das nicht alle, liebwerter Vetter?« fragte Ludwig grinsend und blickte deutlich auf den heruntergekommenen Portugiesen.

Alonso fühlte die Geringschätzung Ludwigs und bemerkte das ordinäre Grinsen der Kreatur Ludwigs. Ihm fiel plötzlich eine gewisse Ähnlichkeit zwischen dem König von Frankreich und dem Hühneraugenschneider auf. Die Verwandtschaft aller Schurken, dachte Alonso bange. Alonso fühlte tief die Gemeinheit dieses Königs, der mit ihm einen Bund geschlossen gegen Ferdinand und Isabella und zu dem er vor bald einem Jahr gereist war, nachdem er seine jungfräuliche Frau, nach der Schlacht bei Toro, nach Portugal geführt hatte. Mit zweihundert Rittern, Sängern, Hofleuten, Literaten, aber ohne Narren (Alonso liebte sie nicht), war er zur See gegangen und landete in Collioure und ritt durchs Tor von Canet in die Stadt Perpignan und durchs schöne Land Frankreich bis Lyon und Tours. Er empfing überall die Ehren, die seinem erhabenen Rang gebührten. Die Schlüssel der Städte wurden ihm feierlich überreicht, die Gefangenen ihm zu Ehren aus den Kerkern entlassen. Der welke Jubel kommandierter Freudenbürger empfing ihn. Zuletzt, in Tours, umarmte Ludwig den guten König, der in blindem Vertrauen sich in seine Hand gab. Ludwig schlug Alonso auf den Rücken. »Ist er das? Ist er wirklich gekommen? Der König von Portugal? Und hält mich für einen Engel oder gar seinen Bruder?«

Der Schurke Ludwig machte geradezu Anstalten, zu erröten. Dieser weltfremde Ritter-König rührte ihn. Er beschloß sogar, Edelmut mit Edelmut zu erwidern und Alonso weder vergiften noch erschlagen zu lassen, noch von ihm Kontributionen oder günstige Verträge zu erpressen. Auch wollte er ihn nicht in einen seiner eisernen Käfige werfen lassen und war die ersten paar Tage so gerührt, daß er wirklich erwog, den Vertrag mit Alonso zu erfüllen und ihn zu unterstützen. Seine sogenannte Vernunft siegte rasch. »Gebt mir eine Armee«, forderte Alonso. »Sofort«, sagte Ludwig, »nur muß ich erst meinen Krieg in Lothringen beenden und im Frieden mit Karl von Burgund stehen, sonst überfällt er mich.«

»Wie lange dauert das?« fragte Alonso.

Ludwig zuckte die Achseln.

Da schlug Alonso vor, er werde Burgund und Frankreich versöhnen. »Karl ist nämlich mein Vetter«, erklärte er in froher Gewißheit. »Seine Mutter, Elisabeth von Portugal, war die Schwester meines Vaters.«

»Eure Tante also?« fragte Ludwig, scheinbar schon überzeugt.

»Ja«, fuhr Alonso fort. »Sagt mir Eure Bedingungen. Ich versöhne Euch.«

Im Frost, mitten im Dezember, reiste Alonso nach Nancy, der Hauptstadt Lothringens, die Karl der Kühne belagerte. Den Erben Lothringens, der den eigenen Vater vergiftet, hielt Karl im Kerker, aus Abscheu gegen einen Vatermörder, wie Karl kundgab. Alonso traf am 29. Dezember im Feldlager Karls ein. Der empfing den Vetter in Ehren und lud ihn ein, an der Schlacht, die Karl gegen die Schweizer Bauern und deutschen Landsknechte führen wollte, teilzunehmen. Frieden zu schließen zwischen Ludwig dem Elften und Karl dem Kühnen fand Alonso zu schwer. Ludwig und Karl stritten in allen Punkten.

»Vetter«, riet Karl seinem Verwandten, »Ihr seid einem Fuchs in die Falle gegangen. Bleibt bei mir. Ich verheirate demnächst meine Tochter Maria mit Maximilian, dem Sohn des deutschen Kaisers Friedrich. Er gibt mir den Köngstitel. Wir können dann auch ein Bündnis schließen, Portugal und Burgund! Warum nicht?«

Alonso dankte, entschuldigte sich, er sei ohne Rüstung, ohne Geleite gekommen, um Frieden zu stiften, er wolle nicht Krieg mit Schweizern führen, er schlage sich nicht mit braven Bauern, er müsse dem Recht zum Siege helfen, und den Ludwig sehe der liebe Vetter wohl einseitig. Alonso fror und fuhr nach Paris. Ende Januar erfuhr er vom elenden Tod Karls des Kühnen und jammerte sehr, besonders, daß ein Unbekannter den schönsten Ritter Europas erschlug, seine Rüstung war schöner als ein Sommermorgen. Vielleicht hat ihn ein namenloser Bauer erschlagen, aus Schwyz oder Uri oder Luzern?

»Das sind die besten Soldaten in Europa«, erklärte Ludwig. Alonso schüttelte das Haupt. Er schüttelte es Monat um Monat stärker. Nun wollte Ludwig erst die Hochzeitsbulle des Papstes erwarten. Alonso drängte ihn, einen Brief an den Papst zu schreiben. Ludwig schrieb, die Bulle kam, nun gab es kein Hindernis mehr. »Nun gib mir eine Armee«, bettelte Alonso.

Fast war ein volles Jahr vergangen, von den zweihundert Mann seines Gefolges waren nur noch zwanzig in Paris, ein Teil war nach Portugal zurückgereist, manche waren gestorben, manche nach Italien geritten, manche in einer der Städte Frankreichs geblieben, viele waren davongelaufen, man wußte nicht, wohin und warum. Von angesehenen Leuten war nur noch der Finanzjud Alonsos, Don Isak Abravanel, in Paris, wo er wie in allen Hauptstädten Europas ein Handelskontor hatte und seine großen Geschäfte leitete. Abravanel hatte ein Hotel gemietet und hielt ein großes Haus und empfing die Gelehrten und Poeten, Schauspielerinnen und Bankiers, die Leute vom Hof, Professoren und Bischöfe und die Räte des Königs Ludwig, den Burgunder Commynes und den Flamen Olivier. Abravanel hielt den König Alonso aus, der schon lange kein Geld mehr von Portugal empfing, und den Ludwig immer knapper bewirtete. Abravanel zahlte täglich fünfzig Dukaten seinem König. Alonso zürnte seinem Finanzminister, weil der ihn täglich beschwor, nach Portugal zurückzufahren. »Was wollt Ihr noch in Paris, Sire? Ferdinand und Isabella erobern Kastilien, und Ihr wartet hier, worauf? Wenn Ihr wenigstens von den Französinnen profitiertet! Es gibt keine reizvolleren Frauen in dieser Welt. Aber Ihr seht die Pariserinnen gar nicht an, Sire! Aus Demut kleidet Ihr Euch wie ein Bettler und geht ohne Waffen. Die Granden Kastiliens fielen von Euch ab. Eure schönste Braut schreibt Euch sehnsüchtige Briefe aus Portugal, Prinz Joao ruft nach Euch, die Könige in Europa lächeln über uns, der König von Frankreich ist Eurer müde, und man erzählt in Finanzkreisen, daß er daran sei, einen Vertrag mit Ferdinand und Isabella zu schließen.«

»Mit den Kronräubern?« fragte Alonso ungläubig.

»Mit den Thronräubern«, sagte spöttisch Don Isak.

Alonso warf ihm einen finsteren Blick zu und sagte kurz: »Don Isak, Ihr habt meinen Freund und Bruder verleumdet. Ich will Euch zehn Tage lang nicht sehen und keine Botschaft von Euch empfangen.«

»Sire«, bat erschrocken Don Abravanel und kniete. Da Alonso sich abwandte, ging er zögernd. Seinen täglichen Boten, der die fünfzig Dukaten brachte, schickte der König samt den Dukaten zurück, bereits schon den fünften Tag. Abravanel grämte sich, aber er wagte nicht, seinem König ungehorsam zu sein.

Nun stand Alonso voller Mißtrauen vor Ludwig. Er fühlte alle Demütigung eines Bettlers. Alonso empfand tief die Gemeinheit Ludwigs.

»Mein Bruder«, sagte er und stand aus seinem tiefen Sessel auf und ging durchs Gemach, fünf Schritte hin, fünf Schritte her, und warf rasche Blicke auf Ludwig, der sitzen blieb, indes der Bader an den Kamin gelehnt stand.

»Mein Bruder«, sagte Alonso, »ich habe es satt. Euer Feind Karl von Burgund ist tot. Eure Feinde in Eurem Reich essen Pfirsiche und sterben. Die Hochzeitsbulle des Heiligen Vaters kam aus Rom. Ich bin ein Jahr Euer Gast. Gebt mir Eure Armee. Ich will es nun beenden!« Alonso schwieg und blieb dicht vor Ludwig stehen.

»Seid Ihr denn«, fragte Ludwig höflich leise, »seid Ihr, liebwerter Vetter (warum nennt er mich nicht mehr Bruder, dachte zornig Alonso, glaubt er, höher zu stehen als Ich Portugal?), seid Ihr so ganz vom Recht Eurer Braut Johanna überzeugt? Man sagt mir, in Kastilien hieße man sie – wie war der Name, Olivier?«

»Beltraneja«, sagte der Friseur.

»Richtig, Beltraneja!«

Alonso wich wie vor einem Schlag zurück. Er griff an seine Seite. Er trug keinen Degen. Ohne zu überlegen, stammelte er: »Wenn ich nicht glaubte, Johanna sei echt, hätte ich sie denn

Eurem Sohn, dem Dauphin Karl, zur Frau angeboten? Hätte ich sie sonst geheiratet?« Alonso kam zu sich und begann von neuem: »Also ist es wahr? Also tat ich dem Isak unrecht? Also verhandelt Ihr mit diesen Kronräubern, dem ordinären Ferdinand, dieser schrecklichen Isabella? Ludwig? Ludwig! Ist es also wahr? Ihr schließet einen Vertrag mit ihnen? Heimlich? Vielleicht öffentlich?«

Alonso zauderte. Als er sah, daß Ludwig schwieg, faßte er an sein Herz und begann mit einer ganz veränderten, heiseren Stimme zu flehen: »König Ludwig, habt Ihr nachgedacht? Wißt Ihr, was Ihr tut? Seht Ihr nicht das Grauen, in das Ihr fallen werdet, und worin eine halbe Welt mit hineinstürzt, da Ihr ein großer König seid! Ludwig, ich bettle nicht für mich. Ich habe diesen ganzen Krieg nicht aus Ehrgeiz oder Machtgier unternommen und nicht für das schöne Gesicht Johannas, obwohl das Mädchen hold ist und lieblich wie das Echte und Edle. Ich zog mein Schwert für das Recht! Weil ich nicht dulden wollte, daß Gewalt und Bosheit so groß werden in dieser Welt und Falschheit die Krone aufsetzt und Niedrigkeit regiert! Ludwig, die ganze Welt hängt zusammen und ist ein edles Bild. Wenn irgendwo ein großes Unrecht geschieht und niemand widerspricht, so nimmt das Ganze Schaden! Wenn Ihr ferner verderben lasset, werdet auch Ihr verderben. Nichts ist einzeln auf der Erde. Alles hängt zusammen und ist verbunden, und nur eine Ordnung gibt es, das Gesetz, das auch Gerechtigkeit heißt! Laßt Ihr aber zu oder helft gar, daß es irgendwo verletzt wird, stürzt alle Ordnung ein, der ganze Bau der Welt zerschmettert, als hättet Ihr Christum neu und wieder gekreuzigt. Seht Ihr nicht, wie sein Blut aufs neue fließt, Ludwig? König Ludwig von Frankreich, Gesalbter des Herrn, willst du deine Hand Gog reichen und Magog? Erkennst du nicht, daß Ferdinand und sein Vater Juan von Aragon zwei Vettern Satans sind? Siehst du nicht Klauen und Schwanz? Riechst du nicht die Hölle?

Scheust du wirklich nicht den Bösen? Ich sage dir, alles Böse wird von Spanien kommen, wenn du diese siegen lässest; denn sie sind die Bösen! Sie werden Unheil und Verfinsterung über die Welt tragen. Sie verbreiten den prächtigen Glanz der Hölle und die schreckliche Verführung des Bösen. Sie predigen Tyrannei und Falschheit, sie knechten den Geist und den Leib. Wenn wir sie nicht niederwerfen, wird die halbe Welt ihnen gleichen und dumpf und finster und gemein sein! Packt dich nicht der Ekel, Ludwig, mit solchen zu paktieren? Fürchtest du nicht den Schmutz? Zitterst du nicht vor ihnen? Bist du darum König, daß du dich dem Bösen verbündest? Gab dir dafür Gott deine Macht?«

»Freitet Ihr nicht selber«, fragte Ludwig, »um Isabella von Kastilien?«

»Ich?« fragte Alonso verwirrt und fuhr fort: »Sie ist fromm. Aber wißt Ihr nicht, daß Frommheit, gelenkt vom Bösen, teuflisch wirkt? Wißt Ihr nicht, daß der reine Fanatismus in der Hand listiger Schurken der gefährlichste Feind der Menschheit ist? Versteht Ihr gar nichts von Menschen?« fragte Alonso.

»Isabella«, entgegnete ein wenig gekränkt in seinem Selbstgefühl Ludwig, »ist König von Kastilien! Und die regiert, kein Ferdinand, kein Mendoza, kein Juan. Isabella regiert!«

»O König Ludwig. Nichts ist gebrechlicher als der Fromme. Nichts verletzlicher als das Recht. Nichts leichter zu leugnen als die Wahrheit. Nichts schlimmer zu verführen und ärger zu verderben als blinde Unschuld. Ludwig! Denk an dein Gewissen!« rief mit klingender Stimme Alonso.

Ludwig, dessen Stimme gleichfalls schön klang, und der ein berühmter Redner war, schlug die Augen nieder und erklärte leise: »Ich will mit mir zu Rate gehen, Herr Vetter.«

Plötzlich erfaßte den König von Portugal eine schreckliche Angst. Er glaubte im Blick Ludwigs eine Drohung gesehen zu haben. Ihm schien, er lese aus Ludwigs Händen, die ruhig lagen, die Absicht Ludwigs, ihn seinen schrecklichen Feinden Ferdinand und Isabella auszuliefern. Portugal, dachte Alonso, mein Reich Portugal ist in Gefahr! Und ein Zittern erfaßte ihn. Ihm schwindelte.

»Will Eure Majestät nicht eine Erfrischung?« fragte plötzlich der Friseur.

Alonso ward leichenblaß. Man hatte auch ihm erzählt, wie rasch die Gegner Ludwigs starben.

Wortlos blickte Alonso sich um. »Die Tür«, flüsterte er.

Der Friseur öffnete ihm die Tür. Alonso lief fast aus dem Zimmer und dem Palast. Er hatte gar nicht gemerkt, daß Ludwig sitzen geblieben war.

Ist das Ende so?

König Joao lustwandelte am fünften Tage nach seiner feierlichen Krönung an den Ufern des Tajo. Mit unaussprechlichem Vergnügen blickte er auf den sanften schmelzend blauen Himmel. Lachend sagte er zu seinem Vetter, dem Herzog von Braganza, indem er nach oben deutete: »Auch der Himmel über Portugal gehört mir fortan. Ich dekretier' es, Kardinal!« erklärte er dem Erzbischof von Lissabon, der mit des Königs Finanzminister Don Isak Abravanel den König geleitete. »Ich bin toll vor Freude«, rief der junge König und wies auf die Stadt Lissabon, den Fluß, das Meer in der Ferne und die Hügel hinter der Stadt und weiter: »Das alles gehört mir fortan. Wie schön ist mein Reich!« rief der König, ein junger Mensch von etlichen zwanzig Jahren, schmächtig und schlank wie sein Vater Alonso; aber sein olivenfarbenes Gesicht war rund und zart, sein Lächeln wäre kindlich erschienen, hätten nicht der kalte, scharfe Blick und ein Zug um den Mundwinkel die Ironie enthüllt. Alles war zierlich an diesem König. Fast kokett wiegte er sich in den Hüften, sein Näschen war klein, seine Äuglein blank, seine runden Wänglein geschminkt, seine Öhrchen glichen den zierlichsten Muscheln, seine Füßchen und Händchen sanften Taubenkrallen. Kleine, bläulich-schwarze Ringellöckchen fielen in eine edle, aber niedrige Stirn, und ein klingendes Stimmchen zirpte wie das Lied einer halbflüggen Lerche. »Ich bin vielleicht boshaft, aber gar nicht eitel, gar nicht zu Träumen aufgelegt«, erklärt er plötzlich seinem Vetter Braganza, »ich will nicht viel, aber das erhalte ich. Das ist mein Rezept: Billige Erfolge! Mein Vater wollte Ungeheures: Afrika, Indien, Spanien erobern! Was ist er jetzt? Ein Pilger! Ein Bettler!« Der König schwieg und sah in den weiten Strom, der schon auseinanderfloß, bereit, im Meer unterzugehen. »Ihr saht ihn zuletzt, Abravanel? Wie erschien er Euch?«

Der Finanzminister sah in die Ferne, als erblicke er dort das Bild Alonsos.

»Unser Herr«, begann er, »tat, wie mancher Große im vollen Stolze pflegt. Allzu sicher seiner Größe, ließ er sich zu sehr gehen. Er streifte die Zeichen seiner Würde ab, wohl um sich selber zu zeigen, daß nicht der Reifen aus Gold und nicht der Mantel aus Purpur und nicht der gewohnte Schwarm von Höflingen, Herolden, Helden, Händlern und Narren, der Könige umgibt, den König machen.«

»Nein, Isak?« fragte Joao spöttisch.

»Nein, Sire«, entgegnete ernst der Finanzminister, »der wahre König braucht weder Macht noch Ruhm, weder Land noch Truppen oder Geld, wovon eins das andere bringt.«

»Was bringt was?« fragte strenge Joao.

Abravanel lächelte und erklärte: »Mit Geld kauft man Truppen, und von allen Siegen aller Truppen hat man zuletzt nur wieder Geld.«

»Das ist deine Meinung, Isak?«

»Ja. König Alonso dachte von Menschen so groß wie von sich

selber. Da er die Falschheit seines Bundesgenossen Ludwig erkannte, verzweifelte er. Plötzlich schien ihm, er habe alle Menschen falsch gesehn. Sein ganzes Leben sei verfehlt. Daß Ludwig vor zwei Jahren mit ihm Vertrag schloß für sein Recht und Johannas Recht, und nun mit Ferdinand und Isabella Vertrag schloß und feierlich jedem Bündnis mit Portugal entsagte und gar das Recht dieser anerkannte und gar in einem geheimen Artikel versprochen hatte, den Gastfreund Alonso in die Hände Ferdinands und Isabellas auszuliefern, machte ihn toll vor Scham, vor Angst, vor Entsetzen. Zum ersten Male im Leben sah er die Menschen, wie sie wirklich sind, und ertrug den Anblick nicht. Er floh mit zwei Pagen aus Paris, wanderte nachts in die Normandie und ging in Kutte und Kapuze von Dorf zu Dorf und lebte von frommen Gaben, die reichlich flossen, weil der eine Page, ein Spitzbub, den Frommen zuflüsterte, der Büßer sei ein heimlicher König. Besonders Frauen gaben dann reichlich. In der ganzen Normandie sprach man von dem sonderbaren Ordensbruder. Die Majestät von Portugal trug das Gewand der Dominikanermönche. Die Leute nannten ihn ›das Gespenst‹. Robinet de Beuf, ein Ritter vom Palaste Ludwigs, fing ihn und warf ihn in den Turm, da er ihn für einen englischen Spion hielt. Der eine Page, der Spitzbub, entwischte und kam in Paris zu meinem Agenten, der mir diese Details schrieb. Mein Agent wandte sich an den Hof, und Ludwig ließ unseren vormaligen König befreien. Der Ritter le Beuf bewirtet ihn jetzt in seinem Schloß. Alonso, schreibt mein Agent, will gegen die Wünsche Ludwigs, der die öffentliche Meinung und ihre Vorwürfe scheut, als Pilger nur mit einem Stab und einem Pagen nach Jerusalem wallen.«

»O schrecklich! Schrecklich!« seufzte Joao. »So schrieb mir mein Vater: . . . da alle irdische Eitelkeit in seinem Herzen erstorben, wolle er sich eine unvergängliche Krone erwerben, indem er ins Heilige Land wallfahre, am Heiligen Grabe bete und in einem abgelegenen Kloster Gott diene. Er befahl mir, sogleich die Krone mir aufzusetzen und zu regieren, als hätte ich die Kunde, mein Vater Alonso sei tot. So schrieb er. Faßt ihr meinen Gram? Als sei er tot! Er bat mich, milde zu regieren. Das will ich tun. Er schrieb, regiere besser als ich! O welche königliche Demut, liebe Freunde! Er habe sich ein Ordenskleid gekauft, schrieb er, und wolle Brot und Wein von guten Menschen nehmen, die es doch wohl noch auf Erden gebe. Ich darf ihm nicht schreiben, darf ihn nicht suchen lassen. Ich werde nie mehr von ihm hören, schrieb er. O Freunde, niemals mehr! Hört ihr? Begreift ihr? Fühlt ihr es? Nie mehr meinen guten, edlen, großgesinnten, unglücklichen Vater wiedersehen, so unterschrieb er sich: Dein Vater Alonso, ehedem König von Portugal, der Dich liebt und sehr unglücklich ist und für Portugal und die Welt ein toter Mann. Nehmt selbst den Brief, lest ihn, lest ihn nochmals, bitte, die Stelle, wo er mir seinen Vatersegen gibt und schreibt, mein Name soll so groß sein wie meine Güte, und Portugal möge blühen unter dem König Joao dem Zweiten. Nun, wir gehorchten ihm, wir haben uns nichts vorzuwerfen. Ihr, Kardinal, habt uns gesalbt im Dom; du, Vetter Braganza, hast uns gehuldigt im Namen aller Großen Portugals; Ihr, Abravanel, übergabt uns den Staatsschatz, es ist alles in Ordnung vor sich gegangen, ohne Zweifel. Ach, ich weiß nicht, ob die launische Geschichte ihn den Großen nennen wird; uns war er alles, das weiß ich; wir haben mit ihm die Würze unseres Lebens verloren; wir werden wieder lachen und Feste feiern; das Herz der Menschen ist wie Wachs und schwach ist unser Fleisch; aber so unbefleckt, so jugendlich glücklich wird der Hall unseres Gelächters nie mehr tönen. Wenn ich bedenke, daß mein Vater jetzt irgendwo im rauhen Wind des Nordens zu Fuße als Büßer wandelt, im Staub der Straßen . . .«

»Ein Reiter«, sagte Braganza und wies auf eine Staubwolke, »kommt zu uns!«

»Ein Bote«, sagte Abravanel.

»Im Galopp!« rief der Kardinal.

Joao bückte sich und hob einen flachen Stein auf und wog ihn in der Hand und lächelte, schon wieder heiter, und fragte: »Ratet. Gut oder böse? Ich wäge in meinen Händen diesen Stein! Was meint Ihr, Abravanel? Ein Finanzmann ist doch ein halber Prophet!«

»Eine gute Nachricht, Sire«, riet Abravanel.

»Sire!« schrie der Reiter und sprang vom Pferd, »der König kommt!« Joao starrte den Boten wie einen Verrückten an. Schließlich fragte er:

»Wer? Was für ein König?«

»König Alonso!«

»Was!« sagte Joao lächelnd. »Was?«

»Mit fünf Schiffen, vom König von Frankreich ausgerüstet, die unter dem Kommando von Georges le Grec, einem naturalisierten Griechen namens Paléologue, von Le Havre abfuhren, ist Alonso in Oporto gelandet. Er reitet schon nach Lissabon, und sein Gefolge wächst stündlich, das Volk jubelt ihm zu und erweist ihm königliche Ehren.«

Joao blickte ernst auf den Boten und sah auf die schöne Stadt Lissabon und die Hügel und den goldenen Tajo und jenes Stück Himmel, das er gleichfalls für sein Eigentum erklärt hatte, und er blickte wieder auf den Boten und fragte: »Seid Ihr sicher ... mein Vater ... Alonso, der vorige König ... und das Volk jubelt ...?«

»Sire«, sagte der Bote, »mit meinen Augen sah ich ihn. Er ritt auf einem Schimmel die hügeligen Straßen von Oporto herauf und herunter und lächelte so huldreich ...«

»Huldreich, sagst du?« fragte Joao und zeigte ein starres Lächeln.

»Ja, und grüßte nach allen Seiten und winkte, und das Volk jubelte ...«

»So?« fragte Joao lächelnd, »sie jubelten?« König Joao machte einige Schritte zum Tajo, vom Weg fort, zu einer steinigen Stelle, wo einige verkrüppelte Kaktusbüsche standen. Die sah er an, genau, als gälte es das! Plötzlich wandte er sich um. Spöttisch lächelnd umfaßte er mit einem Blick seine Begleiter und fragte nachlässig: »Und wie soll ich ihn empfangen?«

»Wie anders denn«, entgegnete Branganza, »als Euren Vater und König?«

Und da der Blick Joaos sie drängte, nickten der Kardinal und Abravanel mit den Köpfen und murmelten: »Ja. Ja.«

Da zog Joao die Augenbrauen zusammen, und sein Lächeln ward böse und verzerrt, und plötzlich schleuderte er den Stein, den er noch in der Hand hielt, heftig in den Fluß, daß es klatschte. Als der Kardinal dies sah, flüsterte er Braganza zu: »Ich werde mich davor hüten, daß dieser Stein nicht auf mich zurückpralle.«

Joao aber wandte sich um und ging langsam nach Lissabon zurück. Seine Begleiter folgten ihm in einigem Abstand, einzeln, nachdenklich, verwirrt.

König Alonso ritt mit großem Gefolge in Lissabon ein, und sein Sohn, der König Joao der Zweite, verzichtete aus Kindesliebe und Vorsicht zugunsten seines Vaters auf die Krone. Alonso befahl, nach Rache dürstend, ein neues Heer gegen Kastilien zu sammeln. Er hatte gehofft, seine Frau Johanna nun genießen zu können, an der Brust trug er die Hochzeitsbulle des Papstes, tausendmal fühlte er danach, wenn das Meer die Schiffe schaukelte oder der träge Wind schlief und die Segel schlaff hingen. Nun fand er eine neue Bulle vom Papst Sixtus, die jene erste Bulle als erschlichen verwarf. König Ludwig von Frankreich und die Könige von Aragon und Kastilien hatten diese zweite Bulle bestellt und bar bezahlt. Der König Alonso gehorchte dem Heiligen Vater und enthielt sich seiner jungfräulichen Frau Johanna.

Er starb bald darauf aus Kummer über den Friedensvertrag, den er mit Kastilien schließen mußte, da weder die kastilischen noch die portugiesischen Granden ihn ferner unterstützen wollten. Die schöne Stiefschwester Alonsos, Doña Beata von Portugal, mütterlicherseits eine Tante Isabellas, reiste voll Mitleid mit Portugal und Kastilien, die sich zerfleischten, nach Alcantara an der Grenze und beriet acht Tage mit ihrer Nichte Isabella und brachte einen Friedensvertrag und erhielt nach sechs Monaten, da sie in ihn drang, Alonsos Unterschrift in Lissabon. Alonso legte Titel und Wappen eines Königs von Kastilien nieder, verzichtete auf die Hand Johannas samt seinen Ansprüchen auf Kastiliens Thron. Johanna mußte entweder Portugal auf immer verlassen oder Don Johann, den Sohn Ferdinands und Isabellas, heiraten (sobald er heiratsfähig war, jetzt lag er in den Windeln und war drei Wochen alt), oder Johanna mußte ins Kloster gehen und den Schleier nehmen. Ferner sollten alle Kastilier, die für Johanna und Alonso fochten, Amnestie erhalten. Und Alfons, der Sohn Joaos, ein Knabe von sieben Wochen, sollte die Tochter Ferdinands und Isabellas, Elisabeth von Kastilien, ein Mädchen von neun Jahren heiraten, wenn beide herangewachsen waren. So endete der Erbfolgekrieg. Vier Jahre hatte er gedauert. Leon und Estremadura waren verwüstet. Die Bauern, deren Äcker der Krieg zertrampelt, waren Räuber geworden. Johanna war geopfert. Sie sah noch einmal ihren Freier Alonso. Er sagte: »Ich habe Euch statt eines alten, kranken und enttäuschten Königs einen jungen, zukunftsvollen als Bräutigam ausbedungen.«

»Ich danke, Señor!« sagte die Infantin Johanna, ein wunderschönes Mädchen von neunzehn Jahren. »Ich danke Euch sehr, Señor, Ihr wart sehr gut, sehr edel, sehr korrekt.«

Alonso sah sie an. Er wollte niederknien. Er wollte den Zipfel ihres Gewandes küssen, den Staub zu ihren Füßen! Er wollte stammeln: Du bist eine Heilige! Und ich bin schuld an allem

Unglück. Ich bin König und hatte nicht die Kraft, die gerechte Sache zu schützen. Ich dachte an das Leiden meiner Völker und an mein Haus mehr als an die gerechte Sache. Ich habe meine Ehre verloren. Auch ich bin unglücklich! wollte der arme, alte König rufen und auf sein Haar zeigen, das grau geworden vor Gram. Ich habe dich geliebt, wollte er ihr sagen; denn ich wußte, daß du das Recht bist und die Unschuld und das Gute, Wahre, Schöne. Ich war dein Ritter. Ich unterlag. Er wollte schreien, es ist aus mit uns Rittern, aus mit dem Guten, aus mit dem Schönen, aus mit dem Wahren, aus! Neue Gesichter herrschen in einer gemeineren Welt; sie ziehen den Nutzen dem Edlen vor und List der Wahrheit und Gewalt dem Recht und sind stolz darauf, einfältige Schurken! O Königin Johanna, ich bin ein toter Mann, wollte er ihr sagen, und noch viel mehr, er bewegte seine Lippen und brachte keinen Laut hervor; seine Lippen zitterten zu sehr, nur ein paar Tränen, die aus seinen welken Augen rannen, verrieten seinen Schmerz. Er kniete nieder und beugte sein Haupt vor der Königin seines Herzens zum letzten Male und stand auf und ging. Johanna starrte ihm nach, ihrem närrischen Ritter. »Danke sehr, Señor«, flüsterte sie. »Danke, Señor.«

Sie wählte das Kloster, überdrüssig einer Welt, worin sie nur Unglück erfuhr und unschuldige Ursache so vieler Schmerzen anderer war. Sie ging ins Kloster Santa Clara zu Coimbra und legte das Jahr darauf das unwiderrufliche Gelübde ab. Zwei Gesandte aus Kastilien wohnten dieser Feierlichkeit bei, der Beichtvater der Königin Isabella, Ferdinand von Talavera und Dr. Diaz de Madrigal, einer ihrer Räte. Der ehrwürdige Vater Talavera hielt eine lange Ermahnung an die neue Nonne. Er schloß: »Schwester Johanna, du hast das bessere Teil erwählt, dem die Evangelisten ihren Beifall zollten. Als Braut der Kirche wirst du keusch alle geistigen Freuden in Fülle genießen und in Christi Armen selig sein. Dein künftiger Gehorsam deinen

Obern gegenüber, deine vollkommene Unterwürfigkeit, das ist die höchste Freiheit, die wahre, einzige Freiheit, die wahrlich mehr dem Himmel als der Erde gehört. Kein Verwandter, hörst du, kein Freund, noch so treu, kein Ratgeber, noch so aufrichtig, ich wiederhole, kein noch so liebevoller Verwandter würde dich von einem so heiligen Vorsatz ablenken mögen!«

»Danke, Señor!« flüsterte das wunderschöne Mädchen Johanna.

»Danke, Señor!« Und drehte ihm den Rücken.

Als man dem König Alonso Bericht gab, schwor er, von Gram erfüllt über den Verlust seiner Braut, der vortrefflichen Dame, wie das Volk von Portugal sie hieß, ihrem Beispiel zu folgen und die Gewänder eines Königs mit dem Kleid eines Franziskanermönchs zu tauschen. Er verkündete seine Absicht, der Krone von neuem zu entsagen und in das Kloster von Varatojo, auf einer rauhen Höhe am Ozean, zu gehen. Da erkrankte er in seinem Schloß zu Cintra, einem alten Maurenschloß auf der Höhe, mitten in den prächtigsten Gärten, wo man den Blick übers Gebirge, Meer und Tajotal genießt. Er starb im gleichen Zimmer, in dem er einst geboren wurde. Dieselben Wände hörten die dünnen Schreie des Säuglings und die matten Sterbeseufzer des Greises. Im gleichen Monat starb seine Schwester, die Königin Juana, die Witwe des Königs Heinrich, die nach dem Tode ihres Gatten allen Freuden der Welt plötzlich entsagt hatte und in ein Kloster ging und Arme und Kranke pflegte. Sie starb im Geruche der Heiligkeit, und das Volk wallfahrtete zu ihrem Grabe.

Als Sünder starb im gleichen Jahr König Juan von Aragon, schier neunzig Jahre alt. Sein Sohn Ferdinand drückte ihm die Augen zu.

Im Palaste zu Sevilla sah Ferdinand zum ersten Male seinen Sohn, ein schwaches Knäblein von sieben Wochen, das seine kleinen Fäustchen ballte und ruhig lag und niemals schrie. Es hatte nur wenig Haare und ein käsiges Gesichtchen. Es hatte in den sieben Wochen schon drei Krankheiten glücklich überstanden. Bevor Ferdinand noch seine Frau begrüßte, vom Pferd kaum herunter, lief er ins Kinderzimmer und schob seine Tochter Elisabeth beiseite, die ihm, mehrere große Kreuze und schwere Rosenkränze mit sich schleifend, graziös entgegentrat, und lief zur Wiege und bückte sich und sah seinen Sohn und hob mit großer Behutsamkeit das winzige Geschöpf heraus und wiegte es im Arm. Das Knäblein erschrak nicht vor dem eisernen Mann, vor dem Helm mit dem Federbusch, sondern stieß unerschrocken die winzigen Fingerchen in die Augen und Nasenlöcher des gewaltigen Riesen. »Mein Sohn«, sang krächzend Ferdinand und hüpfte mit dem Wickelkindchen herum wie ein kleiner Junge. »Mein Sohn Johann ist ein Held«, sang Ferdinand, »er fürchtet nichts in der Welt. Und sein gepanzerter Vater erscheint ihm nur als Theater!« sang krähend Ferdinand und merkte erschrocken, er habe gereimt, und lachte donnernd und machte buh und bäh und que, que, que und hätte noch viel getrieben, wenn nicht die Amme das Kind dem König fortgenommen hätte, scheltend, der Vater wüßte nicht umzugehen mit solch einem kleinen Kind. Ferdinand gab kleinlaut das Kind der Amme, das Kind ballte die Fäustchen. Es hieß Don Johann und war in Sevilla geboren, angesichts von vier Granden, Garzi Tellez, Alonso Melgarejo, Fernando de Abrego und Juan de Pineda. Die Hebamme war aus Sevilla und hieß la Herradera, die Amme war von bestem Adel, Doña Maria de Guzman. Ferdinand drehte sich um und sah in das lächelnde Gesicht seiner Frau. »Isabella«, rief er, »du bist ja viel schöner

noch!« Er umarmte sie und küßte sie auf den Mund. Isabella errötete und befreite sich. Die kleine Elisabeth hatte gespannt zu-
geschaut. Isabella machte einen Hofknicks und sagte: »Salve
Ferdinandus Quintus, rex Aragoniae.«

»Soll das«, fragte Ferdinand, »provençalisch sein?«

»Es ist Latein«, erklärte Isabella, »ich habe einen Lehrer; unser
Gesandter in Rom, Graf Tendilla, schickte ihn mir. Er heißt
Peter Martyr, ist ein Humanist aus Italien und wird dir gefallen. Er will Kriegsmann werden. Ich sagte aber: Gegrüßt, Ferdinand der Fünfte, König von Aragon.«

»Ich habe dir viel zu erzählen«, sagte Ferdinand.

»Ich auch«, erklärte Isabella.

»Dein Sohn ist ein Held.«

»Er wird ein guter König sein«, prophezeite Isabella.

»Größer als wir!«

»König von Spanien«, sagte Isabella.

»Die halbe Welt wird ihm gehören«, rühmte Ferdinand.

»Er wird fromm und weise sein«, bestimmte Isabella.

»Seine Braut wird ihm ein Königreich bringen.«

»Er wird so lange leben wie dein Vater«, wünschte Isabella.

»Mag er glücklicher leben und so leicht sterben wie mein Vater
Juan.«

»Erzähle«, bat Isabella und führte ihren Gatten in ihr Schlafzimmer. Als sie allein waren, umarmte sie Ferdinand wortlos.
Isabella genoß unter Gewissensbissen. Danach, da sie beieinan-
derlagen, erzählte Ferdinand: »Mein guter Vater Juan, der
mich als einen König von Kastilien noch nicht gesehen hatte,
wollte nicht gestatten, daß ich ihm die Hand küsse. Er ging ab-
sichtlich immer zu meiner Linken. Er begleitete stets mich in
meine Wohnung. Wir waren zwanzig Tage beisammen, und er
zeigte mir alle Ehrfurcht, die ich dem Vater schuldete. Denn,
sagte er zu mir, du bist König von Kastilien und vertrittst also
die ältere Linie des Hauses Transtamare. Ach, er war munterer

als je. Die Gräfin de Foix, die jetzt Königin von Navarra ward und zwanzig Tage darauf starb, meine arme Stiefschwester, hatte die feindlichen Familien Navarras gegen ihn aufgehetzt. Am letzten Tage gingen wir im Garten auf und ab. Er war munterer als je und hatte die größten Pläne, als wäre er nicht bald neunzig, sondern neunzehn. Er gab mir Lehren, so voll Weisheit, so treffend! Niemand durchschaute Menschen wie er. Er war nie um eine List verlegen. Sein Reichtum an Lügen war wunderbar. Er erklärte mir die Zukunft. Wenn ich alt werde, bin ich gewiß zu erleben, daß er recht behält. Was lachten wir noch über die Streiche des Königs Alonso! Er warnte mich vor Ludwig von Frankreich, vor Joao von Portugal und vor dem Kardinal Borgia, er riet mir, auf England, Neapel, Venedig und den Kaiser zu achten. Wie er vom Türken und Mauren sprach, es war ein Genuß. Das kehrt nicht wieder. Zuletzt, da wir uns vor Gelächter ausschütten über die Dummheit der Menschen und ich ihm auf den Bauch klopfte, faßt er mich am Arm und sieht mich tückisch an und sagt: ›Schonst du nicht deine Schwester, die giftige Foix? Sie will Navarra. Ich geb' es ihr nicht! Du sollst es haben, Ferdinand. Widersprich nicht, sagte er, ich kenne dein gutes Herz. Du denkst an deine Schwester, ich an die Größe Spaniens. Ich berufe die Cortes!‹ rief er und wies plötzlich auf einen Rosenstrauch und stieß mich an und sagte und schüttete sich vor Lachen aus: ›Siehst du nicht das Schafott? Da steht Luna, der Konnetabel von Kastilien. Das war ein Mann, sie köpften ihn! Ei und wer steht da? Geh Ferdi, grüß schön deinen Ohm Juan. Erkennst du ihn nicht? Das war der König von Kastilien! Sie haben ihn verwechselt. Er steht ohne Kopf. Der Henker hat ihn statt Luna geköpft. Ferdinand, küß dem Ohm die Hand. Er stahl mir meine Güter. Da hab' ich sein Reich. Grüß schön‹, sagte er, ›der ohne Kopf ist König Juan.‹ Und er stieß mich in die Seite. Ich war entsetzt und tat einen Schritt und sagte: ›Lieber Vater.‹ Da sagte er: ›Ai, wo sind sie hin? Hinterm Strauch, Ferdinand, kriech hinter den Rosenstrauch, da sitzen sie.‹ Plötzlich sah er mich starr an und fragte mich: ›Bist du mein Sohn Carlos von Viana? Geprellt!‹ schrie er, ›ich hab dich geprellt!‹ Und lachte vor Vergnügen und patschte in die Hände, plötzlich sagte er ›Ai!‹ und wandte den Kopf ein wenig, und ein dicker Blutstropfen kam auf seine Lippen, ein zweiter, ein dritter, ein Blutfaden rann sein Kinn herunter. Er sagte noch einmal ›Ai!‹ und drehte sich herum, als wollte er fortlaufen. Und fiel. Ich schrie: ›Vater! Lieber Vater!‹ Da hörte er nichts mehr. Da sprach ich ein Vaterunser und drückte ihm die Augen zu.«

»Ach«, seufzte Ferdinand nach einer kleinen Weile, »er war schlau, und der beste Vater von der Welt!«

»Aber«, sagte Isabella, »nun sind wir die Könige beider Spanien!«

Zweites Buch

Die Diktatur

»Und du?« fragte Ferdinand.

»Wir sind vorangekommen. Es ist so leicht, die Welt zu gewinnen.«

»Wenn man die Geschäfte durchschaut.«

»Und die Menschen kennt«, fügte Isabella hinzu.

Sie sahen sich an und lächelten. Sie verstanden sich.

»Man muß einen Plan machen und ihn durchführen. Ist das nicht einfach?« fragte Isabella.

»Also wird uns die Welt gehören?«

»Gott leiht sie seinen Dienern.«

»Und dein Plan ist immer derselbe?«

»Ich denke seit zehn Jahren darüber nach«, erklärte Isabella. »Uns fehlt nur Portugal, nur Navarra, nur Granada, um Spanien ganz zu besitzen. Das ist das erste. Du wirst danach Italien erobern, das ist das zweite. Das dritte ist die Weltherrschaft. So ist die Reihenfolge.«

»Schon das ist falsch«, erklärte Ferdinand. »Es gibt in der politischen Welt keine Reihenfolge. Du denkst wie alle Frauen zu einfach. Die Verwicklung der Welt . . .«

»Ist die Verwirrung in eurem Hirn«, unterbrach ihn Isabella. »Du wirst die Welt nie erobern, wenn du nicht glaubst, daß alles so einfach wie das Zählen ist, eins, zwei, drei usw. 1481 erobern wir das Königreich Granada.«

»Nicht früher, nicht später?« fragte Ferdinand erheitert.

»Nicht früher. Nicht später. Da wir mit dem neuen König von Granada, diesem Muley Abul Hassan, der sich weigert, die schuldigen Tribute zu zahlen, einen Waffenstillstand auf drei Jahre schlossen, der 1481 abläuft . . .«

»So rechnest du.«

»... müssen wir rüsten! Wir brauchen Geld, Waffen, absolute Gewalt. Ich reformiere also Spanien.«

»Du reformierst?« rief spöttisch Ferdinand.

»Zuerst das Volk. Millionen müssen ununterschieden sein, die Vielen, verstehst du? Darum stütz' ich mich auf Volk und Bürger. Sie sind in der Mehrzahl. Mächtig bin ich! Meine Städte waren aragonesisch, mein Adel war portugiesisch gesinnt. Die Granden denken, ein König in Portugal ist fern, und sie regieren. Sie sollen büßen! Ich nahm Carillo seine sieben Städte ab, zwang ihn, an den Papst zu schreiben, er habe sich geirrt, als er Johanna und Alonso stützte; Ferdinand und Isabella sind die Echten, Wahren, Gültigen! Wir sind es wirklich, Ferdinand! Du lachst? Ich nahm dem jungen Pacheco die Schlüssel seiner Stadt Madrid und schleifte seine Schlösser. Ich zog vor seine Stadt Truxillo und rief: Kanonen her! Die Vorstadt schoß ich zusammen, da kniete Pacheco und gab mir demütig die Schlüssel. Danach ritt ich vor das Schloß Madrilego, darin ein Räuberhauptmann saß, dem versprach ich Gnade, er lebt noch, aber sein Schloß ließ ich abrasieren! Da ich sechs Schlösser so geschleift hatte, fand ich keinen Rebellen mehr in Estremadura.«

»Aber dein Plan?« fragte Ferdinand.

»Auch die Cortes«, erklärte Isabella, »forderten stürmisch Reformen! Ich gebe ihnen mehr! Ich reformiere alles: Polizei, Gesetze, Gericht, Münze, Ackerbau, die Verwaltung, die Waffen, die Kirche, die Staatskasse, den Geist des Landes, die Meinung meiner Untertanen, die Cortes, die Inquisition, die Vergnügungen des Volks, die Bildung des Adels, die Kindererziehung, die Militär-Orden, die Klöster, das Familienleben, den Krieg, den Frieden, alles!« schrie begeistert Isabella.

»Verschone«, bat kleinlaut Ferdinand, »mich und Christum!«

»Du spottest?« fragte Isabella. »Auch die Wissenschaften reformier' ich, auch die Künste, auch die Viehzucht, alles, Ferdinand, auch dich! Auch mich! Im Namen Gottes!«

Ferdinand sah seine Frau spöttisch an. Manchmal hielt er sie für ein Genie. Manchmal erschien sie ihm nur kindisch.

»Nur Scharlatane«, sagte er, »sehen keine Schwierigkeiten.«

»Wer größer als die Ameisenhügel ist«, erwiderte Isabella, »steigt darüber. Mit einem Schritt geht Gott durch die Jahrhunderte.«

»Du bist nicht seinesgleichen.«

»Aber ich bin aus seiner Familie; denn wir sind alle Kinder Gottes!«

Die heilige Hermandad

Isabella saß auf dem Markte zu Tordesillas. Sie hielt das Gerichtsschwert auf ihren eisernen Hosen. Sie schüttelte ihre roten Locken. Der Herold verkündete: »Kostenlos spricht die Königin heute Gericht. Wer Klage hat, trete vor!«

Zu ihrer Linken saß Mendoza, zu ihrer Rechten Graf Benavente. Lächelnd erklärte die Königin ihrem Kanzler:

»Die große Staatskunst: Tu allen genug! Das Glück der Völker: Der gerechte Ausgleich der Interessen aller. Wo aber geschieht er? Hier in meiner Brust!« rief Isabella und deutete auf den schönsten Busen beider Spanien. Lächelnd betrachtete der fromme Kardinal die schöne Stelle. Er war ein Kenner. Reizende Kinder wuchsen in seinen Schlössern auf, die er seinem eindringenden Studium solcher schönen Stellen verdankte.

Isabella liebte das Gericht. Als sie von Stadt zu Stadt reitend die Willkür in ihrem Reiche herrschen sah und die Tränen der Witwen und Waisen freventlich Gemordeter gewahrte und die Klagen geschändeter Mädchen und geraubter Frauen hörte, gedachte sie ihres Bruders Heinrich, der tiefes Mitleid mit Mördern, Räubern, Dieben empfand.

»Ich fühle mehr mit den Opfern«, erklärte sie Mendoza.

Nun verwies sie der Kardinal auf die hübsche Volkssitte der

heiligen Hermandad, einer widergesetzlichen Vereinigung empörter Bürger gegen die Räuber und Könige Kastiliens, die das Lamm des Armen schlachteten. Da tat der Nachbar sich zusammen mit dem Nachbarn, holte die Tartsche aus der Truhe und erschlug den Zwingherrn. Manches Raubgrafen Schloß brannte die verbündete Brüderschaft nieder, heilige Wahrer der Menschenrechte. Die Ritter lernten und erschlugen die lästigen Steuerjuden der Könige. Isabella lernte und ließ die Cortes die Kosten bewilligen, daß eine stehende Truppe von zweitausend Berittenen den Königen allerorts diente, das Recht der Könige zu wahren, statt ihnen zu wehren. Je hundert Hausväter zahlten jährlich achtzehntausend Maravedi für die Kosten eines Reiters. Generalkapitän ward der Herzog von Villa-Hermosa, der Bastardbruder Ferdinands. Die Hermandad verfolgte Diebe, Mädchenschänder, Frauenräuber, Mörder, alle Verbrecher auf den Landstraßen und auf dem platten Lande und alle städtischen Verbrecher, die aufs Land flohen; ferner die Rebellen gegen Könige und Richter. Floh einer, ließen sie alle Glocken in der Umgebung läuten. Sie verhafteten und vollstreckten sogleich das Urteil. Einem Dieb hackten sie ein Ohr oder eine Hand ab, dem rückfälligen Dieb den Fuß, damit er nicht zu neuen Diebstählen laufen könne. Zum drittenmal banden sie ihn an den nächsten Baum, holten einen Beichtiger, daß der dem Dieb die Beichte abnehme, rasch wie der Dieb die Börse nimmt, und peitschten ihn zu Tode. Der blutige Körper blieb als Exempel ausgestellt. Isabella ritt oft mit der Hermandad durchs Land. Auf allen Straßen, die sie passierte, sah man die Spuren ihres Rechtsgefühls, an grünen und kahlen Bäumen hingen sie, Schuldige und Unschuldige, wer trifft in der Eile genau? Auf den Feldsteinen lagen die zerfleischten Leichen der Totgepeitschten. Isabella liebte das rasche Gericht. Sie konfiszierte. Das Gold häufte sich im Schloß zu Segovia, in Isabellas Schatzkammer. Im Gerichtssaal Isabellas unter Gottes Himmel schmausten die Krähen, zechten die Ratten und wurden die Wölfe dick. Isabella machte ihr ganzes Reich zum Gerichtssaal. Die Klage war kostenlos. Das Verfahren bezahlte der Angeklagte mit Leib und Vermögen. Isabella verdiente. Das Volk freute sich im frommen Gemüte. Die Kaufleute reisten ohne Wache und lachten in ihre Bärte vor jedem Galgen, wo die adligen Raubritter im sanften Wind schaukelten. Viele Waren fielen im Preise. Die Schlösser der Raubritter behielt die Krone, manche wurden geschleift. Ferdinand und Isabella duldeten keine Bösewichter neben sich. Die Gewalt wollten sie allein üben, sie durften das Volk steuern. Die Bürger in ihren ummauerten Städten blähten sich vor Stolz. Sie bezahlten die Polizei. Für ihr Geld fing und hing man Grafen. An kühleren Sonntagen pilgerten Väter mit ihren Söhnen vor die Tore der Stadt und wiesen auf die schaukelnden Grafen. »Sieh ihn an, mein Sohn! Für meine sauren Maravedi tut er so. Ich laß ihn schaukeln.« Stolz hoben die Herren Handschuhmacher die Köpfe. Isabella hielt ihre Siege für Gottes Siege. Eine Junta aus Abgeordneten aller Städte gab alljährlich neue Verordnungen. Isabella ließ sie sammeln und mit Druckbuchstaben schreiben. Der Adel wehrte sich zuerst gegen die Hermandad, die Granden erklärten, wir sind Richter bei uns zu Hause. Isabella bestach ihren Generalissimus, den guten Grafen Haro, und nötigte ihre Freunde, bald galt die Hermandad im ganzen Reich.

»Das Recht bin ich«, erklärte Isabella, »die Polizei ist mein. Ich bin der Richter.«

Zwischen Ja und Nein entschied sie die Prozesse. Vor ihr standen die neuen Kläger, die Armen, die Geschlagenen, die Rachsüchtigen und die Sykophanten, hinten peitschte man bereits die angeklagten Reichen zu Tode. Plötzlich entstand ein Lärm im Volk, eine Reiterin ritt durch die Menge, es war Beatrix, Marquise zu Moya. »Deine Tochter Elisabeth . . .«

»Lebt sie?« fragte Isabella.

»Komm!«

»Wo?« fragte Isabella.

»Im Schloßturm zu Segovia!«

»Ein Pferd!« schrie Isabella und brach das Gericht ab. An die fünfzig reiche Bürger gewannen Leib und Vermögen.

»Elisabeth lebt?« fragte Isabella.

»Ja. So Gott will, ja!«

Der Alkalde brachte der Königin sein bestes Pferd. Auch Beatrix erhielt ein frisches Pferd. Am Stadttor holten Mendoza und Graf Benavente sie ein. Unterwegs berichtete Beatrix. Ihr Mann, der den Staatsschatz und die Infantin hütete, war nach Estremadura geritten. Da schmuggelte Maldonado, ein Judenfeind, falsche Handwerker mit Waffen unterm Schurz ins Schloß von Segovia, sie erschlugen die Wache, ergriffen die Schlüssel. Die Wächter der Infantin flohen mit ihr und der Amme in den Schloßturm und verteidigten ihn wütend. Segovia greift zu den Waffen, zwei Parteien, Christen und Conversos, die Christen sind stärker, das ganze Schloß außer dem Turm ist in ihren Händen. Das aufgehetzte Volk stürmt zwei Tore. Das dritte Tor von St. Johann hält ein Häuflein der königlichen Soldaten. Beatrix entwischt und leiht bei einem Pächter ein Pferd.

Isabella spornte ihren Gaul. Sie sieht Brandwolken über Segovia, Blut in allen Straßen, nackte Leichen wie vor Jahren, da sie durch Segovia ritt, nach dem bestellten Pogrom Pachecos. Sie sieht deutlicher als je das Stück verkohlter Mauer, jeden verrenkten Arm der Leichen von damals, sie sieht den Schloßturm zu Segovia, ihr Töchterchen Elisabeth zerstückelt, verbrannt. Sie möchte schreien. Sie möchte fliegen! Sie denkt, alles geb' ich, die halbe Welt, die ganze, daß ich Elisabeth lebend finde! Das Leben Ferdinands, denkt sie, und ganz Kastilien, und sie zittert. Der Staub wirbelt über der Landstraße und treibt ihr die Tränen in die Augen. Sie weint endlich. »Das ist der Staub«, sagt sie. Die Sonne glüht. Die Straßen enden nicht. Bis Olmedo reiten sie flußaufwärts. Dann schneiden sie ab und jagen durch den Pinienwald von Villa Guido und verlieren Weg und Richtung und finden nur Pinien, überall Pinien, rundum. »Mein Kind stirbt!« schreit Isabella. Sie müssen umkehren, es dämmert, sie reiten an einem Kloster vorbei, es liegt still wie ausgestorben, vielleicht hat die Pest alle Bewohner vertrieben. Sie reiten über einen kleinen Friedhof, der schon verfällt, die Steine sind geborsten, das Unkraut überwächst alles, die Kreuze liegen zwischen Dörnern. »Mein Gott«, sagt Benavente, »wie einsam sind die Toten!«

In Coca können die Pferde nicht weiter. Im Schloß, wo die Mauern wie aus Säulen sind, gibt man ihnen frische Pferde. Sie jagen durch die Nacht. Da der Morgen schon dämmert, sehen sie in der Ferne den Aquädukt, die kleinen, runden Türme der Kirche de la Vera Cruz und schon die Stadt, die Kathedrale, den Alcazar und seine riesigen Türme auf dem steilen, wie eine Galeere gebogenen Felsen mitten in der dürren Ebene. Die Türme stehen noch, denkt Isabella und atmet leichter. Sie schaut zum Himmel. Kein Feuerschein rötet ihn. Die Stadt Segovia brennt also nicht. Sie durchreiten den flachen Fluß. Kommen sie nicht zu spät? Lebt Elisabeth? Da sind Reiter, der Bischof Davila, Ritter; der Bischof reicht respektvoll der Königin zwei Bittschriften. Isabella reicht sie ungelesen zurück.

»Was soll's?«

»Eine Warnung, nicht durchs St.-Johanns-Tor in die Stadt einzudringen, da dort der Kampf tobt. Und eine Bitte, die Königin möchte die Marquise Moya und den Grafen Benavente, Frau und Freund des verhaßten, höchstschuldigen Cabrera draußen lassen. Segovia duldet die Anwesenheit dieser Personen . . .«

»Genug!« rief Isabella. »Sagt den Segovianern, die Stadt gehört mir. König Juan, mein Vater, ließ sie mir. Um in meine Stadt einzutreten, brauche ich weder Vorschriften noch Bedingungen. Ich trete ein, wo es mir gefällt. Graf Benavente folgt mir und jeder, der mir paßt für meinen Dienst. Und sagt Euren Leuten, sie sollen tun nach meinem Befehl, als legale Untertanen. Schluß mit Eurem Tumult und Skandal, oder zittert um Leben und Güter!«

Sei spornt ihren schäumenden Gaul, reitet hart am Bischof vorbei, ohne anzuhalten, durch St.-Johanns-Tor gerade zum Schloß und trotz Mendozas Warnung in die wütende Menge. Dolche blitzten. »Schlagt sie tot!« schrie es. »Tod den Judenfreunden!« Isabella stand, vom Staub eingehüllt wie ein Feldstein, weiß auf ihrem weißen Gaul, reglos. Indes öffnen sie die Tore. Die vier Reiter reiten langsam in den Schloßhof. Mendoza flüstert: »Laßt die Tore schließen.«

Isabella schreit: »Öffnet die Tore breiter! Da bin ich ja!«

Ein Teil der Menge staute sich. Isabella redete: »Meine Untertanen! Nennt Eure Beschwerden. Ich helfe ihnen ab. Euer Nutzen ist mein Nutzen.«

»Señora«, sagt Maldonado, »wir haben viele Bitten. Erstens, entfernt den Cabrera vom Kommando, dann . . .«

»Schon geschehen!« rief Isabella. »Cabrera ist abgesetzt. Ich nehme Besitz vom Schloß. Geht nach Hause, schickt morgen drei eurer Leute mit genauen Beschwerden, alles wird gut sein.«

Sie hob die Hände zum Gruß. Die Menge, entzückt vom Mut der Königin, ließ sie hochleben. Maldonado mußte entfliehen, um nicht totgeprügelt zu werden.

Isabella lief in den Turm, die Stufen empor, sah ihr Kind, rief »Elisabeth«, umarmte ihr Kind, vergoß fassungslos Tränen, setzte sich auf eine Stufe, das Kind im Schoß, weinte fassungslos.

Elisabeth sah den Tränen ihrer Mutter zu. Dann sagte sie: »Mutter, was hast du Gott versprochen? Du mußt es halten. Hörst du?«

Isabella unterbrach ihr Schluchzen. Was hab' ich Gott versprochen, denkt sie und erinnert sich nicht.

»Nichts?« fragt Elisabeth, »gar nichts?« Und ist gekränkt und macht sich los.

Isabella reitet in den königlichen Palast. Das Volk steht auf den Straßen. Isabella spricht: »Geht nach Hause, meine treuen Diener. Morgen soll euch Recht werden.« Die Männer werfen ihr Orangenblüten zu. Die Frauen rufen. Die Kinder singen. Ein Volksfest. Isabella lächelt. Am andern Tag prüft sie die Beschwerden, verwirft sie. Cabrera bleibt Kommandant. Bischof Davila bittet um Vergebung. Das Volk von Segovia ist still.

Dreihunderttausend Dukaten

Isabella reitet. Sie residiert in einem ihrer Paläste, die in den Städten ihres Reiches stehen. Ein Bote sprengt durch die Straßen, zum Palast der Könige, reicht kniend einen Brief, Isabella schreit durch sechs Säle : »Mein Pferd!« Sie läuft in ihr Schlafzimmer, vor einen Venezianerspiegel, prüft sich, kaum zehn Minuten lang, klatscht in die Hände; energische, ältere Hofdamen aus hochadligen Geschlechtern eilen herbei, ziehen der Königin die eisernen Hosen und großen Reitstiefel an und setzen ihr den Helm auf die rötlich flammenden Locken. Isabella wirft einen entzückten Blick in den Spiegel, springt wie ein Page in die Kinderzimmer und umarmt die zehnjährige Prinzessin Elisabeth und den zweijährigen Erben beider Spanien, Don Johann, und das jüngste Kind, die einjährige Johanna, die Isabella ihr »Schwiegermütterchen« heißt, weil das Kind schon jetzt der armen Mutter Ferdinands, der Königin Juana von Aragon ähnlich sieht, mit einem zu großen Köpfchen und altklugen, finstern Blicken. Johanna ward in Toledo geboren und spricht noch nicht, obwohl sie schon alles versteht und Zähnchen hat. Don Johann patscht mit den kleinen, mageren Händchen auf die eisernen Hosen seiner Mutter, daß es scheppert. Doña Elisabeth tadelt das unfürstliche Benehmen des Prinzen von Asturien mit frommen Worten und unter unpassenden Bibelzitaten, mit denen sie schon alle ihre Gespräche würzt. Die einjährige Johanna sitzt auf dem Töpfchen, wo sie alle Tage viele Stunden finsterblickend verbringt. Da die Königin sich vor ihr aufstellt und »Suegra« sagt, was Schwiegermutter heißt, und ihr eine Kußhand zuwirft, sendet ihr die einjährige Johanna ihre finstern, fast drohenden Blicke und dreht sich schließlich samt dem Töpfchen um und zeigt den nackten Popo. Ihre zehnjährige Schwester Elisabeth ist empört. »Eine spanische Prinzessin«, beginnt sie, da meldet man der Königin, das Roß sei gesattelt. Sie ruft: »Wo ist Ferdinand?«

»Auf der Jagd«, antwortet der Patron.

Isabella wußte es, aber es gefiel ihr, es laut werden zu lassen, daß er jage, und sie regiere. »Grüßt Seine Hoheit«, ruft sie und schreitet, wie nur sie kann, rasch und majestätisch die Treppen herunter und steigt zu Pferd, eine schwache Eskorte steht bereit. Sie reiten von Valladolid nach Ucles, achtzig Meilen weit, über schwierige Straßen bei schlechtem Wetter, im schärfsten Ritt. Isabella will am Abend des dritten Tages in Ucles sein, wo dreiundachtzig Komture von Santiago, die den Hauptteil der Ordensgüter zu Lehen besaßen, zur Wahl ihres Großmeisters versammelt sind, nach dem plötzlichen Tod des Grafen von Paredes, der die meisten Aussichten hatte, gewählt zu werden. Sein Nebenbuhler Cardenas, Kämmerer und siegreicher General Isabellas, reitet, ehe die Leiche des Grafen Paredes kalt ist, mit starken Truppen nach Ucles, um den dreiundachtzig Komturen deutlich ihre Wahlpflicht zu Gemüte zu führen. Die Ritter von Santiago lebten nach der Regel des heiligen Augustin, schworen Gehorsam, Gemeinschaft des Eigentums und eheliche Keuschheit, sie sollten die Armen unterstützen, die Reisenden beschützen, die Muselmanen stets befehden. Sie waren Laien, durften mit Erlaubnis des Königs heiraten, mußten während der Fasten- und Adventzeit keusch leben, besaßen zwölf Städte, zweihundert Pfarreien, hundertachtundsiebzig Orte, fünf Hospitäler, fünf Klöster, ein Kollegium in Salamanca. Der Orden konnte vierhundert bewaffnete Schwertritter und tausend Lanzenträger mit je drei bis fünf Bewaffneten aufstellen. Seine Einkünfte betrugen alljährlich sechzigtausend Dukaten. Die Ritter trugen weiße Mäntel mit roten Kreuzen.

Isabella ritt ihr Pferd fast zuschanden. Der Regen im Gebirge machte die Wege grundlos. Am Ende des dritten Tages mußte sie in Ocana, zwanzig Meilen von ihrem Ziel, haltmachen. Sie rastete im Landhaus der Königin Isabel, aus dem Isabella vor ein paar Jahren geflohen war, als Carillo sie rettete, vor Mendoza, der sie fangen und König Heinrich ausliefern wollte. Isabella ging, vom Kastellan und einem Fackelträger begleitet, durch die unbewohnten Räume. Der prasselnde Regen schlug an alle Fenster, der tobende Wind pfiff, der zitternde Schein der Pechfackel, die zu erlöschen drohte, warf feurige Reflexe in die Schwärze ringsum. Isabella dachte an den alten, treuen Bobadilla, der sie aufgezogen hatte. Der Kastellan wies ihr das Bett, in dem Bobadilla gestorben war. »Er starb friedlich«, sagte der Kastellan, »der Ritter wohnt im Himmel.« Isabella denkt an ihre Mutter, sie wohnt in einem Kloster. Der Sinn der Königin-Witwe Isabel hat sich umdüstert. Manchmal weiß sie nicht mehr, wer sie ist, und behauptet, sie sei eine Stubenfliege, und flattert mit den Armen, als seien es glitzernd durchsichtige Flügel, und sie könnte sich mit ihnen höher heben, über die Misere ihres Lebens. Wenigstens bis zur Zimmerdecke möchte sie fliegen, jammert sie. »Warum habt ihr meine Flügel festgebunden?« fragt sie die frommen Nonnen, die sie pflegen und bewachen. »Ich flog so hoch und atmete so sicher und lebte so schön ohne euch! Wo ist mein Ritter Bobadilla?« ruft sie, »daß er mich befreie! Wo bist du, Bobadilla?« Dann erklärt sie geheimnisvoll: »Sie hält mich gefangen, meine tote Tochter Isabella. Sie hat Befehl gegeben, mich zu vergiften. Das ist die Rache des Konnetabels Luna. Wißt ihr nicht, daß Isabella seine Tochter ist?« Wenn Isabella ihre Mutter besuchte, freute sich die tolle Königin zuerst sehr, umarmte und herzte ihre Tochter und redete unaufhörlich und erzählte große Geschichten und Pläne und sprach portugiesisch und kastilisch durcheinander und ward immer ängstlicher und warf furchtsame Blicke auf ihre Tochter und auf die Tür ihrer Klosterzelle und setzte sich in die äußerste Ecke und verstummte und begann mit den Armen wie mit Flügeln zu flattern und summte ein Kinderlied und rief dazwischen klagend-ängstlich: »Erschlag mich nicht, böse Tochter! Ich bin nur eine kleine Stubenfliege!«

Isabella ging durch das trübe Haus von Ocana, sie fror und schauderte. Ihre Begleiter beschworen sie, die Nacht zu rasten. Aber sie hielt es nicht aus und entgegnete nur: »Keine Zeit!« Also stiegen sie wieder zu Pferde und ritten durch den strömenden Regen übers Gebirge die ganze Nacht, die Pferde zitterten in kaltem Schweiß, ein Pferd mit einem Stallknecht rutschte aus und brach ein Bein und mußte getötet werden, der Stallknecht saß bei einem anderen Reiter hintenauf, der Wind heulte, die Wolken hingen schwarz über ihnen, die Bäume stöhnten wie im Todeskampf. Sie kamen zurecht. Das Kapitel schritt zur Wahl im Ordensschloß zu Ucles, da öffnete sich die Türe des Beratungssaals, und Isabella trat unter die dreiundachtzig Komture. Die Königin, triefend von Nässe, mit verschlammten Kleidern, schritt majestätisch in die Mitte des Saales und rief: »Ich komme zur Wahl des Großmeisters. Er ist gewählt! Es ist Ferdinand, König beider Spanien. So habe ich beschlossen und appellierte bereits an den Heiligen Vater nach Rom. Ihr wolltet Cardenas wählen, den Großkommandeur von Leon, den treuesten meiner Untertanen. Aber die Würde des Großmeisters, der über ein Heer und Festungen an des Reiches Grenzen gebietet, ist zu hoch für einen Untertanen. Die drei Orden von Santiago, Calatrava und Alcantara nehmen alljährlich dreihunderttausend Dukaten ein. Die königliche Einnahme, wie sie Heinrich hinterließ, betrug im Jahr nur dreißigtausend Dukaten, so daß ihr meinen Bruder den ›König der Landstraßen‹ hießet. Den Titel will ich nicht. Darum wird mein Gemahl Ferdinand, König beider Spanien, nach Erledigung der bestehenden Stellen Großmeister von Santiago, Calatrava und Alcantara!«

Die dreiundachtzig Ritter schwiegen bestürzt. Manche, die über mangelnde Freiheit der Wahl angesichts von Truppen des Kandidaten am Wahlort protestiert hatten, triumphierten heimlich, Fanatiker der Wahlfreiheit, Absolutisten, die Freiheit oder Sklaverei jedem faulen Kompromiß vorzogen. Dreiundachtzig Komture beugten ihre Häupter vor einer jungen Frau in Eisenhosen.

Isabella schrieb ein lakonisches Billett an Cardenas, der in einem Schloß nahe Ucles das sichere Resultat erwartete. »Verzichtet auf diese Würde, die für Euch nicht paßt!«

Cardenas machte gute Miene zum bösen Spiel und ritt an die Grenze von Estremadura gegen portugiesische Räuber. Er focht so tapfer, als ließe die Königin Gnaden regnen. Der Papst schickte die Bulle, er bestätigte Ferdinand als Großmeister. Da ernannte Isabella ihren Kämmerer Cardenas zum Großmeister von Santiago an Stelle Ferdinands und gab als Gnade, was vorher ein Recht war. Sie forderte von Cardenas alljährlich drei Millionen Maravedi für den königlichen Schatz zur Unterhaltung der Festungen längs der Grenze von Granada. Cardenas war der letzte Ordensmeister. Nach seinem Tod und dem Tode der Ordensmeister von Calatrava und Alcantara vereinigte Ferdinand Würden und Einkünfte in seinen königlichen Händen, zehn Fingern voller Gier und Goldgeiz, dem Ansehen nach waren es Finger, in der Tat Teufelskrallen. So zerstörten Ferdinand und Isabella die finanzielle Macht der Ritterorden von Spanien. Die militärische Macht der eisengepanzerten Ritter aber zerstob vor Pulver, Blei und Kanonen. Einige Bauern wirbelten fünfzig Ritter mit einem wohlgezielten Kanonenschuß in die Luft. Pulver und Blei waren stärker als Keuschheitsgelübde, Speisevorschriften, Religion und Adelsrechte. Eine einzige Kanone verbreitete die Gleichheit der Menschen. Da die Menschen nicht zufrieden waren, vor Gott gleich zu sein, erfand der Teufel die großen Kanonen und machte alle Menschen gleich vor dem Tode. Isabella und Ferdinand kauften die spanischen Kanonen vom Schatz der Kirchen. Also schoß die Kirche ihr Rittertum zum Teufel.

Die schöne Richterin

Isabella ritt durch Sevilla. Der Morgen stieg strahlend herauf. Er roch nach bitteren Mandeln und Meerhauch. Die Königin trug noch im Ohr die Flötentöne und im Haar die Orangenblüten aus den illuminierten Gärten des Herzogs von Medina Sidonia, wo sie die ganze Nacht mit den schönen Jünglingen getanzt hatte. Isabella sog gierig die frische, sanfte Morgenluft ein. Hinter den Mauern der Gärten lärmten die Vögel. Die Palmen erhoben sich in starrem und eitlem Glanze. Ein feuchter Hauch wehte vom Guadalquivir. Isabella sah mit Rührung die schwerbeladenen Eselchen, die durch die engen Gassen trotteten; die Nachtschwärmer, die mit müden Musikanten wie Gespenster im Morgenlicht taumelten; die frühen Diener, die vor den Treppen der leeren Spielhäuser die Straße kehrten; und die leichten, bunten Bauernkarren mit Blumenfrachten und Früchten. Laut schrien schon die Wasserträger.

»Gonzalo«, rief Isabella zum schönen Jüngling, der neben ihr ritt und dessen kühnes Antlitz im Schein des Tages badete, »ich möchte zu Festen reiten, die nie enden. Sevilla ist himmlisch!« Sie ritten zur Frühmesse. Vor dem Tor der Kathedrale rief Isabella, da sie schon abstiegen: »Was für ein Tag, Gonzalo!« »Freitag«, erwiderte nüchtern der Jüngling, noch eifersüchtig auf alle schwärmerischen Jünglinge, mit denen Isabella getanzt hatte. »Gerichtstag«, sagte er trocken.

Isabella schritt langsam durch das Schiff der Kathedrale und kniete vor einem Altar. Sie trug ein ausgeschnittenes Kleid aus Brokat und Purpursammet, weiße Stulpenhandschuhe und einen Reiherhut. Der Erzbischof von Sevilla, Kardinal Mendoza, las die Messe. Aufmerksam betrachtete ihn Isabella. Sie war stolz auf diesen Diener. Ich habe ihn gewählt, und er taugt. Langsam ritten sie zum Alcazar. Vor den Toren wartete das Volk auf die Gerechtigkeit. Kläger harrten neben Angeklagten, Diebe neben Unschuldigen. Langsam schritt Isabella durch die Gärten. Die Springbrunnen plätscherten leise plaudernd. Die Schneeballbüsche glänzten wie gebleichte Wäsche im Grünen. Die blühenden Mandelbäume dufteten schwer. Der Tag gleißte in seinem starren Licht. Zwischen den weißen, zierlichen Marmorsäulen sah Isabella das Gericht versammelt, die schweigende Menge.

Sie setzte sich auf den hohen Stuhl des Gerichts und zog ihre Handschuhe aus. Das Volk sah den schimmernden Hals und Busen der Königin. Links neben dem Stuhl des Gerichts saßen die königlichen Räte, Juristen mit steifen, gelehrten Mienen, rechts Prälaten und Ritter. Der Henker stand vor der Türe. Sein rotes, seidenes Mäntelchen hing über der linken Schulter wie ein kokettes Feuer. Die Stabträger stießen mit ihren Stäben die Erde. Die Alguazile führten einen alten Mann vor.

»Seine Schuld?« fragte Isabella. Sie sprach leise, und doch schien es, als klinge ihre Stimme hinaus in die Gärten und bis auf die Plätze Sevillas. Die Menge zitterte vor dem Ton.

Der erste Gerichtssekretär las in einem Satze die Anklage vor:
»Er hat einen Beamten des Königs erschlagen.«

»Gesteht er?« fragte Isabella.

»Unter der Folter.«

Isabella blickte auf den Angeklagten, einen Greis in blutigem Hemd, durch dessen Fetzen die Wunden mit blutigen Augen schauten. Alle sahen, wo das glühende Eisen gefressen, wo die Zangen gekneipt, wo die Geißeln gebissen hatten.

»Hast du meinen Diener geschlagen?«

Der Greis wollte reden. Das Blut, das aus seinem Munde floß, vertrieb mit seinem faden Geschmack alle Worte. Er schüttelte den Kopf und schüttelte und schüttelte. Es sah hilflos und grausig aus.

»Warum schlug er?« fragte die Königin.

Der erste Gerichtsschreiber wies auf den Akt. »Er sagt, der Beamte des Königs habe seine Tochter verführt. Doch fanden sich Zeugen, die vom Lebenswandel der Jungfrau . . .«

»Genug! Deine Tochter war unschuldig«, erklärte Isabella.

»Mein Diener hat sie verführt. Warum kamst du nicht vor meinen Stuhl und klagtest? Wollte jeder in meinem Reiche Richter in eigener Sache sein, wäre Kastilien ein Schlachthof. Warum kamst du nicht und fordertest das Recht von mir? Hätte ich es denn dir verweigert? Sahst du mich je den Schuldigen schonen? Antworte, alter Mann!«

Der Greis krächzte und spuckte Blut.

»Was sagt er?« fragte die Königin.

Der Alguazil beugte sich über den krächzenden Greis.

»Er sagt, er schlug im Zorne!«

»Also treffe ihn der Zorn des Gerichts!«

»Ich bereue!« schrie plötzlich der Greis.

Die Königin zauderte und blickte auf ihren Kanzler Mendoza, der neben ihr saß, eine Stufe tiefer.

Der Greis schrie: »Gerechtigkeit!«

»Also hängt ihn! Sein Vermögen verfällt der Krone.«

Die Henkersknechte schleppten den Greis zum Richtplatz, wo Priester und Galgen warteten.

Die Gerichtsdiener führten einen reichen, jungen Grafen vor. Der Jüngling blinzelte der Königin zu. Da erkannte sie sein schönes, freches Gesicht. Auf einem Ball im Schloß des Herzogs Alba hatte sie mit diesem Jüngling getanzt. »Seine Schuld?«

»Er hat die Tochter des Tuchscherers Alonso Vidal geraubt, Gildenmeisters dieser Stadt Sevilla.«

»Hat er gestanden?«

»Unter der Folter.«

»Warum raubtest du?«

»Die Dirne lief mir nach auf Schritt und Tritt«, erklärte der junge Graf.

»Und vermahntest du sie?«

»Ein lüsternes Mädchen?« fragte spöttisch der Graf. Seine Blicke hingen an dem halbenthüllten Busen der Königin, als wollte er mit den Blicken ihre Brüste ganz entblößen.

»Liebst du sie?« fragte Isabella.

Der Jüngling lachte auf.

»Hängt ihn«, rief Isabella. »Sein Vermögen verfällt der Krone.«

Da begann der verdutzte Jüngling zu schreien.

Die Henker führten ihn zu Priester und Galgen.

So ging es fort. In drei Stunden führte man hundert zum Richtplatz, verfielen einige Millionen Maravedi der Krone, eine blutige Ernte. Ein reicher Jude, den man vorführte, fiel sogleich auf die Knie und schrie: »Gerechtigkeit!«

»Seine Schuld?«

»Er trug nicht den Judenfleck, blieb über Nacht außerhalb des Ghettos, nahm dreißig Prozent Zinsen und führte ein Pfund Gold aus.«

»Vierfach den Tod verdient! Vierteilt ihn und hängt ihn!«

»Ist das Eure Gerechtigkeit?« schrie verzweifelt der Jude. »So will ich mich taufen lassen und ein Christ sein gleich der Königin beider Spanien.«

»Also tauft ihn und schickt ihn auf die Galeeren!«

Entzückt fiel der Jude auf sein Antlitz. »O erhabene Kaiserin!« rief er, »o Born aller Gnaden!«

Isabella sah über ihn hinweg und vollendete: »Sein Vermögen verfällt der Krone.«

»Ist das Eure Gnade?« schrie der Jude empört. »Und meine Kinder? Wovon soll ich sie nähren? Darum soll ich Euren Märchen glauben und Gottes Wahrheit abschwören, daß Ihr mir seinen Segen raubt? Dann tötet mich lieber!«

»Hängt ihn auf«, sagte Isabella.

»Warum so rasch?« schrie der Jude. »Tötet mich langsamer! Darin seid Ihr Meister! Ich will von Grund auf fühlen, wie christliche Liebe tut! Habt Ihr nicht langsame Todesarten?«

»Tut nach seinem Willen. Foltert ihn langsam zu Tode!« erklärte Isabella.

Der Jude lachte schallend. »Höchstweise Richterin«, schrie er. »Höchstgerechte Hure!«

»Hure!« rief die Menge, »die Königin hieß er Hure!«

Das Volk zerriß den Juden an Ort und Stelle. Die Alguazile kehrten die Reste aus.

»Soll man die ganze Familie des Juden hängen?« fragte der erste Gerichtsschreiber.

»Laßt die Mädchen bis elf, die Knaben bis vierzehn taufen, die andern schickt auf die Galeeren oder in den Kerker. Ihr Vermögen verfällt der Krone.« So entschied Isabella.

»O große Gnade!« murmelte das Volk. »O unverdiente Gnade!«

So schritten die immer heiteren Sevillaner und die graziösen Sevillanerinnen an ihrer Königin vorüber, Angeklagte, Verbrecher, Ketzer, Schuldige und Gefolterte, Geständige und Unschuldige, Demütige und Höhnische, Ahnungsvolle und Unwissende, solche mit großem und solche mit mittlerem Vermögen. Isabella sah sie an. Sie hörte ein paar Worte, einen Aufschrei. Sie sah die Angst der Kreatur. Die zitterten alle vor dem Tode. Auch Isabella kannte diese schreckliche Angst. Aber sie dachte stets an die Tränen der Opfer. Sie hatte die Unschuldigen leiden sehen. Wo die Lämmer bluten, kein Mitleid mit Metzgern! Die vor ihrem hohen Stuhle standen, waren nicht mehr dick oder dünn, Juden, Mohren oder Christen, Väter oder Söhne, nicht mehr gut oder böse, verdient oder lasterhaft. Sie hatten das Recht verletzt. Isabella fühlte die Wunden wie am eigenen Leib. Sie saß da vor der Fülle der menschlichen Bosheit und dachte: Könnt ihr nicht im Frieden leben? Geb' ich darum meine Gesundheit für meine Reiche? Verschmäht ihr meine Liebe, so nehmt mein Recht!

Isabella sah nur Schuldige und verurteilte alle, zum Tod, zur Galeere, zum Kerker und immer zur Konfiskation der Vermögen. Alle Freitag verurteilte Isabella alle, die angeklagt wurden; alle, die sich vergangen hatten; alle, die ein freies Wort geäußert hatten. Aber wen klagte man nicht an? Wer verging sich nie? Wer äußerte nie ein freies Wort? Da fiel der Schrecken auf die Stadt Sevilla, die heiterste Stadt in Hispanien. Viertausend Sevillaner flohen in einer Woche nach Granada zu den Mohren oder nach Portugal zu den Feinden. Kein Mohr, kein Feind ist so grausam, erklärten die Emigranten jenseits der Grenze, wie die Gerechtigkeit, die für die eigene Kasse konfisziert.

Da Isabella nach dem Gericht lustwandelte, im blauen Schatten des lieblich gilbenden Abends, und müde wartete, daß Gott seine Sterne anzünde, traf sie im Garten ihren ehrwürdigen Bischof von Cadix, Don Diego de Solis, einen frommen Alten, Gouverneur des Erzbistums Sevilla. Er stand mit etwa zwanzig Frauen und fünfzig oder sechzig Kindern, einem ganzen Haufen. Alle warfen sich nieder, da sie Isabella gewahrten, und riefen um Gnade. »Warum weinen sie alle?« fragte Isabella den Bischof und spürte, daß sie gleich weinen müsse. »Was bittet ihr?« fragte sie gerührt. Und sie fühlte neuen Schrecken. Fast wäre sie niedergekniet und hätte gefleht: Gnade! Was wollt ihr von mir? Ich bin nur eine, und ihr seid Millionen. Tag und Nacht denk' ich an euer Wohl! Muß ich also jede einzelne Träne nachweinen, jeden einzelnen Schmerz mitfühlen, ich bin doch nur ein einzelner, schwacher Mensch?

Mit einer ungeduldigen Stimme fragte sie: »Was wollen die?« Sie verstand ihre seltsame Erregung nicht. Und die Szene mißfiel ihr. Der fromme Mann meinte es sicher gut. Aber ist es schon so weit mit mir gekommen, daß Kinder vor mir knien müssen? Müssen die Frommen schon Witwen versammeln und Waisen abrichten, um mein verhärtetes Herz zu rühren? Was will ich? Recht für alle! Was tue ich? Dienst an allen! Dürste ich nicht danach, daß die Kastilier wie Christen glauben und handeln? Hungere ich nicht danach, selig und fromm zu machen?«

»Was wollt ihr?« fragte sie. »Steht endlich auf!«

»Gnade!« riefen heulend die Frauen.

»Gnade!« jammerten die Kinder.

Da sagte der Bischof Don Diego: »Ihre Gatten vertrieb deine Strenge. Ihre Väter verjagte dein Gericht. Aber diese da sind unschuldig, du machtest sie leiden. Willst du alle zu Witwen und Waisen machen? Aber die Kinder sind unschuldig! Niemand ist mehr sicher in Sevilla. Die Königin verfolgt ohne Gnade. Freilich verfolgt sie das Unrecht. Wer aber ist ganz ohne Schuld? Die Stadt wird entvölkert. In den Häusern fehlen die Väter und Brüder. Bald sinken die Häuser um, und der Wind streicht zwischen hohlen Mauern. Recht und Tugend werden hier wohnen, doch zwischen Ruinen. Das Recht soll über Menschen herrschen, nicht sie ausrotten. Sevilla ist seit langem vom Bürgerkrieg zerrissen. Juden stritten mit Christen, Altchristen mit Neuchristen, die Familie Guzman mit der Familie Ponce de Leon, der Herzog von Medina Sidonia, Haupt der Guzmans, mit dem Marquis von Cadix, Haupt der Ponce de Leon. Sie ergriffen die königlichen Festungen und besetzten die städtischen Güter und lieferten sich Schlachten, jeder Bürger in Sevilla nimmt Partei, Nachbar kämpft mit dem Nachbarn, alle tun Unrecht, alle fehlten alle Tage. Du hast genug heilsamen Schrecken verbreitet. Mildere die Gerechtigkeit durch Gnade!«

Die Kinder hörten ihr Stichwort und schrien »Gnade«. »Gnade«, jammerten die Frauen und beugten die Stirnen und weinten.

Auch Isabella vergoß eine Träne. Mit zitternder Stimme erklärte sie: »Kinder, für euch tat ich es. Für euch wappnete ich mein Herz mit Strenge. Ihr sollt im Frieden leben. Darum kämpfe ich. Darum reiße ich das Unrecht wie Unkraut aus und verwerfe die Übeltäter wie Spreu und Worfel. Wie wollt ihr gedeihen ohne Recht?«

»Gnade!« riefen die Kinder.

»Ich ermächtige Euch, Don Diego de Solis, verkündet eine allgemeine Vergebung aller früheren Vergehen, ausgenommen die gegen Gott und Christi Lehre. Keine Gnade den Ketzern! Sonst allen Gnade!«

»Gnade!« riefen noch immer die Kinder. Sie kannten nichts als ihr Stichwort. »Gnade!« riefen sie statt Vater, statt Bruder! Aber die Mütter erhoben sich und umarmten einander und lächelten schon und plauderten lustig wie Sommervögel und küßten der Königin den Saum des Gewandes. »Dankt dem frommen Mann«, sagte Isabella und wies auf den Bischof.

In der Nacht, da man schon die Kerzen löschte, meldete man der Königin, Juan Ponce de Leon, Marquis von Cadix, sei nur mit zwei Dienern im Schloß und flehe um die Gnade, vor der Königin knien zu dürfen.

Isabella erstaunte. Der Marquis hatte sie nicht in Sevilla begrüßt. Seit zwei Monaten saß er auf seinem festen Schloß zu Xerez. Seit zwei Monaten drängte der junge, schöne und schwärmerische Herzog von Medina Sidonia die Königin, seinen Feind, den er den bittersten Feind aller Könige nannte, zu ergreifen und in den Kerker zu werfen. »Mehr verdient er nicht«, erklärte der musikliebende Herzog, nun wieder einer der treuesten Untertanen Isabellas. Die Königin zauderte, den Kampf mit dem beliebtesten Helden Andalusiens zu beginnen. Nun war er plötzlich vor ihrer Tür. Isabella überlegte nicht lange. Sie ließ den Marquis sofort eintreten. Er kniete nieder und schwor, nicht eher aufzustehen, bis ihn die Königin in Gnaden annehme. »Laßt mich Eure Hand küssen! Ich will Euch mit meinem Degen dienen!«

Isabella war entzückt von dem ritterlichen Feuer Don Juans. Sie gab ihm die Hand zum Kuß. Sie musterte neugierig den Marquis, der für den galantesten Helden Andalusiens galt. Er gefiel ihr auf den ersten Blick. Dabei war er gar nicht schön, ein Mann von mittlerer Statur, eher untersetzt, zu muskulös, Haar und Bart waren rot und kraus, das Gesicht rötlich und blatternnarbig. Aber seine Gebärden waren so kühn, sein Benehmen so geradezu, seine Blicke so edel, seine Stimme hatte mehr Musik im Ton als hundert Flötenspieler seines Gegners Medina Sidonia.

»Man heißt Euch den Spiegel des Rittertums?« fragte Isabella. Don Juan lächelte heiter. Seine Vasallen nannten ihn gerecht, die Granden hießen ihn frei, die Frauen rühmten seine Keuschheit, die Männer seine Kraft, die Volkssänger seine Erfolge gegen Heiden und Mädchen, die Freunde seine Treue, die Feinde seine Großmut. Er war besonnen und furchtbar, ihm gehörte halb Andalusien. Er war ein Bastard, doch vermachte ihm sein Vater alles. Seine Frau stammte aus einem berühmten Haus von Marranen, eine Schwester des jungen Pacheco.

Isabella freute sich, einen so mächtigen Helden gewonnen zu haben. Sie sagte lächelnd: »Don Juan, wir wollen zusammen siegen.«

Der Marquis bat galant: »Nennt Eure Feinde, daß ich sie vernichte!«

»Die Feinde Christi!«

Der Marquis blinzelte. Das war ihm zu allgemein. Er galt als der Beschützer der ungetauften und getauften Juden in der Provinz.

Isabella sah seinen Schrecken. Sie lächelte fast zärtlich. »Granada«, rief sie, »heißt das Ziel. Der Feind sind die Mohren!«

»Tod den Mauren!« rief Don Juan, ein wenig heiser.

»Don Juan, warum so spät?«

»Die Nächte von Sevilla sind nicht da, um sie zu verschlafen.«

»Spät zu mir«, sagte Isabella.

Don Juan lächelte sieggewohnt, strich sich den roten Bart und blickte schelmisch auf die rötlichen Locken Isabellas.

Die Königin lächelte spöttisch. »König Ferdinand und ich«, sagte sie, »haben nicht allzuviel Geduld mit Rebellen.«

»Aber«, entgegnete stotternd der Marquis, »komm' ich, so bleib' ich ewig!«

»Das ist zu lange«, sagte Isabella. »Ihr müßt alle Krongüter und allen städtischen Besitz zurückgeben, Don Juan.«

Darauf war der Marquis gefaßt gewesen. Er fragte sofort: »Und der Herzog von Medina Sidonia?«

»Desgleichen«, erwiderte Isabella. »Auch müßt Ihr Euch mit ihm versöhnen!«

»Seit hundert Jahren kämpfen unsere Familien in Sevilla . . .«
»Zeit zum Frieden. Ihr verderbt die Bürger. Frieden oder . . .«
»Unmöglich!« rief der Marquis.
»Oder Ihr zieht auf Eure Landgüter.«
Der Marquis sah auf die Königin. Sie lächelte nicht mehr. Sie
stampfte mit dem Fuße auf. »Entscheidet Euch!« schrie sie.
Der Marquis fragte hastig: »Und der Herzog?«
»Desgleichen!« rief Isabella.
Da neigte Don Juan gehorsam sein Haupt. »Aber Majestät, ge-
ruhet mich auf meinem Landgut mit dem König zu besuchen.«
Isabella reichte Don Juan ihre Hände zum Kusse. Eine Nachti-
gall sang im Garten in einem der Jasminbüsche vor den offenen
Fenstern. Von ferne hörte man den Hall von hundert Gitarren,
die in den Straßen Sevillas von Liebe tönten.

Zehn geistliche Herren

Isabella war schier dreißig Jahre alt. Sie hatte gewonnen. Sie
wiegte ihre Kinder und große Pläne. Sie liebte ihren Gatten und
durchschaute ihn. Seine Frömmigkeit taugte wenig, seine
Treue war gering, sein Ehrgeiz weltlich. Er will zu wenig und
betreibt zu viel. Er ist flatterhaft und kaltherzig. Will er die
Welt ohne Begeisterung gewinnen? Er umgibt sich mit Ge-
schäftsleuten, mit den Söhnen reicher Männer, mit echten
Granden. Sieht er nicht mein Beispiel? Ich liebe die Söhne des
Volkes, die von unten kommen, die jüngeren Söhne, die Geistlichen, die Söhnlein Gottes. Isabella war schier dreißig Jahre
alt, sie schaute viel in den Spiegel. Kürzlich hatte sie einen Zahn
verloren, er wackelte ein paar Tage und fiel heraus; kürzlich
hatte sie ein graues Haar gefunden, der Herzog von Medina riß
es ihr beim Tanzen aus, der liebe, schwärmerische Jüngling, er
schrieb eine Ode darauf in lateinischen Versen. Der italienische

Lateinlehrer Peter Martyr lobte den Versbau. Kürzlich hatte ihr Ritter Don Gonzalo ein sechzehnjähriges Mädchen geheiratet, Leonor de Sotomayor, die Kleine war schon eine Dame, süß und schön. Isabella schloß sie an ihren Busen wie eine Tochter. Kürzlich kam ihr Sohn Don Johann, das Knäblein, das kaum laufen und plappern konnte, und erzählte ihr: »Señora, du bist alt.«

»Wer sagt das?« fragte erschrocken die Mutter.

»Doña Elisabeth. Sie sagt, du bist alt und stirbst.«

Kürzlich hatte ihr Beichtvater, der wackere Prior Fernando de Talavera, gesagt, es zieme sich nicht für reifere Frauen, mit Jünglingen zu tanzen, der Ausschnitt ihrer Kleider gehe zu tief, und sie solle keine Hosen mehr tragen. Bin ich schon alt? fragte sich Isabella und lachte. Ich bin jünger als die ganze Welt, noch nicht Königin von Spanien, noch nicht Königin der Welt. Ernsthaft nickte sie ihrem Bilde im Spiegel zu und winkte ihm warnend mit dem Finger. Du, sagte sie, du bist gemeint, Señora. Gib acht, du tändelst! Du wirst alt. Du stirbst. Was hab' ich vollbracht? fragte sich Isabella und sprang auf und lief durch die Zimmer und ging in die Ställe und ließ sich ihre Pferde und Hunde vorführen und im Garten den Lieblingsnarren ihres Gemahls, einen spindeldürren, buckligen Zwerg, zwei Ellen hoch, Almagro hieß der Señor. »Was kannst du?« fragte sie den Narren. Der Narr haßte die Königin. Er trug sich ganz wie ein Ritter, mit einem Degen, einem Reiherhut, er war gefräßig, geizig und boshaft. Er bleckte die Zähne wie ein Hund. Isabella fürchtete, der Zwerg werde sie in die Waden beißen.

»Hast du keine Späße auf Lager?« fragte die Königin.

Der Narr kratzte sich am Hintern.

»Ich werde dich peitschen lassen«, erklärte die Königin.

Da ließ der Narr alle Possen. Er stützte die Hand graziös auf die Hüfte, sein Mäntelchen hing ihm kokett auf der Schulter. Er strich sich seinen Bart und sagte: »Ich will Euch wahrsagen.«

»Gut«, erwiderte Isabella. Der Zwerg ekelte sie. Aber suchte sie nicht den Ekel? Sie saß im Patio des Alcazars von Sevilla. Der Zwerg erklärte: »Du wirst Granada erobern. Wenn die Feste fällt, wirst du ein Gutes und ein Böses tun. Du wirst alles gewinnen und viel verlieren. Du erreichst, was du dir wünschest, aber der Besitz wird dich ekeln. Du wirst dich zuletzt deiner Träume schämen. Was du liebst, wird von dir abfallen. Aus deinem Schoß wird dein strengster Richter kommen. Nach deinem Tode wird dein Reich zerfallen, dein Name verwehen, dein Mann dich schänden, deine Kinder werden wahnsinnig, deine Enkel werden betteln, in Kastilien werden die Juden und in Aragon die Zwerge herrschen, in Toledo wird ein Hund die Messe lesen und in Cordova ein Affe . . .«

»Almagro«, fragte Isabella, »bist du eigentlich ein Mann?«

Sie wußte, schon einmal hatte ein lüsternes Hoffräulein diese Frage an den Zwerg gestellt. Der Zwerg, in seiner Ehre gekränkt, hatte vor dem Mädchen seine Hose ausgezogen und ihr seine Ehre gezeigt. Das Fräulein beklagte sich weinend bei Ferdinand, der den Zwerg auspeitschen ließ. Isabella begriff sich selber nicht. Sie sah die ordinären Blicke des Zwergs, der plötzlich das Aussehen eines lasterhaften Hundertjährigen hatte. Seine Augen blinzelten schamlos und alt. »Geh«, schrie sie, »Ratte, Vieh!« Der Zwerg floh knurrend.

Eine Stunde darauf empfing die Königin Isabella einige ihrer geistlichen Räte, von denen sie stets umgeben war. Sie hatte die geistlichen Herren auf hohe Sessel an die Wand gesetzt, sie saß auf einem Throne an der Wand gegenüber. Sie musterte freundlich die geliebten, frommen Gesichter. Da saß der genaue und gütige Talavera, ihr gegenwärtiger Beichtvater, und lächelte mild; da saß der elegante Mendoza, ein Fürst der Kirche, ein Lebemann, ein Humanist, der für das Vergnügen seines Vaters, des in ganz Europa berühmten Poeten Marquis von Santillana, einige der holden lateinischen Klassiker ins Kastilische übersetzt hatte, und blickte stolz und klug. Da saß der finstere Prior Torquemada, einer der Beichtväter Isabellas, und starrte sie an. Da saß freundlich der üppige Inquisitor von Sizilien, ein fetter, asthmatischer Herr, der viele Süßigkeiten fraß und den Wein liebte, Philipp de Barberis. Er war nach Sevilla gereist, damit ihm die Königin Isabella das Privileg des Kaisers Friedrich des Zweiten bestätigte, der 1233 den Inquisitoren Siziliens ein Drittel der Ketzergüter schenkte. Isabella liebte den frommen, eifrigen Mann und gab ihm das Privileg zu Sevilla. Ferdinand bestätigte es ihm das Jahr darauf in Xerez de la Frontera. Zwei Drittel der Ketzergüter verfielen der Krone. So teilten König und Richter die fette Beute. Da saßen die Freunde Alonso de Ojeda, Prior des Klosters St. Paul zu Sevilla, und der Dominikaner Diego de Merlo und der päpstliche Nuntius am Hofe Kastiliens, Niccolo Franco, alle drei nebeneinander nickten und tauschten Blicke und flüsterten zusammen. Bescheiden saßen die Erzieher des Infanten Don Johann daneben, der Mönch Deza, der italienische Humanist Peter Martyr, der Chronist Palencia.

Der Prior Ojeda antwortete der Königin: »Sevilla ist verloren, Toledo ist verloren, Burgos und Cordova, Valladolid und Segovia, Kastilien und Aragon, alle verloren, wenn Ihr nicht Einhalt gebietet der Ketzerei. Sie ist das Grundübel. Bürgerkrieg und Verbrechen sind nur die Folgen. Die Juden sind schuld. Sie verspotten die christliche Religion. Sie verderben die Sitten. Sie verführen alle. Aufhören wird das Christentum in ganz Spanien. Es währt nicht mehr viele Jahre, so wird die Vernunft herrschen statt des Glaubens, die jüdische Gerechtigkeit statt der christlichen Liebe, die Wissenschaft statt der Religion, Juden und Mohren statt der Christen. Willst du das, Königin Isabella? Du sitzest zu Gericht und bestrafest die Kranken, aber willst du nicht lieber die Krankheit ausbrennen und die Kranken heilen? Richte die Inquisition ein in Spanien!«

Der Inquisitor aus Sizilien, Philipp de Barberis, sprach: »Die Juden sind schuld. Sie riefen den Großtürken nach Italien, schon berennt er die Insel Rhodos. Die Mohren von Granada rüsten zum Krieg, aufgehetzt durch Juden. Die Juden warten darauf, daß Türken und Mohren über Spanien herfallen, um uns zu verraten. Sie wollen die Herrschaft an sich reißen und die Christen zu Sklaven machen. Sie haben vor achthundert Jahren die Könige der Goten verraten, sonst wäre nie ein Araber nach Spanien gelangt. Wenn du siegen willst, mußt du Frieden und Sicherheit im Innern deiner Reiche garantieren. Ohne Gleichheit der Sitten kein gleicher Wille, ohne Einheit des Glaubens kein einiges Volk! Glaubst du zu herrschen, wenn du nicht den Glauben deiner Völker regierst? Willst du jenen die Freiheit gewähren, die das Böse mehr lieben als das Gute?«

Der Dominikaner Diego de Merlo erklärte: »Die Gesetze gegen die Juden sind gut. Aber wer befolgt sie? Die Juden tragen nicht den gelben Fleck, wohnen nicht im Ghetto, sie sind Ärzte, Apotheker, Bankiers, Wucherer, Händler, Finanzverwalter, Gelehrte. Sie lassen sich taufen und verheiraten ihre Töchter mit dem Adel Kastiliens. Sie sind reich, ihnen gehören die Häuser in den Städten und die Güter auf dem Lande, die Ämter im Reiche und an deinem Hofe. Der Samen Abrahams, Isaks und Jakobs herrscht und verrät.«

»Es gibt«, sagte der päpstliche Nuntius Niccolo Franco, »dreihunderttausend Juden in Spanien und vier Millionen getaufte Juden. Jeder vierte oder fünfte in Spanien ist Jude. Aber sie glauben nicht an Christum, auch wenn sie getauft sind. Sie glauben nicht an das ewige Leben, nicht an die Erlösung. Sie spotten über den Glauben und über die Liebe. Sie sind reich und übermütig. Sie glauben an die Vernunft der Menschen und Gottes. Sie glauben an das Leben auf dieser Welt, an irdische Gerechtigkeit, irdisches Glück und den Lohn hienieden. Solches steckt mehr an als die Pest.«

Der gute, bescheidene Mönch Deza, der Lehrer des Infanten Don Johann, erklärte: »Die Juden schlachten Christenkinder. Das ist bewiesen. Sie kreuzigen sie wie den Herrn und verbakken der Kinder Blut. Das ist bewiesen. Sie haben in Saragossa vor zweihunderteinunddreißig Jahren den Christenknaben Diego zu Ostern geschlachtet. Zu Segovia vor siebenundachtzig Jahren eine Hostie in der St.-Annen-Kirche geschändet. Das alles ist bewiesen. Man muß die Juden ausrotten. Man muß die Marranen verbrennen. Sie sind vatermörderische Vipern. Die Inquisition kann uns retten. Das Christentum steht vor dem Abgrund.«

Torquemada stützte sein schmales Haupt in die blasse Hand und fragte: »Denkst du nicht mehr an dein Versprechen, Königin Isabella? Ich weiß nicht, ob die Juden schuld sind. Ich weiß nicht, ob die getauften Juden den Bürgerkrieg bezahlen und anstiften, ob sie die Herrschaft über Spanien und alle Christenreiche erstreben? Ich weiß, daß das Heil da ist und die Wahrheit existiert, und daß du die Herrschaft hast. Was willst du mit der Herrschaft, wenn du nicht das Heil verbreitest? Wozu die Macht, wenn sie nicht der Wahrheit dient? Was gelten hundert Siege, wenn nicht Christi Lehre siegt?«

»Was soll ich tun?« fragte Isabella.

»Du sollst die Ketzer verbrennen. Ihr Atem ist der Pestwind der Empörung. Ihr Wort lästert den Heiligen Geist. Gott sieht die Lässigen an und verdirbt sie. Du sollst die Juden verbrennen, die Mohren schlagen, die Morisken verbrennen, die Marranen verbrennen.«

»Verbrennen?« fragte schaudernd Isabella.

»Verbrennen! Als du noch ein Kind warst in Arevalo im Schloß des Ritters Bobadilla, weißt du noch? Da schworst du ...«

»Was soll ich tun?«

»Die Inquisition!« rief ungeduldig der Nuntius Niccolo Franco.

»Die Inquisition!« rief genußsüchtig der sizilische Inquisitor Barberis.

»Die Inquisition!« rief begeistert der Prior Ojeda.

»Die Inquisition!« rief gellend Diego de Merlo.

»Die Inquisition!« sagte bescheiden Bruder Deza.

»Die Inquisition!« forderte fanatisch Torquemada.

Die Königin sah prüfend auf die versammelten geistlichen Herren. Wohlgefällig lächelte sie über die Dicken und die Dünnen. Ihr Herz freute sich über so viel versammelte Frömmigkeit und göttlichen Eifer. Sechs schrien: Inquisition!

Aber viere schwiegen. Es schwieg der Gütigste, der strenge Talavera; es schwieg der Gescheiteste, der üppige Kardinal Mendoza; es schwieg, der am meisten sah und alles beschrieb, der Chronist Palencia; es schwieg der Jüngste und Gelehrteste, Peter Martyr. Dieser lächelte sogar ein wenig. Isabella kannte schon diesen ironischen Zug um den schmalen Mund ihres Lateinlehrers. Sie las das Wort von seinen Lippen, das er oft aussprach, schneidend und höhnisch: Barbaren. Hältst du uns Spanier für Barbaren? fragten Isabellas Blicke den jungen Italiener. Peter Martyr senkte sein Antlitz. Er war fremd im Land, er war jung. Er liebte sein Leben und fürchtete sich vor den meisten neben ihm. Er fürchtete sich auch vor Ferdinand. Er kannte die kleinen Praktiken der Tyrannen in Italien, der Sforza und Medici und Gattamelata. Hätte er nicht Isabella bewundert, er hielte es nicht in Spanien aus. An ihn wandte sich die Königin, an den Jüngsten zuerst.

»Messer Pietro, was meint Ihr?«

»Ich?« entgegnete der gelehrte Jüngling, als fahre er aus schönen Träumen empor, »ich begehre ein Schwert und eine Stelle als Hauptmann. Ich will gegen die Mohren kämpfen im Heiligen Krieg. Ihr seid der letzte Kreuzritter, und ich bin müde der Bücher. Wir wollen mit dem Schwert kämpfen, königliche Hoheit! Und gegen die Mohren, meine ich.«

»Und ihr, Vater Talavera?«

Drei unter den geistlichen Herren saßen in groben Kutten und barfuß, einen härenen Strick um den Leib, der bescheidene Bruder Deza, der fanatische Torquemada und der gütige Talavera. Alle drei trugen Spuren schwerer Geißelungen.

Talavera erklärte: »Der Heilige Paulus hat gesagt: Mahne den Ketzer einmal, zweimal; bekehrt er sich nicht, so meidet ihn! Christus hat gesagt, man soll den Heiden dreimal mahnen, und erst wenn er beharret, ihn ausschließen aus der Kommunion der Gemeinde. Die Ketzerei ist ein Irrtum des Geistes. Exkommunizieren, sagt Paulus, nicht verbrennen! Und unser Herr Jesus sagt zu St. Petrus: Verzeiht und vereinet den Abtrünnigen nicht nur siebenmal, sondern siebenundsiebenzigmal, sooft er bereuen wird. Aber wenn wir den Abtrünnigen verbrennen, wie soll er danach bereuen? Die Kirchenväter schleuderten den großen Bannfluch gegen hartnäckige Ketzer, aber sie verbrannten nicht. Ich meine also, daß man die Juden dreimal auffordere und die getauften Juden siebenmal mahne, ehe man ihre Gesellschaft meide. Von Verbrennen steht nichts geschrieben.«

»Und Ihr, Palencia?« fragte Isabella.

»Die Geschichte«, begann der gelehrte Mann, »urteilt verschieden über Juden und Ketzer. Ich neige zur Gnade und Liebe.«

»Und Ihr, Mendoza?«

»Das heilige Amt der Inquisition«, begann der Kanzler ruhig, »wird in Kastilien beträchtliche religiöse, wirtschaftliche, politische, geistige und finanzielle Folgen haben. Man kann zu verschiedenen Schlüssen gelangen. Unser König Ferdinand der Fünfte wünscht die Einrichtung der Inquisition, da die Güter der verurteilten Juden und Marranen der Krone zufallen. Die Juden, sagt er, müssen den Heiligen Kreuzzug gegen Granada bezahlen. König Ferdinand meint, die Juden seien von Natur ungebärdig, und ihre Religion verführe sie zu einer falschen Freiheit, die den Völkern nicht heilsam und den wahren Herrschern zuwider ist. König Ferdinand erklärte mir, er wünsche das Wohl all seiner Untertanen, aber wenn er wählen müsse, ziehe er das Wohl der Christen dem Wohl der Juden vor. König Ferdinand glaubt aus militärpolitischen Gründen, die Juden seien eine große innere Gefahr. Sie könnten militärische Geheimnisse verraten, sie verhinderten den vollkommenen Sieg der Kirche und der Könige in Spanien.«

»Das ist die Meinung des Königs Ferdinand«, erklärte Isabella lächelnd, »was aber meint Ihr, Mendoza?«

Der Kanzler betrachtete seine schönen, schlanken Hände aufmerksam, als lese er darin seine Meinung. »Ich, Señora, bin mir nicht klar über die Juden und die Neuen Christen. Was die Juden betrifft, so glaube ich nicht an die Beweise des Bruders Deza. Es gibt nicht viele Granden in Aragon oder Kastilien, die nicht eine jüdische Mutter oder Großmutter haben. Auch kenne ich viele Juden. Sie essen gar kein Blut. Sie schlachten keine Kinder. Sie schänden keine Hostien. Sie sind klug und einige weise, sie sind fromm und viele spöttisch, sie sind fleißig und manche sind Millionäre. Die Juden von Kastilien sagen, sie hätten kein Teil an der Kreuzigung Christi. Der König Nebukadnezar habe sie nach der Eroberung des ersten Tempels hierher verpflanzt, nach Lucena, Toledo, Cordova, Granada, Tarragona und Sevilla. Sie sagen, sie hätten Toledo erbaut. Sie sagen, die Städte Maqueda, Escalona, Jopes, Aceca führten die hebräischen Namen der palästinensischen Städte Makedah, Ascalon, Joppe, Aseka. Sie sind wahrlich ältere Spanier als die Sueben, Goten, Vandalen; vielleicht kamen sie mit den Römern; vielleicht mit den Phönikiern. Unsere spanischen Juden haben große Talente, große Verdienste. Sie sind gelehrt und begabt. Sie sind reich, aber sie schaffen auch Reichtum. Sie haben Verbindungen zu den Juden aller Länder, das ist dem Handel günstig. Sie sind die besten Ärzte, die besten Astronomen, die besten Apotheker.«

»Ihre Apotheker vergiften, ihre Ärzte schlachten uns!« rief Diego Merlo.

Hochmütig wartete der Kardinal, daß der Mönch, ein Sevillaner Gerichtsbeamter, schweige. Hochmütig fuhr er fort: »Ich spreche nicht vor dem Pöbel und vor Narren. Ich rede im Rat der Königin.«

»Fahrt fort, mein lieber Kanzler«, bat Isabella.

»Die Juden sind gelehrt, sagte ich. Sie kennen die alten Sprachen, Hebräisch, Griechisch, Lateinisch. Sie sprechen Arabisch, manche schreiben meisterlich Kastilisch, einige der gebildetsten Bischöfe sind getaufte Juden oder Söhne von Juden. Sie sind fähig. Drei reiche, vornehme Juden waren bei mir, darunter der geflüchtete portugiesische Bankier und ehemalige Finanzminister Don Isak Abravanel, übrigens aus einem alten Judengeschlecht Kastiliens, ferner der Gaon Don Jakob Aboab, der Judenkönig Kastiliens. Sie boten der Krone an, den Maurenkrieg zu finanzieren. Ich habe Ihrer Majestät geraten, das Angebot anzunehmen. Die Juden sind fähig. Sie sind die sichersten Steuerzahler, jeder Jude zahlt fünfundvierzig Maravedi im Jahr. Sie schufen die Seidenfabriken . . .«

»Schon einmal«, sagte Torquemada, »hat ein spanischer König, dessen Namen ich nicht über die Lippen bringe, sich soweit vergessen, ein Judengesetz zu schaffen, das die Juden dem Adel gleichstellte. Wünscht der neueste Advokat der Juden . . .«

»Ich wünsche, zu Ende zu reden«, erklärte Mendoza hochmütig.

»Sprecht«, bat die Königin und lächelte beiden zu, dem Kardinal Mendoza und dem Prior Torquemada.

»Ich halte es politisch für unklug, gleichzeitig den Krieg nach außen und den Krieg nach innen zu führen. Man wird die Juden taufen, mit Liebe und Milde, man wird die Ketzer verwarnen. Ich habe begonnen, einen Katechismus für die Juden zu schreiben, um ihnen die Wahrheit Christi zu offenbaren. Die

Königin wird ihn drucken lassen. Wenn wir Granada erobert haben, wird es Zeit sein, die Judenfrage nochmals zu prüfen.«
Der Kardinal schwieg. Ojeda begann leise: »Zu Sepulveda anno Christi 1468 zur Passionszeit bemächtigten sich die Juden, beraten von ihrem Rabbiner Reb Salomon Picho, des Christenknaben Diego, schleiften ihn auf einen wüsten Ort, fügten ihm alle Schmach zu, wie es ihre Art ist, und kreuzigten ihn schließlich, wie ihre Vorfahren den Erlöser. Das ist bewiesen. Der Bischof Don Juan Arias Davila, Bischof von Segovia, oberster Glaubensrichter ...«
»Ein getaufter Jude«, sagte Mendoza, »sein Großvater war Hoffinanzjud, der Rabbi Chaim.«
»Der Bischof«, fuhr Ojeda lauter fort, »ließ in Segovia sechzehn der meist schuldigen Juden ergreifen, foltern, zu Tode schleifen, vierteilen, hängen, verbrennen, ihre Asche in den Wind streuen, ihre Häuser niederreißen, ihre Familien verbannen, ihre Namen verfluchen. So handelt ein Christ! Die Bürger von Segovia zitterten für das Leben ihrer zarten Kindlein und begannen, die ekeln Juden wie Gewürm zu zertreten. Das ist bewiesen. Hätte nicht der König Heinrich, den man den ›Wilden‹ heißt, der gottlose Heide ...«
»Der Bruder unserer Königin«, warf Mendoza ein.
»Hätte er nicht wie oft, auch damals in seiner Lieblingsstadt Segovia residiert und die Juden beschützt, man hätte sie alle erledigt. Seit damals schlagen die Segovianer getaufte und ungetaufte Juden tot, wenn sie können. Das ist bewiesen.«
»Unsere Königin sah es mit eigenen Augen. Fast hätten Eure lieben Segovianer die Infantin Elisabeth für eine Jüdin erschlagen. Das ist bewiesen«, erklärte Mendoza. »Im übrigen ist es wahr, daß die meisten Juden und Marranen für König Heinrich gegen seine Schwester Isabella Partei ergriffen hatten.«
»Rebellen!« schrie Diego de Merlo.
»Sie ergriffen Partei für den gekrönten König Kastiliens«, ent-

gegnete scharf Mendoza. »Das tat ich auch und meine ganze Familie. Sind wir darum Juden?«

Ein langes Stillschweigen folgte. Der Kardinal merkte, er hatte sich zu weit hinreißen lassen. Er sagte: »Kann man den Juden ihre loyale Haltung verdenken, da die Anhänger aus den Kampfjahren der Königin überall die Juden erschlugen?«

»Warum verlassen die Juden nicht Spanien?« fragte Ojeda.

»Warum vertreibt man sie nicht? 1290 vertrieb man sie aus England, 1306 aus Frankreich und zum zweitenmal 1394.«

»Glaubt Ihr auch«, fragte spöttisch Mendoza, »daß die Juden schuld am schwarzen Tod sind? Der Chronist Fabricius sagt: Ob die Pest zehntausend verschlingt, ob die Erde bebt und zehntausend verdirbt, immer brennt dafür der Hebräer!«

»Brennen soll er und all seine Advokaten!« rief Torquemada.

Mendoza ward zornig. »Kann man mit Narren von Staatsgeschäften reden?«

»Wir sprechen nicht von Geschäften«, schrie Torquemada, »sondern vom Glauben!« Er öffnete seine Kutte und zeigte die schrecklichen Wunden auf Brust und Rücken, die er sich selber geschlagen hatte, ein eifernder Flagellant. »Ist dieses eingetrocknete Blut ein Geschäft?« schrie er rasend. »Ist Christi Blut ein Geschäft?«

»Die Inquisition in Spanien soll ein Geschäft sein«, schrie Mendoza aufs höchste gereizt, »und ich erkläre, es wird ein miserables Geschäft sein. Die Könige werden daran verlieren!«

»Ihr stimmt gegen den König?« fragte Diego de Merlo.

»Ich stimme für seinen wahren Vorteil.«

»Ich schicke meinen Gesandten nach Rom«, erklärte Isabella, und alle schwiegen, »und bitte den Papst um die Erlaubnis, die Inquisition in Spanien einzurichten. Euch aber, mein treuer Kanzler Mendoza, beauftrage ich: Laßt Euren Katechismus drucken, sprecht mit den Vornehmen und Rabbinern der Juden, wirkt auf die getauften Juden ein! Ich gebe ihnen Zeit

zur Gnade. Ich will bis zum Jahre 1481 warten, da wir den Krieg gegen die Mauren beginnen. Ich wünschte, es gelänge Euch, mein lieber Mendoza. Euch, Don Ojeda, Euch, Don Diego de Merlo, und den guten Bischof von Cadix, den ich heute vermisse in unserm Rat, euch ernenne ich zu einer Judenkommission; prüft, vergleicht, urteilt und ratet mir, wenn die Zeit da ist, 1481. Nach eurem Rat will ich beschließen.«
So geschah es.

Zehn Juden

In einer Laubhütte saßen sie und tranken aus goldenen Bechern süßen Zyperwein. Sie überschauten den Garten, der vom Palast zum Ufer des Guadalquivir führte. Ein sanfter Wind fächelte die höchsten Spitzen der Dattelpalmen. Der seidigblaue Himmel über ihnen war wie ein Zeltdach ausgespannt.

Don Isak Abravanel bewirtete die neun vornehmsten gesetzestreuen Juden Kastiliens, um mit ihnen seine Ernennung zum Finanzminister der Königin Isabella von Kastilien zu feiern. Neben ihm saßen auf erhöhten Sesseln der Gaon Rabbi Jakob Aboab, der Judenkönig von Kastilien, und der Hofphysiker Rabbi Jakob Aben Nunnez, die beiden reichsten Juden Spaniens. Diese drei Männer hatten ihren Freunden den Vertrag erläutert, den sie mit dem Kanzler Mendoza vor drei Tagen abgeschlossen hatten und der ihnen die gesamten Lieferungen für den baldigen Krieg mit Granada übertrug. Aufmerksam lauschten die Millionäre Reb Sem Tow, ein Seidenfabrikant, Reb Josef Pesco, ein Geldwechsler, und Reb Samuel Seralvo, Generalpächter des Marquis von Cadix. Sie sahen große geschäftliche Aussichten.

Zerstreut hörten zu die gelehrten Rabbiner Reb Jizchak Ibn-Darub und Reb Abraham Nasi, beide Abkömmlinge des Königs David, wie Jesus Christus, den die Juden Reb Joschua

Ben Josef heißen, und wie Don Isak Abravanel. Gelangweilt horchten der berühmte Grammatiker Reb David ben Salamon ben David Jachia und der hebräische Poet Reb Schimon Ibn-Albulia, ein Nachkomme des Kunstteppichwebers Baruch, den der Kaiser Titus einst dem römischen Prokonsul von Spanien geschickt, und der sich in Lerida niedergelassen hatte.

Don Isak Abravanel, der neue Finanzminister Kastiliens, schon einige vierzig Jahre alt, aber noch immer ein schöner Mann, saß stolz und heiter lächelnd in seiner Laubhütte, die er für die jüdischen Erntefeiertage, das Sukkothfest, hatte errichten lassen, da es den Juden geboten ist, sich zu freuen und in Hütten zu wohnen, wie einst ihre Väter. Er erklärte stolz: »Ich habe die Juden Spaniens gerettet. Dieser Vertrag sichert unser Schicksal. Die Königin hat mir versprochen, uns Juden solle nichts Böses geschehen, wenn wir uns wohlverhalten.« Abravanel schwieg. Eben da der berühmte Rabbiner Abraham Nasi mit heftiger Gebärde zu sprechen anhob: »Unser Gott...«, hieß ihn ein Wink des Gaon verstummen, und alle lauschten entzückt dem wunderbaren Gesang einer reinen, geschulten Mädchenstimme, die aus dem Palaste erscholl. Die Juden vernahmen einige Worte des Liedes, die Stimme sang portugiesisch.

»Wer singt so schön in Eurem Hause?« fragte der Poet, ein junger Mensch.

»Meine einzige Tochter Esther. Sie ist siebzehn Jahre alt. Ich habe kürzlich eine Million Maravedi für sie und meine liebe Frau dem König von Portugal zahlen müssen.«

Abravanel war vor einem Jahr aus Portugal geflohen. König Joao hatte bald nach dem Tode seines Vaters Alonso seine beiden Vettern, die Herzöge von Braganza und Viseu und den Bischof von Evora und achtzig Adlige in einer Woche von seinem Henker köpfen lassen, in seinem Schloß zu Lissabon. König Joao erklärte: »Schluß mit dem frechen Adel! Sie sitzen auf den Schultern des Volkes und schmarotzen. Braucht das Volk hundert Könige? Bin ich nicht genug? Mein Volk heißt mich den ›Vollkommenen‹. Aber ich bin nur ein Schüler des großen Königs von Frankreich, Ludwigs des Elften.« Der König lud den Juden Abravanel, den Busenfreund des Herzogs Braganza, auf sein Schloß. Der Henker wartete schon vor der Türe. Ein Türsteher des Königs warnte den Juden. Abravanel floh nach Toledo. Joao warf die Frau und Tochter des Juden in den Kerker und nahm all seine Habe in Portugal in Beschlag. Er schrieb an Isabella von Kastilien, sie möge ihm den Juden Abravanel ausliefern, er sei ein Dieb. Abravanel ging an den Hof Isabellas und umfaßte ihre Knie. Die Königin sah ihn gnädig an. Sie fragte, ob er einen Handel beginnen wolle mit seinen Glaubensgenossen?

»Nicht mit den Juden Kastiliens«, antwortete Abravanel, »mit seinen Königen habe ich einen Handel vor.«

Isabella lächelte spöttisch über die Prahlerei eines Emigranten.

»Ich will Euren Krieg gegen Granada finanzieren, ich bin angesehen in vielen Ländern. Die Könige bedienen sich meiner Agenten. Ich aber liebe Kastilien, die Heimat meiner Väter. Ich glaube an Eure Größe, Hoheit. Ihr habt Genie. Ihr werdet der größte König der Welt sein. Euch will ich dienen, mit meinem Leib, mit meiner Seele, mit meinem Vermögen.«

»Ich will mit meinem Kanzler Mendoza sprechen.«

Mendoza kannte die Talente des Juden. Abravanel hatte die Finanzen Portugals unter König Alonso geleitet, die Wirtschaft Portugals hatte unter dem Minister geblüht. Isabella ernannte den Juden zu ihrem Finanzminister und gab ihm den Titel Don, den er schon in Portugal geführt hatte, und befreite ihn und sein Haus von allen Judengesetzen.

Da der Gesang des Mädchens aufhörte, wollte Nasi fortfahren, aber der Grammatiker David Jachia kam ihm zuvor und rief: »Gerettet, Don Isak? Wofür gerettet? Für die Inquisition, die so sicher kommt, wie, wie . . .« – er suchte den passenden Vergleich.

»Sie kommt«, erklärte ruhig Abravanel. »Ich weiß es und kann Euch mehr verraten. Aber der Kanzler Mendoza, der hochwürdige Kardinal, hat mir erklärt, die Inquisition trifft nicht uns Juden, sondern nur Ketzer, das heißt nur Christen, nur getaufte Juden, Abtrünnige nur . . .«

Der Poet Albulia ergänzte: »Nur das Judentum!«

Betroffen schwiegen alle.

»Es ist wahr«, sprach der Rabbiner Ibn-Darub. »Es ist wahr.«

»Was wollt ihr?« rief Abravanel. »Wir müssen unser Leben retten.«

Die beiden Rabbiner begannen gleichzeitig und heftig zu schreien. Ibn-Darub schrie lauter und behauptete, es käme nur auf die Menschen an, die man retten müsse. Nasi erklärte nur die Lehre für wichtig.

Ibn-Darub sagte: »Wir sind aus Staub gemacht. Wir sind nach Gottes Bild gemacht. Wir sind wie Laub und Heu. Unsere Zahl ist Legion. Unser Heil sind gute Werke.« Er zitierte den Propheten Jonas. Gott rettete ihn aus dem Walfischbauch. Er erinnerte an Daniel. Gott führte ihn aus dem feurigen Ofen. Er erinnerte an die Kinder Israels in der Wüste. Gott ließ Manna regnen. »Um Sterbliche eine Weile länger zu erhalten, tut der Erhabene Wunder, donnert, verkündet, greift in die Gesetze der Natur ein. Also liegt dem unendlichen Schöpfer, dem Erschaffer des Weltalls, am Einzelnen. Gott liebt jede einzelne Seele mit besonderer Wollust. Er spiegelt sich im Individuum mit einem Wohlgefallen, das er im All so köstlich nicht wiederfindet. Gott liebt uns einzeln. Wenn ihm nur an seinem Worte läge, an seiner Lehre nur, müßte er nicht seine Liebe an einzelne verschwenden. Könnte er nicht durch Raben reden, durch Steine sprechen, durch Strahlen wirken, im Winde weben? Da Gott uns liebt, müssen wir uns selber lieben und ebenso den Nächsten. Und darum ist wichtiger als alles die Erhaltung des menschlichen Lebens.«

»So sprecht Ihr gegen die Märtyrer?« schrie wutentbrannt Reb Nasi. »Steht nicht geschrieben, daß Gott am Sohne die Sünden des Vaters räche? Ließ er nicht die Ägypter im Roten Meer ersaufen, statt sie zu bekehren? Schlug Moses nicht Amalek, schlug er nicht die Rotte Koras? Gott liegt nichts am Einzelnen. Er versprach Abram, ihn dem Sand am Meere gleich zu machen. Das ist ihm der einzelne Mensch: Sand am Meere. Ihm liegt nur an der Art. Da er die Sintflut schickte, hieß er den Noah, von jedem ein Paar zu nehmen. Gott war es kein Unterschied, ob Noah den Hund Kelef oder den Hund Osaf wählte; war nur der Hund gerettet! Er läßt die Frommen gleich den Sündern sterben. Er unterscheidet nur um des Exempels, nicht um des Namens willen. Er liebt nicht die Person; nur Fleisch liebt so. Er liebt sein Abbild, er liebt sich selbst, sein Spiegelbild im erschaffenen All. Er muß bestehen, sein Name muß gelobt werden, alles andere ist nichts und soll so geachtet sein wie nichts.«

»Also seht Ihr kalten Blutes zu, wie man den Samen Abrahams ausrotten will aus schnöder Geldgier? Also lobt Ihr das Geschäft«, schrie Reb Ibn-Darub, »das wir mit diesen bösen Königen machen sollen, mit diesen Schlächtern Judas? Ihr duldet, daß man die Marranen verbrenne und plündere, wie die Inquisition tun wird? Und Ihr wißt, es gibt Millionen mit Gewalt getaufter Juden in Spanien! Und Ihr gebt sie dem Henker preis?«

»Preis!« schrie Nasi, »ich gebe sie? Den Preis empfingen sie. Sie sind Abtrünnige!«

»Sie wollten ihr Leben retten!« schrie Ibn-Darub.

»Um welchen Preis?« schrie Nasi. »Sie verkauften für ein Gericht Linsen ihr väterliches Erbteil. Nun stolzieren sie, heißen Don oder Graf oder Herzog, rühmen sich ihrer christlichen

Enkel, tragen Degen und küssen der Königin die Hände und gehen zur Messe und zur Beichte und schwören, Gott habe einen Sohn und eine Mutter, rechnen von eins bis drei und glauben an Rechenkunststücke, schlagen tot im Namen der Liebe, bekehren mit dem Schwert und mit Blut und handeln nicht nach ihrer Lehre.«

»Sprecht Ihr von den Marranen?« fragte Darub.

»Ich spreche von den Christen«, gab finster Nasi zu.

Abravanel sagte: »Das ist die Wahrheit. Seit die Christen auf der einen Seite der Welt herrschen und die Muhammedaner auf der anderen Seite, und Kreuz und Halbmond mit dem Schwert bekehren, floh die Freiheit des Geistes zu uns Juden. Wir wollen nur durch die Lehre, nur durch das Wort, nur durch die heilige Vernunft bekehren. Wir sollen sein ein Volk von Priestern, nicht von Henkern, Schlächtern, Soldaten und Brandstiftern. Da es den Christen in ihrer eigenen Welt zu dunkel ward, zünden sie in ihrer Angst statt der Fackel der Vernunft Vernünftige als Fackeln an und heißen sie Ketzer und Scheiterhaufen. Wir haben vor vielen tausend Jahren die Menschenopfer abgeschafft, wir opfern keine Tiere mehr. Wir lieben die ganzen Opferdienste nicht mehr. Sie aber machten aus unserem Rabbi Joschua ben Josef ihren Gott und sagen, er dürste nach der Juden Blut wie ein Tiger. Sie lügen aber.«

»Und die Marranen?« fragte der Poet Reb Schimon Ibn-Albulia. »Die wollt ihr opfern?«

»Wir? Wir lieben sie«, sagte der Judenkönig, »wie verlorene Söhne, wie abtrünnige Brüder, wir haben sie verflucht und winken: Kehret wieder! Wir wünschen ihre Rückkehr zur Wahrheit, wir wissen, man zwang sie zur Lüge. Wir haben sie ausgestoßen. Wenn sie zurückkehren, werden wir sie wieder empfangen.«

»Es ist unverzeihlich«, rief der Minister Abravanel, »die Wahrheit zu besitzen und sie wegzuwerfen für minder Gut, als da sind Leben, Ehre, Güter, Geld, Titel und falschen Namen. Du sollst kein falsches Zeugnis ablegen. Wir wollen unseren verlorenen Brüdern helfen. Aber wichtiger ist das Volk Israel, die Zeugen des Bundes, den Gott schloß mit denen, die an der Wahrheit hangen und sie bekennen. Die Marranen haben sich in Gefahr begeben. Sind wir schuld, wenn sie darin umkommen werden?«

»Werden sie umkommen?« fragte der Seidenfabrikant.

»Ist die Inquisition beschlossen?« fragte der Geldwechsler.

»Kann man nicht die Könige bestechen?« fragte der Generalpächter.

Abravanel lächelte schlau. Er erklärte: »Ich kenne den Verlauf der ganzen entscheidenden Sitzung des Rates. Mehrere der Teilnehmer, es waren zehn außer der Königin, berichteten mir, jeder für sich und im tiefsten Geheimnis und aus verschiedenen Gründen den Verlauf. Die Inquisition ist beschlossen. Isabella hat einen Gesandten zum Papst Sixtus geschickt. Die Bulle ist bereits von Rom abgegangen. Der päpstliche Legat hatte den Auftrag vom Papst, die Königin zu überreden. Der Papst verspricht sich außerordentliche Einnahmen davon. Sixtus ist geldgierig. Der König Ferdinand, der für Geld seiner Seele Heil hingäbe und nach Geld lechzt, bestach den Ojeda und den Diego Merlo mit je dreihundert Maravedi. Das ist der Preis, den man für eine Koppel Valencianer Bluthunde zahlt. Den Inquisitor Barberis bestach er durch das Versprechen eines Drittels der Ketzergüter in Sizilien. Die schlimmern, die unbestochenen Ketzerfresser, sind Isabellas alter Beichtvater Torquemada und Bruder Deza. Sie sind Fanatiker! Wahnsinnige! Teufel! Blutgierige Vampyre! Der Menschheit Abschaum! Brudermörderische Vipern. Dagegen sprach der Kardinal Mendoza. Er will einen Katechismus für uns Juden schreiben und mit Liebe uns zum Christentum bekehren. Die Königin wird den Katechismus drucken.«

»Ich werde dagegen drucken lassen!« schrie der Grammatiker David Jachia.

»Tut das!« sagte lächelnd Abravanel. »Gott gebe Euch gute Argumente! Ferner waren gegen die Inquisition die gelehrten Männer, der Chronist Palencia, der Humanist Peter Martyr und – der Beichtvater der Königin, Talavera. Isabella versprach, vor 1481 nicht die Inquisition in Kraft zu setzen. Sie ist für Milde!«

»Sie wird ihre Meinung ändern«, meinte der Gaon.

»Warum?« fragte Abravanel rasch.

»Ein Herrscher!« sagte der Gaon.

»Sie ist grausam von Natur!« rief der Grammatiker Jachia.

»Eine fromme Christin!« rief spöttisch der Rabbiner Nasi.

»Eine Geschäftsfrau!« erklärten die Millionäre.

»Eine Hure!« erklärte der Rabbiner Ibn-Darub.

»Ein Weib!« meinte träumerisch der Poet.

»Ich glaube es nicht. Denn sie ist mehr als alles das«, erklärte Abravanel.

»Was?« schrien die Juden.

»Eine Prophetin?« rief Abravanel.

Die Juden schwiegen.

Da wies der Rabbiner Nasi auf den Himmel und sagte: »Die Sonne geht unter. Es ist Zeit zum Abendgebet.«

Die Diktatur

Isabella, unter einem goldenen Baldachin, lauschte gnädig dem Konzert, das der junge Herzog von Medina Sidonia ihr gab. Sie fächelte sich, machte ein entzücktes Gesicht und gähnte verstohlen. Sie war unmusikalisch. Zu ihren Füßen saßen der Herzog und Don Gonzalo, die beiden schwärmerischen Jünglinge. Das weichliche Gesicht des jugendlichen und fetten Herzogs schien in den melancholischen und großen Wellen der Musik zu schwimmen wie eine Seerose im Teich. Don Gonzalo hielt den Kopf geneigt und lauschte träumend.

Nahe der Türe, zwischen Fackelträgern und schwarzen Dienern, standen der strenge Chronist Palencia, der italienische Humanist Peter Martyr und der Chronist und Kaplan des wilden Königs Heinrich, der grämliche Castillo, der am Hofe des Herzogs von Medina Sidonia ein Gnadenbrot und Muße genoß. Die Schriftsteller ertappten einander, wie sie verstohlen gähnten. Sie stahlen sich hinaus und schritten durch einige Säle mit niederländischen Tapeten, italienischen Gemälden, persischen Teppichen und arabischen Waffen in ein schattiges Zimmer. Eine offene Veranda führte zum Patio, wo Springbrunnen rauschten und Rosen und Myrten dufteten. Die Literaten ließen sich auf weichen Polstern nieder. Ein Sklave brachte ihnen Wein und Konfekt.

Neugierig beobachtete der junge Martyr die beiden älteren Kollegen. Er kannte die Geschichte der Chronik Castillos, die der kleine König Alfons hatte verbrennen lassen, nach dem sonderbaren Gericht, wo Palencia den Kläger spielte. Martyr wußte auch, daß Palencia dem Castillo das Leben oder die Freiheit geschenkt hatte. Da der junge Italiener einer der neugierigsten Menschen und mit dem literarisch fruchtbaren Laster begabt war, die Details der Welt erforschen und noch lieber mit Augen schauen zu wollen, beobachtete er gespannt diese beiden geistvollen Männer, die politische Feinde waren und dennoch humane Grundsätze walten ließen. Palencia war siebenundfünfzig Jahre alt. Mit siebzehn Jahren Page bei dem getauften Rabbiner Alfons von Carthagena, Bischof von Burgos, ging er später nach Rom, wo er im Hause des Kardinals Bessarion Weltweisheit bei dem berühmten Griechen Trapezuntius hörte. Von König Alfons ward er zum Chronisten, von Isabella zum Reichschronisten ernannt. Berühmt durch seine ›Ge-

schichte Heinrichs des Vierten‹, verfaßte er zur Zeit ein latei-
nisches Werk, ›Decades‹, über die Regierung Isabellas, und
übersetzte den ›Jüdischen Krieg‹ des Josephus ins Kastilische.
Er schrieb wie ein Weltmann, elegant und bitter. Er bemühte
sich um Wahrheit. Enriquez de Castillo, aus Segovia, hatte
seine Geschichte Heinrichs neu geschrieben, im strengen, rücksichtslosen Stil des Moralisten, rhetorisch und weniger ge-
schäftskundig als Palencia. Als Isabellas Geheimsekretär und
Chronist Fernando del Pulgar die Chronik Castillos las, riet er
ihr, diese Chronik zu verbrennen. Isabella tat es leid, sie gab
dem Pulgar den ehrenvollen Auftrag, die Chronik des Castillo
zu ›korrigieren‹, das heißt alle Stellen für die Beltraneja und
gegen Isabella durch gegenteilige Stellen zu ersetzen. Pulgar,
aus Toledo, Chronist und vertrauter Geheimschreiber Heinrichs des Vierten, seit der Krönung Isabellas vertrauter Geheimschreiber und Chronist Isabellas, ahmte Stil und Handschrift Castillos täuschend nach. Dieses wendige Talent führte
den auswärtigen Briefwechsel Isabellas, kontrollierte die euro-
päischen Höfe und fremden Länder, besoldete überall Spitzel:
Mönche, Huren, Ärzte, Studenten. Isabella schätzte das brauch-
bare Subjekt. Er mußte sie stets begleiten, auf Reisen und Feld-
zügen. Er war schon anfangs sechzig. Er schrieb unzuverlässig
und freisinnig. Seine Historie kannte nur eine Tendenz: Isabella
zu schmeicheln. Er liebte das angenehme Leben und verfaßte
ein Buch ›Claros Varones‹, die Lebensläufe vieler freigebiger
Kastilier seiner Zeit. Mancher Millionär bedang sich für jeden
Dukaten ein lobendes Beiwort aus. Pulgar, nicht geizig, schmeichelte ihnen wie Göttern. Er schätzte auf seine Art das Talent
Castillos und verspottete seinen Charakter. »Hofft der arme«,
fragte Pulgar oft seine anderen Kollegen unter munterem Gelächter, »hofft dieser gute Castillo auf Lohn von der Nonne
Johanna?« So hieß man am Hofe Isabellas nunmehr die Beltraneja, die freilich ihr Kloster in Coimbra längst verlassen hatte

und am Hof Joaos in Lissabon wohnte, sich Königin von Kastilien nannte und von Joao im diplomatischen Kampf gegen Ferdinand und Isabella begünstigt ward.

Castillo empfand nur Verachtung für den Hofbeamten Pulgar. Castillo schrieb nicht mehr. »Wozu?« fragte er. »Pulgar macht mich besser nach. Was soll das Original in einer Welt von Kopisten?«

»Ihr seid der Meinung«, fragte behutsam Palencia, »das Zeitalter sei früher origineller gewesen?«

Bitter lächelnd sah Castillo auf Palencia. Er erwiderte: »Reden wir offen. Das Leben in Kastilien ist ordinär geworden. Es gibt keine geistige Freiheit mehr. Eure vielgerühmte Isabella ist der schrecklichste Tyrann. Und dieser ungebildete Ferdinand ist nicht besser.«

Peter Martyr erschrak vor dem Haß Castillos und noch mehr vor seiner Offenheit. Wenn sie jemand belauschte, konnte es sie den Kopf kosten. Martyr kannte das geschwinde Temperament der guten Königin Isabella. Ein ganzer Prozeß vom Kläger zum Richter und Henker währte bei ihr fünf Minuten. Solche Schnelljustiz war ohne Beispiel. Martyr wollte aufstehen und sich eilig davonmachen. Es geht vielleicht um mein Leben, dachte er und blieb sitzen, ein neugieriger Mensch.

»Stand Euer König Heinrich moralisch höher als Ferdinand und Isabella?« fragte spöttisch Palencia.

»Er war berauscht«, entgegnete Castillo, »diese sind nüchtern.«

»Sehet Ihr nicht die großen Tugenden unserer Könige?« fragte strenge Palencia und stützte seinen Kopf auf beide Hände.

»Tugenden?« rief Castillo, »genug Tugenden, aber zu welchem Ende? Freilich, sie sind fromm, keusch und tätig - allzutätig, allzufromm, allzukeusch. Sie haben viele Betten in den königlichen Plästen von Kastilien und begatten sich in allen. Geschähe es doch aus Unzucht! Nein, sie tun es nach der Vorschrift Gottes, um sich zu mehren. Fromm, sagt Ihr? Isabella will ein Dutzend Kinder haben, Ferdinand zwei Dutzend, da Zeugen vergnüglicher als Gebären ist. Sie wollen ihre politischen Geschäfte mit ihren Kindern treiben. Sie offerieren ihre Töchter in der Wiege schon den fürstlichen Säuglingen Europas, nur um durch Erbe und Heirat neue Länder zu gewinnen, wofür? Ist ihre Regierung so menschenfreundlich? Sie reiten durch ihre Reiche und betrachten beide Spanien als ihr Eigentum und machen täglich neue Pläne. Fromme Pläne! Sie wollen die Reichtümer ihrer Untertanen gerecht verteilen, manche dürfen die Hälfte behalten, wie mein guter, dicker Herzog Sidonia, manche behalten nichts; der Schatz der Könige wächst. Was für gute Könige! Isabella rühmt sich ›der gerechten Güterverteilung‹. Ferdinand rühmt seine ›Staatsverwaltung‹, die Bestohlenen flüstern: ›O gerechte Könige!‹ Schrien sie: ›Raub!‹ ließe man sie hängen! So wird man reich, durch Gewalt, Gesetze, Überredung und hundert Listen und Tücken. Sie rüsten zum Krieg gegen Granada, zur Herrschaft über die ganze Halbinsel. Inzwischen begatten sie sich. ›Mein Samen‹, sagt Ferdinand, ›soll über alle Christen herrschen.‹ Isabella sagt: ›. . . und um Christi willen, lieber Ferdinand!‹ Sie sagen's verschieden und meinen dasselbe. Sie reiten durch ihre Reiche. Sie sitzen zu Gericht. Sie berufen die Cortes und diktieren Gesetze. Sie nehmen den Feinden und Freunden doppelt. Sie nehmen auch durch Steuern. Noch ist es ihnen nicht genug. Sie gehen im Lande umher und prüfen und teilen, um besser zu erpressen, und brandschatzen nach Ständen. Im Krieg gegen die Erbin Johanna plünderten sie den Klerus und raubten die Kirchen aus. Nun nehmen sie den Adel aus, mit Hilfe des gemeinen Volkes. Wartet, sie werden auch den Bürgern alles nehmen, wie sie sogar die Bauern und Sklaven bestehlen.«

»Seid Ihr nicht zu strenge, Herr Kaplan?« fragte Palencia.

»Ich? Ich zu strenge? Ruinierten sie nicht durch Mesta und Majorat unsere armen, geplagten, guten, frommen Bauern? Die

Granden, Großgeistlichen und die Könige lassen ihre riesigen Schafherden durch Kastilien wandern und verbriefen mit königlichem Siegel das Weiderecht in allen Feldern längs des Weges dieser Wanderherden und heißen dieses Weide-Unrecht Mesta. Statt der Bauerndörfer erheben die Schafherdenbesitzer, das sind Krone, Adel und Klerus, vereinte Räuber, Zollabgaben und verbanden sich zu einem Generalschafweiderat und stellen eigene Gerichte und strafen den Bauern bei Leib und Leben, wenn er seine Ernte schützen will. Seine Äcker sind zur Weide der Herrenschafe geworden. Will er selber Schafe züchten, nehmen sie ungeheure Abgaben und ruinieren ihn. Die Adligen, die ihn ausbeuten, richten ihn. Er verarmt, versklavt. Die Majoratsherren kaufen für nichts die Äcker der verschuldeten Kleinbauern auf und schlagen sie zu ihrem Majoratsbesitz und machen sie also unveräußerlich. Eine ganze Provinz gehört einem Herzog. Und das nennt Ihr Gerechtigkeit? Jetzt soll es gegen die Juden und Neuchristen gehen. Ferdinand ist schlau. Die Juden sind reich und schwach. Plündern wir die Juden! Die Neuchristen sind mächtiger? Rufen wir einen Stärkern zu Hilfe. Wen? Den Klerus! Teilen wir die Beute! Ferdinand will die Inquisition zu seinem großen Geschäft machen. Er wird es haben! Er wird Beschnittene und Unbeschnittene plündern, Getaufte und Ungetaufte!«

»Ketzer!« rief streng Palencia.

»Ja«, gab Castillo zu, »reiche Ketzer, Ihr werdet sehen, nur reiche Ketzer! Isabella ist wirklich fromm; sie hat ein gutes Gewissen, ein weiches Herz, vieles rührt sie bis zu Tränen, nicht weiter. Ich höre sie sprechen, Isabella und Ferdinand, ich höre es ganz deutlich. Ferdinand berauscht vom Gold, lechzend nach Gold, sagt abends im Bette zu Isabella: ›Hum, da gibt es noch Ketzer.‹

›Wo?‹ fragt Isabella und springt auf, als gäbe es eine Maus im Ehebett.

›Die Juden‹, sagt der fromme Ferdinand, ›die Marranen‹, sagt er, ›schreibe an den Heiligen Vater nach Rom, daß wir zwei oder drei Inquisitoren bestellen dürfen.‹

›Die Bischöfe‹, sagt Isabella.

›Nicht streng genug‹, jammert Ferdinand, ›zu viele getaufte Juden. Die Inquisition muß ein Königsamt werden, sie muß spanisch sein.‹

›So gute Untertanen!‹ sagt Isabella. ›Wir wollen die Juden taufen, die Ketzer mahnen!‹

›Bist du nicht berufen?‹ fragt Ferdinand. Er kennt sie. ›Wenn wir nicht über die Seelen herrschen, herrschen wir gar nicht. Wenn Spanien nicht ganz christlich wird, wird es nicht groß. Wenn nicht alle *ein* Glauben eint, kann kein Recht sein.‹

›Ferdinand!‹ sagt sie, ›dürste ich weniger danach? Recht! Was kann ich tun?‹

›Die Inquisition‹, sagt Ferdinand.

›Niemals‹, ruft Isabella, und sie begatten sich, und der Herr segnet den Leib der Königin. Sie gebärt in einem Jahr zweimal, in Sevilla Don Johann, Prinzen von Asturien, in Toledo die Infantin Johanna. Gottes Segen ruht auf ihnen, offensichtlich!«

»Ihr seid nicht gerecht, Castillo. Unsere Könige schaffen Ordnung und Sicherheit, Gesetz und Macht. Sie schwächen den frechen Adel und stärken Volk und Bürger. Der Adel erpreßte von den Königen im Krieg viele Krongüter. Im Frieden nimmt die Krone sie zurück. Ist das nicht in Ordnung? Sie besetzten den königlichen Rat neu, statt mit den vielen Rittern mit Rechtskundigen, mit den Söhnen des Volks. Ist das nicht richtig? Die Richter, vordem lebenslänglich, bestellt man nun alljährlich neu. Da sie unabsetzbar waren, urteilten sie nach Willkür und waren bestechlich.«

»Richtig«, sagte Martyr eifrig. Die andern achteten nicht auf ihn.

»O Palencia«, rief Castillo, »merkt Ihr nicht? Die Diener der Gerechtigkeit wurden Diener der Könige. Zuvor fürchteten sie nichts. Jetzt fürchten sie die Könige mehr als Gott!«

Auch richtig, dachte Martyr.

Palencia fuhr fort: »Jede Woche müssen die Richter den Zustand der Gefängnisse, die Zahl der Gefangenen und die Art der Vergehen berichten. Die Richter müssen für schnelles Verhör sorgen. Auf öffentliche Kosten stellt man Armenanwälte an. Käufliche Richter müssen Geldstrafen zahlen!«

»Doch nicht so hoch«, fragte Castillo, »wie man sie zahlt?«

»Ferdinand und Isabella sitzen jeden Freitag zu Gericht und sprechen Recht, Großen wie Kleinen.«

»In Sevilla«, sagte Castillo, »flohen in einer Woche viertausend Reiche, in Cordova flohen viertausend.«

»Dies«, sagte Palencia, »ist das goldene Zeitalter der Gerechtigkeit. Wer Recht sucht, tritt vor die Könige. Das Gesetz ward angesehen. Ein Beschluß, den zwei oder drei Richter zeichnen, genießt mehr Achtung als eine Armee. Zuvor wimmelte das Reich von Straßenräubern und Verbrechern aller Art, welche die Gesetze mit Füßen traten und ganz teuflischen Unfug trieben; nun flößen die Könige allen ihren Untertanen einen so heilsamen Schrecken ein . . .«

»Daß kein Redlicher den Arm gegen einen andern aufzuheben wagt und kein Weiser den andern mit unziemlichen Reden angreift«, ergänzte Castillo.

Palencia sagte unwirsch: »Ach was! Die armen Leute sehen die Gerechtigkeit. Man schlägt die Reichen . . .«

»Die Könige stehlen«, schrie Castillo, »und werden so populär. Sie bestehlen die großen Diebe und lassen die kleinen nicht laufen.«

»In Galicien«, rief Palencia und schlug auf den Tisch, »schleiften sie fünfzig Raubritterburgen. Fünfzehnhundert Galicier flohen!«

»Ja«, gab Castillo zu, »darunter dreiundzwanzig Raubritter; der Rest brave Leute wie Ihr und ich; Reiche, die um ihr Geld zitterten; Chronisten, die an das Recht Johannas glaubten; Richter, die gegen die neuen Justizformen protestierten, oder Menschen, die ihre Freiheit liebten. Da flohen sie in fremde Länder, wenige mit Geld, die meisten nur mit frommen Überzeugungen versehen; Christen, die ans Evangelium glaubten und sagten, hier geschieht ein Mißbrauch mit der Religion der Liebe. Manche weissagen das Ende Spaniens und des Christentums. Alle erklären ihr heimisch Unrecht für ein Zeichen des Antichrist, für Küstenfeuer der Hölle. Menschen fliehen wegen der Religion, um ihrer Meinungen willen, wegen des öffentlichen Unrechts. Sie sitzen an fremden Herden, morgens fluchen sie ihrer Heimat, abends weinen sie vor Heimweh. Die Tyrannen aber rufen von Land zu Land einander zu, lautbrüllend, wie Tyrannen pflegen: Achtung! Achtung! Diese Emigranten haben wir ausgespien. Emigranten sind Verbrecher!«

»Ihr seid bitter«, meine Palencia, »weil man Euch nicht mehr schreiben läßt.«

»Man ließe mich, wenn ich nur so wendig sein wollte wie Don Fernando del Pulgar. Ich will nicht mehr schreiben.«

»Vergeßt Ihr«, fragte Palencia, »daß Isabella durch Doktor Diaz de Montalvo die Gesetze Kastiliens prüfen, sammeln und drucken ließ? Eine Tat für Jahrhunderte!«

»Ein Fluch für Jahrhunderte; denn ihre Gesetze sind mit Blut geschrieben. Ferdinand und Isabella regieren absolut. Die Gesetze sind ehern und die Beamten wächsern, sie sind bestechlich und unfähig. Man befolgt die Gesetze dem Buchstaben nach und umgeht sie in Wirklichkeit, das einzige Gesetz unter Tyrannen. Ämter vergibt man nach Gunst und nach Höchstgebot.«

»Ihr seht alles verzerrt«, rief Palencia unwillig, »um die Verdienste Isabellas zu leugnen. Ihr kennt das spanische Nationalgefühl, das Fleiß und Arbeit als unwürdig verpönt. Isabella arbeitet und bringt Arbeit bei uns in Mode. Der Konnetabel Graf Haro erklärte kürzlich: ›Die Lasten zu tragen, zieme in Kastilien dem Bauern. Dem Edelmann aber entreiße die geringste Steuer nicht nur die Freiheit, die seine Vorfahren mit ihrem Blut erwarben, sondern auch die Ehre selbst. Wir dienen mit unserer Person, nicht mit Auflagen.‹ Isabella aber teilt die Ämter dem Verdienst und dem Talent zu, da bisher der Sohn vom Vater das Amt des Richters oder des Feldherrn wie ein Haus samt Stallung, Schwein und Federvieh erbte. Ferner ordneten die Könige die Finanzen. Statt hundertfünfzig privater Münzen schufen sie fünf königliche. Sie besserten das Geld, der Handel wächst, die Industrie gedeiht. Brücken wurden gebaut, Straßen wurden ausgebessert. Sie rüsteten Schiffe. Sie hoben die Abgaben zwischen Kastilien und Aragon und alle Reisebeschränkungen auf, schützen Import und Export, baun eine Kriegsflotte von siebzig Segeln, die ihre Handelsflotte gegen Türken und Mohren schützt. Sie verboten die Ausfuhr der edlen Metalle. Sie befreiten die Einfuhr fremder Bücher von allen Zöllen und gaben einem Deutschen ein Druckprivileg.«

»Und fälschen spanische Bücher!« ergänzte Castillo. Peter Martyr errötete für Spanien.

Palencia bemerkte trocken: »Wenn sie subversiv sind! Isabella schützt Bücher . . .«

»Und vertreibt die Verfasser!«

»Wenn sie gefährlich sind! Sie heißt die Städte große Amtshäuser bauen, sie stiftet Kirchen und Klöster, beruft ausländische Gelehrte.«

Beide Spanier sahen scharf auf den jungen Italiener, der wieder errötete. Castillo murmelte: »Ist das eine Tugend?«

Palencia fuhr fort: »Die Könige haben die Staatseinnahmen in sechs Jahren versechsfacht. Die Bauern bestellen die Felder. Die Händler handeln wieder. Die Könige, sparsam und würdig, sind bei rechter Gelegenheit feierlich und prunkend. Sie kennen ihre Reiche, wissen Bescheid, hören die Messe täglich, beichten jede Woche. Ferdinand ist weltklug. Isabella zeigt erhabene Grundsätze. Der Hof, ein Freudenhaus, ward zur Tugendschule. Isabella ist patriotisch, näht selber die Hemden ihres Mannes, ist entschlossen, tapfer, mutig. Beide Könige sind mäßig und genügsam. Sie verbot Glücksspiele und das Fluchen. ›Die Hölle ist voller Spieler und Flucher‹, sagt sie. Sie verbot den Stierkampf.«

»Vergeblich!« rief Castillo.

»Sie verbot Karten und Würfel. Sie glaubt an ihr Talent, Spanien glücklich zu machen, und will die wahre Landesmutter sein und die Kirche Christi in aller Welt verbreiten. Sie vergißt nichts, weder Pflanzen noch Tiere. Sie wendet ihr Augenmerk auf alles und vergißt nichts. ›Wen ich anschaue‹, sagt sie, ›adle ich.‹ Vor ihr sind alle gleich.«

»Die Gleichheit vor Tyrannen!«

»Sie vermehrte die bürgerlichen Cortes.«

»Wahlschwindel!« schrie Castillo.

»Isabella erklärte wörtlich: ›Ich will die persönlichen Rechte jedes meiner Untertanen sichern. Ich wünsche die allgemeine Wohlfahrt meiner Völker!‹«

»Vieles gedeiht in Spanien«, gestand Castillo zu, »nur das Beste verdirbt: Die Freiheit. Die persönliche Würde. Die Menschenliebe – Anfang und Ende aller guten Religionen und jeder wahren Zvilisation. Es steht geschrieben: Liebe deinen Nächsten wie dich selbst! und an anderer Stelle: Kindlein liebet einander!«

»Die Sicherheit des Lebens wuchs«, erklärte Palencia.

»Nein«, schrie Castillo, »die Unsicherheit sitzt auf dem Thron. Die Gewalt herrscht. Die Finsternis regiert. Die Bosheit sorgt für Ordnung. Und Willkür befiehlt mit Pomp und heißt sich Recht.«

»Ihr schmäht wohl jede starke Regierung?« fragte Palencia.
»Wir sind Schriftsteller und erheben uns über die Vorurteile
der Zeit und der Stände. Da der spanische Adel erklärte, die
Reinheit seines Blutes, die Limpieza, verbiete ihm, Steuern zu
zahlen, da das gleiche unvermischte Blut ihm gebot, die Könige
in ihrer Not zu erpressen, beschlossen Ferdinand und Isabella,
alle Schenkungen, die Heinrich und sie selber gemacht hatten,
solange sie hilfsbedürftig waren, zu widerrufen. Mendoza gab
den Plan. Beichtvater Talavera führte es durch. Die Krone gewann dreißig Millionen Maravedi jährlicher Einkünfte zurück.
So billig gewonnen! Weder Verdienst noch Dank ließen sie gelten. Der Großvater Ferdinands, Admiral Enriquez, mußte auf
zweihundertvierzigtausend Maravedi im Jahr verzichten; Herzog Alba auf fünfhundertfünfundsiebzigtausend; Medina Sidonia auf einhundertachtzigtausend.«
»Ich weiß«, gab lächelnd Castillo zu, »die gesamte Familie
Mendoza, die reichste Spaniens, verzichtete auf eintausendsie-
benhundertsiebenundneunzig Maravedi Renten; der Herzog
von Albuquerque, Heinrichs ergrauter Günstling Beltran, verzichtete ›freiwillig‹ auf eine Million vierhunderttausend Maravedi alljährlich, zwei Drittel seines Vermögens. Dank vom
Hause Transtamare! Bastarde sitzen auf den Thronen Spaniens!«
Was für Bestien! dachte der junge Martyr bedrückt, aber
mutige Bestien, meine Kollegen! Darf ein Mensch so ehrlich
seine Meinung aussprechen? Wie gut, daß ihnen verboten ist,
die Wahrheit zu schreiben! Wie fürchterlich sind die Gesichts-
züge und Farben der ungeschminkten Wahrheit!
Da beide Kastilier schwiegen, fragte der spitzbübische Italiener
Martyr: »Und was tut die Königin mit ihren Schätzen?«
Castillo betrachtete den jungen Mann, der allgemein geschätzt
war, wegen seiner Kenntnisse, seiner Tugenden, seiner Lie-
benswürdigkeit.

Er sagte höhnisch: »Isabella teilt ihr Gut mit ihren Untertanen, was denkt Ihr sonst, junger Mensch?«

»Sie tut es!« rief Palencia, den das Gespräch und der Wein aufregten. »Sie hat an die Waisen und Witwen zwanzig Millionen verteilt.«

»Ja«, gestand Castillo, »an die Witwen und Waisen ihrer Parteileute. Wer nicht ihr Parteigenosse ist, den schelten die Könige Vaterlandsverräter, als wäre ihre Partei Spanien. Isabella ist hochsinnig. Sie erklärt: ›Kein Monarch soll sein Geld verschenken. Wie kann er sonst seine Freunde lohnen, seine Feinde strafen?‹ So teilt sie ihr eigenes Volk ein; Freunde, Feinde! pfui über solche Regenten. So regiert sie auch.«

»Don Pietro Martyr, laßt Euren gesunden Sinn durch unsern grämlichen Freund nicht verwirren«, bat Palencia beschwörend. »Isabella ist voller Religion. Ihr moralischer Mut ist ungeheuerlich. Sie verbot das Duell und bestraft Parteien und Zeugen wegen Hochverrats. Ist das nicht aufgeklärt und christlich? Vor hundert Jahren noch verurteilten Richter die streitenden Parteien zum Zweikampf. Aber Isabellas Geist fliegt mit göttlichen Flügeln über ganze Jahrhunderte hinaus in einen helleren Tag der Menschheit. Sie ist frei von Vorurteilen, ein moderner Mensch. Als die Herzöge wegen der Heiligen Hermandad revoltierten und ihr vorwarfen, sie schände den Adel und stürze so die Säulen ihrer Herrschaft, und forderten, vier Granden sollten den Staatsrat bilden und das Reich regieren, so sei die Gewohnheit der Könige in Kastilien, entgegnete sie: ›Ich spotte aller Gewohnheiten Kastiliens, so sie schlecht sind. Ich handle nach Gottes Willen zum Wohl meiner Völker, ob sie es erkennen oder nicht, mit ihnen oder gegen sie. Die Hermandad, dem Volk heilsam, dem Adel eine Medizin, bleibt. Die Würden im Staat verteile ich und nach Verdienst. Solang ich meinen Rang behaupte und der Himmel mich hütet, werde ich kein Spielzeug irgendeines Sterblichen sein. Wir sind nicht mehr Könige von jener Sorte, die ihr kanntet.‹ Spricht so nicht Größe?«

»Spricht so nicht Übermut?« antwortete Castillo. »Es ist wahr, die Herzöge zitterten vor solcher Sprache, sie sahen auch den Tumult im Volk, den diese Könige erregen. Die Klügsten wissen, dieser Volkstumult wird alle einst umstoßen, Adel und Große und die Throne der Könige. Das Volk ist ein gezähmtes Ungeheuer. Läßt man es einmal los, wird seine Revolution schrecklich werden. Diese Bürger, jetzt so demütig, diese Bauern, die uns die Füße lecken, werden einst die geheiligten Majestäten köpfen.«

»Was sprecht Ihr?« fragte entsetzt Peter Martyr.

»Das ist nicht so entsetzlich«, entgegnete mit leiser Stimme Don Enriquez de Castillo. »Ach, meine lieben Freunde, ich schaue in die Zukunft. Ich sehe: Den Untergang unserer Welt. Das süßeste, größte, erhabenste Wort, das Wort des Lammes Gottes wird mißbraucht! Das Christentum ist ruiniert. Von ihm bleiben nur der Name, nur die schlechten Institutionen, nur der Mißbrauch, nur die Erinnerungen an eine Hochzeit der Menschheit, an ihre edelste Blüte, die leider niemals reifte. Wurmstichig ist unsere ganze Kultur. Schuld ist die Lüge, die mit dem Wort spielt! Der Sprachmißbrauch ist schuld am Niedergang der Menschheit. Wir, Palencia, tragen die Schuld, wir, Don Pietro Martyr, die ungetreuen Verwalter des göttlichen Guts, des Wortes Gottes!«

Palencia trank seinen Becher leer. »Castillo!« fragte er, »seid Ihr insgeheim ein Jude?«

»Ich«, rief schmerzlich Castillo, »bin der letzte Christ!«

»Castillo«, rief Palencia und rückte näher zu seinem Kollegen und faßte ihn um die Schulter und hatte Tränen in den Augen.

»Castillo! Glaubt Ihr an Euer Wort? Ihr seid verloren. Betet, lieber Freund. Tut Buße! Geht zur Beichte. Aus Eurem Munde spricht ein rarer Teufel. Der Antichrist . . .«

»Wer ist der Antichrist?« fragte Castillo. »O Bruder Palencia! Es ist so leicht, die Menschen zu erniedrigen. Sie taumeln freudig in die Arme ihrer Verführer. Um die Menschen ein wenig besser zu machen, um ihre Zunge bloß vertraut zu machen mit dem Worte ›Menschenliebe‹, mußte ein Gott vom Himmel niedersteigen und die äußerste Schmach und Qual der Menschheit dulden, und noch war das Exempel umsonst. Bruder Palencia, ich sehe die Zukunft Spaniens. Die Inquisition wird fürchterlich sein. Mag die Königin Isabella ein mütterliches Herz haben, mag sie sogar den Hauch der Christenliebe verspürt haben, dieses Instrument ist teuflisch. Ihr kennt die Pläne der Könige. Ihr kennt die finstern Apostel der Hölle, die sie umgeben.«

»Wen meint Ihr?«

»Diesen Merlo, diesen fetten Teufel Barberis, diesen magern Satan Ojeda, diesen einfältigen Bruder Deza, diesen finstern Torquemada, und ärger als alle, König Ferdinand! Vielleicht ist Isabella gut. Rund um sie sehe ich die Versammlung der Hölle. Sie werden die Spanier unterdrücken. Das ist einfach. Man tut es gruppenweise. Was Menschen erhebt, ist meist ein tüchtiges Instrument, sie in die Tiefe der Menschheit zu schmettern. Ferdinand und Isabella wählten das edelste Instrument, den Glauben. Darum wird Spanien den tiefsten Fall tun!«

»Spanien wird in Europa herrschen!« rief der junge Martyr.

»Vielleicht, Señor«, entgegnete finster Castillo, »aber herrscht nicht Satan in einem größeren Reich? Nicht herrschen soll unseresgleichen, sondern lieben und Gutes tun!«

»Castillo«, rief mit schrecklicher Stimme Palencia, »Castillo, Ihr seid ein . . .« – Ketzer wollte er sagen und verstummte; denn die Königin Isabella trat ins Gemach, begleitet von den Herzögen Medina Sidonia und Alba, von ihrem Liebling Gonzalo, vom Kanzler Mendoza, den Beichtvätern Talavera und Torquemada, vom Bruder Deza, vom sizilischen Inquisitor Barberis, vom neuen Finanzminister Don Isak Abravanel und den beiden Hofchronisten und Geheimsekretären Pulgar und Lebrija, sowie vom Intendanten Medozas, einem barfüßigen Mönch in einer härenen Kutte namens Ximenes, und von vielen Hofdamen, darunter Isabellas Freundin Beatrix, Marquise zu Moya. Die Königin aber fragte schelmisch lächelnd ihren Sekretär Palencia, der gleich Castillo und Martyr niedergekniet war: »Was ist unser so begabter und festgesinnter Don Enriquez de Castillo? Sprecht, Don Alonso! Was?«

Palencia überlegte blitzschnell. Sprach er das schreckliche Wort: Ketzer! aus, war Castillo verloren. Vielleicht verbrannte man ihn. Hab' ich ihn darum gerettet? Und er ist kühn und soll leben! »Ich wollte sagen«, begann Palencia, daß er ein Träumer ist!«

»Warum?« fragte die Königin.

»Castillo behauptete«, fuhr kühn Palencia fort, »kein Zeitgenosse könne die ganze Wahrheit über seine Zeit ergründen, keiner dürfe sie schreiben. Castillo meinte, ein Historiker unseres Ranges, wie etwa der ausgezeichnete Don Pietro Martyr oder Doktor Antonio de Lebrija, Professor zu Salamanka, oder er und ich (Palencia schien den Kollegen Pulgar zu vergessen, der ganze Hof bemerkte es!), wir, die es mit dem Wort Gottes ernst nehmen und denen die Wahrheit heilig ist, wir sollten nur über lange Vergangenes schreiben, das wir überschauen und ohne Haß und Liebe treu auffassen.«

»So, genau so ging unser Gespräch«, betätigte Peter Martyr eifrig.

Die Königin schüttelte zweifelnd den Kopf.

»Und was sagtet Ihr, Don Pietro?« fragte Isabella den jungen Italiener.

»Ich, Majestät, ich sagte« (Pietro war verwirrt), »ich entgegnete . . .«

»Nun, was?« fragte Isabella und setzte sich auf einen Sessel, den man ihr mitten ins Zimmer stellte, und bat die Herzöge und Geistlichen, sich gleichfalls niederzulassen, indes die drei Gelehrten vor ihr standen und wie durch Zufall die beiden andern Chronisten, Lebrija links, Pulgar rechts, neben jene traten. Isabella saß da, fast wie auf dem hohen Stuhle des Gerichts. Wie rasch nahm sie die Pose der schönen Richterin an! »Nun, Don Pietro?«

Martyr hatte sich gefaßt. »Ich sagte, die Mühen und Schwierigkeiten hemmten nicht, sie förderten den guten Schriftsteller. Und meinte, die literarische Wahrheit sei ein Attribut der Kunst. Je vollkommener ein Werk, um so wahrer sei es. Die Wahrheit eines Kunstwerks sei eben die Vollkommenheit, die wir Schönheit heißen; denn das Schöne sei das Vollkommene, und das Vollkommene sei höchst wahr, höchst richtig, höchst gerecht. O Majestät, ich wagte, Eure Person als Exempel anzuführen. Vergebt mir!«

»Ihr spracht von mir, Palencia?« fragte Isabella.

Palencia entgegnete: »Nur beispielshalber, erhabene Majestät. Wir rühmten alle drei innigst Eure ungeheueren Taten, Eure erhabene, christliche Religion, Eure Menschenliebe . . .«

»Ihr rühmtet mich, Castillo?« fragte Isabella, und ihre blauen Augen strahlten so sanft und freundlich. Aber ihre Locken funkelten wie Flammen im rötlichen Schein der Fackeln und Kerzen.

»Ich, Don Enriquez de Castillo, tadelte . . .«

»Mich, Castillo? Mich, deine Königin?«

»Castillo meint«, begann tollkühn Palencia.

»Was meint ein Castillo?«

Das Gesicht des unglücklichen Kaplans brannte, und seine Augen funkelten. Er sagte ungewöhnlich leise: »Vor Gott sind alle Menschen gleich. Er gab uns eine Zunge, um die Wahrheit zu sagen und seine Wahrheit mehr zu lieben als Leben und Gesundheit. Und sein Wort mehr zu achten als Königswort!«

Isabella sah den frechen Sprecher zornig an. Alle zitterten oder erwarteten, daß sie aufstehe und den schamlosen Sprecher schlage. Doch sagte sie nur: »Ihr sprecht von Gottes Wahrheit? Was weiß Euresgleichen davon?«

Castillo sah die flehenden Blicke seiner Kollegen Martyr und Palencia und schwieg.

Ein tiefes Schweigen herrschte. Da erscholl die schneidende Stimme des Dominikanerpriors Torquemada: »Königin Isabella, duldest du noch lange das Geheul der Ketzer, das bis vor deinen Thron dringt? Worauf wartest du noch? Seit mehr als zwei Jahren hältst du in Händen die Bulle des Heiligen Vaters, die dir erlaubt, zwei oder drei Ketzerrichter anzustellen, daß sie die Ketzerei in deinen Reichen aufspüren und unterdrücken! Was zögerst du? Der König, deine geistlichen Räte, das geplagte Volk, der Heilige Vater, der fromme Klerus, dein Gewissen fordern es von dir. Wie lange willst du noch warten, hochmütige Königin? Soll dein Reich erst völlig vom Gestank der Ketzerei verpestet werden? Pfui der falschen Langmut! Pfui über alle frechen Ketzer! Kommt, fromme Brüder, verlassen wir den Ort, wo man Gottes Langmut schmähen darf!«

Und der heilige Mann schlug die Kapuze über sein Haupt und schritt die Stufen der Veranda herab in den Patio und ging davon. Man hörte die klatschenden Tritte seiner nackten Füße auf den Steinen. Ihm folgten die Heiligen alle, der demütige Bruder Deza, barfuß und in der Kutte, der dicke Barberis, bestätigter Inquisitor von Sizilien, die edlen Freunde Diego de Merlo und Ojeda. Zuletzt schritt zögernd der barfüßige Intendant Mendozas, der Kaplan von Siguenza, ein sehr frommer und geschäftskundiger Mann, hinaus, nachdem er als einziger von den Heiligen sich tief vor Isabella verbeugt hatte, der Bruder Ximenes. Zweifelnd blickte die Königin auf ihren Kanzler Mendoza und auf ihren frommen und strengen Beichtvater Talavera. »Habe ich gefehlt?« fragte sie demütig, und ein paar

Tränen glänzten in ihren Augen. »Will ich nicht Gott dienen? Soll ein König nicht Geduld haben und Liebe üben? Ehrwürdiger Vater Talavera, sprecht!«

Der Beichtvater erwiderte: »Wir haben uns große Mühe gegeben, Herrin. Die getauften und ungetauften Juden wollen aber nicht unsere Warnungen hören. Auf den Katechismus des Kardinals von Spanien antwortete ein frecher Jude namens David Jachia mit billigem Spott, er witzelt über die unbefleckte Empfängnis, über den dreieinigen Gott, über die christliche Liebe.«

»Entsetzlich!« flüsterte Isabella.

»Noch schlimmer«, berichtete Talavera, »die Schrift des Juden enthält beißende Bemerkungen über neuere Regierungsmaßnahmen. Das Volk, das die Juden haßt, gerät in Zorn.«

»Höchst abscheulich!« rief Isabella. »Bleibt mir also nichts erspart?«

»Ich schrieb eine Gegenschrift und widerlegte den Juden bis ins Einzelne. Sein Spott wird ihm vergehen«, sagte Talavera.

»Eine Gegenschrift«, wiederholte Isabella, »sehr zu billigen! Und Ihr, Mendoza?«

»Die Geistlichkeit hatte Auftrag«, erklärte der Kardinal, »die störrischen Juden zu bekehren. Kein Erfolg! Die Juden sagen, ihre Religion sei die bessere. Gott selber hätte sie ihnen verkündet. Möglich, daß Jesus Gottes Sohn sei, obwohl sie nie von leiblichen Erben Gottes vernommen hätten. Und ob Gott denn geheiratet habe oder ob dieser, wie man sage, uneheliche Sohn einer Magd einem sündigen Verhältnis Gottes mit einer Zimmermannsgattin entsprossen sei? Doch wäre wirklich Reb Joschua ben Josef, wie die Juden Jesus nennen, Gottes Sohn und verkündete er eine neuere, vielleicht modernere Lehre, so hielten sie sich lieber an den Vater; sie wollten nicht jede neue Mode mitmachen . . .«

»Abscheulich«, schrie Isabella, »ganz abscheulich! So echt jüdisch! O Gott, sollen wir's dulden? Mendoza? Talavera?«

»König Ferdinand«, begann Mendoza, »ist der Meinung, wir müßten die Inquisition einführen, aus militärischen, politischen, finanziellen und ideellen Gründen. Der König weist auf den baldigen Krieg mit Granada, auf die ungeheuren Kosten unserer Rüstungen, auf den gewaltigen Geldbedarf eines modernen Kriegs, auf die Finanzmisere . . .«

»Gut, gut«, sagte Isabella und errötete, was ihr wunderbar stand und ihr den Glanz ihrer ersten Jugend und Schönheit wiedergab. »Wir sprechen von den Bedürfnissen der Religion. Ich will nichts, versteht Ihr, nichts gegen die skrupulöseste Gerechtigkeitsempfindung tun. Die Menschen sind ungeduldig, da Gott so unendliche Geduld mit ihnen übt. Ich will geduldig sein! Auch mit Frevlern! Man sage nicht, ich urteilte zu rasch! Señor Castillo, ich will auch mit Euch noch Geduld üben. Aber zu Eurem Bedenken, ob man unter meiner Regierung die Wahrheit sagen kann, soviel . . .«

Ein Page trat ein. Der Herzog kniete. Die Königin unterbrach ihre Rede: »Don Heinrich Guzman?« fragte sie den Herzog Sidonia, »Ihr wünscht?«

»Erlaubt mir, Majestät«, bat der dicke Herzog auf Knien, »die Majestät des Königs zu empfangen.«

»Ferdinand ist da?« rief Isabella. »Wo ist er? Ferdinand!«

»Isabella!« rief der König. Schon trat er in den Patio. Isabella lief zur Veranda. Ferdinand lief die Treppe empor. Die beiden zärtlichen Gatten umarmten sich. Der König küßte sein Weib auf beide Backen.

»Wie selig bin ich, Ferdinand. Du bist in Sevilla. Wir haben dich nicht erwartet. Ich freue mich so!«

»Ich bringe«, sagte Ferdinand ernst und wandte sich zu seinem Hof, »schlimme Nachricht. Die schöne Stadt Otranto, im Königreich Neapel, ward vom Großtürken Mohamet dem Zweiten erobert. Von zweiundzwanzigtausend Christeneinwohnern Otrantos wurden zwölftausend schrecklich zu Tode gefoltert, alle Geistlichen und Priester gemeuchelt, der ehrwürdige Erzbischof von Otranto, ein frommer Greis von neunundsiebzig Jahren, in zwei Stücke geschnitten wie ein Fisch. Die zwölftausend Leichen unserer Christenbrüder warf der Türke den Hunden vor. Italien ist entsetzt. Der Heilige Vater zu Rom will fliehn. Zu Avignon rüsten sie schon den päpstlichen Palast. Der Ruf des Papstes an die Fürsten Italiens ist verhallt. Die Republik Venedig, bar christlicher und fürstlicher Gefühle, verzichtet auf den Kreuzzug, opfert das christliche Albanien und schloß Vertrag mit Stambul, um seinen Orienthandel zu retten. Krämer und Türken gegen Christus! Zu Rhodos schlug der Großmeister der Malteser-Ritter der Türken Angriff samt ihren schrecklichen Kanonen zwar zurück. Doch Italien scheint preisgegeben! Der König von Neapel führt Krieg mit Florenz. Sein tapferer Sohn Alfons, Herzog von Calabrien, steht in Toskana, hundertfünfzig Meilen fern von Otranto. Die Gefahr für die Christenheit ist ungeheuer!«

»Ungeheuer!« wiederholte Isabella. Ihr Gesicht war in Tränen gebadet. »Alles geschlachtet«, stammelte sie, »Kinder, Greise, Mütter? Alles den Hunden vorgeworfen?«

»Zwölftausend Christen«, bestätigte Ferdinand.

Laut schluchzend fragte Isabella: »Und kein Türke scheute vor dem heiligen Mann zurück? In zwei Stücke zerschnitten sie ihn?«

»Wie einen Fisch«, bestätigte trocken Ferdinand.

Der halbe Hofstaat schluchzte vor Schrecken, vor Zorn. Die Marquise von Moya umarmte die Königin und rief: »Isabella, laß uns ausziehn gegen die wilden Heiden.«

»Wir wollen unsere kastilische Flotte nach Otranto senden. Kanzler, schickt vierundzwanzig Galeeren, für jedes Tausend Christen zwei Galeeren, um Otranto wiederzuerobern!«

»Und Sizilien zu schützen, sehr wohl«, sagte König Ferdinand. »Wir wollen so beschließen, Mendoza.«

»Wir werden eine größere Flotte rüsten«, rief Isabella begeistert, »nicht nur um Italien zu verteidigen, nein, um durch einen Seesieg die Türkenflotte zu zerschmettern! Gott ist mit uns. Die Nordprovinzen sollen zahlen. Ich bestelle bei den großen Kaufleuten von Burgos Schiffsartillerie, Munition, Kleider, Lebensmittel und Schiffsgeräte für eine große Flottille. Galicien und Guipuscoa sollen zahlen. Ihr, mein treuer Ritter Alonso de Quintanilla, reist hin und begeistert mit Eurem Wort die reichen Bürger, wie Ihr die Cortes überzeugt habt vom Wert der Heiligen Hermandad.«

Der Ritter, an den Isabella sich gewandt, küßte ihr die Hand und dankte ihr.

»Ihr sollt uns morgen in der Kathedrale eine Messe lesen, Kardinal Mendoza. Wir wollen für das Seelenheil der Toten von Otranto beten. Und beruft unsern geistlichen Rat. Wir wollen der päpstlichen Bulle folgen und drei Inquisitoren nach dem Rat der heiligen Männer bestellen.«

»Sehr gut«, sagte Ferdinand. »Wählt drei Geistliche, drei fromme Mönche, Dominikaner, wählt auch zwei andere Geistliche als Beisitzer und als Schatzmeister. Und sie sollen sogleich in Sevilla ihr Amt beginnen! Und erlaßt Befehl an alle Stadtbehörden, den Ketzerrichtern jeden Beistand zu leisten. Wir stehen schon mitten im Krieg. Im Krieg aber betrachtet eine Nation ihre moralische Einheit als Frage des nationalen Wohls. Wir können keinen Staat im Staate dulden. Die Conversos und Juden müssen kuschen! Das Heilige Amt der Inquisition soll Gottes Rache üben, streng! Strenge! Laßt uns strenge Richter wählen!«

Kniend, den Hut auf dem Kopf, wie es das Recht der Granden vor den Königen war, bat der dicke Heinrich Guzman, Herzog von Sidonia, die Königin um die Gunst, sie zur Tafel führen zu dürfen. Mit unendlichen Zeremonien, in starrer Reihenfolge, schritten die Granden und Damen. Die fünf Chronisten Palencia, Martyr, Castillo, Lebrija und Pulgar blieben allein zurück.

»Der Fall von Otranto hat Euch gerettet, Señor Castillo«, sagte freundlich der wendige Pulgar.

»Ihr irrt, Señor«, entgegnete bitter Castillo, »der Sturz Otrantos reißt Spanien ins Verderben.«

»Wieso? Warum? Was meint Ihr?« riefen die Chronisten.

»Glaubt Ihr an den Sieg der Türken?« fragte Palencia.

»Zweifelt Ihr am Fall Granadas?« fragte Martyr.

»Fürchtet Ihr für die spanische Flotte?« fragte Lebrija.

»Der Kollege«, sagte spöttisch lächelnd Pulgar, »der Kollege spricht von der Einrichtung der Inquisition . . .«

»Wie?« fragte Martyr.

»Wirklich? Glaubt Ihr wirklich?« fragte Lebrija.

Palencia fragte: »Ihr fürchtet drei simple Ketzerrichter, Castillo? Nein! Ihr irrt, Don Fernando del Pulgar. Was sagt Ihr, Castillo? Was meint Ihr?«

Castillo blickte seinen Kollegen mit einem trüben, melancholischen Lächeln in die Augen. Er schüttelte den Kopf und murmelte: »Der edle Don Pulgar kennt mich vortrefflich. Er ist wirklich ein Meister.«

Palencia schrie wütend: »So meint Ihr, Spanien gehe unter, nur wegen . . . Señor, nur wegen . . .«

Kopfnickend ergänzte Castillo: »Wegen der Inquisition!«

Da hielt Palencia es nicht mehr aus und sagte endlich das ominöse, gefährliche Wort: »Castillo! Ihr seid ein Ketzer!«

Bei diesem Wort verließen die Hofchronisten Martyr, Pulgar und Lebrija das kleine, schattige Zimmer, als fürchteten sie, angesteckt zu werden. Betroffen von der Wirkung seines Worts schlich ihnen kopfschüttelnd der gute Palencia nach.

Der letzte Fackelträger, ein Mohrensklave, ging den Hofchronisten voran. Castillo blieb allein im dunkeln Gemach. Der Schein des vollen Monds fiel ins Zimmer und erleuchtete es zauberisch. Castillo blieb im dunkeln Zimmer stehen. Er hörte plötzlich das silberne Rauschen des Springbrunnens im Patio. Ein Ketzer, dachte er. Wer die Wahrheit ausspricht, soll künftig ein Ketzer heißen? O armes Jahrhundert! O unglückliche Menschheit! Wieviel Verfinsterungen noch? Langsam schritt der Chronist die Stufen herab und verließ den Palast des dicken Herzogs von Medina Sidonia, des Musiknarren, und die Stadt Sevilla. Am Tore schüttelte er den Staub von seinen Füßen.

Zu seinem Unglück kehrte Castillo aber bald wieder heim, in die heitere, blühende Stadt Sevilla.

Die fremden Gesandten

In der Säulenhalle der Ambassadoren zu Sevilla empfingen der König und die Königin die vielen fremden Gesandten. Sie saßen unter einem goldenen Baldachin auf hohen Thronsesseln. Neben Isabella saßen die geistlichen Herren, voran der Kanzler Mendoza, neben Ferdinand die Generäle und Granden und Juristen. Zuerst empfingen die Monarchen den Botschafter des Königs Eduard von England, Lord Scales, Grafen von Rivers, einen Schwager des englischen Kronprätendenten Heinrich Grafen von Richmond, der in Frankreich saß. Der Lord bot einen Handelsvertrag mit beiden Spanien und ein Bündnis gegen Frankreich an. Er war ein großer, schöner Mann mit Wangen von Milch und Blut, er war blond und hatte blaue Augen. Königin Isabella, die ihm erwiderte, da sie Latein verstand, hatte die größte Mühe, in der Aussprache dieses blonden Barbaren aus dem hohen Norden die lateinischen Vokabeln zu entdecken, die der schönredende Italiener Peter Martyr ihr beigebracht hatte. Isabella erwiderte in elegantem Latein. Peter Martyr nickte wohlgefällig mit dem Kopf. »Wir heißen Euch willkommen, Lord Scalesius. Wir danken Seiner englischen Majestät und wollen alsbald mit unserm Kanzler und unserm Staatsrat alle Vorschläge Seiner Majestät in innigste Erwägung ziehen. Auch in meinen Adern fließt englisches Königsblut. Meine Großmutter ist Käthe von Lancaster, die manches Jahr für meinen Vater Juan mein Reich Kastilien regiert hat. Sagt Eurem König, ich bin stolz darauf, ein Lancaster zu sein, und ich hoffe, daß unsere berühmten Reiche bald wieder durch ähnlich innige Bande vereint sein werden. Ihr wißt wohl, daß Euer König und sein Bruder Richard Gloster einst um meine Hand warben. Hat König Eduard Kinder?«

»Zwei Söhne in zartem Alter, doch höchst liebenswürdig, höchst begabt, und ebenso schön wie gut.«

»Möge sie der Himmel segnen!« rief Isabella. »Wir sprechen noch darüber, mein lieber Lord. Ihr weilt an unserm Hofe. Der Herzog von Medina Sidonia und der Marquis von Cadix streiten um die Ehre, Euch zu bewirten. Meine Herren geleiten Euch.«

Danach kam der Gesandte des Königs Joao des Zweiten von Portugal. Isabella sagte ihm auf portugiesisch: »Sagt Eurem König, daß wir mit ihm in Frieden leben wollen, ja, daß wir gerne in Erwägung zögen, unsere Reiche näher zu verbinden. Unsere älteste Tochter, die Infantin Elisabeth, kommt in die Jahre, da Eltern sich umschaun nach einem würdigen Bräutigam. Man sagt, der Thronerbe von Portugal, Infant Alonso, sei von frommem Gemüt. Unsere älteste Tochter ist ganz erfüllt von Himmelsträumen und frommen Bildern. Hieße es nicht lästern, wollte man sie einen Engel heißen. Ich könnte lange darüber sprechen. Sagt Eurem König, den wir im übrigen bewundern, wir seien nicht gesonnen, ferner die Vertragsverletzungen zu dulden, deren die Nonne Johanna sich schuldig macht. Sie hat das Kloster St. Klara zu Coimbra verlassen, unterschreibt sich Königin von Kastilien und bietet ihre Hand dem jungen, hübschen König Franz Phoebus von Navarra an. Man sagt, nicht nur der erzböse König Ludwig von Frankreich, der trotz seiner furchtbaren Angst vor dem Tode wohl bald sterben wird, befördere diese Ehe, auch Euer König Joao soll solchem Plan des Aberwitzes und der Hölle nicht ganz abgeneigt sein. Wir sind sicher, der hübsche König Franz Phoebus wird den Frevel, eine Himmelsbraut zu heiraten, ablehnen. Wir, Könige beider Spanien, führen Krieg im Falle einer Ehe der falschen Infantin Johanna. Sagt das Eurem König. Und meldet ihm, daß wir selber die Hand unserer zweitältesten Tochter Johanna dem hübschen König Franz Phoebus von Navarra anboten und daß wir demnächst die Verlobung feiern werden. Sagt das dem König Joao, mit dem wir in inniger Freundschaft zu leben wünschen.«

Danach empfingen die Monarchen den Gesandten des Königs von Granada, Muley Abul Hassan. Als der Gesandte eingeführt wurde, ein schlanker Araber im seidenen Turban, sprang der kühne, riesige Ritter Don Juan de Vera auf, der Gesandte der Könige Spaniens am Hofe zu Granada, und rief: »Du wagst es, beschnittener Mohrenhund, unter Christen zu erscheinen?«

Der ganze Hof geriet darüber in Verwirrung, was sich freilich bei der steifen spanischen Etikette kaum anders zeigte, als daß die Damen ihre Fächer hoben, die Blicke der Ritter funkelten, der eine oder andere Geistliche das Kreuz schlug.

Indes der maurische Gesandte mit lächelndem Stolz sich tief vor den Königen verneigte und sein kühnes, schmales, dunkelbraunes Antlitz ein ruhiges Lächeln zeigte, unberührt vom Schmähruf des Don Juan de Vera, hieß Ferdinand den Ritter durch einen Fingerwink schweigen und fragte den Gesandten nach seinem Begehr.

Der Maure sprach mit großer Würde, ohne Gesten, nur seine Augen funkelten, und einmal deutete er auf seine Damaszener Klinge. Der Kommandeur von Gibraltar habe den Waffenstillstand zwischen Kastilien und Granada gebrochen, der zwar erlaube, daß man in feindliches Land einbreche und es verwüste und Städte oder Festungen überrumple und plündere, doch dürfe keiner länger als drei Tage in Feindesland verweilen. Der Kommandant von Gibraltar hätte sieben Stunden länger im Gebiete von Granada sich aufgehalten. Muley Hassan forderte, daß man ihm den Kommandanten ausliefere, damit er ihn bestrafe!

»Sagt dem König von Granada«, rief Ferdinand, »die Könige Spaniens kennen nur ein Gericht, ihr eigenes. Doch wollen wir ein Verhör halten und strafen, wenn wir Schuld finden.«

Als der Gesandte entlassen war, fragte Ferdinand den Ritter de Vera: »Woher kennt Ihr den Gesandten? Was tat er Euch, daß Ihr so allen Anstand vergaßet?«

»Herr«, rief Juan de Vera, »vergebt mir! Das war jener Mohrenhund, den ich mit meinem Schwert aufs Haupt schlug im Löwenhofe der Alhambra zu Granada, am Rand der vielgepriesenen Fontäne, damals vor zwei Jahren, da Ihr mich zum König Muley Abul Hassan aussandtet und mir Granadas König zur Antwort gab, als ich die gewohnten schuldigen Tribute forderte: »Sagt Euren Herren, daß die Könige von Granada, die der kastilischen Krone Tribut in Gold zu zahlen pflegten, verstorben sind. Unsere Münze prägt gegenwärtig nur Säbelklingen und Lanzenspitzen.« Damals, da ich herabschritt zum Löwenhof, gemessen ruhig wie es einem hispanischen Ritter zukommt, begannen maurische Höflinge ihren Witz an mir zu üben, spottend über die christlichen Mysterien. Ich, unwillig, lehnte auf meinem Degenknauf und sah mit unaussprechlicher Verachtung auf die schwachen Casuisten herab. Als dieser, der jetzt Gesandter ist, einer aus der Familie ihres Königs, der Abencerragen, naserümpfend die unbefleckte Empfängnis der gebenedeiten Jungfrau in Zweifel zog, erhob ich meine Stimme und sagte: ›Ungläubiger Hund, du lügst!‹ und schlug ihm mein Schwert mitsamt der Scheide an den Kopf. Aus war es mit dem Scharfsinn des schalen Witzlings. Hundert Waffen blitzten, doch Muley Abul Hassan, vom Lärm gelockt, erschien auf dem Balkon und gebot Ruhe, da meine Person geheiligt sei, als ein Gesandter Eurer Majestäten. Ich bat zu unserer gebenedeiten Frau, mir eine Gelegenheit zu schenken, ihre unbefleckte Empfängnis auf dem Haupte dieses ungläubigen Turbanträgers zu beweisen. Plötzlich sehe ich den Hund. Erlaubt mir, Herr, so erschlag ich ihn!«

»Meinen Gesandten?« fragte Ferdinand. »Dessen Person heilig ist? Eure Geschichte, die wir schon einmal von Euch hörten, gefiel uns damals. Heute erscheint sie mir mißbehaglich. Darum und weil Ihr die Etikette unseres Hofes verletzt habt, verbanne ich Euch für zwei Monate vom Hof.«

»Herr!« bat erstaunt der kühne Ritter und sank auf die Knie vor Ferdinand. Kniend war er noch so groß wie der König.

Isabella lächelte gütig und bat: »Geht, teurer Ritter. Verlaßt uns für zwei Monate. Gehorcht dem König. Doch wißt, wir warten ungeduldig auf die Wiederkehr solch eines Helden. Und damit Euch die Zeit nicht allzulange wird, schenke ich Euch mein Schloß Montalban. Denn uns allen ist wie Pest und Molche zuwider dieser frevelhaften Heiden Lästerung. Die Zeit ist reif, daß wir alle Ketzer und Lästerer ausrotten. Ich hatte lange Geduld mit denen, die unsere Heilige Kirche lästern und ihre himmlische Reinheit mit giftigem Wort besudelten. Ich gebe ein Gesetz: Wer die Kirche lästert oder nur den geringsten ihrer Diener mit bösem Wort antastet, soll sein Gut verlieren und vors Gericht der Inquisition gelangen. Geht, guter Ritter! Seid getrost!«

Der Ritter ging betrübt, erfreut, getröstet, je nach Betrachtung. Als letzten der Gesandten empfingen die Monarchen den Nuntius des Heiligen Vaters Sixtus, gegen den Brauch ein Laie, namens Domingo Centurion. Demütig wartete der päpstliche Gesandte seit vielen Stunden im schlechtesten Vorzimmer des Alcazars zu Sevilla, da sonst der päpstliche Gesandte stets den

Vortritt hatte. Demütig trat er ein und kniete lange und küßte
ergeben die Hände der Könige und bat um Verzeihung, daß er
gewagt, vor ihren erhabenen Thronen den Staub zu küssen.

»Habt Ihr die Bulle?« herrschte ihn König Ferdinand an.

»Ja, Sire, geruhet, sie aus meinen unwürdigen Händen zu nehmen. Der Heilige Vater verpflichtet sich, nur solche spanischen
Landeskinder zu den höheren kirchlichen Würden in Kastilien
zu bestimmen, die Eure Majestäten zu ernennen geruhen werden. Der Heilige Vater bestätigt den ehemaligen Beichtvater
der erhabenen Königin Isabella von Kastilien, Monsignore
Alonso von Burgos, bisher Bischof von Cordova, zum Bischof
von Cuenca und bedauert in aller Form, daß er für diese Würde
seinen geliebten Neffen Don Giorgio, meinen Landsmann, vorgeschlagen habe.«

»Vorgeschlagen, sagt der Heilige Vater?« fragte Ferdinand.
»Kürzlich hieß es anders! Als meine Frau und ich unsere Gesandten nach Rom schickten, erwiderte Seine Heiligkeit, der
Papst Sixtus, wörtlich: ›Ich bin das Haupt der Kirche. Ich habe
die schrankenlose Macht, alle Pfründen zu verteilen. Ich frage
nicht nach der Neigung irgendeines Gewalthabers auf Erden.
Ich forsche nur nach dem Heil der Religion.‹ So sprach der
Papst. Wie? Oder log mein Gesandter? Hier sitzt Graf Tendilla, meines Kanzlers Mendoza Bruder, der Sohn des großen
und berühmten Poeten Marquis Santillana. Log mein Gesandter? Graf, habt Ihr gelogen?«

»Sire, Seine Heiligkeit bereut die raschen Worte«, sagte flehend
Centurion.

»Wir waren sehr mißvergnügt!« rief Isabella. »Was nennt Sixtus Religion? Etwa seinen Neffen Giorgio, Euren Landsmann?«
»Woher seid Ihr übrigens?«

»Aus Genua, Majestät.«

»Gibt es keinen Besseren in Genua?« fragte Ferdinand sarka-
stisch.

»Herr, ich bin der Geringste!«

»Und den sucht mir der Heilige Vater aus!«

»Herr, betrachtet mich als einen Eurer Untertanen, straft mich nach Eurem Rechte, wenn es Euch gut dünkt, als wäre ich ein Christ aus Toledo oder Burgos, rädert mich, wenn Ihr wollt, oder peitscht mich zu Tod oder verbrennt mich wie einen eklen Juden und Ketzer. Ich bin Euch ganz zu eigen, Euch ganz hingegeben.«

»Ganz gut«, sagte Ferdinand, »ich gab Befehl, die Nuntii des Papstes aufzuhängen, wo man sie greife in meinen Landen.«

»Bedient Euch nach Wunsch, o Herr!«

»Dankt meiner Frau für Euer Leben! Sie bat für Euch!«

»Majestät!« rief der Nuntius und kniete schon wieder.

Isabella deutete auf Mendoza und sagte: »Dankt meinem Kanzler. Er bat für Euch. Mein frommer Diener, Kardinal von Spanien, versöhnte uns mit der unverschämten Willkür Roms. Wir hatten all unsern weltlichen und geistlichen Untertanen Befehl gegeben, Rom und den Kirchenstaat sogleich zu verlassen bei Strafe der Konfiskation ihrer Güter. Ferner trugen wir die Absicht, die Fürsten der Christenheit aufzufordern, eine Kirchenversammlung zu berufen gegen die vielen Mißbräuche, die Schande der Kirche. Der Papst Sixtus kennt die Korruption des Stuhles Petri, er kennt seine Schande und zitterte vor uns und schickte Euch. Hat er keinen Besseren? Dennoch sagt dem Heiligen Vater, für diesmal wollen wir uns zufriedengeben. Teilt ihm mit, wie wir Euch nicht empfangen wollten, Euch befahlen, Spanien augenblicks zu verlassen, ohne nur zu versuchen, uns den Inhalt Eurer Aufträge zu eröffnen, da sie doch nur unsere Kronrechte schmälern wollten. Aus besonderer Gnade gewährten wir Euch und Eurem Gefolge sicheres Geleit, waren aber sehr erstaunt, daß einer wagte, als Gesandter seiner Heiligkeit an unserm Hof erscheinen zu wollen, nach der Kränkung, die Kastilien erfuhr. Erspart, Señor, keines dieser Details dem

Heiligen Vater. Ihr nahmt nichts übel. Ihr wart voll christlicher Demut. Ihr unterwarft Euch unserm Gericht. Wir ließen uns vom Kardinal erbitten, Euch endlich zu empfangen, da wir nicht allzulange mit dem Hof zu Rom rechten wollten. Ich will die Bulle benutzen, um wahrhaft fromme, heilige Männer zu Bischöfen zu machen in Kastilien. Ihr aber, Señor, sagt dem Heiligen Vater, er endige endlich die Schmach, er höre auf, für seinen Neffen oder sonstwie Anverwandten Giorgio aus Genua ein Reich zusammenzustehlen. Unwürdig, sagt das Seiner Heiligkeit, unwürdig ist sein Benehmen, und wäre er mein Diener, ich hätte ihn längst vor mein Gericht gestellt, und Gnade ihm dann! Doch sagt ihm: Er hüte sich! Sagt ihm: Er gehe in sich! Sagt ihm: Das Maß sei voll. Empfehlt uns Seiner Heiligkeit! Geht in Frieden! Der Kardinal wird Euch an die Grenze unserer Reiche geleiten.«

»Majestät!«

»Vergeßt nichts, Señor!« rief Isabella, majestätisch zürnend auf ihrem Throne, mit der Gebärde eines erhabenen Richters der Welt.

Der neue Cid

Castillo war auf eines der Güter des Marquis von Cadix gegangen, des großen Führers aller Neuchristen in Andalusien. Der Marquis, ein Bastard, liebte nicht die adelsstolzen Altchristen, die als schlechtes Blut, als mala sangre, das Blut der Juden und Mohren schmähten und stolz darauf waren, von Heiden abzustammen, die statt zu einem geistigen Gott zu blöden Götzen gebetet und statt sittlicher Grundsätze Menschenopfer gepflegt hatten, und deren Priester statt Moralprediger Menschenschlächter gewesen waren. Don Juan Ponce de Leon empfing mit offenen Armen den berühmten, frommen Gelehrten und schwor ihm Schutz und reiche Gnade. »In meinen Ländern bin ich der König«, sagte Don Juan mit dem schönen Stolz des Helden und strich seinen roten Bart.

»Man nennt Euch zu Recht den neuen Cid«, erklärte Castillo.

Eines Morgens kam Don Juan auf die Stube des Gelehrten, den er schon über Handschriften gebeugt fand, und erklärte, es sei ihm peinlich. Der Gelehrte, noch zerstreut vom Morgen und vom Studium, erhob sich und wies dem Marquis die drei ersten Bücher, die dem Druckprivileg Isabellas zufolge von Thierry Martins aus Löwen, der in Kastilien Theodorico der Deutsche hieß, in Spanien gedruckt worden: Eine Sammlung von Marienliedern, die Bibel ins Kastilische übersetzt von Pater Ferrer und die Übersetzung des Sallust durch den Kardinal Mendoza. »Diese drei Bücher wollte ich Euch zum Geschenk überreichen, edler Don Juan, nebst einem lateinischen Preisgedicht, das ich auf Euch schrieb und darin ich in guten, klassischen Versen Euch rühme, den letzten Hort der geistigen Freiheit in Spanien, an dessen Herd die Wahrheit ihr Antlitz zeigen darf. Ich drücke das so aus . . .«

»Ich dank' Euch von Herzen«, unterbrach ihn verlegen der Marquis, »davon ein andermal. Es ist mir sehr peinlich . . .«

»O Don Juan, weist die geringe Gabe nicht zurück!«

»Ich spreche nicht davon. Ich dank' Euch tausendmal. Ich sage, daß es mir sehr peinlich ist.«

Nun merkte der Chronist das steife Wesen des Marquis. Er erschrak und wußte nicht, warum. Er legte mit zitternden Händen das Pergament mit dem Preisgedicht auf sein Schreibpult und richtete sich steif auf und erklärte: »Ich stehe zu Eurer Verfügung, Señor.«

»So folgt mir«, bat der Marquis und führte ihn in den Schloßhof, wo vor einem Trupp der Heiligen Hermandad ihr oberster Kommandeur, der Herzog von Villa Hermosa, zu Pferde saß, Alfons von Aragon, der Bastardbruder des Königs Ferdinand. Im Hof liefen zwei Dominikanermönche in ihren rauhen Kutten umher, der eine hatte eine Liste, aus der er Namen vorlas, der andere trieb eine Reihe von Männern, Frauen und halbwüchsigen Kindern zusammen und forderte allen die Waffen ab, die sie etwa trügen. Die Männer machten entsetzte oder hochmütige Mienen, doch wagte keiner Widerstand zu leisten, da ein Teil der Hermandad abgesessen war und mit den Lanzen und bloßen Schwertern hieb- und stichfertig dastand. Die Weiber heulten oder bettelten den Mönch an, der sich nicht daran kehrte und mit einer kurzen Geißel die Widerspenstigen oder allzu dringlich Flehenden forttrieb. Die Kinder, Knaben und Mädchen, schreckensstarr die einen, laut heulend die andern, liefen hin und her, lagen am Boden, weinend, drückten sich an ihre Mütter, knieten oder beteten. Es waren da etwa zweihundert Menschen zusammengetrieben, Vornehme der Kleidung und Haltung nach, Diener, Beamte des Marquis, Sklaven. Castillo erkannte sogar einige entfernte Vettern und Basen aus dem Riesenschwarm der Verwandtschaft, die auf den Gütern des Marquis lebten.

»Was bedeutet dieses grausige Schauspiel?« fragte entsetzt Castillo den Marquis, »und warum ruft Ihr mich zum Zeugen solcher Schrecken? Gab es eine Rebellion gegen die Könige auf Euren Ländereien?«

Der Marquis sah seinen Schützling mit einem seltsamen Blick an. »Seht Ihr nicht«, fragte er flüsternd, »die ›Hunde des Herrn‹?«

So hießen im Volk die Dominikaner, die Schüler des St. Dominikus, domini canes.

»Jesus Maria«, rief halblaut Castillo, »doch nicht ...«

»Ja«, sagte der Marquis. »Die Inquisition!«

»Und Ihr duldet das, Don Juan? Ihr laßt auf Eurem Lande, wo Ihr König seid, Menschen verfolgen, Christen wie Ihr und ich, Ihr, der Schützer der Bekehrten, Ihr, der neue Cid? Und sehe ich nicht Eure Verwandten im unglückseligen Haufen?«

»Was wollt Ihr? Soll ich gegen die Heilige Hermandad die Hand erheben? Seht Ihr nicht den Bruder des Königs?«

»O Don Juan«, flehte schrecklich erregt der gutmütige Chronist, »könnt Ihr diese Unschuldigen so zittern, leiden, so verderben sehen? Ihr wißt doch, sie sind ohne Fehl. Und wenn sie fehlten, welcher Christ fehlt nicht? Und sind sie nicht Neubekehrte, die noch nicht sicher sind in jeder Regel des Christentums? Sollen diese Unschuldigen, die zu Euch flüchteten, die unter Eurem Schutz leben, die Euch vertrauten, lebendig brennen, wie jetzt in Sevilla geschieht? Duldet Ihr das? Werft Euch aufs Pferd! Eilt zur Königin, fallt auf die Knie, fleht sie an.«

»Närrischer Mensch«, flüsterte der Marquis, »also kennt Ihr noch immer nicht unsere erhabene Königin? Eher rührt Ihr einen Stein!«

Der ältere Dominikaner hatte alle Namen aufgerufen, so schien es; ein Haufen von Degen, Dolchen und Messern lag mitten im Hof aufgeschichtet; der jüngere Dominikaner begann den Haufen unseliger Männer, Frauen, halbwüchsiger Kinder hinauszutreiben, auf die Straße, wo man vor dem Schloßtor ein paar Bauernwagen sah, auf die man die Unglücklichen wie Garben zu verladen anfing. Castillo ertrug den erschütternden Anblick, die armseligen Töne der Klage, des Schmerzes, der Demütigung kaum noch, er wollte sich abwenden, und vermochte es nicht, eine schreckliche Neugier hielt ihn fest, da wandte sich plötzlich der ältere Dominikaner an den Marquis von Cadix und fragte in grobem, polterndem Ton, indes er auf sein Pergament mit flacher Hand schlug: »Noch fehlt der ehemalig königliche Hofchronist und Kaplan Don Enriquez de Castillo. Gebt ihn heraus, bei Strafe der Exkommunikation und Verfolgung durch das Heilige Amt der Inquisition!«

»Wie?« stammelte leise Castillo. »Wie?«

Der Marquis wandte sich ab und wollte seinen Schloßhof verlassen. Da hörte er seinen Namen und wandte sich um.

»Don Juan«, rief Castillo mit tönender Stimme, »Blüte aller christlichen Ritterschaft, wollt Ihr nicht meinen Dank noch empfangen, in ehrlichem Kastilisch, ohne jene schnöde Bilderpracht der Mauren und Juden. Ihr, Hort der Freiheit, Turm der Freundschaft, Banner Christi, Vortrab der Humanität, Ritter der Toleranz, Erzengel der Geistesfreiheit, seid bedankt!«

»Macht ein Ende«, sagte der Dominikaner, »sonst müßten wir Euch fesseln. Die Würde Eures geistlichen Gewandes . . .«

»Fesselt mich!« rief Castillo, »oder ich schlage Euch nieder!«

»Mäßigt Euch, Herr Kaplan!« bat der Herzog von Villa Hermosa vom Pferd herunter.

»Wollt Ihr nicht der Scherge sein, der mich bindet?« fragte höhnisch der Chronist.

Einige Bewaffnete stürzten sich auf ihn, rissen ihm sein geistliches Gewand vom Leib, fesselten den Blutenden. Da sie ihn aufhoben, schrie er: »Dank, Marquis von Cadix!«

Da stießen ihm die Herren von der Heiligen Bruderschaft einen Knebel ins Maul. Nun schwieg die schreckliche Stimme.

Drittes Buch

Der Großinquisitor Torquemada

Er stak in der dicken, weichen Finsternis wie in einem riesigen, schwarzen Wattebausch. Sein zerfetztes Hemd war steif wie ein Brett, vom verkrusteten Blut und gefrorenen Angstschweiß. Das harte Linnen rieb sein wundes Fleisch. Er kauerte auf feuchtem, kotigem Stein, Tage, Nächte, Wochen, er unterschied die Zeit nicht. Er konnte sich kaum bewegen. Von der Decke hingen schwere Eisenkugeln herunter. Hob er den Kopf, prallte sein Schädel an die unsichtbaren Kugeln, so daß er weder stehen noch knien konnte. Sein linkes Bein war durch eine kurze Eisenkette gefesselt, es war schon steif und geschwollen. So unnatürlich verrenkt, neben seinem eigenen Kot, verbrachte der vielgelehrte Hofchronist und Hofkaplan Don Enriquez de Castillo seine Zeit, betend, nachdenkend, heulend, ohnmächtig oder schlummernd. In Pausen, die schrecklich lange sich dehnten, schob durch ein finsteres Loch eine unsichtbare Gestalt ein Stück Brot und eine Schale Wasser in die Kerkergrube. Castillo, dessen Zunge am Gaumen klebte, trank das Wasser, das salzig war und einen Brand in seiner Kehle entfachte. Er aß das Brot, das schimmlig roch. Er versuchte hundertmal, sich den Schädel einzurennen an den Eisenkugeln, aber es tat ihm nur sehr weh, er hatte nicht die Kraft, und es tat ihm zuletzt leid um seinen Kopf. Hochmütig dachte er: Soll Kastiliens bestes Hirn verspritzen? Diese Vorstellung machte ihn zuerst rasend und gab ihm danach die Kühle der Vernunft zurück. Er zitterte vor dem Wahnsinn und vor neuer Folter. Hundertmal rief er: »Jesus, siehst du mich?« Seit ihn die Knechte der Inquisition vom Gute des Marquis von Cadix fortgeschleppt und zuerst ins Kloster St. Pablo in Sevilla eingeschlossen, hatte er mehr Schrecken gesehen als ein langes Leben hindurch. In den weiten Kellerräumen des Dominikanerklosters St. Pablo hatten sich die Häftlinge der Inquisition gehäuft, Jünglinge, Greise, Frauen, Mädchen, Halbwüchsige, eine glänzende Versammlung. Es waren nur Christen, es waren meist Reiche, die vornehmsten Sevillaner. Da lagen auf faulem Stroh und auf nacktem Stein Altchristen und Neuchristen, Grafen, Millionäre, reiche Kokotten, wohlhabende Magistratsbeamte, begüterte Witwen, reiche Erben, Bischöfe, Mönche. Sie drängten sich immer dichter, täglich kamen neue. Wochen und Monate lagen die Verhafteten. Daß sie schuldig waren, erfuhren sie erst im Kerker. Keiner erfuhr, wessen man ihn bezichtigte. Keiner sah einen Zeugen, erfuhr den Namen des Klägers, erhielt einen Anwalt, erfuhr auch nur die Hauptpunkte der Anklage. Gruppenweise führte man sie in die Folterkammern. Die Zurückbleibenden hörten die schrecklichen Schreie durch alle Mauern und Decken. Sie begannen laut zu reden, zu singen, zu heulen, um die Schreie nicht zu hören. Manche stopften sich die Ohren mit den Fäusten. Die Knechte der Inquisition schleiften die blutenden, verprügelten, ohnmächtigen, halbtoten Untersuchungsgefangenen und legten sie auf ein Häufchen Stroh. Einige Gefangene kehrten nicht wieder. Man sagte, die seien unter der Folter gestorben. Man behauptete, sie seien schon verbrannt. Schon loderten in Sevilla die Autodafés.

Am 2. Januar 1481 erließen die drei von der milden Königin Isabella zu Inquisitoren ernannten Dominikanermönche Morillo, Martin und Torquemada ihr erstes Edikt. Sogleich flohen viele Juden und Christen nach Granada, zu den toleranten Mohren, nach Portugal, Frankreich und Italien, sogar nach Rom zum Papst. Diese ersten Flüchtlinge waren die Klügsten. Sie retteten Leib, Leben und Vermögen. Andere flüchteten zu dem dicken Herzog von Medina Sidonia und dem kühnen Marquis von Cadix, den großen Beschützern der Neuchristen. Diesen Provinzkönigen befahlen die Inquisitoren, alle Flüchtlinge samt allen Gütern derselben dem Heiligen Amte auszuliefern, binnen . . ., bei Strafe . . .!

Das erste Edikt war vom 2. Januar. Am 6. Januar wurden schon sechs Ketzer verbrannt. Die Keller des Klosters St. Pablo faßten die hereinströmende Ketzerflut kaum. Am 7. Januar kam das zweite Edikt gegen die Ketzer heraus, das Gnadenedikt: Wer, mit wahrem Schmerz über seine Sünden, freiwillig kommt und entschlossen bereut, erhält Absolution, seine Güter sollen nicht konfisziert werden! Welcher Ketzer die Gnadenfrist verstreichen läßt und wer Ketzer kennt und sie nicht angibt, den wird die ganze Strenge des Gesetzes treffen. Die Leute von Sevilla liefen erschrocken umher. Sie tuschelten: »Was ist Ketzerei? Und die Strenge des Gesetzes? Welches Gesetz? Wer ist Ketzer? Und der wahre Schmerz? Und die echte Reue?« Viele flohen, viele zitterten, die meisten zuckten die Achseln und dachten, was geht es uns an? Mehrere gingen zum Heiligen Amt und gaben vor, sie bereuten ihre Sünden. Man warf sie in den Kerker und folterte sie. Man ließ sie frei, wenn sie arm waren, aber nur, nachdem sie geschworen, Namen, Stand, Wohnung und Personalbeschreibung aller zu denunzieren, von denen sie wußten oder vermuteten oder vom Hörensagen wußten, daß sie Ketzer waren. Die armen Teufel schworen und gestanden Dutzende Namen, die Namen ihrer Feinde, die Namen ihrer Freunde, die Namen, die ihnen einfielen. Man versprach ihnen, ihre Denunziation geheimzuhalten. Die Angeber blieben unbestraft, wenn sie fälschlich angaben. Die Denunzierten wurden verhaftet, gefoltert, man erpreßte ihnen neue Denunziationen, man verhaftete die Neu-Denunzierten. In den Kellern der Inquisition lagen die Gefangenen aufeinander, übereinander. Da die vier Wochen der Gnadenfrist um waren, erließen die Inquisitoren ihr drittes Edikt: Wer nicht binnen drei Tagen alle Ketzer denunziert, macht sich einer Todsünde schuldig und soll exkommuniziert werden! Es predigten aber alle Tage die Inquisitoren im prächtigen Dom der heiteren Stadt Sevilla über Ketzerei. »Gott will die Verbreitung und Erhaltung des Glaubens, daß er dauere bis zum Ende der Jahrhunderte. Stehe auf, Herr, sei Richter in deiner Sache, fange uns die Füchse! Das Judentum«, schrien sie, »ist die Quelle der Ketzerei. Wer getauft ist und judaisiert, ist ein Ketzer. Ihr erkennt sie an vielen Zeichen!

1. Wenn ein getaufter Jude sagt, der Messias sei noch nicht da!

2. Wenn ein getaufter Jude zur jüdischen Religion zurückkehrt!

3. Wenn einer sagt, Mosis Gesetz sei so gut wie Christi Wort!

4. Wenn einer am Sabbat ein sauberes Hemd anzieht oder kein Feuer im Herd hat.«

Es kletterten aber die Inquisitoren Torquemada, Morillo und Martin am Sabbatmorgen auf die Dächer Sevillas und notierten die Häuser, aus deren Kaminen der Rauch ging, als guter Christen Häuser. Wo es nicht rauchte, da roch die Zaubernase der Inquisition den Juden, er ward ausgeforscht und verhaftet.

»5. Wenn einer vom Fleisch der Tiere das Fett abzieht oder das Blut abwäscht!

6. Wenn einer die Schneide des Messers, mit dem er das Mutterschaf schlachten will, auf dem Nagel des Fingers prüft.

7. Wenn er am Fasttag Fleisch ißt. Oder am Fasttag der Juden, am Jom Kippur, barfuß geht oder in der Juden Gesellschaft weilt, oder wenn der Vater die Hand aufs Haupt seines Kindes legt und man diese Handlung als einen Segen deuten kann.

8. Wenn er Montag und Donnerstag nach Mosis Gesetz fastet.

9. Wenn er seine Nägel schneidet und den Abfall ins Feuer wirft.

10. Wenn er Ostern ungesäuert Brot ißt.
11. Wenn er Gäste bewirtet an jüdischen Festen.
12. Wenn er das Fackelfest feiert, Chanukah genannt.
13. Wenn er das Brot und den Wein bei Tisch segnet.
14. Wenn er koscheren Wein trinkt.
15. Wenn er sich an die Tafel der Juden setzt und mit ihnen speist.
16. Wenn er die Psalmen singt.
17. Wenn eine Frau vierzig Tage nach der Geburt nicht in die Kirche geht.
18. Wer seinen Sohn beschneidet.
19. Wer jüdische Namen trägt. (Das Gesetz aber verbot Juden christliche Namen.)
20. Wer seinem neugeborenen Kind das Horoskop stellen läßt.
21. Wer nach jüdischen Riten heiratet.
22. Wenn einer ein Mahl seinen Freunden gibt, bevor er eine große Reise tut.
23. Wenn er sterbend das Gesicht zur Wand kehrt.
24. Wenn er mit warmem Wasser einen Leichnam wäscht, wenn er ihn in neuem Leinen bestattet, mit Strümpfen, Hemd, Mantel, unterm Kopf ein Säckchen mit jungfräulicher Erde oder ein Geldstück.
25. Wenn einer den Toten anspricht und sein Gedächtnis rühmt.
26. Wenn er traurige Verse rezitiert.
27. Wenn er Wasser in Krügen im Haus des Toten aufstellt, wenn er sich trauernd hinter die Tür des Totenhauses setzt und Fisch und Oliven statt Fleisch ißt, um damit des Toten Gedächtnis zu ehren. Wenn er ein Jahr lang sich im Hause einschließt und trauert; wenn er Tote im Judenfriedhof bestattet.
28. Wenn er reich ist.

29. Wenn er begütert ist.
30. Wenn er zwei Feinde hat, die wider ihn aussagen. Zwei Zeugen können schwören, ein dritter sei ein Ketzer, so wird der verbrannt. So mordet man legal seine Feinde, mit Hilfe der Kirche und der Könige und spart Gefahr und Geld. So erledigt man Konkurrenten.
31. Wenn einer reich ist.
32.–99. Wenn einer reich ist.
100. Wenn einer Geld hat und reich ist.
100.–1000. Wenn einer den Inquisitoren oder den Königen oder sonst Einflußreichen mißfällt.
1001.–10 000. Wenn die Könige Geld brauchen. Aber sie brauchen immer Geld. Am 26. März verbrannten die Inquisitoren siebzehn Christen. Am gleichen Tag stießen sie dreiunddreißig Christen neu in den Kerker. Am 10. April verbrannte man dreiundfünfzig Christen.

Im Kerker des Klosters St. Pablo konnten die Gefangenen nur noch stehen. Sie standen im eigenen Kot. Der Gestank war schrecklich. Nachts gab man ihnen kein Licht. Männer, Frauen, Halbwüchsige waren vermischt und mischten sich. Sie schlugen und vergewaltigten einander. Sie stritten um einen Bissen Brot, um einen Stein, den Kopf darauf zu legen, um ihre Religion, um ihre Meinungen, um nichts. Tags denunzierten sie einander ihren Wärtern. Am meisten stritt eine Gruppe besonders vornehmer und reicher Neuchristen oder Halbchristen oder Viertelchristen oder Judenchristen, wie sie von den unchristlichen Inquisitoren unterschieden wurden. Es schlugen sich erbittert und tags und nachts und schalten sich Verräter der reiche Diego de Susan, zehnfacher Millionär, seine Tochter, genannt la hermosa fembra, sein Weib, drei Magistratspersonen Sevillas, ein Millionär namens Fernandez, Mayordomus der Kathedrale, ein Abt von Sevilla, namens Don Roderigo, seine Geliebte und ein paar Priester und einige Stadträte, die zusammen eingeliefert wurden und sich Verräter und Dummköpfe hießen und sich die Nägel ins Fleisch schlugen. Diese alle, angesehene Bürger Sevillas, Christen, aber jüdischen Ursprungs oder großen Reichtums verdächtig, hatten sich in der Kirche San Salvador versammelt und sich gegen die Inquisition verschworen. Don Diego de Susan hatte gepredigt: »Sind wir nicht die Obersten in Sevilla? Laßt uns Truppen sammeln und die Inquisitoren totschlagen, wenn sie kommen, um uns zu verhaften. Einer sammelt Leute, einer Geld, einer Waffen. So beschlossen sie. Die wunderschöne Tochter Diegos, genannt la hermosa fembra, plauderte alles ihrem christlichen Liebhaber aus, der lief zu Torquemada. Alle Verschwörer und die schöne Marranin wurden in den Kerker geworfen. Im Haus des Verschwörers Fernandez, Mayordomus der Kathedrale, fand man Waffen für hundert Mann. Sechs Männer, sechs Frauen, wurden verurteilt, lebendig verbrannt zu werden. Sie erfuhren es freilich erst am Tage des Autodafés. Da in einer Nacht zwei Männer, von denen jeder die hermosa fembra im Kerker vergewaltigt hatte, einander erwürgten und das schreckliche Geschrei der Gefangenen und Gefolterten ganze Straßenzüge Sevillas in Aufruhr brachte, nahmen die Inquisitoren das liebenswürdige Anerbieten des Don Cabrera, Marquis von Moya an (eines getauften Juden übrigens), und siedelten auf die andere Seite des Guadalquivir über, ins festungsartige Schloß von Triana, dessen ausgedehnte Kasematten Platz für Tausende wohlhabender Ketzer boten. Hier wurden die Gefangenen untergebracht, in Gemeinschafts- und Einzelzellen. Hier wurden Folterkammern eingerichtet, durch deren dicke Mauern kein menschlicher Schrei drang. Manche Kerkerlöcher lagen in Höhlungen unter dem Fluß, das Wasser rauschte ständig neben und über ihnen, und Ratten wohnten darin, große fette und behende magere.

In solchem Loch lag nun Castillo. Einmal hörte er ein Klirren, der Schein einer Fackel blendete seine Augen, er schloß die

Lider, sah nur den roten Glanz und hörte ein Summen. Brenne ich schon? dachte der verwirrte Mensch. Als ihn eine Hand anrührte, schrie er. Aber seine Ketten wurden gelöst. Man hob ihn auf. Er öffnete die Augen und erkannte zwei Dominikanermönche. »Wasser«, bat Castillo.

Mit christlicher Liebe halfen die Mönche dem Gefangenen aus seinem Loch, führten ihn in einen größeren Raum, säuberten ihn ein wenig und leiteten ihn behutsam milde durch viele Gänge in einen großen Kellerraum, der durch viele Kerzen hell erleuchtet war. Auf einem Stuhl in der Mitte saß der Inquisitor Torquemada. Links und rechts arbeitete etwa ein Dutzend Knechte an einigen Frauen und Männern, geschäftig stumm. Zwei spannten einen älteren, nackten Herrn auf ein Brett, das mit Nägeln gespickt war. Castillo, den seine Begleiter ruhig sich umschauen ließen, erkannte in dem brüllenden Greis Don Diego de Susan, den reichsten Bürger Sevillas, er war für seine wunderschöne Tochter berühmt und als leidenschaftlicher Sammler von Gemälden bekannt. Jetzt malte ihm die Inquisition ein Gemälde auf den fetten Rücken. Daneben spannten ein paar Knechte ein wunderschönes, nacktes Mädchen auf die Wippe. Es sah schier lustig aus, den makellosen Körper auf und ab wippen zu sehen. Castillo erkannte die berühmte hermosa fembra. Selbst da man ihrem Körper Gewalt antat, ging ein Zauber von ihm aus. Nur schrie das arme Mädchen unmelodisch. Castillo erkannte den Mayordomus der Kathedrale, Don Fernandez, den die Knechte auf das Streckholz spannten, auch Don Fernandez heulte wie ein Tier, indes er sichtlich länger ward. Neben den Gefolterten standen ein Mönch und ein Schreiber. Nach jeder Folterung bat der Mönch flehentlich: »Gestehe, Bruder« oder »gestehe, Schwester in Christo. Erleichtere dein Herz, reinige deine Sünden! Bereust du? So gestehe! Hast du gesagt, ein Jude kann auch ein braver Mensch sein? Gestehe die schreckliche Sünde. Hast du donnerstags

kein Fleisch gegessen? Gestehe! Hast du deine tote Tante ange-
sprochen? Und zu ihr gesagt: Wehe. Du warst eine gute Tante!
Gestehe! Ward nicht deine Mutter in einem sauberen Hemd
begraben? Gestehe! Hast du nicht mit dem Juden Don Isak Abravanel zu Mittag gespeist?«

»Ja«, schrie der Gefolterte, »ich habe mit dem Juden gespeist!«

»Also bist du verworfen! Unterschreibe!«

Und der Gefolterte unterschreibt, was der Schreiber geschrieben. Der Gefolterte liest es nicht. Er unterschreibt seinen Tod
in Flammen. Er wird verbrannt werden, denn er hat mit einem
Juden am selben Tische gesessen. Außerdem hat er zehn Millionen. In das Geld teilen sich die Könige und die guten Dominikaner. Die Könige für die Kasse, die Inquisitoren für ihre Spesen.

Castillo lächelt höhnisch. Er fühlt die Blicke Torquemadas auf
sich. Nun treten ein Mönch und ein Schreiber neben ihn.

»Willst du gestehen, Castillo?«

»Ich habe nicht gesündigt.«

»Du bist ein Ketzer. Wir haben die Beweise.«

»Ihr lügt!«

»Du willst nicht gestehen?«

»Ihr seid die Sünder!« rief Castillo.

»Foltert ihn«, befahl Torquemada.

Zwei Knechte kamen heran. Einer sagte: »Zieh dich aus!«

Castillo zog mühsam sein verkrustetes Hemd und die Strümpfe
aus. Er war nackt und zitterte. Er konnte das Zittern nicht unterdrücken. Sein greiser, faltiger, hagerer Körper war blau und
grün und rot geschlagen. Schorf bedeckte seine Wunden. Er
stand schlapp da.

Die Knechte faßten ihn sanft und führten ihn zur Daumen-
schraube. Castillo biß die Zähne zusammen, die Knechte zogen
die Schraube zusammen, das Blut spritzte unter den Nägeln
Castillos hervor. Castillo schrie nicht. »Beichte, lieber Bruder«,

bat der Mönch, voll christlicher Liebe. Der Schreiber wiederholte mit kalten Lippen: »Beichtet, Señor!« und schrieb schon. Noch hatte Castillo die Lippen nicht geöffnet. Die Knechte legten den alten Mann, sorgsam, ohne jede überflüssige Grausamkeit, auf den Boden. Castillo sah den Knechten, da sie an ihm ihr schweres Handwerk übten, mit der merkwürdigen Neugier des Literaten ins Gesicht, einer Neugier, die zuweilen bis an die Grenze des Bewußtseins, bis an die äußersten Grenzen des Lebens reicht. Castillo sah seine Folterer an. Es waren gewöhnliche Menschen mit ruhigen, gleichgültigen, fast gutmütigen Gesichtern, nicht einmal besonders kräftige Gestalten. Sie banden ihn auf ein Streckholz, daß seine Gelenke krachten und zu zerreißen drohten. Castillo glotzte ihnen ins Gesicht. Einem der Knechte ward dieser starre, bohrende, fast wahnsinnige Blick lästig. Er machte eine Handbewegung, als wollte er den Blick wie eine unbequeme Mücke verscheuchen. Die anderen Gefolterten waren abgeführt worden.

Die beschäftigungslosen Folterknechte, Schreiber und Mönche traten näher und sahen mit einer schier wissenschaftlichen Teilnahme dem Kampf der Inquisition mit der Nervenkraft eines eigensinnigen Greises zu. Warum schrie der Greis nicht, wie man von ihm erwartete? Warum gestand er nicht seine Sünden? Die Knechte blickten zu dem Mönch empor, der die Geständnisse Castillos forderte. Der Mönch sah zu Torquemada, der in seiner Dominikanerkutte im flackernden, trüben Licht der Kerzen dasaß, mit ruhigem Gesicht, die Hände verschränkt, in sanfter Erwartung. Nur seine Lippen bewegten sich stumm geschäftig. Betete der fromme Greis? Bat er Gott Vater oder Christus oder den Heiligen Geist, das verstockte Herz des Ketzers zu erweichen und seine starren Lippen zu öffnen? Hatte Torquemada Mitleid mit Castillo und betete für das Heil seiner Seele? Flüsterte er mit den schmalen, fast zärtlich gebogenen, kühlen Lippen: Herr! Erleuchte den Geist deines Dieners Castillo! Herr, gib mir Kraft, diesen Ketzer mit dir zu versöhnen! Torquemada streckte schweigend seinen gebogenen Finger und wies auf die Reisigflamme in einem Winkel des Kellers. Einer der Folterknechte nahm auf einer eisernen Schaufel einige brennende Reiser und trug sie vor die Sohlen des greisen Castillo. Rasch roch man den furchtbaren Gestank verbrannter Menschenhaut. Castillo begann tierisch zu brüllen. Er brüllte im Falsett, mit einer fremden, hohen, gellenden Stimme. Seine Augäpfel hatten ihre Starrheit verloren und rollten blutig in den Augenlöchern, als wollte der Greis mit ihnen schießen. Als sein Geheul in ein Wimmern überging, das am ehesten dem Geschrei von Katzen zu vergleichen war, winkte der Inquisitor, und man schob das brennende Reisig fort. Liebevoll und mit leichten, geübten Händen strichen die Knechte eine schmerzlindernde Brandsalbe auf die rauchenden Sohlen des Greises, wobei der verwirrte Greis noch lauter brüllte, sie schütteten kaltes Wasser mit Essig vermischt über sein graues Haupt, sie zwickten ihn in die mageren Arme und flößten ihm voll christlicher Liebe ein wenig Xereswein ein. Der Hofchronist kam wieder zu sich. Er begann zu lallen, seufzte ein paarmal tief, die Tränen flossen ihm unaufhörlich die Wangen herab, in zwei Bächen, er zitterte am ganzen hagern, geschundenen Körper, aus der Nase flossen ihm Rotz und Wasser, er hatte sogar ein wenig Urin gelassen wie ein getretener Hund. Der sündige Stolz der Ketzer war von ihm abgefallen. Er schien bußfertig und christlich zu sein. Auf einen Wink Torquemadas hoben ihn die Knechte auf und trugen ihn auf einen bequemen Sessel gegenüber dem Inquisitor und hoben seine wunden Füße auf einen Holzbock. Torquemada blickte den Ketzer milde an. Er begann zu sprechen: »Gerechtigkeit und Barmherzigkeit sitzen hier auf dem Stuhle des Heiligen Amtes. Dir steht es frei, deine Schuld zu bekennen, um Verzeihung zu bitten und dich einer Versöhnung mit Gott und seiner Kirche zu unterwerfen.

Dann wird sich dein Verbrechen in Sünde und deine Strafe in Buße verwandeln. Du wirst fasten, beten, dich kasteien. Du wirst Psalmen singen, deine Sünde beichten, die heilige Messe hören, du wirst geistliche Übungen halten, vielleicht wird man dich lossprechen, vielleicht dich in unübertrefflicher, christlicher Milde gar nicht lebend verbrennen, sondern dir die hänfene Gunst gewähren und dich erst erwürgen und dann verbrennen. Bedenke die Gnade! Bedenke das Heil deiner Seele!«

Beim ersten Wort Torquemadas war eine merkwürdige Veränderung mit Castillo vor sich gegangen. Aus dem greinenden, rohen Fleischbündel, das vergreist und säuglingshaft zugleich erschien, ward wieder ein geistiger Mensch, ein Mensch mit hundert Wunden und Schmerzen und mit dem tausendfachen Triumph der Vernunft, der wahren Tochter Gottes. Da der Inquisitor eine Pause machte, flüsterte der geschundene Chronist, mit stolpernder, sich bäumender Zunge, mühsam und qualvoll: »Ihr seid nicht mein Richter. Ich fordere, vor das Gericht der Bischöfe zu kommen.«

»Ihr vergeßt«, entgegnete Torquemada, »das Edikt der Könige und die Bulle des Heiligen Vaters. Ich bin Euer Richter.«

»Ich fordere«, rief Castillo mit einer fremden, krächzenden Stimme, die sich überschlug, »einen Anwalt, der sich meiner Sache annimmt.«

»Ich«, antwortete Torquemada sanft, »will dein Anwalt sein, armer Bruder.«

»Ich fordere«, schrie gurgelnd Castillo, »meine Anklageschrift einzusehen. Was wirft man mir vor?«

»Gesteht Eure Sünden, gesteht sie ohne Ausnahme, so kennt Ihr die Anklage.«

»Wer ist mein Kläger?«

»Es ist Euch gestattet, eine Liste all Eurer Feinde zu machen. Nennt Ihr einen der Ankläger oder der Zeugen, so soll seine Aussage doppelt geprüft werden.«

»Wer sind die Zeugen gegen mich?«

»Es gibt Zeugen für und gegen Euch. Ihre Namen können unter keinen Umständen genannt werden.«

»Und wenn es falsche Zeugen sind?«

»So haben sie im christlichen Eifer gehandelt. Aber zur Sache. Wollt Ihr Eure Sünden bekennen?«

»Ich habe keine anderen Sünden als jeder fromme Katholik.«

»Man kennt deine Verbrechen, Castillo.«

»So nenne sie!« bat der Chronist.

»Man wird dich foltern!«

»Ich werde sterben.«

»Fürchtest du nicht den Tod?«

»Ich fürchte Gott!«

»Bist du ein Jude, Castillo?«

»Und du, Torquemada, bist du ein Jude?«

»Vergeßt nicht die Würde Eures Standes, Kaplan!«

»Und Ihr, Abt? Habt Ihr nicht mehr vergessen als die Würde?«

»Was meint Ihr?«

»Vergaßt Ihr nicht die christliche Liebe? Der Kirchenvater Tertullian verbot allen Christen die beiden Menschenschlächtereiberufe des Generals und – des Henkers. Der Heilige Johann Chrysostomus lehrte: Einen Ketzer töten, ist eine Todsünde.«

»Jesus«, erwiderte Torquemada, »hat gesagt: Ich bin nicht gekommen, um euch den Frieden zu bringen, sondern das Schwert! Und er hat gesagt: Wer nicht für mich ist, ist wider mich! Sind Eure Vorfahren Juden gewesen, Castillo?«

»Nein, Torquemada, aber deine Vorfahren? Man sagt, du stammst von Juden ab. Ist das wahr, Torquemada?«

»Ich bin Mitglied des königlichen Rates, mein Titel ist Exzellenz, Señor Castillo.«

Castillo seufzte. Seine Sohlen brannten ihn wie das höllische Feuer. Vor seinen Augen schwammen feurige Ringe. Die Augen tränten noch. Er wischte sich seine Lippen. Da waren seine Hände blutig. Da Castillo sein Blut auf seinem Handrükken sah, begann er zu lächeln. Er fragte: »Womit kann ich Eurer Exzellenz dienen?« und wurde ohnmächtig. Die Knechte brachten ihn mit Essig zu sich.

»Wollt Ihr«, fragte Torquemada, »die Namen Eurer Mitverschwörer angeben und aller Ketzer Namen, die Euch bekannt sind?«

»Man klagt mich also der Verschwörung und der Ketzerei an?« fragte Castillo.

»Wenn Ihr viele Namen denunziert, wird man Euch gnädig sein.«

»Denunziant«, sagte Castillo.

»Nein«, entgegnete liebevoll belehrend Torquemada, »ein guter Katholik!«

»Also sind gute Katholiken Denunzianten?« schrie Castillo. Sein Blick fiel auf einen der Schreiber, der eifrig notierte. Ihm ward übel.

»Was wollt Ihr von mir, Torquemada? Laßt mich verbrennen! Ich habe genug. Ihr seid der Antichrist. Ihr seid der Satan. Ihr verderbt die Kirche, den Glauben und Gott. Ihr bildet Euch ein, für Christus zu kämpfen und stehlt das halbe Volk arm für Ferdinand und Isabella; Ferdinand ist geldtoll und Isabella von Euch und andern unwürdigen Dienern Gottes verblendet. Der Heilige Vater zu Rom strebt nach irdischer Macht und nach irdischen Gütern. Er wird gut verdienen an der Inquisition. Auch Ihr werdet verdienen, Bruder Torquemada, und reich werden, und Euer Gewissen wird gesund sein. Ihr sammelt für Gott. Ihr seid nicht böse, Bruder. Ihr seid irrsinnig wie die Königin Isabella von Kastilien. Die Hälfte der Menschheit ist böse oder irrsinnig oder blöde! Ihr werdet das Licht löschen, das in der Finsternis brennt. Es ist schade um das Licht, Bruder Torquemada. Es ist schade um Spanien. Es ist schade um die Christen.«

»Seht Ihr«, erwiderte freundlich Torquemada, »Ihr bekennt also. Und nun nennt die Namen Eurer Freunde. Nennt die Namen der übrigen Ketzer, damit wir Euch nicht mehr foltern müssen; denn Eure Leiden sind unsre Leiden, Euer Schmerz ist unser Schmerz, Eure Sünde ist unsre Sünde. Beichtet, büßt, versöhnt Euch, Bruder.«

»Ich will es tun«, erklärte gerührt der Chronist Castillo plötzlich, »ich will alle Namen nennen. Ich sehe, Ihr wißt alles.«

»Alles«, wiederholte Torquemada.

»Ketzer und Juden sind«, begann Castillo, »der Marquis von Cadix, Juan Ponce de Leon, der eine Jüdin zur Frau hat. Der Herzog von Medina Sidonia, dessen Mutter eine Jüdin war. Der Kardinal Mendoza, dessen Großmutter Jüdin war. Der Erzbischof Carillo, der sich mit Zauberern und Nekromanten umgibt. Die Grafen Luna. Der Herzog von Escalona, Juan Pacheco. Der Großmeister von Calatrava, Don Giron. Der Herzog von Villa Hermosa, des Königs Bruder; der Admiral Henriquez, Ferdinands Großvater. Der Beichtvater Isabellas, Talavera. Der Chronist Pulgar, der Inquisitor Torquemada, ein Lästerer und Judenstämmling, der montags und donnerstags fastet . . .«

Torquemada gab den Knechten einen Wink, sie hoben den greisen Castillo samt seinem Sessel auf und trugen ihn hinaus.

Der Chronist schrie fort: »Ein Judenstämmling ist ferner unser König Ferdinand, und Isabella ist . . .«

Da schloß sich die Türe hinter ihm. Der Inquisitor erhob sich und befahl den Schreibern: »Streicht die letzten Sätze Castillos. Der Chronist ist soeben irrsinnig geworden.«

Die Folterknechte führten den Chronisten Castillo weder zu neuer Folter noch in seine alte Grube, sondern in eine angenehme Zelle, in die das Licht des Tages drang. In der Zelle standen ein bequemes Bett, ein runder Tisch, ein Stuhl. Die Knechte setzten den Greis samt seinem Sessel sorgsam nieder und brachten ihn zu Bett. Man trug ihm eine gute Suppe auf und flößte ihm einen Schlaftrunk ein. Ärzte kamen zu ihm und heilten seine Wunden, der fromme Bischof von Cadix besuchte ihn und sprach milde zu ihm. »Versöhnt Euch mit Gott und der Kirche.«

»Ich bin versöhnt«, erwiderte Castillo.

Auch Torquemada kam einmal. Er fragte, wie es ihm gehe, ob er bereue und büßen wolle, ob er Wünsche habe?

Castillo gab keine Antwort. Da ging Torquemada wieder. Castillo begriff ebensowenig das Sanfte, wie er das Grausame begriffen hatte.

Einmal öffnete sich die Tür seiner Zelle. Zwei Mönche hießen ihn sich erheben und entkleiden, sie gaben ihm ein grobes Hemd aus gelber Wolle, san benito geheißen, das dem Castillo dicht um den Hals ging und mit einem roten Kreuz gestickt und mit Teufelsgestalten und Feuerflammen besetzt war, die auf die folgende Bestimmung des Ketzers deuteten. Sie führten ihn vor das Schloß, wo schon viele gleich ihm in den gelben rotbestickten Hemden standen, barfuß, in der ungewohnten Fülle des Lichts, unter Gottes Himmel und Gottes sicher, aber zitternd vor Menschen, und von der Heiligen Hermandad bewacht. Die Soldaten trugen schimmernde Rüstungen. Haufen von Mönchen, in weißen und schwarzen Kutten, stellten die Büßer und Ketzer in langer Reihe zu zweien auf, es waren etwa hundertfünfzig Menschen, Männer, Frauen, Halbwüchsige. Viele Granden standen als Wächter herum, sie trugen die schwarzen

Gewänder der Inquisition und schwangen die heiligen Fahnen und bewachten, den Degen zur Seite, die Schar der Ketzer, manche der Ketzer waren ihre Verwandten, ihre Freunde und Tischgenossen. Im schwarzen Dienerkleid der Inquisition standen die Herzöge von Alba und von Villa Hermosa, Ferdinands Bastardbruder; die Herzöge von Medina Sidonia und Albuquerque; der junge Pacheco, Herzog von Escalona, und der Marquis von Santillana, der Sohn des berühmten humanen Poeten, und Herzog von Infantado; die Grafen von Tendilla, die Brüder Mendozas, und der Marquis von Cadix, Juan Ponce de Leon; Alvaro Zuniga Graf von Palencia, Herzog von Arevalo, und Pedro Fernandez de Velasco, Graf von Haro, der gute Konnetabel; drei Grafen Pimentel und viele Ritter, auch der Marquis Moya darunter, der beste Adel Kastiliens, fast alle ein wenig verjudet, fast alle ein wenig zitternd vor den Flammen der Autodafés, übereifrige Wächter. Aber auch viele Granden und Ritter aus Aragon dienten in schwarzen Dienergewändern den königlich-kirchlichen Henkern. Da standen als grimme Wächter unglücklicher, halbtotgefolterter, in Angst sterbender, unschuldiger, unschuldiger, unschuldiger Gefangener der Finanzminister Ferdinands, Luis de Santangel, ein subtiler Rechtsgelehrter, sein Großvater war der Rabbi Azarias Zinello; Ferdinands Schatzmeister Sanchez de Paternoy, seine intimen Freunde und Räte Juan de Cabrera und Jaime de la Caballeria und sein Mundschenk Guilleo Sanchez und sein Kämmerer Francisco Sanchez, alle hochadlige Wächter und viele verjudet. Langsam wankte der Zug dahin, feierlich kläglich. Castillo schritt mitten darin. Voran gingen die würdigen Geistlichen, aufgeputzt im schönsten Ornate, Bischöfe, Erzbischöfe, die drei Inquisitoren Martin, Morillo, Torquemada, der königliche Inquisitionsschatzverwalter Barco und der Beisitzer Ruiz de Medina, die zwei Räte Isabellas; Don Diego de Merlo, Präfekt von Sevilla, und sein Freund Ojeda und Bruder Deza, die ganzen Gebrüder; und als letzter der wichtigste Mann, der Inquisitionskassierer Bobo. Er hatte schon alles einkassiert. Er lächelte munter. Dann wankten die Büßer dahin, zwei und zwei in den grotesken Hemden mit den nachgemachten Flammen und den gemalten Teufeln. Die Büßer trugen brennende Kerzen in den Händen, als sollten sie die schreckliche Schmach beleuchten, die hier der Menschheit, dem Christentum und Gott geschah. Unrecht geschieht, dachte Castillo. Die Ketzer gingen barfuß, demütig wie alle Unschuld. Auf dem Haupt trugen sie spitze Papiermützen, auf denen gleichfalls kopierte Flammen züngelten und harmlose Teufelchen die Flammen leckten. Die Hüte dienen zum Spott; so schreiten die Gerechten stets zu Kreuze, dachte Castillo, stets steht die Horde der Narren und Heuchler und Mörder am Weg und schreit: Kreuzige! Kreuzige! O Gerechtigkeit, dachte Castillo. Warum tragen die einen Verwandten schwarze Hemden und die andern Verwandten gelbe? Diese sind Christen und diese. Diese sind reich und diese. O Gott, duldest du, daß dieses Gesindel Unrecht tut in deinem heiligen Namen? Du bist die Liebe, du die Gerechtigkeit, du bist die Wahrheit, du bist einzig! Da begannen die Glocken der Kirchen zu Sevilla zu läuten und erschlugen mit ihrem Bimbam, Bimbam, dem ganzen Gebimmel und Gebammel, die Gedanken Castillos. Es dröhnten die mächtigen Glocken der Kathedrale, wohin der Zug schritt. Eilig bimmelten die Glöcklein der Kapellen. Laut bollen und schollen die Klöppel der Glocken, und plötzlich schien es Castillo, es belle der Himmel und schelle die Erde und gelle der Fluß und trällere die Brücke und böllere Sevilla und es jubiliere die Welt; denn verbrannt, verbrannt, verbrannt wurden Unschuldige. Und indes die Glöckchen des Tabernakels silbern klingelten und der Zug schon durch die Straßen Sevillas zog und die großen, seidenen Fahnen zu den Fenstern und Balkonen herunterhingen und sanft rauschten und das Volk an beiden Seiten der Straßen stand und vermeinte, das jüngste Gericht schreite durch die Stadt Sevilla, und das Volk in frommem Taumel wie in einem warmen, wollüstigen Bade versank, sah Castillo die Gesichter der Büßer und Ketzer und erkannte sie unter ihren ordinären oder zarten, feinen Gesichtern, unter den bekannten, gewöhnlichen Mienen, die von Angst und Grausen verzerrt waren, er erkannte den ewigen Zug der unendlich Gemarterten, der leidenden Menschheit, der Unterdrückten, der Ausgeplünderten, derer, denen Unrecht getan wird! Sie sind nicht immer besser, als die Unrecht üben, aber diese leiden, diesen geschieht Unrecht, um ihretwillen ist die Menschheit verflucht, um ihretwillen brannte Gott im Dornbusch, um ihretwillen schickte Gott seinen Sohn, um ihretwillen ward Christus gekreuzigt, und wieder schlachtet man die Unschuldigen, gleich werden sie brennen! Der Zug schritt, endlos schritt er, Sevillas Straßen zogen sich hin, als ginge es durch siebenzig Reiche, da öffneten sich die Tore der Kathedrale, die Büßer zitterten. O Schmach, o Elend, o Ungerechtigkeit, o Schande, murmelte der gelehrte Hofchronist. In der Kathedrale, die geschmückt war wie zur Hochzeit, las der Erzbischof die heilige Messe. Auf gekrönten Sesseln saßen die katholischen Majestäten Isabella von Kastilien und Ferdinand von Aragon, aufgeputzt in Gold und Purpur, schimmernd von Smaragden und Perlen, umgeben vom Flor der Damen und von den edelsten Rittern Kastiliens, sie harrten in frommen Schauern des Autodafés. Knabenchöre sangen in trillernden Jauchzern. Dann trat der Inquisitor Thomas de Torquemada auf die Kanzel, die Könige hatten ihm den Titel ihres Beichtvaters gegeben. Er stand auf der Kanzel und predigte. Damals war er Mitte sechzig, ein alter Mann, voll heiligem Grimm und frommer Wut, ein Fechter für Gott und ein verblendeter Antisemit.

»Die Juden«, schrie er, »sind ein verwünschtes Geschlecht! Sie haben Christus gekreuzigt. Er hat die Juden verflucht. Sevilla ist voll vom Viperngezücht. Noch gehen die Juden straflos umher. Auch ihre Zeit wird kommen. Aber da gibt es Christen unter uns, die von der Gnade Gottes genossen, seinen Leib aßen, sein Blut tranken und das Heil verraten, finstere Bankerte der Menschheit. Dieses verwünschte Geschlecht weigert sich entweder seine Kinder zur Taufe zu bringen, oder wenn sie es tun, waschen sie den Fleck wieder ab, wenn sie nach Hause kommen. Sie bereiten ihre Fleischspeisen oder andere Gerichte mit Öl statt mit Speck! Duldest du das, o Herre Gott, daß man dich so verspottet?« brüllte der Inquisitor. Und die Gemeinde zitterte vor Empörung. Sie kochen mit Öl, dachten die frommen Katholiken, und verschmähen den Speck! Das sind nicht mehr Menschen, das ist Vieh, dachte die fromme Gemeinde. Torquemada wischte sich den Schweiß vom Gesicht und brüllte: »Das sind nicht mehr Menschen, das ist nur noch Vieh. Sie enthalten sich nämlich des Schweinefleisches. Sie feiern das Passah der Juden. Sie essen Fleisch in der Fastenzeit. Sie senden Öl in die Bethäuser der Juden, um die Lampen dort zu füllen. (In der Gemeinde erschollen unterdrückte Schreie des Entsetzens, Öl! Schon wieder Öl!) Sie beobachten«, brüllte Torquemada, »noch andere, noch abscheulichere Gebräuche dieser verfluchten jüdischen Hundereligion. Sie haben keine Achtung vor dem Leben der Mönche, sie entweihen die Heiligkeit von Kirchen und Klöstern und rauben und verführen Nonnen. Sie sind sehr klug und sehr ehrgeizig, sie haben die Reichtümer gesammelt und die besten Posten. (Die Gemeinde knirschte mit den Zähnen. Geld! Geld! Und Posten!) Sie zogen es vor, ihren Unterhalt durch den Handel zu erwerben! (O Schmutz, dachte jeder Kastilier, für den Handel viel ärger als Raubmord war. Der Adel Kastiliens trieb Straßenraub, aber Handel hätte seine limpieza beschmutzt.) Der Handel trug ihnen ungeheuere Güter ein. Sie verschmähen der Hände Arbeit und das ehrliche Handwerk. (Der gute Prediger vergaß zu erwähnen, daß die Gesetze es ihnen verboten.) Die Juden betrachten uns wie die Ägypter, und halten es für ein Verdienst, uns zu betrügen und zu bestehlen. Durch ihre schändlichen Kunstgriffe sammeln sie große Reichtümer, und durch diese gelang es ihnen oft, in adlige christliche Familien einzuheiraten. Sie verdarben, verführten, verwirrten, verpesteten unsre schöne Stadt Sevilla. Die Kirche, welche die Mutter der Gnade und die Quelle der Barmherzigkeit ist, begnügt sich damit, Strafen aufzuerlegen, und schenkt großmütig so manchem das Leben, der es nicht verdient. Während sie diejenigen, die hartnäckig in ihren Irrtümern verharren, nachdem sie auf die Aussagen glaubwürdiger Zeugen eingekerkert wurden, auf die Folter spannen und zum Feuertode verurteilen läßt, kommen einige elend um, indem sie ihre Irrtümer beweinen und den Namen Christi anrufen, während andere zu Moses schreien. Viele wiederum, die aufrichtige Reue bezeigen, verurteilt sie, ungeachtet der Gehässigkeit ihrer Ansichten, nur zu ewigem Gefängnisse und beweist so ihre zärtliche Gnade. Die Güter aller werden für die Kasse des Königs konfisziert. Kassierer Bobo hat sie eingezogen. Die Kirche hat auch verschiedene Knochen ausgegraben, von Ketzern, die als Christen einst gelebt haben und auf Judenart begraben wurden vor zehn, vor dreißig, vor fünfzig Jahren. Diese Knochen sind hier in der Kathedrale, wir werden sie dem Richter der Könige übergeben und um Gnade für sie flehn, aber auch sie werden verbrannt werden! Ich sage aber allen Sevillanern und Sevillanerinnen: Hütet euch! Wir wachen! Wir werden die Ketzer ausrotten! Mit der Wurzel ausrotten!« Der Inquisitor schwieg. Nun trat der Inquisitionsbeisitzer Ruiz de Medina unter die Büßer und begann die öffentliche und feierliche Lektüre der Prozeßauszüge und der Urteile vor den Schuldigen oder vor den Knochen der ausgegrabenen Schuldigen oder vor den Wachspuppen der entflohenen Schuldigen, die man in effigie verurteilte. Rundum standen die Stadtbehörden von Sevilla,

voran der Präfekt Don Diego de Merlo und der königliche
Richter, dem die Inquisitoren die Schuldigen oder die Knochen
oder die Effigien auslieferten, damit er sogleich die Todesstrafe
ausspreche, den Tod durch die Flamme nach den Staatsgesetzen
für Ketzerei, und damit er ihre Hinrichtung anordne, nachdem
er alle Vorbereitungen und Zurüstungen bereits getroffen
hatte, nach vorheriger und geheimer Anweisung der Inquisitoren, das Schafott, den Scheiterhaufen, das Holz, die Maschine,
um zu ersticken, und die Henker und die Henkersknechte. Die
nicht bereuten, sollten verbrannt werden. Rückfällige, aber
büßende Ketzer empfingen die »Hänfene Gunst«, man erstickte
sie, bevor sie verbrannt wurden. Die Knochen wurden verbrannt, die Toten wollten nicht bereuen! Die Geflohenen wurden in effigie verbrannt und in contumaciam. Die versöhnten
Ketzer beichteten, bereuten, büßten und wurden nur zu lebenslänglichem Kerker verurteilt. Verdächtige, denen man aber
nichts nachweisen konnte und die alles abgeschworen hatten,
ließ man bis auf weiteres frei, nachdem man ihre Güter konfisziert hatte. Nun trat der Inquisitionsbeisitzer Ruiz de Medina
vor den Chronisten Castillo, einen der berühmtesten Männer
Spaniens. Die Augen der ganzen Gemeinde richteten sich auf
den gelehrten Greis. Castillo blickte kühn zurück. Er musterte
seine Könige, Isabella von Kastilien, Ferdinand von Aragon. Sie
sind aufgezäumt, dachte Castillo, wie Rennpferde, aber doch
sind sie falsche Könige. Sie sehen darein mit mildem Schein wie
der Mond bei Nacht und die Sonne am Tag, und doch sitzt der
Wahnsinn in den Augen Isabellas und der Irrsinn im Herzen
Ferdinands; denn ist es nicht Irrsinn, so große Macht zu haben
und so böse zu sein? Wenn die Armen böse wären, die vielen
Sklaven, mit denen auch die katholischen Könige zu handeln
belieben, wenn Sklaven bös sind, haben sie vielen Grund.
Warum sollen Mächtige böse sein? Bei den Heiden waren die
Glücklichen frömmer als die Unglücklichen. Die glücklichen

Christen aber vergessen Gott, und die Geschlagenen gedenken seiner. Betrübt sah der gute Kaplan auf die christliche Gemeinde. Seine Augen schienen zu sprechen: Warum wollt ihr mein Blut? Wir wollen dein Blut, antworteten die Mienen der Gemeinde. Warum? fragte Castillos Herz. Blut! schrien die stummen Gesichter der frommen Christengemeinde. Da ließ Castillo seine Blicke schweifen und erspähte nahe bei sich seine geschätzten Kollegen, die Herren Hofchronisten, sogar ein privater Chronist war zugegen, der Pfarrer Bernaldez aus Los Palacios bei Sevilla, dessen Mäcenas der kühne Juan Ponce de Leon war, Marquis zu Cadix und Graf von Arcos, der neue Cid. Neben dem biederen Pfarrer, dessen runde Augen von Judenhaß funkelten, standen mit betrübten Mienen die stolzen Señores vom Gänsekiel, Don Pulgar, Don Palencia, Don Lebrija, Don Peter Martyr, sie standen dicht zusammengedrängt in einer ängstlichen Gruppe, als fühlten sie schon die gemalten Flammen auf dem knielangen Hemde Castillos herüberzüngeln auf ihre geistlichen oder ritterlichen Gewänder. Da der Beisitzer Ruiz zu sprechen begann, traten sie gemeinsam einen halben Schritt vor, wie um besser zu lauschen, indes Castillo seine Blicke auf ihren Gesichtern weidete und sich tröstete: Ich muß sterben. Aber zöge ich vor, weiter zu leben, mit einem von diesen Gesichtern auf meinem lieben, treuen Leib?

Es sprach aber der Inquisitionsassessor Ruiz: »Wir haben erklärt und erklären hiermit, daß der Angeklagte Enriquez de Castillo, weiland Hofchronist und Hofkaplan seiner hochseligen Majestät Heinrichs des Vierten, Königs von Leon und Kastilien, überwiesen ist, ein abtrünniger Ketzer, Heger und Hehler von Ketzern, ein betrüglicher und verstellter Büßer ...«

»Das ist nicht wahr«, sagte halblaut Castillo.

Die Leute in der vordersten Reihe vernahmen ihn und erschraken. Noch nie war solches vorgekommen, daß ein zum Flammentod Verurteilter sprach. Die Königin machte eine Bewe-

gung mit der Hand. Ferdinand saß unbewegt. Durch die Gemeinde ging ein Seufzer und ein Rauschen wie ein heißer Wind. Ruiz fuhr gelassen fort: »und ein unbußfertig Rückfälliger ist, durch welche Verbrechen er in die Strafe des größeren Kirchenbanns und der Einziehung seiner Güter zum Vorteil der königlichen Kammern und des Fiskus Seiner Majestäten verfallen ist, nachdem ein Teil davon zurückbehalten worden für die Spesen und Gehälter des Heiligen Amtes der Inquisition. Wir erklären ferner, daß der Angeklagte, so wie wir es hiermit tun, der Justiz und der weltlichen Obrigkeit übergeben werden müsse. Wir bitten und beauftragen diese, mit größter Zuneigung auf die beste und kräftigste Weise, wie wir nur können, den Straffälligen mit Güte und Mitleid zu behandeln.«
Ruiz durfte diese christliche Bitte unbesorgt tun, er hatte schon dem Richter Auftrag gegeben, wieviel Holz man für den Scheiterhaufen benötige, der Richter hatte schon den Henker beauftragt, der Henker hatte schon das Holz geschichtet, das Holz harrte schon, und es harrte das Volk Sevillas, die guten Arenabesucher und Stierkampfpassionierten und Hahnenkampfwetter, und das ganze Blutgesindel samt seinen Königen harrte voll Blutdurst des sicheren Vergnügens und des zugeschworenen Spektakels. Ruiz tat unbesorgt die widerliche Heuchlergeste, Ruiz sprach unbesorgt die höhnende, bestialische Lüge. Nun erhob sich feierlich der Inquisitor Thomas Torquemada, der beliebte Kanzelredner, und sprach: »Die Kirche, diese keusche Braut des Sohnes Gottes, die nach dem Beispiele ihres Bräutigams wohl ihr Blut für andere, nicht aber fremdes für ihren Vorteil vergießt (Castillo dachte lächelnd, alle in der Gemeinde sahen erschrocken sein Lächeln, Castillo dachte: Mein Landgütchen bei Toledo fällt wohl auf deinen schmutzigen Teil, Bruder Thomas Torquemada, aber mein Gold wird Ferdinand einstecken, und Isabella wird mein Haus in Sevilla plündern! O fromme Räuber! O Hyänen! Hyänen! Sie berauben ja noch

die Toten!). Die Kirche hat einen eigenen, und der von Gott ihr verliehenen Erleuchtung angemessenen Abscheu gegen den Mord. Sie betrachtet die Menschen nicht bloß als Menschen, sondern als Ebenbilder des Gottes, den sie anbetet. Jedem von ihnen widmet sie eine heilige Hochachtung, wodurch sie alle ihr ehrwürdig werden, als unendlich teuer Erlöste, um Tempel des lebendigen Gottes zu werden. Und so glaubt sie, daß das Absterben eines Menschen, den man ohne Gottes Befehl tötet, nicht allein ein Totschlag, sondern auch ein Kirchenraub ist, der ihr ein Glied entzieht; denn sei er gläubig oder ungläubig, sie betrachtet ihn immerhin entweder als ein wirkliches Kind, oder doch als solchen, der es noch werden kann. Bekanntlich ist keiner Privatperson je erlaubt, den Tod einer andern zu verlangen. Daher mußte man öffentliche Personen anstellen, die solches auf Befehl des Königs oder vielmehr in Gottes Namen begehren; und das ist die Ursache, warum die Obrigkeiten, um so zu handeln, wie es ihnen als treuen Ausspendern der göttlichen Gewalt, Menschen das Leben zu nehmen, ziemet, nur nach den Aussagen der Zeugen urteilen dürfen, denen zufolge sie in ihrem Gewissen bloß nach Vorschriften der Gesetze richten, noch jemanden zum Tode verurteilen können, als nur diejenigen, so von den Gesetzen dazu verdammt werden. Heißt sie dann Gottes Befehl, den Körper dieser Unglücklichen der Strafe hinzugeben, so verpflichtet er sie ebenmäßig, für ihre sündhaften Seelen zu sorgen. Alles das ist lauter und sehr unschuldig, demungeachtet scheuet die Kirche das Blut so sehr.« Wie schön, dachte Castillo, ironisch lächelnd, wie schön predigst du, Bruder Torquemada und doch stiehlst du mir mein Landgütchen bei Toledo, und vielleicht auch noch, habgieriger Greis, mein Haus in Sevilla? Nun las Ruiz vor, daß für ewige Zeiten den Versöhnten alle Ämter, Stellen und die meisten Berufe verboten blieben, ihnen und ihren Kindern mütterlicherseits und den Enkeln von Vaterseite.

Damit schloß das Autodafé, die schöne kirchliche Feier, und es begann das Schlachtfest, die Metzelei mit Feuer und Rauch und verzehnfachter Schaulust. Da die Knechte des königlichen Richters die Büßer mit Geißeln zur Kirche hinaustrieben, schrie der ehemalige Chronist Castillo gellend: »Isabella von Kastilien, Ferdinand von Aragon, gesegne euch Gott den saftigen Bissen, den ihr heute verschluckt habt, mein Gütchen bei Toledo, mein Landhaus in Sevilla und meine Dukaten, die ich mit der Feder erschrieben! Isabella, bist du nicht die babylonische Hure? Ferdinand, bist du ...« Da schlugen die Häscher ihn nieder. Erschrocken lief die Gemeinde hinaus, durch die Straßen vors Tor, wo mitten auf einem weiten Platz ein geräumiges Steingerüst aufgebaut worden, an dessen vier Ecken die Bildsäulen von vier Propheten befestigt waren, an die man die unglücklichen Schlachtopfer festband, die für die ärgsten Ketzer galten. Auch Ferdinand und Isabella, die holden Majestäten, ritten hinaus vors Tor und setzten sich auf den erhabenen Thron und überschauten das versammelte Volk und Adel und Bürger und Büßer und Henker, und die heitere Stadt Sevilla und die heitere Sonne Gottes, den heiteren Himmel und den breiten, strömenden Guadalquivir.

Sie sahen, wie die Henker einige auspeitschten, darunter auch die wunderschöne Marranin la hermosa fembra, bis das Blut strömte; andere wurden mit der Würgmaschine erstickt und lagen schon bereit. Alle viere streckten sie von sich, sie lagen wie geschlachtete Säue. Wird die Heilige Inquisition sie braten, daß die Ketzer gar werden, wird man die leckeren Teile den guten Königen zu speisen geben, knusprig gebraten, und den guten, gefräßigen Inquisitoren Martin, Morillo und Torquemada? Ach, man wird die erwürgten Unschuldigen braten, aber man wird sie verkohlen lassen und ihre Asche in den Fluß streuen, den strömenden Guadalquivir, der vor Ekel sich schüttelt und rascher vorbeifließt. Die Könige und Inquisitoren haben aber schon von den Leichen gefressen, das Leichenfett tropft ihnen schon die schmutzigen Mäuler herunter, der edle Ferdinand kaut noch behaglich das gebratene Fleisch, die fetten Markknochen reicht er seiner lieblichen, frommen Frau Isabella herüber, wie knackt sie mit schimmernden Zähnen die Knöchlein der Witwen und Waisen der Ketzer auf, das fette Mark rinnt das sanfte Kinn herab in den Busen der braven Landesmutter. Neben Ferdinand sitzt der Inquisitionskassierer Bobo, munter grinsend, und zeigt, auf der Liste, den Anteil an Gold und Gütern, den die Könige von den Büßern haben, die schon angebunden sind, unter deren Füßen schon die feurigen Zungen der flammenden Reisigbündel lecken, schon schlägt ein dichter Rauch auf, schon lodern die hohen Flammen, schon verbreitet sich wie eine Wolke der pestilenzialische Gestank verbrannten Menschenfleisches, man hört dünne Schreie: »Jesus!« so hören sie und »Maria!« so hören sie und »Schema Jisroel!« so hören sie und denken befriedigt: Also! Ketzer! Verbrennt sie!

Ferdinand mustert unzufrieden und mit majestätischen Mienen die Liste. Lispelnd spricht er zu Kassier Bobo: »Edler Don Bobo, die Summen sind recht gering. Ich habe mir mehr vom Schauspiel versprochen.«

»Das ist erst der Anfang, Majestät«, tröstet schmunzelnd Kassier Bobo. »Verlaßt Euch auf uns!«

Glühe, denkt Isabella, mein goldener Schmelzofen! Und wirklich scheint die Sonne auf die Flammen, daß sie glühen wie Gold. Das ist meine Münze, denkt sie, die Juden und die Marranen, sie sind mein Goldschatz, euch will ich einschmelzen, euch will ich ummünzen, daß ihr den heiligen Krieg bezahlt wider Granada. Schmelzt, meine Schätzchen. Sputet euch, meine jüdischen Dukaten! Plötzlich erinnert sie sich des Chronisten Castillo. Als hätte sie es vergessen, sucht sie ihn mit ihren Blicken. Wo ist er? Wo bist du, Castillo? Da faßt sie sich an die

Nase und spürt den Gestank und erinnert sich: Das blieb von Castillo: Ein Gestank in der Nase. Und der Wind, der vom Fluß kommt, weht ihn weg. Armer, gelehrter Castillo, denkt Isabella gerührt, und plötzlich deckt sie ihre Augen mit der Hand, ihr graust, vor ihr steht Castillo, leibhaftig, wie damals, da er noch redete im Palaste des dicken Herzogs Sidonia. Sie öffnet wieder die Augen, das Gespenst ist verschwunden. Heiter lacht die Sonne. Ein süßes, sanftes, sehr hohes Wölkchen segelt am Himmel vorüber. Vielleicht ist dieses die Seele Castillos, denkt sie und starrt dem Wölkchen nach, bis es im höchsten Blau entschwindet und die Augen sie schmerzen. Armer Castillo, denkt Isabella, und das Herz tut ihr weh. Ferdinand sieht sie an und fragt erstaunt, ja betroffen: »Du weinst, Isabella?«

»Es ist nichts«, erwiderte sie, »eine Mücke flog mir ins Auge.«

»Wo ist sie?« fragte der zärtliche Gatte.

»Fort!« sagte Isabella und starrte auf das Gerüst mit den Scheiterhaufen, wo alles niedergebrannt ist, die Lebenden, die Erwürgten, die ausgegrabenen Knochen und die Puppen der in effigie Verbrannten.

Was ist das? Ein neuer Spuk der Hölle! Einige der Henkersknechte, ein Gerichtsschreiber, der Henker fallen um und winden sich in Krämpfen. Sie sieht schärfer hin und gewahrt schwarze Beulen auf den Gesichtern und Händen der Gestürzten und erkennt, und beugt sich zum Ohr Ferdinands und schreit, aber sie glaubt zu flüstern: »Die Pest!«

Überstürzt brechen die Majestäten und der Hof auf und reiten in die Stadt, zum Alkazar. Das Volk drängt in die Mauern der Stadt zurück. An den Toren stehen bereits Wächter, die alle herein, aber keinen Juden und keinen Marranen mehr herauslassen. Es sind die Wächter der Inquisition. Schon fliehen zu viel Juden, zu viel Marranen. Wen soll man verbrennen, wen soll man plündern? Torquemada hat strengsten Befehl gegeben.

Vor den Henkern, die sich in Krämpfen winden, stehen auf dem leeren Platz zwei Sklaven. Man erkennt sie an den Köpfen, die dem Gesetz zufolge glatt rasiert sind, ratzekahl, und an den Sklavenkleidern. Sie betrachten lange und mit ruhiger Neugier, wie sich die Henkersknechte in schrecklichen Krämpfen winden, wie der Gerichtsschreiber Blut spuckt, wie die Gerichtsdiener daliegen und nicht weiterkönnen.

»Siehst du die schwarzen Beulen?« fragt der eine Sklave den andern Sklaven. Sie kommen vom Lande, der ältere ist ein Klostersklave, er hat es besser als der jüngere, der ein Sklave des dicken Herzogs Sidonia ist.

»Das sind die Beulen«, erwidert mürrisch der jüngere. Er ist unzufrieden, hat die unruhigen Blicke aller subversiven Elemente und wird sicherlich bald gehenkt werden; denn er führt allzufreche Redensarten. Der dicke Herzog, ein gutmütiger Herr, der die Musik liebt, hat ihn öfter verwarnt und wird ihn schließlich hängen, und zehn Maravedi Strafe zahlen müssen, den Preis eines Paar Handschuhe, vorausgesetzt, daß sich einer findet, den Herzog öffentlich wegen solcher Bagatelle eines Sklavenmords vor dem königlichen Richter anzuzeigen, und der königliche Richter die Gewohnheit hat, sich nicht wegen Kleinigkeiten bestechen zu lassen, und auch nicht verschwägert noch befreundet noch dem Herzog freundlich gesinnt ist und überhaupt der lächerlichen Leidenschaft für die alltägliche, kleine Gerechtigkeit frönt.

»Die Pest«, sagt der ältere Sklave und lacht. »Endlich.«

»He?« fragt der Junge.

»'s ist gerecht«, sagt der Alte.

»Wie?«

»'s trifft alle!«

»Narr! Die Herren verreisen.«

»Die Pest reitet mit. Die sitzt hinten auf dem Pferd, die krallt sich an den Eselsschwanz, die hüpft übers Land, die schwimmt die Flüsse hinauf, die steigt übern Berg, die reitet auf dem Rükken der Winde, die Pest ist gerecht!«

»Und was haben wir davon?« fragt der Aufsässige. »Sterben die alten Herrn, kommen neue, noch schlimmere. Man müßte alle erschlagen. Das Heilige Amt gefällt mir besser als deine Pest. Die waschen auf. Und garantiert nur Reiche! Die verbrennen keine Sklaven, keinen Bauern, schad um das Holz! Was ist unsereiner wert? Nicht einmal das Fressen und das verlauste Kleid, das uns der Herr geben muß!«

»Du bist unzufrieden«, bemerkte der Kirchensklave, einer der dreihundert Sklaven, die dem Kloster St. Pablo zu Sevilla fronten. »Geht es uns nicht Jahr um Jahr besser? Die Kirche wird uns endlich befreien.«

»In tausend Jahren«, sagte der Junge verächtlich. »Aber gibt es dann noch den Heiligen Vater?«

»Wer denn soll regieren?«

»Der Großtürke!«

»Der? Glaubst du? Ist es gut für die Sklaven?«

»Für uns? Für uns ist die Pest da. Und der Hunger. Und das Fressen. Und der Galgen! Und die Peitsche! Uns nimmt man alles.«

»Es ist doch schon viel besser geworden«, mahnte der fromme Kirchensklave. »Früher hatte unser Herr das Recht, uns zu erschlagen; jetzt muß er Strafe zahlen. Früher konnte ein Sklave nicht heiraten, und schlief ein Sklave ein halbes Leben lang mit derselben Sklavin, so weigerte sich die Kirche, den Herzensbund zu segnen. Heute dürfen wir heiraten, und der Pfarrer spricht seinen Segen, heißt, wenn der Herr es erlaubt, und natürlich nur eine Sklavin des eigenen Herrn, wie ginge das anders, da wir Sklaven ja zum Land gehören, wie ein Baum oder ein Bach, und wenn der Herr das Gut verkauft, verkauft er es mit Bach und Baum und Sklav. Wie anders?«

»Wie anders?« äffte der Junge dem Alten nach.

»So will es Gott«, sagte der fromme Kirchensklave, »so hat es unser Herr Jesus eingerichtet, so gefällt es unserer Mutter Maria, so ziemt es dem Heiligen Geist, so tut die gute Kirche, so duldet's der Heilige Vater, so ist der allgemeine Brauch. Scheißkerl, warum bist du nicht im Schloß geboren? Rotzkerl, warum bist eines Bauern Sohn? Lumpenvieh! Bist noch unzufrieden? Bekommst Käs und Wein, Knoblauch und Kleid! Häh? Grunzen tust du?«

»Ich grunz' nicht«, erklärte der revolutionär gesinnte Sklave, ein echter Radikaler von der schlimmsten Sorte. »Nur . . .«

»Was nur? Geht's uns nicht besser? Früher waren unsere Kinder Sklaven der Herren. Das sind sie heut noch. Früher hatten wir kein Eigentum, kein Geld, kein Recht und kein Erbteil. Jetzt gehört uns alles auf unserm Leib, und wir dürfen es unsern Kindern lassen, wenn wir sterben, und der Herr darf es uns nicht nehmen. Nimmt er es doch, tut er unrecht. Freilich, dann kannst du nichts machen. Das ist höhere Gewalt!«

»Gottes Ratschluß«, sagte der Junge.

»So ist's!« bekräftigte der Alte. »Darum sag' ich dir, Pablo, halt den Rand! Der Herr hängt dich. Der Pfarrer von Los Palacios, ein gar frommer Herr, hat mir einmal gesagt: Je weniger Fleisch wir hier im Jammertal fressen, um so mehr fressen wir im Himmel, und gespickt mit Rosinen.«

»Im Kopf?« fragte Pablo.

»He?« fragte der Kirchensklave.

»Kuschen?« fragte Pablo.

»Wir sind Hunde«, sagte der Alte.

Da blickte sich Pablo nach allen Seiten um, spuckte in beide Hände, pfiff ein wenig, sah sich nochmals um, hob einen schweren Feldstein auf und schlug ihn mit aller Kraft auf den Schädel des Alten, daß der zusammenbrach, blutend und lautlos. Pablo sah ihn liegen und sagte: »Bist du tot? Ob du tot bist? Sagt er nichts mehr? Das war er! Der böse Feind! Unser Feind!

Wenn's ihn nicht mehr gibt, gibt's auch die Herren nicht mehr, heut, morgen oder in tausend Jahren.« Ruhig drehte Pablo sich um und ging fort. Er ging mit dem gleichen guten Gewissen, mit dem die Inquisitoren davongegangen waren, nach vollbrachtem Werk. Alle trugen die fromme Empfindung mit sich fort, auf ihrem kleinen Platze und mit ihren schwachen irdischen Kräften die Erde dem Himmelreich um einen kleinen Schritt angenähert zu haben. Die Señores Martin, Morillo, Torquemada und Pablo legten sich, da es dunkel ward, in ihre Betten und schliefen den Schlaf des Gerechten.

Zwei Juden, die von ferne standen, in kastilischer Tracht, versteht sich, und ohne Judenfleck, und die Kappe tief in die Stirn gedrückt, denn bei Todesstrafe verboten war Juden der Zutritt zu den Akten und Folge-Akten der Inquisition, hatten den kleinen Meuchelmord beobachtet.

»Hast du gesehen, Reb Jizchak?«

»Was willst du, Reb Jakob? Die armen Leute.«

»Müssen sie sich totschlagen?«

»Sehen sie es denn anders? Das waren Christen, die man verbrannt hat, und Christen haben verbrannt, Reb Jizchak. Eine etwas strenge Gewohnheit, Vetter, die Leute feierlich zu verbrennen, die nur an Gott glauben, und gar noch im Namen Gottes!«

»Das ist einmal ihre Weise. Da lassen die Inquisitoren nicht mit sich handeln. Sie verbrennen. Denn Gott ist . . .«

»Scha, scha! Reb Jizchak. Ihr Gott ist nicht unser Gott. Und ihr Land ist unser Land! Weh über uns! Weh über unsere Kinder! Vielleicht sind sie ein großes Volk, aber sie werden ein böses Volk sein! Man kann nicht mehr unter ihnen leben, Reb Jizchak!«

»Habt Ihr die Wächter an den Toren Sevillas gesehen, mit dem nackten Schwert? Sie lassen keine Juden heraus, und keine getauften Juden. Reb Jakob!«

»Reb Jizchak?«

»Laßt uns fliehn! Ist kein Bleiben am Ort. Ist kein Ort mehr des Bleibens!«

»Kriecht Ihr unterm Schwert durch?«

»Ich steig' drüber!«

»Wieso?«

»Ich spuck' Gold.«

»Nehmen die Wächter?«

»Wird ein Wächter nicht nehmen? Wofür wacht er sonst?«

»Ist es nicht gefährlich?«

»Nicht so gefährlich wie Feuer.«

»Sie brennen nur die Getauften.«

»Unser Fleisch! Unser Blut!«

»Was Blut! Was Fleisch! Es gibt nur Gott, Reb Jizchak. Wer nicht glaubt wie wir . . .«

»Wird verbrannt?«

»Nein! Wir Juden steinigen!«

»O großer Gott! Hast Du darum die Welt so schön gemacht und so pünktlich die Uhren gestellt und so akkurat die Menschen gebaut, so schön ist der Mensch, so klug, so gut, so passend eingerichtet, so vernünftig schaut das ganze Menschengeschlecht, sie gehn mit den Füßen, sie greifen mit den Händen, sie kauen mit den Zähnen und atmen durch die Nase und manche durch den Mund den Odem Gottes, und doch soll kein anderer Unterschied sein, als daß die einen verbrennen, die andern steinigen, und beide in Gottes Namen?«

»O, Reb Jakob, Ihr seid nicht gescheit. Ich fliehe nach Rom.«

»Weiter zu den Christen? Ich geh' nach Granada. Zu den Mohren!«

»Viel Glück, Reb Jakob.«

»Gottes Segen, Reb Jizchak.«

»Schreibt mir.«

»Was für Adresse?«

203

»Schreibt an Reb Jizchak aus Sevilla in Kastilien, neuerdings in der Judengemeinde zu Rom, zu Händen des Schammes von der Hauptschul.«

»Ach, Reb Jizchak.« – »Ach, Reb Jakob, ach und weh!«

Die beiden Juden gingen zu verschiedenen Seiten ab. Zwei maurische Spione, Ritter aus Granada, gekleidet in die lächerliche Tracht der verhaßten Christenhunde, hatten hinterm Stamm einer Akazie dem Gespräch der Juden gelauscht. »Hörtest du die Kastilier?« fragte der Ältere, Muhammed ibn Safari ibn Mullah ibn Ruis.

»Das waren keine Kastilier«, antwortete der Jüngere, Ali Atar Mehulla. »Das waren Juden.«

»Was für ein Unterschied? Sind es nicht Bürger desselben Königs?«

»Du kennst die Christen nicht«, antwortete der Jüngere.

Sie gehören beide einem jener arabischen Ritterbünde an, die an der Grenze mit dem Schwerte den Feinden wehrten und die den christlichen Ritterorden als Muster gedient hatten. »Du kennst die Christen nicht. Sie sind roh, barbarisch und ohne Toleranz. Wir haben seit fünfhundert Jahren dreiundvierzig Christen durch das Gericht zum Tod verurteilen müssen, die Christen zählen jeden einzelnen und heißen sie alle Märtyrer und wegen dieser dreiundvierzig in fünfhundert Jahren heißen sie uns Hunde und fanatisch und Heiden. Sie aber haben in wenigen Monaten allein in Sevilla mehr als tausend Christen verbrannt, ihre eigenen Landsleute, vornehme Sevillaner von unbescholtenem Leben. Und uns nennen sie Hunde!«

»Ein fürchterliches Volk also. Wir sind verloren. Ali.«

»Im Gegenteil, Muhammed. Wer so gegen sich selber wütet, ist nur sich selber fürchterlich. Ich schlich in ihre Städte und Festungen. Sie haben wenig Waffen und sind schlecht gerüstet. Ewig wird das strahlende Granada herrschen, der Granatapfel Mohammeds.«

»Vernahmst du, was der spanische König Ferdinand gesagt hat? Ich will diesen Granatapfel einzeln entkernen.«

»Er wird Blut spucken!«

»O Ali! Muley Hassan ist ein Löwe, aber schon alt. Wenn der Löwe stirbt, wird Boabdil El Chico regieren. Denke an die Prophezeiung des Derwischs: Dieser wird regieren, Boabdil, und dieser wird Granada verderben. Fallen wird die Feste!«

»Glaubst du jedem rasenden Derwisch?«

»Allah il Allah und Mohammed sein Prophet. Keiner entgeht seinem Schicksal. Alles steht oben geschrieben auf Steintafeln. Tragen wir das Verhängte mit Ergebung. Allah il Allah.«

»Achtung. Christen! Und saht Ihr, edler Don Fernando, die schöne Doña Klara? Ich sang zur Gitarre ein Liedchen, sie winkte mit den reizenden Augen, o edler Don Fernando!« rief entzückt der junge Ali.

»Gelobt sei Jesus Christus«, antwortete laut Muhammed. Langsam entschritten sie.

Als Ferdinand und Isabella im Alkazar anlangten, schickte Isabella ihren Gatten sogleich fort. »Reite! Reite bis Saragossa! Ferdinand! Gott will uns aufsparen. Gott hat Großes mit uns vor. Wir sollen nicht an der Pest sterben. Reite geschwind!«

»Und du?« fragte Ferdinand. »Und die Kinder?«

»Es ist alles befohlen. Die Maultiere werden gesattelt, die Diener stehen bereit, dein Bruder wird uns schirmen, die Kinder und ich reiten in drei Stunden. Don Johann ist schwach, und die kleine Johanna verträgt das Reiten nicht, und ich, o Ferdinand . . .«

»Isabella?«

»Ferdinand!«

»Ist es wahr?«

»Ich glaube, Gott hat mich gesegnet.«

»Ein Kind, Isabella?«

»Küsse mich, Ferdinand!«

»Isabella!«

»Liebst du mich, Ferdinand?«

»Ich liebe nur dich, Isabella.«

»Schwöre mir, daß du mir treu bleibst.«

»Ich schwöre dir alles, Liebste«, erklärte Ferdinand und dachte nicht einmal an seine vier Bastardkinder. Er hatte sie alle in Aragon. Zählten sie also in Kastilien?

Ferdinand ritt nach Aragon. Da Isabella schon gerüstet war, in ihren eisernen Hosen, gepanzert und den Helm auf den rötlichen Locken, meldete man ihr fünfzig Granden von Kastilien und Aragon. Sie saß in ihrem Schlafzimmer, umgeben von ihren Kindern, Doña Elisabeth, einer blonden, langbeinigen, schönen, elfjährigen Dame, mit vielen Rosenkränzen, Kreuzen, Heiligenbildern und Bibelzitaten ausgerüstet; ferner dem dreijährigen Don Johann, einem schwächlichen, blassen, altklugen Kind, und der zweijährigen Johanna, die immer noch nicht sprach und stolz und eitel war und sich sehr putzte, die suegra, das »Schwiegermütterchen«.

»Ein andermal«, erklärte Isabella. »Man sieht, ich reise ab. Ich bin eilig.« Da strömten sie aber schon in ihr Schlafzimmer, gegen alle Etikette, und drängten sich um die Königin und klirrten mit ihren Schwertern und klapperten mit ihren Fächern, vielleicht dreißig oder vierzig Herren und zwanzig Damen, und schrien und flehten, Isabella verstand kein Wort. Die kleinen Kinder begannen zu weinen, und Doña Elisabeth rief: »Jage sie fort, Mutter!« Der Kämmerer Isabellas kam und meldete: »Die Maultiere sind gesattelt!«

Isabella hatte gute Lust, aus dem Zimmer zu laufen, mit ihren kleinen Kindern auf den Armen und Elisabeth im Gefolge, und fortzureiten, vor der Pest, vor dem heitern Sevilla, vor den vielen Freunden und Vornehmen, fort! Aber sie wäre nicht Isabella gewesen! Also stand sie auf und stellte sich mitten unter die Schreienden, und stand da in ihren eisernen Hosen, eine Art göttlicher Jungfrau, freilich keine Jungfrau mehr, freilich nicht göttlich. »Was wollt ihr?« rief sie mit ihrer dunkeln, klingenden, schönen Stimme und blickte sich um. Da standen ihre Minister, ihre Verwandten, die vornehmsten Herzöge und Grafen, Chronisten, Räte, Bischöfe, höchste Beamte, ihre besten Freundinnen und die Freunde Ferdinands, Aragons Granden.

Zittern die alle so vor der Pest? dachte sie. Soll ich sie retten? Bin ich der liebe Gott?

»Was wollt ihr?« fragte sie und musterte langsam die Aufgeregten, die nun betroffen schwiegen. Da standen ihr Kanzler Kardinal Mendoza und seine Brüder, die Grafen Tendilla. Da standen noch zwei Minister, sieben ihrer Räte, ihr Beichtvater Talavera, der heilige Mann; da stand der Großvater Ferdinands, der alte Großadmiral Henriquez mit dem greisen, weißen Schifferbart und seinen Söhnen und Enkeln; da stand der Bruder Ferdinands, Kapitän der Hermandad, Herzog von Villa Hermosa; da standen Juan Ponce de Leon Marquis zu Cadix und Juan Pacheco Herzog zu Escalona und der dicke Herzog von Medina Sidonia, da standen Marquis Moya und seine Frau, ihre liebste Freundin Beatrix, da stand ihr Hauptchronist, ihr bester Geheimschreiber, der wendige Pulgar, Leiter ihres Reichsspionagewesens; da standen die Grafen Luna, drei Grafen Pimentel. Da stand ihre Freundin Mencia de la Torre. Da standen die Bischöfe Davila von Segovia und der Bischof von Cadix. Das waren erst die Kastilier. Und die Aragonesen, Ferdinands Freunde, sie waren versammelt.

Was wollte die edle Schar? Der alte Grandenaufstand? Unmöglich! Isabella griff an den Degen. »Was wollt ihr?« rief sie barsch.

»Gnade!« bat Beatrix.

»Gnade!« riefen die Granden. »Gnade«, brüllten sie.

»Redet, Don Pulgar. Was gibt es?«

»Majestät! Wir zittern vor der Wut der Inquisition. Wir alle stammen von Juden ab oder haben jüdische Frauen oder werden dessen bezichtigt, zu Recht oder Unrecht. Man droht uns mit dem Autodafé, mit Konfiskation, mit dem Scheiterhaufen.«

»Wer wagt es?«

»Die Inquisitoren!«

»Welche?«

»Martin und Morillo.«

»Ich schütze euch alle. Aber ihr alle seid doch nicht Juden?«

»Wir sind es fast alle, Herrin, ja alle sind es außer mir!« erklärte Pulgar. »Juden oder verjudet oder getaufte Juden oder verschwägerte Juden oder verdächtigt oder bezichtigt oder denunziert oder Judenfreunde oder keine Antisemiten, es ist alles eins und dasselbe. Wer ist noch sicher? Eine Seuche ist ausgebrochen in Sevilla. Jeder denunziert jeden. Der Vater den Sohn, der Sohn den Vater, der Bruder die Schwester, die Frau den Mann, der Freund seinen Freund, alle Schuldner alle Gläubiger, alle Sklaven ihre Herren, alle Huren alle Ritter, wo nimmt das ein Ende, wer ist noch sicher, wer ist kein Jude? Siehst du nicht deine Verwandten? Und die Verwandten unseres Königs Ferdinand? Ja, auch er!«

»Auch er?« schrie Isabella. »Unseliger!«

»Auch du, Königin Isabella . . .«, flüsterte eine Stimme im Hintergrund.

Isabella denkt: Ausrotten. Alle ausrotten! Sie denkt, es sind zu viele. Sie schreit: »Was wollt ihr?«

Und der Finanzminister Ferdinands, Luis de Santangel, Enkel des Rabbi Zinello, sagt: »Macht Schluß mit der Inquisition. Sie ist Teufelswerk. Sie ist gegen die Verfassung. Sie ist gegen das Christentum. Sie bestraft das unreine Blut. Aber die Kirche macht keine Blutproben. Wer glaubt, soll erlöst werden!«

»Schweigt! Hütet Eure Zunge«, schreit Isabella und geht von

einem zum andern, und mustert ihn, und alle graust es. Haben wir uns selber denunziert? Sie drängen sich zusammen und erblassen.

»Du?« sagt Isabella. »Und du? Und du? Du auch? Auch du ein Jude? Und du, Beatrix? Und du, Mendoza? Und Ihr, Don Juan? Und Ihr, Herzog? Und mein heiliger Talavera? Auch du! Gut. Nun kenne ich euch. Fürchtet nichts. Euch schütze ich! Wer euch anrührt, greift mich an. Seid nur treu! So schütz' ich euch. Ich kann auch Inquisitoren absetzen. Es ist mein gutes Recht. Ich werde den Papst bitten, den Bruder Torquemada zum Großinquisitor zu machen. Fürchtet nichts! Ich werde euch schützen!«

Und sie nimmt ihre Kinder auf den Arm und geht, und Elisabeth folgt ihr, und die ein wenig verjudeten Herzöge, Granden, Bischöfe und Räte bleiben betroffen schweigend zurück. Sie gehen schweigend fort, gemessen eilig. Sie schwingen sich auf ihre Pferde und Maultiere oder steigen in ihre Wagen und fliehen vor den beiden schrecklichen Seuchen, der Pest und der Inquisition. Welche war schlimmer? Beide liefen um die Wette, beide mordeten, beide massakrierten. Welche war schrecklicher? Welche lief schneller? Welche schlachtete mehr Opfer? Die Pest war barmherziger. Der rasende Mensch Torquemada verdarb mehr als die rasende Natur. Fünfzehntausend Sevillaner starben im Sommer 1481 an der Pest. Torquemada, Martin, Morillo verbrannten in einem Jahr zweitausend lebendige Sevillaner und dreitausend im Bilde. Die Güter wurden konfisziert. Fünftausend Familien waren der Armut, dem Hunger, der Schande, der Ächtung ausgeliefert. Es verdarben und verstarben Kinder und Enkel, Vettern und Tanten, Eltern und Großeltern, Zehntausende. Torquemada schritt unerschrocken durch das heitere Sevilla. Zweihundert Bewaffnete zu Fuß und fünfzig zu Pferde aus der Schar der »Vertrauten«, staatlich angestellter Denunzianten, die von der Inquisition bezahlt wurden, begleiteten ihn. Die drei heiligen Männer versöhnten in einem Jahr siebzehntausend Sevillaner Ketzer mit der Kirche. Zehntausend Versöhnte verdarben im ewigen Kerker. Die andern verdarben vor Hunger. Ihr Hab und Gut wurde konfisziert, vom Haus bis zum Hemd.

Torquemada ging durch die Straßen Sevillas, ihn erbarmte das Leiden des Volkes. Er ging in die Häuser und sah, wie die Frommen starben, echte Christen. Erst erschien ein bläulich schwarzer Fleck auf dem Handballen oder unter der Achsel, bald traten Schwindelgefühle, Gesichtstrübungen, Taubheit, Krämpfe, Leistengeschwülste und schwarze Beulen auf; die platzten, und das Blut entrann; man spuckte Blut und starb. Manche verwechselten die Reihenfolge der Symptome und starben zuerst. Die Reichen flohen. Die Armen zündeten große Feuer auf allen Plätzen an. Der Himmel glühte wie Blei. Der Guadalquivir stank. Die Hunde und Ratten, Mücken und Ochsen, Maulesel und Hämmel fielen um und starben. Die Mönche begruben die Toten anfangs, später stieß man die Leichen in die Flammen, manchmal zu früh, der Kranke lebte noch und brüllte im Feuer. Die Inquisition verbrannte Gesunde. Torquemada sah, Gott schlug die Frommen stärker als die Ketzer. Er verstand Gott nicht. Aber da er demütig war, haderte er nicht mit ihm. Eiliger schritt er durch Häuser und Straßen, die Ketzer aufzuspüren, die heimlichen Juden, die abtrünnigen Christen, die getauften Synagogenbesucher, das unreine, jüdische Blut, das teuflische. Schon lief der heilige Bruder keuchend, er hob seine Kutte bis zu den Knien und lief, mit schäumendem Munde brüllend, um die Wette mit der grinsenden, entfleischten Beulenpest, der apokalyptischen Hure. Die Hure lief schnell, sie betrog den heiligen Bruder, über Nacht schlug sie tausend, da rannte Torquemada rasend, die Kutte warf er hinter sich, sein nackter, geschundener Körper wuchs über die Dächer, er hob sie ab und schaute mit frommen Blicken in

Küchentöpfe und Ehebetten, in Hurenwinkel und Judenschulen, wo sind die Juden, die Juden, die Juden? Wo – sind die – Ketzer – Ketzer – Ketzer? Keuchend rannte die Pesthure hinter dem Heiligen, sie erreichte ihn nicht und verlor ihren scheußlichen Atem und ward klein und winselte und verreckte. Nun gab es nur noch eine Seuche, den Glaubenswahn, die Geißel der Menschheit. Torquemada reckte sich und hob seine Hand auf, fast bis zum Himmel. Wenn er die Macht besessen, er hätte die Bewohner des Himmels geprüft, angeklagt, versöhnt, dem Richter übergeben, den Scheiterhaufen gesegnet und den Himmel von Ketzern gereinigt. Der Himmel war hoch, also griff er nach Spanien. Er veröffentlichte ein neues Gnadenedikt und gab allen Denunzianten zwei Monate Frist. An allen Toren ward das Edikt angeschlagen, von allen Kanzeln gelesen, aus allen Straßen kamen die angsttollen Marranen gerannt, tausende rannten, sie denunzierten sich, die Frau, die Kinder, die Eltern, die Ahnen, Verwandte, Freunde, Feinde, Namen, Namen, Namen aus Sevilla, Cordova, Cadix, Madrid, Burgos, Valladolid, Segovia, Alcala, Salamanka, zehntausende Namen, unendliche, entsetzliche Flut der Ketzer. Torquemada erbebte. Hastiger feierte er Autodafé um Autodafé. In gelben Hemden, scharlachrote Kreuze auf Brust und Rücken, barfuß gingen die Büßer zur Kathedrale, eintausendfünfhundert versammelte ein Autodafé, das war die dritte Seuche, die Denunziantenpest, man denunzierte Nonnen, Bischöfe, Räte, Granden, es nahm kein Ende.

Da schrieb Torquemada an die Königin Isabella: »Alle getauften Juden sind Marranen, ohne Unterschied. Es nimmt kein Ende! Wir müssen in ganz Spanien die Inquisition einrichten!«

Die Königin bestellte Inquisitoren in Cordova, in Ciudad Real, in Toledo. In Segovia berief Torquemada zwei Dominikanermönche zu Inquisitoren. Der Bischof Arias Davila protestierte. Da erhoben die Inquisitoren gegen die Großeltern des Bischofs die Anklage, sie seien getaufte Juden gewesen und ruhten im Judenfriedhof la Merced. Der Bischof verjagte die Inquisitoren und schrieb an Isabella. Isabella antwortete: »Ich kann nichts machen. Ich bedaure Eure Ungelegenheiten. Stammt Ihr wirklich von Juden? Und waren Eure Ahnen Ketzer? O armer Davila! Yo la Reyna.«

Nachts schlich der Bischof Davila aus dem Bischofspalaste, in einen dunkeln Mantel gehüllt, eine Kapuze überm Kopf, eine Laterne in der Linken, in der Rechten unterm Mantel eine Schaufel, durch die schlafende, dunkle Stadt bis zum Judenfriedhof la Merced, stieg über die niedrige Mauer, wo die ungefügen Steine standen, schmucklos, nur mit hebräischen Inschriften. Den Bischof grauste. Der Wind pfiff. Der Regen durchnäßte ihn. Er kniete nieder, ein alter Mann, und grub im Schweiße seines Angesichts lange und fand die Knochen seiner Großeltern, schaufelte die Grube wieder zu und schlich zurück, zwischen Gräbern, ein Leichendieb, seit dreißig Jahren Bischof von Segovia, ein Knochenräuber, und stieg ächzend über die Mauer, fühlte eine kalte Hand im Genick, fiel herab, blieb liegen, halbtot vor Angst. Endlich erhob er sich, kam vor seinen Palast, bestieg ein Maultier, ritt nach Frankreich, reiste nach Rom zum Heiligen Vater, kniete nieder, schluchzte schreiend, der Alte vor dem Alten. Der Papst ward gerührt. Er vergoß Tränen. Er war ein Fischer gewesen, ein Sohn von Fischern, er nannte sich Sixtus der Vierte und lauschte mit Schrecken und Empörung. Der Heilige Vater sagte: »So ich ein Christ bin, bist auch du es, Arias Davila. Bleibe in Rom.«

Die Königin Isabella schrieb: »Eure Heiligkeit schützen den Arias Davila aus Segovia. Er ist ein Ketzer. Nachts grub er seiner Ahnen Knochen aus und verbrannte den Beweis, daß er ein Enkel von Ketzern und also verflucht ist. Ich habe nur aus Eifer für die Religion gehandelt. Um allen bösen Verleumdern kurz das Maul zu versperren, als hätte ich nur aus Geldgier gehandelt, weihe ich die Zinsen des Vermögens Davilas für die Mitgift seiner beiden Töchter. Ich, die Königin Isabella von Kastilien.« Sie hatte aber dem Bischof drei Millionen gestohlen, und seine beiden Bastardkinder im Alter von sechs und sieben Jahren kosteten im Jahr zweihundert Maravedi. Isabella und Ferdinand regierten zu Calatayud. Danach ritten sie zum Hafen von Loreda, wo siebzig wohlbewaffnete Segler gerüstet waren, gegen die Türken nach Otranto zu segeln. Die Armada vereinte sich mit portugiesischen Schiffen und segelte viele Monate; indes eroberte der Herzog von Calabrien Otranto wieder, und Sultan Mahomet der Zweite starb, plötzlich wie alle Großen. Ferdinand und Isabella regierten damals zu Saragossa, die ganze Stadt geriet in einen Taumel der Freude, schon wieder war ein Mensch gestorben, jauchzt, ihr Christen, läutet, ihr Glocken! Hosiannah! Ferdinand ging in den Dom und betete, sein Bastard, Erzbischof von Saragossa, zelebrierte die Messe. Der Bengel war vierzehn Jahre alt, er trieb Possen in der Kirche. Isabella spendete ein paar Armen Almosen, ihr Freudentaumel riß sie hin. Zu den Königen kam eine Deputation der Juden Saragossas. Sie führten in den Hof des Palastes zwölf schöne Färsen, reizende, schwarz und weiß gefleckte, junge Kühe mit weichen, samtenen Mäulern und großen, melancholisch schönen Augen. Sie trieben zwölf goldgeschmückte Hämmel herbei. Sie trugen in den Königssaal eine enorme Silbervase, gefüllt mit Dukaten bis zum Rande. Ferdinand und Isabella freuten sich wie die Kinder und dankten mit reichen Gebärden und Worten und entließen die Juden in Gnaden. Die Könige standen vor der köstlichen Vase und weideten sich an der erhabenen Arbeit und am Glanze des Goldes. Ferdinand griff mit beiden Händen in die Dukaten, er ließ sie hüpfen und klirren. Isabella sagte: »Soviel Gold! Die Juden!«

Ferdinand lächelte eitel. »Ich habe reiche Untertanen«, erklärte er.

Ihn verdroß es schon lange. Isabella sagte, sie liebe ihn. Aber sie übergab ihm nicht die Herrschaft über Kastilien. War das die Liebe einer Gattin? Was für Sitten in Kastilien! dachte Ferdinand bitter.

Isabella verwunderte sich über das viele Gold der Juden. Sie haben das Gold, mir fehlt es. Ich muß Granada erobern. Ich dulde diese Kulturschande der Mohren nicht mehr. Rauben! dachte sie. Nehmen! Und sie erwog die Fülle des Goldes, die das Heilige Amt den falschen Christen, den Marranen, ausgerissen hatte, wie faule Zähne. Aber diese Judenchristen waren reicher und zahlreicher als die Juden.

»Warum«, fragte sie, »richtest du nicht die Inquisition in Aragon ein?«

»Es ist gegen die Verfassung. Die Aragonesen lieben die Freiheit. Wenn die Kastilier revoltieren, müssen ihre Herren voranziehen, mit Musik und Fahnen. Die Granden von Aragon sagen, wenn sie uns Königen huldigen: Wir, von denen jeder soviel wie du und wir alle mehr als du sind.«

Er stockte. Das ironische Lächeln Isabellas reizte ihn. »Warum lachst du? Du lachst mich immer aus.«

»Ferdinand, wann wirst du endlich lernen, die Menschen zu regieren?«

Ferdinand schickte einen Gesandten nach Rom um eine Bulle für die Inquisition in Aragon. Es gebe zu viele Ketzer!

Ferdinand und Isabella reisten kreuz und quer. In Medina del Campo empfing Isabella den Bericht des Grafen Haro, des Admirals Henriquez und des Kanzlers Mendoza, die in Isabellas Abwesenheit Kastilien regiert hatten. Die Pest war erloschen, der Bürgerkrieg beendet, die Verbrecher vertrieben, in Andalusien regnete es viel, Tausende von Ketzern waren verbrannt, die Kassen waren gefüllt, die großen Kanonen standen bereit, die Mohren waren zum Krieg gerüstet. Man war schon im Kriege. Der Marquis von Cadix war ins Königreich Granada eingefallen, hatte alles auf seinem Weg niedergebrannt, die Dörfer geplündert, einen Turm zerschlagen und war beutebeladen heimgeritten. Weihnachten wütete ein furchtbarer Sturm, am dritten Tage überfiel der König von Granada in der Nacht das hochgelegene Zahara, die wichtigste kastilische Festung an der Grenze, machte alles nieder, plünderte, setzte die Stadt in Flammen. Muley Hassan triumphierte und schickte Boten nach Nordafrika zu den Berberkönigen. »Der Krieg hat begonnen. Schickt Truppen gegen die Ungläubigen!« Ferdinand und Isabella regierten zu Medina del Campo. Sie warteten auf das Ende der Regenzeit, um den Krieg gegen Granada zu beginnen. Der Papst Sixtus schrieb: »Der Wahnsinn tobt in Sevilla. Königin Isabella, du hast mich betrogen. Ich verweigere die Inquisitionsbulle für Aragon. Die Inquisitoren Martin und Morillo sind Gauner und Diebe, schänden Jungfrauen, bereichern sich, verfolgen Christen, die zu mir flohn, und die ich zu Märtyrern für den christlichen Glauben erklärte. Ich hätte Martin und Morillo abgesetzt. Ich tue es nicht aus Rücksicht auf dich, liebe Tochter Isabella. Schluß mit diesen Frevlern! Hütet Euch! Die Flammen, die Ihr für die getauften Juden und ihre Abkömmlinge angezündet habt, werden leicht die Blüte Eures Volkes verbrennen. Seid milde! Seid gerecht! In Sevilla wurden in einem Jahr von drei Richtern mehr als zwanzigtausend Prozesse durchgeführt, in Toledo in einem Jahre dreitausenddreihundertundsiebenundzwanzig Prozesse von zwei Richtern. Glaubt Ihr, daß ein Prozeß auf Leben und Tod, auf Verdammung und Versöhnung, in einer und derselben Stunde begonnen, durchgeführt und beendet sein kann? Auch wir haben das Heilige Amt in Rom. Noch keiner, weder Jud noch Christ, ward in Rom zu den Flammen verurteilt. Nehmt Euch ein Beispiel! Hütet Euch! Seid human!«

Isabella erschrak. Sie schrieb dem Heiligen Vater: »Ich habe Martin und Morillo abgesetzt. Ernennt einen Appellationsrichter in Spanien, damit Ihr nicht von jeder blöden Beschwerde eines frechen Marranen behelligt seid. Unser Erzbischof von Toledo, Carillo, Fürstprimas von Spanien, ist tot. Wollet an seine Stelle den Kardinal Mendoza berufen.«

Sixtus antwortete nach sechs Monaten: »Ich billige die Ernennung Mendozas und freue mich Deiner Demut vor Gott. Ich billige nicht Dein Benehmen gegen die judaisierenden Christen. Ich habe mit meinen Kardinälen, vor allem mit dem Kardinal Borgia, über die Einrichtung eines Appellationshofes der Inquisitoren in Spanien diskutiert und will Dir hierin willfahren, indem ich strenge wahre das spezielle Recht des Heiligen Stuhles, die Hilferufe aller Unterdrückten zu empfangen. Fahrt fort im Eifer. Jesus hat sein Reich auf Erden durch Zerstörung des Götzendienstes befestigt. Ich rufe den Inquisitor Galvez ab, da er unkeusch und schamlos ist. Ich wiederhole, daß ich äußerst unzufrieden bin. Nur das Mitleid macht uns Gott ähnlich. Darum, im Namen unseres Herrn Jesus Christ, habt Mitleid. Sonst treffe Euch Gottes Zorn und die schwerste Kirchenstrafe. Eurem Vorschlag gemäß ernenne ich Torquemada zum Generalinquisitor von Kastilien, Leon, Aragon, Katalonien und Valencia.«

Torquemada triumphierte. Er trug eine noch gröbere Kutte, geißelte sich noch häufiger, trat noch demütiger auf und tobte noch gewaltiger. Er schürte die heilige Flamme mit seinen Worten und füllte die königliche Kasse mit seinen Taten. Er erweiterte die Ketzerei um viele Verbrechensarten, indem er die indirekte Ketzerei erfand, und Bigamie, Kirchendiebstahl, Blasphemie und Pferdeschmuggel mit dem Scheiterhaufen bestrafte. Er verbrannte Priester, die sich verheirateten, indem sie ihren heiligen Beruf verschwiegen, oder Frauen verführten und sie zur Beichtlüge überredeten, oder Fabrikanten von Venuspillen, oder Kerkermeister, die Frauen vergewaltigten. Vor allem verbrannte er mit heiligem Eifer die vorgeblichen Mystiker,

Schwärmer und Sektierer, die auf die öffentliche Leichtgläubigkeit spekulierten. Denn der heilige Mann haßte die Irrlehrer und Lügner, deren schlimmste Sorte eben die Juden waren. Er verbrannte ihre heiligen Bücher in Massen, hebräische Bibeln, Talmudexemplare und Kommentare des Maimonides. In Salamanka verbrannte er auf Order Ferdinands sechstausend Bücher wegen Judentum, Magie, Zauberei, Ketzerei. Er diente: Dem König Ferdinand, dem er Gold schaffte. Dem Papst, dem er Gold und die Beförderung der kirchlichen Maximen gewährte. Der Inquisition, der er Gold und Terror verlieh. Der Königin Isabella, deren Eitelkeit, Fanatismus und Diktaturgelüsten er schmeichelte. Er sandte die Dominikaner zu Tausenden aus, stellte Tausende Denunzianten aus allen Ständen an, die sogenannten »Vertrauten«, denen Isabella Steuerfreiheit gab, und die bald sehr angesehen wurden und Abzeichen auf ihre Brust und an ihre Haustore pflanzten. Torquemada, ein Pedant der Glaubenswut und des Religionsmordes, verbot die geheime Absolution, wodurch der Papst immense Summen verdiente, da die Marranen nach Rom reisten und dort für Tausende Dukaten einen Ablaß kauften, apostolische Breves. Ferner verbot Torquemada den »Verdächtigen« jedes Ehrenamt und den Gebrauch von Silber, Perlen, Seide, Wolle. Der Papst trieb mit neuen Breves, durch die den Marranen wieder alles erlaubt ward, einen schwunghaften Handel. Wer freiwillig bekannte, mußte enorme Geldstrafen zahlen, die gewöhnlich sein Gesamtvermögen überstiegen. Die Päpste, die Könige, die Inquisitoren verdienten im brennenden Laden der Inquisition, blutige Glaubenshändler. Nur die Kirche, nur das Christentum, nur die Menschheit verloren. Wer im Kerker bereute, durfte nur zu lebenslänglichem Kerker begnadigt werden. Hielt man die Buße für heuchlerisch, verbrannte man den Büßer. Fest stand im Wirbel der Willkür nur die allgemeine Konfiskation. Diese erfolgte auf jeden Fall. Wer etwas zu gestehen vergaß, ward verbrannt; wer leugnete, ward verbrannt. Wer nichts gestand, ward gefoltert, einmal, zweimal, oftmals, bis er unter der Folter starb. Wenn hinterlassene Bücher die Ketzerei eines Toten bewiesen, grub man seine Knochen aus und verbrannte sie feierlich und konfiszierte seinen Nachlaß auf Kosten der Erben. Wer begnadigt ward, mußte seinen Christensklaven die Freiheit geben. Was nicht geregelt war, hing von der Weisheit der Inquisitoren ab. Alles hing von ihnen ab, da alles geheim war und allen geheim blieb, sogar den Angeklagten, den Anwälten, den Bischöfen, den Königen, den Päpsten. Das Geheimnis mordete. Tausende Menschen verschwanden in den Kerkern der Inquisition. Die Inquisitoren, sterbliche Menschen, glaubten, sich Gott angenehm zu machen, indem sie Tausende ihresgleichen verbrannten. Am Ende seiner Laufbahn, nach achtzehn Jahren, wird Torquemada mehr als einhundertzwanzigtausend Menschen in Spanien seinem Irrsinn geopfert haben, das sind einhundertzwanzigtausend ruinierte Familien. Er verbrennt zehntausendzweihundertundzwanzig Menschen, verbrennt sechstausendachthundertundsechzig in effigie, siebenundneunzigtausendvierhundert werden öffentlich gebüßt und ihrer Güter beraubt, ohne andere Beweise als irgendeine Denunziation oder ein Geständnis auf der Folter. Aber die Inquisition wird dreihundertundvierzig Jahre in Spanien dauern.

In den ersten achtzehn Jahren der Inquisition diente ein einziger Koffer zur Aufbewahrung aller Akten dieser hunderttausend Prozesse, ohne genaue und umfängliche Prozeßakten! Damals, da Torquemada zum Großinquisitor berufen ward, versammelte er alle Inquisitoren Spaniens im Kloster St. Pablo zu Sevilla und ernannte zu Inquisitoren für Aragon die zwei Dominikanermönche Bruder Gaspar Juglar und Meister Pedro Arbues de Epila, Kanonikus der Kathedrale von Saragossa. Torquemada saß vor den Inquisitoren in seiner Kutte, er hielt ein Kreuz in der Linken, die Geißel in der Rechten und rief:

»Fix, Kinderchen, fix! Gott hat keine Zeit. Gott kann nicht warten. Brennt, Kinderchen, brennt! Foltert, Brüder, foltert! Wie kurz ist ein Menschenleben. Wie wenig Ketzer kann man töten! Eilt, Brüder, eilt! Foltert, brennt! War er unschuldig, ist er rascher befreit vom Erdenübel. Ist er aber schuldig, foltert ihn, brennt ihn. Reißt die Knochen aus den Gräbern! Macht den Leichen Prozesse! Wie, er stirbt und glaubt sich entronnen? So leicht entwischt mir keiner! Werft die Knochen zum Autodafé. Sind keine Erben da, sie dazuzuwerfen? Foltert, konfisziert! Brennt! Der König auf Erden, der König im Himmel, sie warten auf euch, Brüder, sie hoffen, sie hoffen!«

Viertes Buch

Die Eroberung Granadas

Isabella wiegte ihr Kind. Es war drei Monate alt und lächelte schon. Es war ihr fünftes Kind, Katharina, im Palaste Mendozas zu Alcala de Henares geboren, am 15. Dezember 1485. Isabella sang ihr altes Liedchen von Maria im Wind. Sie hatte es schon als Kind gesungen, sie sang es all ihren Kindern vor:

> Da oben auf dem Berge,
> Da rauscht der Wind,
> Da sitzet Maria
> Und wieget ihr Kind.
> Sie wiegt es mit ihrer schneeweißen Hand,
> Dazu braucht sie kein Wiegenband.

Isabella saß im Patio ihres Schlosses zu Cordova. Die Luft war süß und mild. Der Frühling dampfte von grünem Leben. Die Zitronenbäume, Orangenbäume und Granatbäume glühten, der Himmel blaute, die Stadt Cordova scholl vom Glockenklang, Trommeldröhnen und erzenen Schmettern der Kriegs-Drommeten.

Im Patio säuselte eine süß beklemmende Stille. Zu den Füßen der Königin lagen zwei schottische Windhunde, schlank und fröstelnd. Vor ihr saß, im Anschauen versunken, auf einem niederen Taburett, ihr strahlender Liebling Gonzalo de Cordova, Prinz der Jugend. Vom andern Ende des Patio scholl manchmal die helle Stimme des Infanten oder einer der Infantinnen herüber. Dort plauderten mit ihren Lehrern Deza und Peter Martyr die Kinder Isabellas. Neben der sechzehnjährigen Elisabeth, einem schönen, blonden Mädchen, saß fröstelnd und schlank Don Johann, acht Jahre alt und Erbe beider Spanien. Das Mädchen und der Knabe sprachen Latein mit Peter Martyr, der die höfische Kleidung eines Kavaliers trug, goldene Ketten und Ringe, seidene Hosen, den Degen zur Seite. Die siebenjährige Johanna und die vierjährige Maria saßen auf den Knien des frommen Bruders Deza, der, barfüßig und in der Kutte der Dominikaner, ein Kreuz aus Blei und einen Rosenkranz aus Holzkugeln trug, obwohl er schon Bischof von Segovia war, Nachfolger des armen Arias Davila, der in Rom vor Kummer gestorben und zusammen mit den Knochen seiner braven, jüdischen Großeltern im Campo Santo begraben war; Bruder Deza erzählte ein maurisches Zaubermärchen. Die Backen der vierjährigen Infantin Maria glühten rot wie Vogelbeeren. Aber die siebenjährige Johanna machte ein böses Gesicht. Von Zeit zu Zeit unterbrach sie den frommen Bruder und fragte: »Ist es auch wahr?«

»Ja«, log der fromme Bruder.

Johanna sah ihn drohend mürrisch an. »Ist alles wirklich wahr?«

Peter Martyr berichtete von seinen Kriegsabenteuern. Er hatte an der Belagerung der Mohrenfestung Ronda als Ritter mit Schwert und Panzer teilgenommen und vermischte drollig die Heldentaten des Königs Ferdinand mit den eigenen ungeschickten Abenteuern eines bewaffneten Lateinlehrers. Bald lachten Elisabeth und Don Johann, bald glühten ihre Wangen wie die runden Bäckchen des kleinen Schwesterchens Maria. Einmal fragte die sechzehnjährige Prinzessin Elisabeth: »Sind denn die Mohren auch Menschen?«

Entsetzt starrte der Humanist Martyr die Prinzessin an. Das war nun seine Schülerin. War so das ganze Resultat? Konnte ein Lehrer nicht einmal die einfache Empfindung der Humanität lehren? Wieder dachte Martyr, er verliere sein Leben vergeblich im Lande von Barbaren. Er beschloß zum hundertsten Male, dieses schöne, geliebte, seltsame Spanien zu verlassen. Bald herrschte diese Prinzessin über eines der großen Reiche

Europas. König Franz Phoebus von Navarra zwar, der Enkel Eleonorens, Gräfin de Foix, der Stiefschwester Ferdinands, und Neffe Ludwigs des Elften von Frankreich, lehnte die Hand Elisabeths ab und starb an Gift. Nach dem Tode des elften Ludwig hatten Ferdinand und Isabella die Hand ihrer ältesten Tochter dem neuen König von Frankreich, Karl dem Achten, angeboten, einem Knaben, für den seine Schwester, Anne de Beaujeu, regierte. Anne lehnte ab, sie wollte ihren Bruder Karl mit der Erbin der Bretagne verloben, um dieses schöne Land mit Frankreich zu vereinen. Die geschäftigen Könige Ferdinand und Isabella verhandelten unermüdlich mit neuen Bräutigamen, besonders mit dem Erbprinzen Alonso von Portugal. So unwissend, dachte Martyr erschrocken, so unmenschlich wird eine Königin sein? Hastig begann er, Größe und Großmut der Mohren zu schildern.

Indes schrie das jüngste Kind Katharina am andern Ende des Patio. »Es hat Hunger«, sagte errötend die Königin und gab dem Kind ihre Brust. Katharina sog eifrig glücklich die königliche Muttermilch. Stolz schaute Isabella auf das trinkende Kind, gerührt und verliebt sah Don Gonzalo auf die weißen und vollen Brüste der Königin. Er war schon verheiratet, Vater zweier Kinder, und schwärmte noch immer wie ein verliebter Jüngling für Isabella.

»Seht«, sagte sie, »wie es dem Kinde schmeckt.«

Don Gonzalo sah es.

Hinter einer Mauer erhob sich der Gesang eines Sklaven, vielleicht eines gefangenen Mohren. Isabella und Gonzalo erkannten das Klagelied um die Mohrenstadt Alhama, die Don Juan überfallen und mit Hilfe des dicken Herzogs Sidonia vor dem Ansturm des Königs Hassan gehalten hatte. Das war schon eine alte Geschichte, fünf Jahre her, aus dem Beginn des Mohrenkriegs.

Passeavase el rey Moro
Por la ciudad de Granada
Desde las puertas de Elvira
Hasta las de Bivarambla.
Ay de mi Alhama! . . .

. . . Por las calles y ventanas
Mucho luto parecia;
Llora el rey como fembra
Qu'es mucho lo que perdia.
Ay de mi Alhama!

Der traurige Gesang verhallte. Gonzalo wiederholte leise den Refrain:

»Ach und wehe mir Alhama!«

»Dieses Lied«, sagte Isabella, »ist in Kastilien verboten.«

Don Gonzalo flüsterte: »Ach und wehe mir, Granada!«

»Ach«, seufzte Isabella, »mein Freund Gonzalo! Ich schreite durch Spanien. Unter meinen Tritten erblühen Priester und Soldaten wie rote und blaue Blumen unter den sanften Tritten Zephyrs. Höflinge weiden an meinen Wegen gleich Lämmerherden. Meine Reiche wachsen. Gott sieht mit Wohlgefallen auf uns herunter. Ich habe einen braven Mann. Ferdinand ist der Vater meiner fünf Kinder – und seiner vier Bastarde. Er ist der klügste Mensch, ein glänzender Diplomat. Er hat durch seinen ständigen Gesandten in Rom einen allgemeinen Frieden gestiftet zwischen den italienischen Staaten und dem Papst und trat als Schiedsrichter unter Königen auf. Sein Name hat Geltung in Europa. Er hat Ideen, er ist ein tapferer Soldat, ein frommer Ritter – ach, lieber Gonzalo, wenn ich mit ihm rede, sprechen nicht Gatte und Gattin, es redet Aragon zu Kastilien, und Kastilien antwortet. Mir ist zuweilen im Gespräch mit Ferdinand, als wären wir Cortes von Burgos und Toledo und Gott sei König von Spanien und spräche die ehrwürdige Formel:

›Toledo wird tun, was ich befehle. Es rede Burgos!‹ Und Burgos redet ... Meine Beichtväter, fromme Männer, weisen mir die Wege Gottes und erklären seine Meinung. Ich höre sie und handle, von ihm erleuchtet, es ist gut so. Es ist schwer, nur auf Gottes Stimme zu lauschen. Ich habe nur einen uneigennützigen Freund!«

»Majestät!« stammelte Gonzalo und küßte die Hände Isabellas. Ein Vogel flötete über ihnen auf einem Granatzweig. Das Kind Katharina lag mit offenen Augen in der Wiege und lächelte. Es war trotz der Wärme in ein Dutzend Tüchlein und Kleidchen eingewickelt, gleich einer Zwiebel. Die Ärzte der Königin warnten vor den schädlichen Einflüssen von Licht und Luft.

»O Königin!« rief Gonzalo. »Ihr werdet siegen. Granada wird fallen. Danach werdet Ihr den Wünschen des Königs willfahren, und Ferdinand wird Italien erobern und Schiedsrichter in Europa sein.«

»Glaubst du, Gonzalo? Manchmal zweifle ich, lieber Freund! Tue ich Unrecht? Gonzalo, tue ich Unrecht?«

Gonzalo schwieg. Man hörte das Gelächter der Infanten Johann und Elisabeth. Isabella fuhr fort: »Ich allein muß gegen alle fechten, ein schwaches Weib gegen meine kriegsmüden Völker, die seit fünf Jahren ihr bestes Blut hinter den Bergen Granadas verspritzen, gegen die Mohren, die trotz aller inneren Zwiste seit fünf Jahren uns widerstehen, drei Millionen Mohren gegen einundzwanzig Millionen Spanier, Heiden gegen uns Christen, Wilde gegen die Blüte spanischer Ritterschaft, Burnus gegen Panzer, Pfeil und Bogen gegen Kanonen, Barbarei gegen Zivilisation, Allah gegen Christus, und wer wird siegen?«

Gonzalo errötete. »Majestät«, sagte er, »haben wir nicht Helden?«

»Und Don Gonzalo de Cordova«, fügte Isabella lächelnd hinzu.

»Wieviel Hauptsiege erfocht Spanien!« fuhr Gonzalo errötend fort. »Don Juan nahm 1482 Alhama, Graf Cabra fing 1483 den

König Boabdil El Chico den Kleinen, oder wie die Mohren sagen, El Zogoybi den Unseligen. König Ferdinand nahm 1485 Ronda ein.«

»Und die Mohren?« fragte Isabella. »König Hassan überfiel unsere Stadt Zahara und brannte sie nieder, 1481. Ali Atar, der Schwiegervater Boabdilas, schlug 1482 den König Ferdinand. Don Juan rettete Ferdinands Leben. Graf Haro erhielt drei Wunden im Gesicht, der Großmeister von Calatrava starb, vierundzwanzig Jahre alt, Graf Tendilla erhielt Hiebe, und der Herzog von Medina Coeli fiel vom Pferd. 1483 vernichteten König Hassan und sein Bruder El Zagal, ›der Tapfere‹, dreitausend unserer besten Ritter in der Axarquia, der Marquis von Cadix floh, dein Bruder floh, Cardenas floh, die Bäuerinnen auf den Mohrenäckern fingen den Grafen Cifuentes, ein Mohr trieb zehn Spanier von hinnen. 1485 besiegte El Zagal den Grafen Cabra, den Königsfänger, als er zum zweiten Male einen Mohrenkönig fangen wollte. Unser General kehrte ohne Armee zurück. Damals kniete ich in der Kathedrale zu Cordova und fand keine Worte, ich verzweifelte am Siege. Ich verzweifelte an Spanien. Ferdinand zog in den Mohrenkrieg wie in ein Turnier; ich wollte in einem einzigen Feldzug siegen. Welch ein Wahn! Wann werden wir siegen? Und lohnt es das Blutvergießen? Lohnt es, Gonzalo? Der König und ich haben eine Wallfahrt zur Madonna von Guadalupe unternommen und haben ihr Gold und Perlen gespendet. Der Papst spendete uns ein silbernes Kreuz und gab uns eine Bulle. Wir schickten Kreuzzugsprediger durch ganz Europa. Wir haben eine neue Armee von zweiundfünfzigtausend Soldaten, kaum der Dritte ist Spanier. Ich sage dir, Gonzalo: Die Spanier waren die schlechtesten Soldaten in Europa. Sie machen eine gute Schule durch. Ich habe gelernt, von Feldzug zu Feldzug. Ich machte aus zwanzig Heerhaufen ein Heer, ich schuf ein Kommando, ich kaufte Kanonen in fremden Ländern, ich mietete achttausend Schweizer, die besten Soldaten Europas. Sie sind beherzt und fechten zu Fuß. Sie sind entschlossen, nie dem Feinde den Rücken zu zeigen, und tragen also nur vorne einen Panzer. Sie treiben Handel mit dem Krieg und vermieten sich als Söldner; doch befassen sie sich nur mit einem gerechten Streit; denn sie sind fromme und aufrichtige Christen und vor allem verabscheuen sie den Raub als eine große Sünde. Sie haben Karl den Kühnen von Burgund besiegt und sind mehr wert als unsere goldgezierten Ritter. Lernt von den Schweizern, Gonzalo, lernt von den Mohren; ich will Euch zum Marschall unserer Armee in Italien machen. Ihr sollt Italien erobern! Ich verspreche es dir, Gonzalo. Ich kenne dich. Du wirst groß sein und reichen Ruhm haben. Die Leute an unserm Hofe sagen, daß ich dich liebe, Gonzalo.«

Gonzalo stand auf, er war sehr blaß.

»Sei still, mein Freund Gonzalo. Wir wissen, daß es Verleumder sind. Lerne! Sei tapfer! Sei fromm! Sei treu!«

Gonzalo küßte die Hände der Königin. Da er den Patio verließ, der schönste Mann Spaniens, blickte Isabella ihm nach und flüsterte: »Vielleicht liebe ich dich, Gonzalo von Cordova?«

Ferdinand der Europäer

König Ferdinand zählte seine Jahre. Er war mißvergnügt. Er maß die Könige Europas und verachtete sie. Er war fünfunddreißig Jahre alt, seine Zeit war gekommen. Seine bösen Feinde waren weggestorben. Tot war König Alonso von Portugal, tot König Ludwig der Elfte von Frankreich, tot Papst Sixtus der Vierte, tot der Großtürke Mahomet der Zweite, tot König Muley Abul Hassan von Granada, tot der hübsche König Franz Phoebus von Navarra, tot Karl der Kühne von Burgund, tot der König von England, Richard der Dritte, der Spanien grollte, weil ihm einst Isabella von Kastilien einen Korb gab, tot der unbequeme Carillo, tot alle Feinde Ferdinands! Seine Bahn war frei. Nur ein Mensch stand ihm im Wege. Nur ein Mensch warf seinen Schatten auf ihn – sein Weib – Isabella, die Mutter von fünf seiner Kinder. Sie versagte ihm nie ihren Leib und stets ihren Willen. Er durfte sie im Bette traktieren wie er wollte, sie war zahm wie ein Lämmchen. Sie koste und turtelte, säuselte und scharmutzierte, schnabulierte und küßte ihn von Kopf zu Füßen. Sie war demütiger als eine Magd und gefälliger als eine Witwe in reiferen Jahren. Sie duldete alles mit englischer Geduld. Ferdinand herrschte im Bett, Isabella herrschte in Spanien.

Und hat sie hundertmal recht, dachte der beleidigte Gatte einer genialen Frau, so habe ich doch nur ein Leben und will mein eigenes Vergnügen haben. Sie träumt von Siegen des Kreuzes. Ich will mein Reich in Europa. Ferdinand ritt von Tarragona in Aragon nach Cordova in Kastilien. Er ging wie ein Wind durch sein Schloß, wie Halme neigten sich vor ihm die Häupter der Höflinge Isabellas, dieser sonderbaren Zwitter zwischen Geistlichen, Soldaten und Diplomaten. Er dachte, auch Isabella ist ein Mannweib. Ihm schauderte plötzlich vor seiner Frau. War sie nicht unmenschlich? Auf jeder Stufe standen militante Mönche; Bischöfe in Panzern; Ritter, die Handel trieben; Juden mit Kreuzen auf der Brust. Da Ferdinand den Finanzminister seiner Frau sah, Don Isak Abravanel, schien ihm dieser endlich ein Mensch zu sein, der aussah, wie er war, und es trieb, wie ihm gemäß war.

»Abravanel«, rief er, »Ihr wart doch immer Bankier?«

»Ich begann als Gelehrter, Majestät.«

Enttäuscht fragte Ferdinand: »Seid Ihr wenigstens noch Jude? Oder auch schon getauft?«

»Majestät«, erwiderte Abravanel spöttisch, »Spanien braucht Juden.«

»Warum?« fragte Ferdinand.

»Ohne uns könnten unsere Landsleute auf den Gedanken kommen, an ihrem Unglück trügen nicht die Juden, sondern die Könige schuld.«

»Unsere Landsleute, Jude?«

»Ich bin Spanier«, erwiderte stolz Don Isak, »seit Römerzeiten. Wir Abravanels erinnern uns wohl, da es noch keine Christen gab. Die Judenfriedhöfe sind die ältesten in Spanien.«

»So alt«, sagte Ferdinand, »seid ihr Juden? Und keiner macht Schluß mit euch?«

Er ließ den betroffenen Juden stehen. Im Zimmer Isabellas traf er ein halbes Schock Priester, den Kardinal Mendoza, den Großinquisitor Torquemada, den Infantenerzieher Bischof Deza, den Beichtvater Isabellas, Talavera, den Bischof von Cadix, ein Dutzend Inquisitoren, den päpstlichen Legaten, ein Dutzend Äbte. Ferdinand lächelte spöttisch. »Isabella«, rief er, »du regierst?«

Drei Tage später, nach einer glänzenden Militärparade auf den Feldern von Cordova, bat Ferdinand seine Frau, den Mohrenkrieg ein Jahr ruhen zu lassen und ihm die Armee und die gesammelten Gelder und Vorräte für einen kleinen Feldzug gegen Frankreich zu leihen. Unter den eisigen Blicken Isabellas ward Ferdinand verlegen und zornig.

»Hast du also Gott vergessen?« rief sie.

Ferdinand zitterte vor kalter Wut. Gott, schrie er in seinem Innern, weißt du, was du tust? Gabst du wirklich dieser Wahnsinnigen alle Gewalt? Bin ich allein, der einzige Mensch von Vernunft in Spanien, ohnmächtig, und heiße König zum Spott? Er flehte mit zitternder Stimme: »Isabella.«

Schon schrie sie: »Nein!«

»Isabella, höre meine Gründe. Entscheide dann!«

»Es ist entschieden. Wie? Soll ich lächerlich werden? Bin ich mein Bruder Heinrich, der vor den Toren Granadas spazieren ging und seinen Soldaten zu kämpfen verbot? Oder mein Vater

Juan, der die Mohren besiegte und statt eines Königreichs Tribute nahm? Ich habe diesen heiligen Krieg begonnen und führe ihn durch.«

»Ohne mich, Isabella!«

»Mit Gottes Hilfe, Ferdinand!«

»Und unsere Kinder? Denkst du nicht an unsere Kinder? Der König Phoebus verschmähte unsere Tochter Elisabeth; seine Schwester Katharina folgte ihm auf den Thron von Navarra und zog unserm Sohn und Erben Johann einen kleinen Grafen aus Frankreich vor, einen Herrn Jean d'Albret, er wohnt in Bayonne und ist ein Schürzenjäger. Unsere Verhandlungen mit dem deutschen Kaiser Maximilian wegen der Heirat unserer Kinder gehen nicht voran, der englische König zieht uns hin, Portugal zieht uns hin. Der freche Joao hätschelt die Beltraneja. Laß mich machen, und alles ist anders! Ich bezahle eine Partei in Navarra, wir können es einstecken, Christen statt Mohren, wir können meine schönen Provinzen Cerdagne und Roussillon erobern. Der König von Frankreich, Karl der Achte, ist ein Kind, der Herzog von Bretagne führt Krieg mit Frankreich. Der Augenblick ist günstig, so kehrt er nicht wieder. Ich bitte dich, Isabella, gib mir deine Armee, gib mir Kanonen und Geld, ich marschiere nach Neapel, gewinne Italien, Granada wartet, wir werden es wie eine reife Frucht pflücken, wir sind fünf Jahre ins Feld gezogen, nächstes Jahr erobern wir Granada.«

»Nein«, sagte ruhig Isabella. »Du greifst zu früh nach Europa. Erst müssen wir Spanien gewinnen!«

»Aber Roussillon, Cerdagne und Navarra sind spanisch! Ich bin König von Aragon. Die Welt lacht mich aus, wenn ich die günstigste Stunde versäume.«

»Laß die Welt spotten. Mit uns ist Gott. Bete, Ferdinand, daß Gott dich demütig und fromm mache!«

»Du gibst mir die Armee nicht?«

»Keinen Soldaten, Ferdinand, keinen Troßjungen!«

»Und Geld? Der Papst schenkte dir hunderttausend Dukaten von der Kirchensteuer in Spanien. Gib mir die Hälfte.«

»Keinen Maravedi!«

»Dein letztes Wort?«

»Krieg gegen die Mohren!«

»Du denkst nur an Kastilien!«

»Und du nur an Aragon!«

»Leb wohl, Isabella!«

»Ferdinand! Du bist mein General!«

»Ich bin König von Aragon.«

»Wohin willst du?«

»In den Krieg gegen Frankreich!«

»Unser Ehevertrag verbietet dir, Kastilien zu verlassen ohne meine Erlaubnis! Dachtest du, du habest umsonst geschworen?«

»Also gehe ich nach Aragon. Gut! Gut!«

»Ich verbiete dir . . .«

»Wir können uns scheiden«, erklärte Ferdinand kalt. »Der neue Papst nimmt Geld. Er wird eine Bulle schicken. Wir sind zu nahe verwandt, Isabella. Das billigt der Papst nicht. Er wird uns lösen.«

Ferdinand verbeugte sich kalt.

Isabella sah ihm nach. Sie wartete, daß Ferdinand umkehre! Sie wollte ihm noch ein zärtliches Wort auf den Weg geben. Ferdinand kehrte nicht um.

Ferdinand ritt nach Saragossa und berief die Cortes. Die Parlamentsdebatten dauerten drei Monate. Der Klerus versprach Gebete statt Kanonen. Die Schiffsreeder und Pfefferhändler aus Barcelona schworen, sie hätten kein bares Geld, und offerierten Pfeffer und Zimmet. Die Grafen aus Aragon lachten schallend. Wo sollten sie Truppen hernehmen? Kein Mann ziehe mehr in den Krieg, außer vielleicht für Gott, gegen die Mohren. Aber

wolle der König nicht den sehr verhaßten Arbues, Inquisitor von Aragon, abberufen? Die Konfiskation der Ketzervermögen sei gegen die Verfassung. Ferdinand ergrimmte und befreite einen Teil der aragonesischen Bauern, die Lehnsmänner, aus der Sklaverei, gegen den Widerstand der Granden. Diese Bauern wurden frei und mußten nun nicht nur den Granden, sondern auch der Krone Abgaben zahlen. Ferdinand haßte seine Untertanen. Er haßte Isabella. Er dachte, ihm fehle nur die Gelegenheit, um der Welt zu zeigen, daß er ein großer Mann sei. Er schrieb einen Liebesbrief an Isabella. »Meine süße Doña! Seid stolz, ich schreibe zuerst. Triumphiert, ich bin schlaflos nachts und elend am Tag. Die Boten kommen, keiner von Dir. Ihr schreibt mir nicht, also liebt Ihr mich nicht. Also seid Ihr stolz. Vielleicht kommt einst der Tag, da Ihr Euch umseht nach Eurer alten Liebe; wo nicht, sterb' ich, und Ihr seid schuld. O schreibt endlich, ich vergehe nach Neuigkeiten. Ich küsse Eure Hand und bin Euer Diener. Der König.«
Da Isabella den Brief empfing, meldet man ihr die Ankunft Ferdinands. Sie las den dürren Liebesbrief und lächelte bitter, und zitterte vor Verlangen. Wie lange werde ich ihn noch lieben? Isabella war als Generalfeldmarschall mit der Armee vor Malaga gerückt. Sie hatte nach Ferdinands Abreise ihren Liebling Gonzalo de Cordova rufen lassen. »Wollt Ihr Feldmarschall werden?«
Da erschrak Gonzalo. »Majestät, ich bin der jüngste General. Ich würde alle kränken, voran meinen Bruder.«
»Ich übergebe ihm die Vorhut.«
»Und den Großmeister und den Marquis von Cadix . . .«
»Ihr zögert. Vielleicht habt Ihr recht, Gonzalo. Also wird Don Juan Feldmarschall, Cardenas und du werden die Unterfeldherrn. Bewähre dich, Gonzalo; denn du sollst höher steigen!«
Vierzig Tage lang marschierte die Armee durch das Königreich Granada. Isabella kommandierte die Artillerie, die Verpfle-

gung, fünfzigtausend Maultiere, fünfzigtausend Pferde, zehntausend Marketender, Lagerhuren, Köche, Bankiers, Ingenieure, Bauern, Straßenarbeiter, Brückenbauer. Sie führte sechs große Zelte mit, die ›Krankenhäuser der Königin‹, mit Betten, Feldärzten, Medikamenten, Badern, Charpie und Chirurgen. Scharen von Händlern mit großen Säcken Silber und Gold, Wagen und Maultieren folgten der Armee. Sie kauften nach jeder Plünderung bar und billig die erbeuteten Waffen, Schmucksachen, Sklavinnen, Webwaren, Viehherden und Kriegsgefangenen. Sie tätigten riesige Umsätze, trieben oft fünfzigtausend Stück Schafe und tausend Mohrinnen nach Sevilla und Cordova auf die großen Viehmärkte. Die geniale Frau hatte mit bewunderungswürdigem Instinkt entdeckt, daß die Natur mitleidiger war als die Kriegstechnik. Bisher hatten die Spanier jedes Jahr einen Feldzug im Frühjahr unternommen und alles verwüstet, im Herbst ernteten die Mohren bei der zweiten Ernte und lebten in Hülle und Fülle. Nun führte sie zwei Feldzüge jedes Jahr, im Frühling und Herbst, und begnügte sich nicht, die Äcker zertrampeln zu lassen. Unter ihrer Aufsicht verbrannten dreißigtausend Fouriere die Pachthäuser, die Scheunen, die vielen hundert Mühlen, sie rissen die ganzen Weinstöcke heraus, radikal; die Olivengärten, Pomeranzenwälder, Mandelbäume, Maulbeerbäume wurden bis zur Wurzel ausgebrannt, ausgerodet, ausgerottet, zwei Meilen weit links, zwei Meilen weit rechts von der Marschlinie. Die erhabene Frau verstand in ihrem unermüdlichen Glaubenseifer, die üppige Gartenkultur der barbarischen Mohren so auszurotten, daß die fruchtbarsten Ländereien Europas Wüsteneien wurden. Kein Heuschreckenschwarm verdarb je ein irdisches Paradies so gründlich wie die fromme Landesmutter Isabella im Namen des gütigsten Gottes, im Zeichen der leidenden Kreatur. Ferdinand hatte als Ritter gekämpft. Isabella verwandelte sich in den Hunger. Ihre Flotte schnitt alle Zufuhren von den

Küsten der Berberei ab. Die Mohren begannen, ihre christlichen Gefangenen gegen Lebensmittel auszutauschen. Isabella untersagte diesen unwürdigen Handel und belegte ihr strategisch wichtiges Verbot mit Bibelstellen. Sie berief Kriegsbaumeister aus Frankreich, Deutschland und Italien, ließ Feldschmieden bauen und führte Pulver, Blei, Marmorkugeln und Kanonen aus Sizilien, Flandern und Portugal ein. Kein anderer König in Europa hatte so viele Mordwerkzeuge beisammen im Krieg wie im Frieden. Isabella besaß die meisten Kanonen, ihre Inquisition die zahlreichsten Torturmaschinen. Isabella ließ Steinkugeln von 550 Pfund herstellen, sie liebte das Monumentale, sie benutzte Brandbomben mit Vorliebe. Sie beschäftigte sechstausend Schanzgräber, die Straßen durchs Gebirge bauten, Berge abtrugen, Tunnel bohrten, Brücken legten. Isabella richtete regelmäßige Feldposten ein, die ihr stündlich Nachrichten von der Front in die Etappe brachten, sie besuchte oft das Feldlager, umgeben von ihren geistlichen Beratern, ermunterte die Soldaten, schenkte ihnen Kleider und Geld. Sie preßte Truppen in Sizilien, versprach allen Verbrechern und Emigranten völlige Vergebung, wenn sie in den Mohrenkrieg zögen. Auf diese Weise ward sie ihre politischen Feinde sicherer los, sie ließ die Emigranten in die vordersten Sturmlinien stellen. Sie unterließ nie, in allen öffentlichen Bekanntmachungen zu versichern, daß sie weder aus Ehrgeiz noch Geldgier noch um ein Königreich zu erobern, Krieg führe, sondern einzig um der höheren Ehre Gottes und weil Christus am Kreuze gehangen. Sie war sich keiner Gotteslästerung bewußt. Sie zerstörte den Seidenbau Spaniens für immer; es schien ihr gottwohlgefällig. Isabella führte jederzeit einen großen Vorrat an Glocken, Gefäßen, Meßbüchern, Silberschalen, Taufbecken und anderen Werkzeugen der katholischen Religion mit sich und ließ die schönsten Moscheen reinigen und zur Kirchen weihen, Messen lesen und Psalmen singen. Nach jedem größeren Sieg ging sie barfuß, tat fromme Gelübde und sang mit schallender Stimme: »Te deum laudamus.«

Da Ferdinand ins Lager kam, hatte Isabella fünfundsiebzig kleine Orte erobert. Ferdinand übernahm schweigend das Kommando und begann die Belagerung Malagas, der Hauptstadt des Königs El Zagal.

Ferdinand plündert Malaga

Damals gab es zwei Könige in Granada. Sie stammten aus der berühmten Familie der Abencerragen, Onkel und Neffe. El Zagal, der ältere, ward der Tapfere genannt, Boabdil hieß El Chico, der Kleine. Sie mißverstanden einander. Sie mißverstanden ihr Schicksal. Beide gingen elend zugrunde, nachdem sie ihren kleinen Frieden mit den Königen Spaniens geschlossen hatten. Von Ferdinand und Isabella schmählich betrogen, wurden beide zum Gespötte der Welt. Granada fiel durch ihre Schwäche. Es hinterließ nur Tränen, Ruinen und Lieder.

Ein Sterndeuter prophezeite bei der Geburt Boabdils, dieser werde der letzte König von Granada sein. Sein Vater, Kalif Hassan, warf ihn samt seiner Mutter, einer Haremssklavin, in einen Turm der Alhambra und befahl dem Henker, Boabdil zu köpfen, um die Sterne Lügen zu strafen. Die Sklavin ließ sich und den Knaben an verknüpften Tüchern vom Turm herunter und floh ins Gebirge. Boabdil wuchs heran und setzte sich zu Granada die Krone aufs Haupt und versperrte die Tore der Stadt vor seinem Vater, da dieser geschlagen von Alhama zurückkehrte. Der Kalif floh nach Malaga zu seinem Bruder. Zagal ließ ihn, der vor Gram erblindete, vergiften und krönte sich zum König von Malaga. Die neuen Könige von Granada und Malaga bekämpften einander und die Christen.

Einmal, da Boabdil in Andalusien einfiel, um die Spanier zu

plündern, weil die Spanier zuvor in seinem Reich geplündert hatten, ward er vom Grafen Cabra und seinem Neffen geschlagen und verbarg sich im hohen Schilf am Ufer eines Flusses. Der gemeine Soldat Martin Hurtado fing ihn. Ferdinand und Isabella, die damals im alten Maurenpalast zu Cordova regierten, ordneten an, daß man die Königsfänger, den Grafen Cabra und seinen Neffen feierlich ehren solle. An einem Mittwoch ritt Graf Cabra vors Tor von Cordova. Der Kardinal Mendoza geleitete ihn beim Triumphschall der Hörner und unterm Geschrei des Volkes in den Palast. Die Könige saßen in großem Pompe unter dem Thronhimmel in der Audienzhalle. Sie standen auf. Fünf Schritte ging Ferdinand, zwei Schritte Isabella dem Grafen entgegen. Cabra kniete. Ferdinand hob ihn auf, als sei der Graf kein Lehnsmann. Die Könige kehrten zu ihren Thronen zurück. Man breitete Kissen aus. Cabra saß zur Seite des Königs, neben ihm saßen der dicke Sidonia und der kühne Cadix, neben der Königin ihre Lieblinge Gonzalo, Torquemada und Abravanel. Musik ertönte. Zwanzig Jungfrauen erschienen in herrlichen Gewändern, zwanzig Kavaliere tanzten mit ihnen. Der Hof sah steif und ernst vor sich hin. Danach erhoben sich die Könige, um zur Tafel zu gehen, und entließen Cabra mit gnädigen Ausdrücken. Tags darauf empfingen die Könige des Grafen Neffen mit großen, aber um einen Grad geringeren Ehren. Mendoza kam nur bis zum Vorzimmer im Palast entgegen. Die Könige erhoben sich, taten aber keinen Schritt. Die zwanzig Jungfrauen tanzten, aber in alltäglichen Gewändern. Die Könige standen auf, um zur Tafel zu gehen, aber sie entließen den Neffen mit sparsameren Ausdrücken der Gnade. So genau wogen Ferdinand und Isabella ihre Ehrenbezeugungen. Jedes Lächeln, jede Gebärde, jedes Wort der Könige hatte seinen Kurs und ward auf der Börse der Hofgunst von geschäftiger Blödheit notiert. In Aragon traten die gleichen Granden als Gleiche des Königs auf, die in Kastilien in sklavischer Demut vor den Königen erstarben. Isabella kannte die Eitelkeit der Menschen und spielte auf diesem laut tönenden Instrumente meisterlich. Dem Grafen Cabra und seinem Neffen vermachten die Könige einige Tage später lebenslängliche Renten von zwanzigtausend Maravedi. Martin Hurtado, der gemeine Soldat, ward ausgepeitscht, weil er »Na, du alte Mohrensau!« zu seinem Gefangenen gesagt hatte. Danach hing man den Soldaten, da er als Gemeiner einen König angerührt habe. Boabdil blieb lange gefangen. Seine Mutter bot ein ungeheures Lösegeld, sein Onkel bot zehn vornehme, gefangene Christen für Boabdil, tot oder lebend. Isabella rief: »O Barbaren! Der eigene Oheim!«

Zu Cordova schrien die Räte des Königs. Der Großinquisitor Torquemada gab vor, die Mutter Boabdils, die ehemalige Haremssklavin, sei eine gefangene Christin, die zum Islam übertrat, Boabdil also Sohn einer Ketzerin und Ketzer. Er müsse daher in feierlichem Autodafé verbrannt werden. Der gute Graf Haro schlug vor, ihn tot seinem Onkel auszuliefern; Mendoza erklärte, es genüge, ihn lebend dem Onkel zu übergeben. El Zagal habe seit Hassans Tod eine gewisse Übung. Der großmütige Cardenas schlug ewigen Kerker vor. Der Marquis Cadix bat: »Laßt ihn frei. Nehmt das Lösegeld seiner Mutter. Laßt ihn Tribute zahlen. Und laßt zwei Mohrenkönige regieren, die sich zerfleischen!«

Isabella entschied sich dafür. Es entsprach ihrer mitleidigen Empfindung und war nützlich. Boabdil mußte Tribut zahlen, auf Ferdinands Vorschlag den spanischen Truppen stets freien Durchzug durch sein Reich gewähren, allen Kriegsbedarf liefern, bei dem spanischen Hofe erscheinen, falls die Könige es forderten, und seinen Sohn als Geisel übergeben.

Da Graf Cabra seinem Gefangenen diesen Vertrag vorlegte, studierte Boabdil lange das Pergament. Sein Anblick rührte den Grafen. »Wollt Ihr also unterschreiben?« fragte Cabra.

Boabdil blickte auf, erhob sich, sah hinaus zum Turmfenster, wo von Hügel zu Hügel die Wachttürme der Christen standen, seufzte tief und unterschrieb. Nun brachte man ihm reich aufgezäumte Rosse, Decken aus Brokat, kostbare, seidene Gewänder und Goldschmuck. Den Mohrenkönig schauderte. Zitternd tat er die goldenen Armringe an, mit eiskalten Fingern legte er den Brokatmantel um seine Schultern. Er schlug die Augen nieder, da man ihn herabführte vor die fünfzig arabischen Ritter, die wegen seiner Befreiung verhandelt hatten. Mühsam stieg er aufs Roß, geschmückt wie ein Pfau und ohne Schwert, geschmückt zum Triumph der Christen. Er kniete nieder, um Ferdinands Hand zu küssen, ließ sich vom huldvollen Christenkönig aufheben, stand unbeweglich, als ein arabischer Dolmetscher anfing, mit rednerischem Pomp den erhabenen Edelmut der spanischen Könige zu rühmen, und verzog keine Miene, da Ferdinand grob dem Dolmetscher ins Wort fiel und ausrief: »Genug Geschwätz. Ich vertraue dem Mohren, daß er rechtschaffen sein Wort hält.« Mit ruhigen Mienen umarmte der Mohrenkönig seinen einzigen Sohn, den ein Abencerrage herbeigeführt hatte, und ritt fort, ohne sich umzusehen, indes das Knäblein laut nach dem Vater rief. Nur König Ferdinand, der dem gefangenen Mohrenkönig bis vors Tor von Cordova das Geleite gab, als Boabdil unter großer Eskorte zur Grenze ritt, hörte einen Seufzer des armen Vaters.

Da Ferdinand und Isabella Malaga belagerten, den schönsten Hafen und ›Mund‹ Granadas, und König El Zagal vom Gebirge herabstieg und seine Feuer auf allen Bergen die Christen schreckten, überfiel ihn sein Neffe Boabdil im Auftrag der spanischen Könige und schlug ihn. El Zagal floh ins Gebirge.

Drei Monate belagerten die spanischen Könige das üppige Malaga. Schließlich ergab sich die Stadt auf Gnade, vom Hunger mehr als von den Brandbomben und furchtbaren Geschützen Isabellas bezwungen. Tags und nachts hatten die Könige von einem nahen Berg und zur See von dreißig Galeeren herab die Stadt beschossen und mit Pulverminen die Wälle untergraben. Tags verdunkelten die Rauchwolken die Sonne, nachts die Feuerbrände den hellen Schein der Sterne. Dordux, ein reicher Reeder, verhandelte wegen der Übergabe. Ferdinand rief: »Zu spät! Der Tag der Gnade ist vorüber!«

Da drohten die Einwohner von Malaga, fünfzehnhundert gefangene Christen wie Hunde auf den Schanzen zu erhängen und die Stadt an allen vier Ecken anzuzünden. Isabella erwiderte kalt: »Wir scheuen keine Opfer.«

Der reiche Kaufherr Dordux sah, daß Malaga verloren war, also rettete er sich und seine Freunde. Er sandte Isabella reiche Waren aus dem Morgenlande, Goldstoffe, Juwelen, Rauchwerk und Schnurrpfeifereien. So fand er Gnade vor den Augen der Königin. Sie versprach ihm, und vierzig seiner Freunde, Leben und Eigentum, sie sollten als Mudejaren, als getaufte Moslims, in Malaga wohnen und handeln dürfen. Die übrigen Bewohner, etwa zwanzigtausend Menschen, wurden in den riesigen Burghof getrieben, der von Wachttürmen und hohen, mit spanischen Soldaten besetzten Wällen umgeben war. Dort erfuhren sie, daß man sie sämtlich in die Sklaverei verkaufe. Ein Drittel ward nach Afrika geschickt, zum Austausch von Christensklaven, ein Drittel nach Sevilla gebracht und für Rechnung der königlichen Kasse auf dem Sklavenmarkt verkauft, um die Belagerungskosten zu decken.

Das letzte Drittel wurde an Heer und Hof verschenkt. Der Papst erhielt die hundert schönsten afrikanischen Krieger, er reihte sie in seine Leibwache und bekehrte alle binnen Jahresfrist zu sehr guten Christen. Isabella schenkte die fünfzig schönsten Mohrinnen der Königin von Neapel, sieben Mohrinnen der treuen Beatrix. Um die Mohren zu verhindern, ihre reichen Schätze an Gold und Juwelen in Brunnen zu werfen oder in der Erde zu vergraben, versprach der listige Ferdinand den

Bewohnern die Freiheit, falls sie per Kopf, Männer, Weiber und Kinder je dreißig Golddublonen binnen acht Monaten zahlen würden. Stürbe inzwischen einer von ihnen, müßten doch die dreißig Golddublonen bezahlt werden. Gelänge es ihnen aber nicht, so würden sie alle ohne Ausnahme Sklaven bleiben. Was sie gleich an Juwelen, Gold und Schätzen abliefern würden, sollte ihnen nach gerechter Schätzung angeschrieben werden. Da Hoffnung stärker als Erfahrung, Glaube häufiger als Vernunft ist, gingen die Malaganer auf diesen aussichtslosen Handel ein. Straßen- und familienweise schickte man sie unter Wache fort, in Bündeln wurden ihre kostbarsten Güter verpackt, versiegelt und mit dem Namen des Besitzers bezeichnet, gemäß der Ordnungsliebe gewisser beamteter Räuber. Danach trieb man die Malaganer zurück in die Verschläge, wo sie wie Schafe zusammengepfercht lagen, durcheinander, übereinander, Schlachtvieh, das man auf stinkende Schiffe verlud und nach Sevilla transportierte, wo sie auf den Sklavenmärkten versteigert und verteilt wurden; denn obwohl bei gerechter Schätzung die geforderte Summe vielleicht sogar überschritten war, hatten die Beamten keine Weisung, gerecht zu schätzen. Die entsetzten Malaganer schickten Boten nach Granada und Afrika, die Geld sammelten für die armen Sklaven. Die Beamten des Königs empfingen die Summen und schüttelten die Köpfe. »Nicht genug«, murmelten sie, »noch nicht genug. Nie genug!«

Die Freunde des Königs rühmten das Geschick Ferdinands. Seine Geltung in Europa wuchs. Denn vor Unrecht, das Erfolg hat, haben die Leute von Europa den größten Respekt. Die weltklugen Leute in Europa sagten: »Dies ist einer der größten Triumphe des frommen und staatsklugen Ferdinand, das hebt ihn über die gewöhnliche Klasse der Eroberer, welche nur tapfer sind und siegen, aber nicht ihre Siege zu nutzen wissen.« Auch Torquemada feierte geschäftige Triumphe. Er verbrannte siebenhundert Mohren und Juden, die in Kastilien die Taufe erlitten und aus Furcht vor den Flammen des Inquisitors nach Malaga geflüchtet und zu ihren alten Glauben zurückgefunden hatten. Vierhundertfünfzig Juden entriß den Feuerstößen der stolze Isak Abravanel. Er zahlte siebenundzwanzigtausend Golddublonen den Königen für die vierhundertfünfzig Juden, meist Weiber, die arabisch sprachen und auf maurische Weise gekleidet waren. Dennoch schwor Torquemada, er erkenne an untrüglichen Zeichen, es seien Ketzer. »Sie waren getauft«, heulte er, »ich muß sie verbrennen!«

Doch schickte sie der König auf Kosten Abravanels mit zwei bewaffneten Galeeren nach Kastilien.

Der Konnetabel zog zuerst in Malaga ein, ließ die Stadt von Lebenden und Kadavern, die auf den Straßen faulten und die Luft verpesteten, reinigen und die größten Moscheen säubern und mit Hilfe von vielen Glocken, Kreuzen, Weihwasserbekken und Marienbildern in Kirchen verwandeln. Dann rückten die Könige mit Hof und Heer in den Dom ein, die Geistlichen sangen, die Könige knieten, die stolzen Christenritter ritten durch Malaga, wo achthundert Jahre der Halbmond prangte, und freuten sich ihrer Fahnen und Kreuze und des Sieges des Christentums. Den Sitten spanischer Ritter gemäß, baumelten links und rechts vom Sattel hernieder die abgeschnittenen Köpfe der erschlagenen, arabischen Ritter. Manch ein arabisch Ritterhaupt schaukelte wehmütig, wenn das Roß seines ritterlichen Feindes es an seinem leeren oder ausgebrannten Palaste vorbeitrug.

Auch Ferdinand und Isabella ritten durch die reichen, gesäuberten Straßen von Malaga, langsam und sinnend. Sinnend langsam schweiften ihre Blicke von den weiten Plätzen zu den zahllosen Gassen, von den prächtigen Palästen zu den üppigen Gärten und öde rauschenden Brunnen der toten Stadt Malaga. Zuweilen nur schaute ein verwildertes Kätzchen, das sein

Leben vor dem Hunger der Malaganer gerettet hatte, zu dem
höchsten Fenster eines prunkenden Palastes heraus. Der sanfte,
angenehme Seewind strich durch die offenen Tore und schaurig leeren Häuser, totenstille lag die ganze Stadt, verlassen und
funkelnd. Schaurig schollen die Hufe der Pferde. Das Feuer
und die Geschütze hatten in vielen Straßen gewütet. Die
Könige sahen neugierig in die aufgerissenen Höfe vieler Paläste, deren Fassaden eingestürzt waren. Träumend rauschten die
Springbrunnen, die Vögel zwitscherten im Laub der zerschos-
senen Orangenbäume, Falter flatterten wie trunken im glühenden Licht einer tödlich starren Sonne. Ein schrecklicher Zauber, so schien den Königen, falle auf sie. Isabella schwieg, und
Ferdinand wagte nicht, zu reden. Unheimlich lagen zwischen
manchen Ruinen noch aufgeschlagene arabische Schriften. Sie
sahen in offene Bibliotheken von Tausenden Bänden, halb verbrannt, halb vom Regen aufgeweicht, und der Wind griff mit
spielenden Fingern in die Pergamente. Sie ritten einen Hügel
hinan zwischen Weinbergen und schauten, im Schatten einiger
Ölbäume haltend, auf die weißen Dächer der schönen Stadt
Malaga, die halb von Weinbergen, blühenden Gärten und
Obsthainen, einem Kranz üppig grünender Hügel umgeben
war, halb vom seidig blühenden, blauen Meer umfangen. Hän-
gende Gärten, Orangenbäume, Granatwälder, schlanke Zedern
und hohe Fächerpalmen ragten grün und flammend über Bur-
gen, Türmen und Mauern. Auf der breiten, silbernen Platte des
Meers schwammen hundert Segler, die mit Proviant zum
Hafen, und mit Beute und Sklaven beladen herausfuhren. Dro-
hend standen auf den schweren Galeeren die großen Kanonen.
Rings um die Stadt zogen sich in lustig schimmernder, weißer
Kette die Zelte der spanischen Armee.
Gelassen blickten die Könige herab auf die leere, ausgeräumte,
ausgestorbene Stadt, das prunkende Gehäuse eines heiteren
Volkes, das tot war. Von oben sahen die Beschädigungen male-

risch, ja reizend aus. Groß stand die schrecklich strahlende Sonne am Himmel. Weit spannte sich das erhabene, blaue Meer. Ferne zogen die Gebirge dahin. Der Wind trug hundert süße, wohlschmeckende Gerüche herbei. Auf sieben verwandelten Moscheen strahlte golden das Kreuz.

»Wem schenken wir diese Stadt, die leeren Paläste, die wilden Weinberge?« fragte Ferdinand.

Isabella breitete die Arme aus, als wollte sie das selig erhabene Rund umarmen. Sie fühlte sich groß und als Sieger. »Ferdinand!« rief sie, »wir haben gewonnen! O erhabener Triumph des Glaubens! So vollkommen ist die Welt. Könnte ich doch diese Stunde festhalten!«

»Bist du also«, fragte der König, »nun glücklich?«

»Wie?« erwiderte Isabella. »Was sagst du? Noch bleibt alles zu tun! Spürst du das auch? Mir ist manchmal, als wäre der Himmel über mir wie eine ungeheure Decke, und ich möchte sie fortreißen und hineinschauen in den stürzenden, steigenden Schwall des Lichts.«

»Du lästerst, Isabella.«

»Dieses Gefühl ist so schön, so erhaben, es ist unerträglich.«

»Du schwärmst.«

»Ich bin selig!«

Die großen Projekte

Die Jahre zogen dahin. Der Krieg gegen die Mohren währte. Die Infanten wuchsen und wurden groß. Elisabeth stand schön und bigott auf dem Heiratsmarkt. Don Johann, zwölf Jahre alt, ward im Feld zum Ritter geschlagen. Die drei kleinen Mädchen Johanna, Maria und Katharina lernten schon fremde Sprachen und Handarbeiten. Malaga ward mit Christen neu besiedelt, aber El Zagal herrschte noch über den Hafen Almeria, die Festung Baza und die üppigen Täler im Alpuxarra-Gebirg, reich an Erzminen, Ölwäldern und Seidenfabriken; fünfzigtausend Krieger gehorchten seinem Ruf, der Krieg ging ins neunte Jahr. Die Spanier waren müde der steten Rüstungen, der ewigen Anleihen, der großen Worte und heiligen Geschäfte. Wieder rannten die Kreuzzugsprediger durch Europa. Aus allen Ländern kamen die Räuber, beutelüstern und fromm, eine Armee von siebzigtausend Mann stand vor Cordova.

Ferdinand und Isabella saßen in der Audienzhalle und empfingen die fremden Gesandten, vom Papst, vom Kaiser, von den Königen. Minister traten ein, Inquisitoren rechneten, Bischöfe klagten, Abenteurer trugen Projekte vor, Juden boten Darlehen, Kanonenhändler drohten, Herzöge predigten und Heilige feilschten. Unendlich schien den Königen der Zug von Menschen, der an ihnen vorbeizog: Bekannte und unbekannte Gesichter, falsche Demut und aufrichtige Mordlust, große Geschäfte und kleine Klagen, Eitelkeit und Geldgier, Tollheit und Menschenliebe, Heiratsverhandlungen, Gebete und Kredite. Worte und Worte, drohende, flehende, weise, öde Worte, ein unendliches Geräusch drang in die königlichen Ohren. Die Könige waren schon müde der vielen Gesichter, des Geräuschs der Worte. Sie saßen nebeneinander auf den erhabenen Thronen, von Räten, Chronisten und Geistlichen umgeben. Gleichfalls erhöht, nur eine Stufe niedriger, saß ihr Kanzler Mendoza, der dritte König von Spanien.

Es traten zwei Mönche aus dem Morgenland auf, mit Briefen vom babylonischen Sultan, wie man damals den Groß-Sultan von Ägypten nannte, und mit Briefen vom Vetter Ferdinands, Ferrante von Neapel. Der babylonische Sultan drohte, die ganze Schar der Christen in seinen Reichen über die Klinge springen zu lassen und alle Kirchen samt dem Heiligen Grab zu zerstören, falls die spanischen Könige nicht abließen, Granada zu vernichten. »Zittert, Christen!« habe der Sultan gerufen. Der König von Neapel fragte, ob es denn wahr sei, daß man

ganze Städte in die Sklaverei verkaufe, die Bewohner anderer
Städte über die Klinge springen lasse, vom Greis bis zum Kind,
und ob Ferdinand und Isabella von der grausamen Kriegfüh-
rung ihrer Generäle im Mohrenreich Kenntnis hätten? Sie
müßten Abhilfe schaffen. So schände man die Ehre der Christenheit! Der König Ferrante schrieb so, als wäre nicht weltbe-
kannt durch die ganze Christenheit gewesen, daß Ferdinand
und Isabella stets im Felde waren. Ja, Ferrante sprach Meinungen aus, die den würdigen Torquemada, den Großinquisitor,
zum Ausspruch veranlaßten, man müßte Ferrante als Ketzer
verbrennen, wäre er nicht König und fern. Er schrieb nämlich:
Man dürfe die Mauren, obwohl sie zu einer anderen Rasse ge-
hörten, nicht ohne gerechte Ursache mißhandeln!
»O Greuel«, schrie der ergrimmte Großinquisitor, »hätt' ich
ihn nur in Spanien! Er müßte brennen! Wie? Nicht ohne gerechte Ursache, sagt er? Was für Ursachen noch? Es sind Mohren! Verbrennt sie!«
Die Königin Isabella nickte gewichtig, Ferdinand bat: »Habt
Geduld, heiliger Vater!« Ferrante schrieb ferner:
Schon verband sich der Großtürke mit dem Groß-Sultan von
Ägypten; die Mohammedaner werden Europa zerstören!
Isabella war ergrimmt. Ferdinand lächelte. Er durchschaute sei-
nen edlen Vetter. »Ferrante fürchtet«, erklärte er dem Kanzler
Mendoza später, »wenn wir erst Granada haben, werden wir
unsere berechtigten Ansprüche auf Neapel erheben. Wir wer-
den es tun, Mendoza!«
Den Mönchen gab Isabella einen Schleier, den sie gewebt hatte,
für das Heilige Grab, und tausend Dukaten für ihre Brüder.
Ferdinand gab ihnen einen Brief an den babylonischen Sultan.
Darin versprach er, bald einen Gesandten nach Ägypten zu senden. Im übrigen hätten sie ihre mohammedanischen und christlichen Untertanen stets mit gleicher Liebe behandelt. Sie könnten aber ihr altes, rechtmäßiges Erbteil nicht länger im Besitz

von Fremden sehen. Wenn aber diese darein willigten, als treue und ergebene Untertanen unter ihrer Herrschaft zu leben, sollten sie dieselbe väterliche Nachsicht erfahren, die ihren Brüdern zuteil ward. Die Könige wollten zum Ballspiel gehen. Der Kardinal bat sie, einige Minuten diesem Seemann aus Genua zu schenken, der schon einmal der großen Ehre einer Audienz gewürdigt worden war, einem Günstling des Herzogs von Medina Coeli, einem sogenannten Entdecker, der sich anheischig machte, den Westweg nach Indien zu finden, und um Schutz und Schiffe bat. Der Herzog Coeli wollte dem Genueser Schiffer drei oder vier Karavellen ausrüsten, doch verbietet das Gesetz der Könige private Entdeckungsfahrten. Viele bei Hof sind diesem Mann gewogen, die Marquise Moya, Don Santangel, Don Sanchez, Bischof Deza. Er wartet in Cordova seit vielen Monaten auf diese Minute.

Die Majestäten erinnerten sich nicht.

»Ein Bittsteller?« fragte Ferdinand. »Das eilt?«

»Er wartet seit vierzehn Tagen im Vorzimmer.«

»Und? Ist das schlecht?« fragte der König.

»Ich will ihn sehen«, sagte die Königin.

Ferdinand gähnte. »Wird er einen längeren Vortrag halten?« fragte er resigniert. »Ist er strenge?« Der Kanzler lächelte. Er erklärte: »Die Kommission unter dem Vorsitz von Talavera hieß ihn einen frommen Schwärmer.«

Ferdinand seufzte. Er fragte: »Eine Kommission? Er war schon vor der Kommission? Was will er noch?«

Ein Mönch trat ein, in der Kutte der Dominikaner, groß gewachsen, etwa so alt wie die Könige, mit grauen Haaren. Isabella lächelte unmerklich. Ein Matrose im Mönchskleid, die Mischung erheiterte sie. Sie erinnerte sich dunkel an ihn. Ferdinand mahnte: Faßt Euch kurz, Señor!« Ihm mißfiel der Mensch. Das war kein Mönch und kein Seemann.

»Ich biete«, begann der Bittsteller, »den erhabenen Majestäten

Spaniens goldene Berge und die Bekehrung großer Heidenvölker.« Er sprach über astronomische, nautische, geographische Probleme und mischte phantastische Reiseberichte darein, nach Marco Polo und dem berühmten Reiseschriftsteller Rabbi Benjamin von Tudela, der 1173 von Saragossa nach China reiste, um die verlorenen Stämme der Juden zu suchen.

Ferdinand verzog den Mund verächtlich. Er dachte, ein braver Seemann! Die alten Märchen, die neuen Abenteuer! Wie plump der Kerl uns behandelt! Mich lockt er mit Gold und Isabella mit Heidenbekehrung! Wie einfältig das Bild von Königen in solchem Taglöhnerhirn sich abmalt. Wären wir doch schon im Ballhaus! Isabella lauschte mit größtem Vergnügen dem seefahrenden Mönch. Sie hatte alle Müdigkeit verloren. Dieser Mensch faszinierte sie. Das ist kein Schwindler, dachte sie, er glaubt an sich. Er verachtet uns, offensichtlich. Er hält uns für so gemein, daß er das Dümmste sagt. Mich will er mit Bekehrungen und Ferdinand mit Gold ködern. Vielleicht ist dieser Mensch nicht sehr klug, aber er ist besessen. Portugal wurde groß durch Entdecker. Meine Kapitäne haben die Kanarischen Inseln entdeckt. Ein Scharlatan? Ein frecher Abenteurer? Nein. Woran erkennt man die echten Entdecker? Außerdem brauche ich alles Geld und alle Segel für Granada! Aber danach?

»Was wollt Ihr also?« fragte sie den Mönch.

»Zwei Millionen Maravedi«, antwortete er. Er hatte wirklich Verachtung gefühlt, als er zu sprechen begann. Da er sagte: Goldene Berge und Heidenbekehrung, mußte er an sich halten, um nicht herauszugehen und diese Könige stehen zu lassen, die sicher genau so gewöhnlich wie die ganze Sorte war, er verachtete die Menschen. Aber er brauchte Geld, Matrosen, Schiffe, königlichen Schutz. Wie gemein, dachte er erbittert, wie plump muß man reden, um das Ohr dieser Tröpfe zu erreichen, die auf uns herabschauen, weil sie eine Elle höher sitzen, weil sie einen Goldreif tragen, weil ein Purpur ihre fetten Schultern deckt. Da er aber fortredete, kam er in Feuer und vergaß alles und berauschte sich an seinem Wort und verlor seine Verachtung und vergaß seine Misere und war einige Minuten lang daran, sogar seine Zweifel an sich selber zu vergessen. Ein gutes, fast glückliches Lächeln spielte um seine Lippen, seine Augen glänzten von dem erhabenen Feuer der gesunden Vernunft. Seine Mienen spiegelten den Rausch wider, der gescheite Menschen befällt, wenn sie entdecken, daß niemand außer ihnen eine dieser gewöhnlichen Wahrheiten sehen will, an die man eines Tages gerät, ohne ein Aufhebens zu machen. Dieser Rausch der Vernunft, die entdeckt, daß sie isoliert ist unter Millionen anscheinend vernünftiger Wesen, wird leicht zur Raserei. Ein Gefühl, das man mit niemand teilt, ist peinlich, aber erträglich. Eine Wahrheit, die in der schaurigen Vereinzelung eines wahrhaft vernünftigen Menschen lebt; eine Vernunft, die entdeckt, daß es lauter Verständige, aber keinen Mitvernünftigen gibt; ein Weiser, der in einer Welt voll Narren für einen Narren gilt und von hochgestellten, einflußreichen, gottgesegneten Dummköpfen sich fröhlich hänseln lassen muß, in der irrsinnigen Hoffnung, man könnte Narren beweisen, ihre Narrheit sei falsch, ja man könnte sogar ihnen die Wahrheit für wahr beweisen und also die Welt der Narren wohnlicher und Narren weniger närrisch machen, diese ewige, knabenhafte, törichte Hoffnung der Weisen erfüllte auch diesen falschen Mönch und echten Seemann.

Ferdinand sagte: »Ich verstehe nichts davon. Bin weder Seemann noch Astronom. Die fernen Länder scheinen mir so ferne.« Der König wandte sich zur Königin. »Eine neue Kommission?« fragte er. Isabella sah den Mönch prüfend an. Sie sagte: »Ich glaube Euch, Señor. Ihr seht gut aus. Ihr sprecht gut. Meine Kommission nannte Euch einen Schwärmer. Vielleicht hat sie recht. Vielleicht habt Ihr recht. Wir reiten morgen vor Baza, um es zu erobern. Reitet mit uns. Wenn Granada im Staube liegt, wollen wir nochmals und in Gnade alles prüfen und es besser bedenken!«

Der Mönch verbeugte sich tief und würdig. Aber die Königin sah mit scharfen Augen die schreckliche Blässe, die bei ihren Worten das Gesicht des Bittstellers bedeckte.

Isabella fühlte Mitleid. Sie fragte: »Wie heißt Ihr, Señor?«

Der Mönch erstaunte. Kannten die Könige noch nicht einmal seinen Namen? Sein Gesicht ward blutrot, er tat einen halben Schritt zurück, als schwanke er, dann ward er sehr blaß und erwiderte leise: »Ich heiße Christoph Kolumbus. Ich bin aus Genua.«

Isabella wollte dem enttäuschten Menschen noch ein freundliches Wort sagen, ihr fiel nichts ein, sie fragte, nur um das Gespräch fortzusetzen: »Und was war Euer Vater?«

Kolumbus stutzte. Dann faßte er sich und sagte leise: »Er ist Wollkämmer.«

Isabella hatte endlich das passende Wort gefunden. Sie erklärte: »Ich habe Vertrauen zu Euch.«

Der Mönch ging. Ferdinand und Isabella blickten einander an und lächelten. Danach gingen sie Ball spielen.

Das Erdbeben

Die Jahre liefen. Der Krieg währte. Er ging ins zehnte Jahr. Ferdinand und Isabella sahen schon den Sieg.

Der Großtürke und der Groß-Sultan von Ägypten führten Krieg gegeneinander statt gegen die Christen. Die Stadt Baza, die letzte Festung El Zagals hatte nach sechs Monaten und zwanzig Tagen tapferer Verteidigung sich ergeben, am 12. Dezember 1489. Zwanzigtausend Soldaten der spanischen Armee waren vor Baza gestorben, siebzehntausend an Seuchen und Wundärzten, zweitausendzweihundert durch die spanischen

Kanonen, da Ferdinands Artillerie einmal ein spanisches Umgehungskorps für eine feindliche Abteilung hielt und niederkartätschte, achthundert Spanier wurden durch die unermüdlichen Mohren von Baza getötet, vermittels siedendem Pech, Pfeilen, kochendem Öl, Steinen und Brandbomben. Einige Dutzend Spanier wurden sogar durch Büchsenkugeln erledigt.

Ferdinand und Isabella hatten mit einigen Millionen Maravedi sämtliche Unterführer El Zagals gekauft; nachdem einmal der erste eine Million empfangen hatte, drängten sich die andern. Schließlich kapitulierte der alte König El Zagal. Er kam und küßte die Hände der Könige. Statt der Städte Baza, Almeria, Guadix und dem Alpuxarrengebirge erhielt er ein paar Dörfer mit zweitausend Untertanen in einem versteckten Gebirgstal, den Titel König und eine spanische Rente von vier Millionen Maravedi und die halben Einkünfte einer Saline. Nun war er Dorfkönig und kastilischer Lehnsherr. Nach einigen Monaten verhandelte Ferdinand mit einem Vetter El Zagals, einem Fürsten Sidi, und übergab ihm drei Millionen Maravedi; beide zeichneten einen Vertrag, wonach El Zagal seine letzten Dörfer und seine Rente gegen diese drei Millionen verkaufe und freiwillig nach Afrika ziehe. Sidi erhielt dafür eine Million. Er brachte den Vertrag El Zagal, der nun erst davon erfuhr, Sidi fast erschlagen hätte und, da ihm nichts anderes übrig blieb, nach Afrika fuhr, wo ihn der König von Fez blenden ließ, weil er sich an die Christen verkauft habe. Er starb hochbetagt, vor Wut, da er vor den Toren der Stadt Fez saß, ein blinder Bettler, und ein anderer Bettler, ein lahmer, ihm einen Kreuzer stahl.

Nun richteten Ferdinand und Isabella an den tributpflichtigen König Boabdil von Granada die Aufforderung, ihnen sofort sein kleines Reich samt der Stadt Granada zu übergeben, da er ihr Lehnsmann sei. Sie wollten ihm statt seines Reiches eine andere Stadt in Aragon und eine Jahresrente von einigen Millionen geben. Boabdil erkannte, daß es ein Fehler war, auf die

Vertragstreue der christlichen Könige zu bauen, daß es ein Fehler war, für Ferdinand und Isabella seinen Onkel El Zagal zu schlagen, daß sein ganzes Leben verfehlt war. Er weinte eine Viertelstunde lang. Danach zog er seine Rüstung an, stieg zu Pferd, versammelte seine Krieger und fiel in Andalusien ein, machte große Beute und kehrte stolz nach Granada zurück. Ferdinand und Isabella riefen ihre Truppen aus allen Städten, allein aus Sevilla kamen achttausend Mann Fußvolk und sechshundert Reiter.

Eines Morgens hielten Ferdinand und Isabella eine große Heerschau vor den Toren von Cordova. Da sie die vielen tapferen Ritter und mutigen Fußsoldaten sahen, das Schnauben und Wiehern der Pferde hörten und die zahlreichen, großen Kanonen erblickten, freute sich ihr Herz. »Isabella!« rief Ferdinand. »Seit zehn Jahren führen wir Krieg gegen Granada. Nun soll es in Staub fallen!«

Isabella lachte glücklich. Sie war des Sieges gewiß, sie hielt ihn in Händen, sie hätte singen mögen, ihr Herz war fromm und voller Jubel. Sie sah in der Nähe auf einem Hügel ihren Liebling Gonzalo. Sie spornte ihr Pferd und ritt den Hügel hinan. Sie rief: »Gonzalo! Deine Stunde kommt. Du wirst Italien erobern, oder vielleicht die halbe Welt? Ich fühle mich so stark, Gonzalo! Freust du dich nicht mit mir?«

Gonzalo wies auf die Stadt Cordova, die im Tale lag und glänzte, mit Türmen, Toren und Kirchen. Über der Stadt stand eine niedrige Wolke, die rasch wuchs und schwefelgelb war. »Seht«, sagte er. »Hörtet Ihr im Gebüsch die Vögel? Sie lärmten schrecklich laut. Nun sind sie plötzlich verstummt. Hört, wie die Hunde winseln! Merkt Ihr die Unruhe unserer Pferde? Fühlt Ihr dieses Zittern in der Luft?«

»Ihr träumt, Don Gonzalo«, sagte Isabella lachend, »ich merke nur meine Macht, ich fühle nur meinen Triumph, in diesem Sommer fällt Granada und wird im Staube liegen.«

253

»Majestät«, schrie Gonzalo, »seht! O seht doch!«

Er wies auf die Stadt. Isabella griff an ihre Augen. Ihr kam vor, als schwanke Cordova. Sie schrie: »Cordova fällt um!«

Als dies gesagt war, fing die Erde zu beben an. Die Pferde zitterten furchtbar. Isabella hatte die Empfindung, auf Watte zu stehen. Alles gab nach. Sie fühlte eine gefährliche Leichtheit und zugleich eine große Schwere. »Die Luft ist verrutscht«, sagte sie laut und sinnlos.

»Halt fest!« schrie Gonzalo. Ein neuer Stoß folgte. Isabella sah auf. Sie lag auf dem Rücken. Daneben lagen die Pferde auf den Knien. Rasch stand sie auf. Sie dachte, sie müsse ihrer Armee Befehle geben. Sie war körperlich völlig verwirrt, wußte nicht, wo ihre Arme und Füße waren, wo unten und oben war, aber geistig war sie völlig klar. Sie sah auf Cordova. Die Stadt stand noch, aber Rauchsäulen schossen empor und vermengten sich mit der seltsamen, schwefelgelben Wolke, die auf Cordova herabzufallen schien. Isabella sah ihren Palast nicht mehr, er war eingestürzt, aber sie dachte, sie sei verwirrt. Dann blickte sie auf ihre Armee. Der Anblick war grausig. Pferde und Leute liefen durcheinander, viele hatten sich zu Boden geworfen. Eine riesige Staubwolke schwebte über der Armee. Die großen Kanonen waren umgestürzt, die riesigen Kochkessel lagen am Boden. Trotz dem Lärm und den vielen Schreien und dem Wiehern der Maulesel und Pferde schien es Isabella als liege eine ungeheure Stille über der ganzen Welt. Einige Ritter in der Nähe Isabellas waren auf die Knie gefallen, um die Gottheit anzubeten, die dreieinige, die stets gnadenreiche. Ein junger Ritter kroch auf allen vieren auf dem Boden und schien sein Pferd zwischen winzigen Ameisenlöchern zu suchen; er schrie: »Mein Gaul! Mein Gaul!« Viele liefen kreuz und quer, manche rannten sogar im Kreis. Isabella war entsetzt von der Fassungslosigkeit ihrer Armee, nach zehn Kriegsjahren. Isabella vergaß, daß in beiden Spanien noch keine Maßregeln vorgesehen waren für Erdbeben und ähnliche Ereignisse. Ordnung machen! dachte die Königin. Ihre Geistesgegenwart verließ sie nie. Gonzalo, der gleichfalls bei Vernunft war, hatte dem Pferd der Königin aufgeholfen. Es war ein feuriger Schimmel, er liebte die Königin und hieß Don Diego. Da die Königin ihm das Maul streicheln wollte, schnappte er, plötzlich bösartig, nach ihrer Hand. Sie sprang mit einem Schwung auf ihr Schlachtroß Don Diego und hob ihre ringblitzende rechte Hand und rief tapfer, als gelte es, die Armee zum Sturm gegen die Mohren zu führen oder aus einem gefährlichen Überfall herauszubringen: »Mir nach, Spanier! Ich reite voran! Ich, Isabella von Kastilien! Kastilien und Santiago!« Es war eine ihrer gewöhnlichen, herrischen Gesten. Das Pferd Don Diego, vom Erdbeben verärgert, warf die Königin ab und trabte davon, in ein kleines Wäldchen. Die Königin fiel auf den Rücken und streckte alle viere von sich, sie war zwischen zwei blühenden Kaktusstauden in eine stinkende Pfütze gefallen und sah den blauen Himmel über sich und fühlte den erhabensten Trost: Der Himmel stand noch oben, unter ihr lag noch die Erde. Isabella sann auf neue Pläne. Eine Niederlage galt in ihren Augen nichts. Sie wollte aufstehen und ein neues Pferd besteigen und wieder rufen: Folgt mir, Kastilier! Hier bin ich, eure Königin Isabella von Kastilien! Sie dachte, der Himmel habe es besser mit ihr vor, als sie in einer Pfütze vergehen zu lassen. Sie hatte ganz recht. Sie war fromm, nahm Juden und Mohren mit vollen Händen das Geld fort, brach alle heiligen Verträge, die sie mit Ungläubigen schloß, hatte schon eine Million Mohren erschlagen oder in die Sklaverei verkauft. Der Himmel mußte sie lieben, ohne Zweifel. Indes war es die Erde, die bebte. Die Königin lag auf dem Rücken und dachte lange nach und beschloß, nach einem kleinen Kampf mit ihrer irdischen Eitelkeit und praktischen Vernunft, eine Million der Kirche St. Maria de Compostella zu schenken, wenn sie diesmal gut davonkam.

Kaum hatte sie ihr Gelübde getan, sah sie Gonzalo, der vor ihr stand und sie anschaute, aber nicht ihr Gesicht, sondern ihre nackten, weißen Schenkel, die entblößt waren. Isabella glaubte, im Gesicht ihres Lieblings eine wunderbare Rührung zu lesen. »Lebst du, Gonzalo?« lispelte sie. Gonzalo flüsterte, ohne aufzublicken: »O Liebste, Süße . . .« Da fiel er neben die Königin. Der dritte Erdstoß geschah. Es war wie ein langsamer Donner, ein weiches Rollen. Die Luft hatte sich verdunkelt. Aus der Wolkenwand über Cordova zuckten Blitze den ganzen Himmel entlang. Isabella hatte sich taumelnd erhoben und lief quer über den Hügel und über Äcker, blind und entsetzt, über Steine stolpernd und fort, nur fort. Isabella hatte beide Spanien vergessen und wußte nicht mehr, daß sie eine Königin war.

Wie mit einem Zauberschlag zerstob das Gewölke. Der Himmel war wieder blau und rein, die Sonne strahlte königlich und die Vögel begannen zu lärmen. Ihr Gesang tönte von den Gebirgen bis zum Meere. Ein sanfter Wind begann zu säuseln wie am heitersten Tage.

Der Triumph der Christenheit

Sein rötliches Haar, sein flammender Bart waren ergraut. Seine Wangen waren faltig, seine Blicke trübe geworden. Sein Leib schlotterte in der mächtigen Rüstung.

»Don Juan«, stammelte Isabella gerührt und erschrocken, »seid Ihr das?«

Wehmütig lächelnd nickte der Marquis von Cadix, der nach zweijähriger Krankheit zum ersten Male wieder im Lager vor Granada erschien.

»O weh«, sagte unwillkürlich Isabella. Ein schneidender Schmerz durchfuhr sie, eisig und stählern. Ihr war, als sehe sie in einer Minute die letzten zehn Jahre ihres Lebens ablaufen, als sei die Himmelswölbung eine riesige Sanduhr und verwandle herabrieselnd die Erde in eine Sandwüste. Plötzlich kam ihr vor, sie werde nie den Fall Granadas erleben, auch wenn sie den Rest ihres Daseins vor seinen Mauern verbrächte.

Isabella reichte dem Marquis die Hand und flüsterte: »Gott malt seine Zeichen auf unser Antlitz. Grau ist seine Lieblingsfarbe. Er liebt Euch, Don Juan.«

»Majestät«, erwiderte spöttisch der Marquis, »ich möchte mit dem Laub und Grase tauschen. Sie erröten und gilben, bevor sie sterben. Uns faßt das Grauen.«

»Seid Ihr nicht so alt wie ich, Don Juan? Und redet schon vom Tod?«

»Die Stadt Granada fällt«, erwiderte der Marquis, »und ich falle mit ihr. Majestät, ich liebe Granada, und mein Degen, den ich mit Mohrenblut röte, dringt in mein eigenes Herz. Ich weiß gewiß, ich überlebe den Fall Granadas nicht.«

Isabella lächelte mühsam. »Ihr scherzt, Don Juan. Ihr seid noch krank. Ich muß Euch schelten. Ihr hättet Euch pflegen und ausruhen sollen!«

»Das hat Zeit, die ganze Ewigkeit bis zum jüngsten Tage.«

Da der Held des Mohrenkrieges sie verließ, ging Isabella ins Innerste ihres seidenen Zeltes, das aus vielen Gemächern bestand, nahm eine Kerze und einen Spiegel, setzte sich auf ihr Lager und betrachtete sich lange. Fassungslos sah sie ein fremdes Gesicht. Bin ich das? So fremd – so alt? Sie sah Falten am Hals, auf der Stirn, um den Mund. Sie sah schon einzelne graue Haare. Sie erkannte ihren eigenen Blick nicht mehr. Diese bösen Augen waren ihre Augen? Dieser enttäuschte Mund war ihr Mund? Sie begann nachzuzählen. Sie hatte elf Jahre für Granada verloren. Juan hat recht, dachte sie. Wenn Granada in Staub fällt, liege auch ich im Staub, eine alte Frau. O stolzes Granada! Du fällst, aber mein Triumph kommt zu spät. So hoch muß man also bezahlen? Ich triumphiere nicht! Ich nicht! Was machst

du, Gott? Bist du – so? Sie kehrte den Spiegel zur Wand und
stellte die tropfende Kerze unachtsam auf den kostbaren Teppich am Boden. Sie streckte sich auf ihr Lager. Ihr fiel ein Wort
jenes lächerlichen genuesischen Abenteurers ein, der sein
Mönchsgewand mit einem Schwert vertauscht hatte und gegen
die Mohren von Granada kämpfte. »Il mondo è poco!« hatte
der Cristobal Colon geantwortet, da Höflinge ihn, den Mann
aus dem dritten Stand, zum Spott vor den Schrecken der Was-
serwüsten warnten. Il mondo è poco! Wie wenig ist die Welt,
wie klein für einen großen Menschen, dachte Isabella verzweifelt. Das Leben lief so rasch, daß es schon den Anschein hatte,
es stehe still. Was tat ich groß? dachte die verzweifelte Frau,
und erinnerte sich ihrer großen Träume. Sie beschloß, rascher
zu leben. Ich will alles mit eigenen Augen sehen! Ich will acht-
geben auf mein Leben. Spanien, meine Kinder, die Kirche, Gott
und die Menschen – gut, aber ich vergesse mein eigenes Leben!
Verrauschte nicht alles wie Wasser, farblos, nicht zu halten,
kaum, daß die Finger benetzt sind? Isabella beschloß, eiliger zu
handeln. Ich werde nicht fertig, ich muß mehr heilige Männer
um mich versammeln, ich brauche neue Menschen. Die meisten
Menschen werden nach ein paar Jahren bequem und ausge-
schöpft. Ich brauche neue Ideen, neue Räte, Mönche, mehr
Mönche, Bischöfe, noch Bischöfe, Beichtväter, neue Beichtväter. Die Königin hatte Talavera zum Bischof von Avila ernannt.
Wenn sie ihre Beichtväter beförderte, war es ein Zeichen, daß
sie ihrer schon müde war. Ihr Verbrauch an Heiligen war ungeheuerlich. Mit ängstlicher Hast wandte sie sich immer neuen
Heiligen zu und forschte: Tue ich Unrecht? Liebt Gott meine
Taten? Meine Sünden wachsen. Liebt mich Gott? Die Königin
schloß die Augen. Sie schwor, nach dem Fall Granadas alle
Juden aus Spanien zu vertreiben. Der heilige Bruder Torquemada lag ihr stets darum in den Ohren. So lange der Krieg
währte, brauchte sie die Juden. Die Juden finanzierten den

Krieg. Sie hatte in diesem Jahr eine gewaltige Steuer den Juden auferlegt. Sie hatte ihre ganzen Juwelen, ihr Familiensilber und Ferdinands Brautgabe, das Rubinenhalsband, den reichen Juden von Valencia und Barcelona verpfändet. Isabella beschloß, noch mehr Ketzer zu verbrennen. Ich denke richtig. So sollen alle Spanier denken! Wie? Ist es nicht gut, wie die Königin zu denken? Ich will meine Kinder verheiraten. Ich habe gesät. Sie sollen ernten, bevor ich sterbe. Alle meine Väter sind nicht älter als fünfzig Jahre geworden, auch ich sterbe vielleicht mit fünfzig Jahren? Ich habe nicht mehr viel Zeit. Ich darf nicht weich werden. Gott, treibe mich, schlage mich, peitsche mich! Auch Ferdinand soll nun beginnen, seine Pläne sind reif. Ich will ihm zuschauen, ihn prüfen und nach Verdienst bezahlen.

Sie sah schärfer hin und erblickte in der Ferne kleine Scheiterhaufen, die wuchsen. Sie sah genauer und erkannte die Brennenden. Da erstaunte sie. Sie sah in den schrecklichen Feuern der Autodafés ihre Familie brennen, da brannte ihr Mann, Ferdinand, ihr Vater Juan, ihre Brüder Heinrich und Alfons, jeder auf seinem besonderen Scheiterhaufen, ihre Mutter Isabel schrie, sie sah ihre Kinder brennen, Elisabeth, die zwanzigjährige Schöne, und die drei kleinen Mädchen Maria, Johanna und Katharina. Immer größer wurden die Feuerbrände, immer höher loderten sie zum Himmel, immer zahlreicher wurden sie, sie sah auch ihren einzigen Sohn brennen, sein Scheiterhaufen war die Stadt Granada, die brannte, und Don Johann wand sich im Feuer und schrie, und sie wollte ihn anrufen und »Mein Engel!« sagen, wie sie ihn stets hieß, aber die Stimme versagte ihr, und plötzlich sah sie auf einem ungeheuren Scheiterhaufen alle ihre Minister brennen, die Kirchendiener und Helden, sie erkannte die Gesichter von Mendoza, Torquemada, Deza, Palencia, Cadix, Sidonia, Villa Hermosa, Don Fadrique, sie sah, ihr ganzes Volk brannte, es waren alle Ketzer, und plötzlich wußte Isabella, sie hatte den Befehl gegeben, um Christi willen ganz Spanien zu verbrennen als ketzerisch, schon brannten die Kathedralen und Städte, die Schlösser und Gebirge. Die spanische Erde, der spanische Himmel – ein einziger Feuerstoß, sie wollte schreien: Ich habe mich geirrt! Es ist zuviel! Genug! schrie sie. Genug verbrannt! Und erwachte und sah das Feuer. Ihr Zelt brannte. Sie stürzte heraus. Die ganze Zeltstadt stand in Flammen. Der Himmel war lichterloh erhellt. Isabella kämpfte noch mit der schrecklichen Vision ihres Traumes. Ein Tumult stand auf. Die Soldaten schrien: »Feuer! Feurio!« Die Ritter schrien: »Rettet die Königin!« Isabella rannte und lief Ferdinand in die Arme, der im Hemd heranlief, Schwert und Schild in den Händen, den Küraß überm Arm. Die Flammen flogen von einem Zelte zum andern und glänzten auf den reichen Rüstungen und den goldenen und silbernen Gefäßen, welche in der glühenden Hitze schmolzen. Die Damen des Hofs flohen schreiend und halbnackt aus ihren Zelten. Der Lärm der Trommeln und Trompeten und die verwirrten Rufe der halbbewaffneten Mannschaft im Lager, die laut schrien: »Die Mohren kommen! Die Mohren!« erfüllten die Luft.

Der Prinz von Asturien, der junge Ritter, zwölf Jahre alt, ward im Hemdchen mit schlafroten Backen und wirren Locken von einem treuen Diener ins Zelt des Marquis von Cadix getragen, das am Eingang des Zeltlagers sich befand. Der Marquis rief sogleich sein Volk und bildete eine Wache um das Zelt. Er aber rückte mit dreitausend Pferden aus, um einen Angriff der Mohren aufzuhalten. Einige Soldaten stürzten auf den Ruf der Trommeln und Trompeten auf ihre Posten, andere rissen reiche Stoffe und Rüstungen aus den Flammen, andere zogen mit Gewalt die erschreckten, widerspenstigen Rosse mit sich fort. Wer aus dem Lager heraus war, fand den ganzen Himmel erleuchtet. Die Flammen wirbelten in langen, leichten Säulen in die Höhe. Die Luft war mit Funken und Asche erfüllt. Ein glänzender Schein war über die Stadt hin verbreitet, der jede Schanze, jeden Turm zeigte. Die Mohren standen auf allen Dächern ihrer Stadt und auf allen Wällen, die weißen Turbane auf ihren Köpfen schimmerten.

Die Spanier hatten eine Kriegslist der Mohren gefürchtet; nun argwöhnten die Mohren eine Kriegslist der Christen und hielten sich ruhig innerhalb ihrer Wälle. Allmählich erstarben die Flammen, die Stadt entschwand wieder den Blicken, alles ward nochmals finster und ruhig, und der Marquis von Cadix kehrte mit seiner Reiterei ins Lager zurück.

Als der Tag herandämmerte, schien er über einem Haufen dampfender Trümmer, nebst Helmen, Lederkollern und Massen geschmolzenen Goldes und Silbers, das unter der Asche glitzerte. Die Garderobe der Königin war gänzlich vernichtet. Bei näherer Untersuchung fand man, daß kein Mensch schuld war. Die Kerze der Königin Isabella hatte das Feuer entfacht. Don Gonzalo bot der Königin die prächtige Garderobe und den ganzen Schmuck seiner Frau an. Isabella erklärte: »Euer Haus hat mehr gelitten als das meine.«

»Señora«, antwortete der galante und verliebte vierzigjährige Schwärmer, »ich gehöre Euch ganz.«

Isabella ließ die Soldaten an Stelle der verbrannten Zelte eine Stadt mit Häusern und Palästen aus Stein gegenüber Granada erbauen. In drei Monaten stand die Stadt, viereckig mit zwei großen Hauptstraßen in der Form eines Kreuzes, an dessen vier Enden sich vier große Tore befanden. Das ganze Heer wollte die neue Stadt »Isabella« heißen; aber die Königin, demütig und bescheiden, nannte den Ort Santa Fé, die Stadt des heiligen Glaubens. Wo eben nur Zelte standen, erhob sich eine prächtige Stadt mit starken Wällen und mächtigen Türmen. Da erkannten die Mohren von Granada, daß sie verloren waren. Der Hunger und die Verzweiflung wüteten in ihren Mauern. Mehr als zweihunderttausend Menschen hatten weder Brot noch

Fleisch. Da sandte der König Boabdil einen Unterhändler in die Stadt der Könige, Santa Fé. Die Könige hießen Don Gonzalo de Cordova unterhandeln, da er die arabische Sprache und die Sitten der Mohren vollkommen kannte und bei den Mohren sehr angesehen war, wegen seiner Tapferkeit und seiner Güte. Die Besprechungen geschahen nachts, unter dem strengsten Geheimnis, zuweilen innerhalb der Mauern von Granada, zuweilen in dem Dörfchen Churriana. Am 25. November 1491 wurden die Bedingungen zur Übergabe festgelegt und vom König Boabdil unterschrieben. Die Bedingungen waren milde und freisinnig. Die Mohren von Granada sollten im Besitz ihrer Moscheen bleiben und in der freien Ausübung ihrer Religion, mit allen eigentümlichen Gebräuchen und äußeren Formen. Sie sollten nach ihren eigenen Gesetzen von ihren eigenen Kadis gerichtet und weder in ihren alten Sitten und Gewohnheiten noch in ihrer Sprache und Kleidung behindert werden. Sie sollten im uneingeschränkten Genuß ihres Eigentums und im Rechte, darüber nach Gutdünken zu verfügen, und auszuwandern, wann und wohin es ihnen beliebte, geschützt werden; auch sollten Schiffe zur Überfahrt derjenigen geliefert werden, die innerhalb dreier Jahre nach Afrika gehen möchten. Es sollten ihnen keine schwereren Abgaben auferlegt werden als die, welche sie gewöhnlich an ihre arabischen Herrscher gezahlt, und vor Ablauf von drei Jahren gar keine. König Boabdil sollte über ein paar Dörfer und Schlösser in den Alpuxarras regieren, als Lehnsmann Kastiliens. Geschütz und Festungswerke sollten den Christen überliefert und die Stadt in sechzig Tagen, von der Unterzeichnung des Vertrages ab, übergeben werden.

Ferdinand und Isabella waren so ungeduldig und gierig, daß sie schon am 2. Januar 1492 an der Spitze ihres Heeres und umgeben von ihren Geistlichen, Helden und Höflingen in Granada einmarschierten. König Boabdil kam ihnen mit fünfzig Rittern entgegen, sprang vom Pferd und küßte die Hände der Könige zum Zeichen der Huldigung. Hierauf übergab er die Schlüssel der Alhambra dem Sieger mit den Worten: »Sie gehören dir, o König, da Allah es so beschlossen hat. Du hast Glück. Sei also gnädig.«

Ferdinand wollte anheben, eine große Rede zu halten, doch Boabdil wandte sich ab, stieg aufs Pferd und ritt davon. Das große, silberne Kreuz, das Weihegeschenk des Heiligen Vaters zu Rom, strahlte zwischen den Fahnen von Kastilien und Santiago siegreich von den roten Türmen der Alhambra hernieder. Der Chor der königlichen Kapelle sang ein feierliches Tedeum, und das ganze Heer samt den Königen kniete nieder und dankte gerührten Herzens Gott für diesen ruhmwürdigen Sieg des Christentums. Die Granden küßten kniend die Hand Isabellas, zum Zeichen ihrer Huldigung für die Königin von Granada. Denn die Eroberung ward Kastilien zugerechnet. Lachend hatten die Könige beider Spanien, Ferdinand und Isabella, den Vertrag wegen der Übergabe Granadas unterschrieben, fest entschlossen, auch nicht eine einzige, auch nicht die kleinste Bedingung einzuhalten. Sie hätten auch jeden anderen Vertrag, der ihnen die Macht über die Mohren gab, lachend und fröhlich unterschrieben. Lachend und fröhlich hätten sie auch jeden anderen Vertrag mit Füßen getreten. Denn die erhabenen Könige beider Spanien, Ferdinand und Isabella, waren treulos, schamlos und fromm.

Indes ritt der letzte Mohrenkönig Boabdil, genannt El Chico der Kleine, oder El Zogoybi der Unselige, auf dem Wege nach dem Alpuxarras-Gebirge zu einer Felsenhöhe, die einen letzten Blick auf Granada gewährte. Er hielt sein Pferd an, und als er zum letzten Male den Schauplatz seiner entschwundenen Größe sah, die Türme und Zinnen der Stadt Granada, und die dunkelgrünen Wipfel der Zedern über der Alhambra, da ward ihm das Herz so voll, und er brach in Tränen aus.

»Weine nur«, rief seine Mutter, die ihn mit seiner Lieblingsfrau Zorayma hier erwartet hatte, »weine nur wie ein Weib über das, was du nicht wie ein Mann zu verteidigen wußtest.«

»Ach«, rief der verbannte letzte König der Mohren, »wer war so unglücklich wie ich?«

Er blieb nicht lange in den Alpuxarren. Ferdinand und Isabella zwangen ihn bald, Spanien zu verlassen. Er floh nach Fez und fiel das Jahr darauf in einer Schlacht im Dienste des Königs von Fez, seines Verwandten. Die Mohren verachteten den unglückseligen Mann, der sein Leben verlieren konnte für die Sache eines andern, während er nicht zu sterben wagte für seine eigene. Sie sagten aber, so habe es das Schicksal unwiderruflich beschlossen und Allah, der die Könige auf Erden erhebe und erniedrige nach seinem göttlichen Willen.

Das Tor, durch welches König Boabdil zum letzten Male aus seiner Hauptstadt ging, wurde vermauert, damit nie wieder ein anderer hindurchgehen sollte.

König Boabdil hatte ein hübsches, sanftes Gesicht, eine frische Farbe und blondes Haar. Seine Gestalt war stattlich. Er war einen Kopf größer als Ferdinand.

Fünftes Buch

Die Vertreibung der Juden aus Spanien

Damals lebte in Los Palacios eine berühmte Gans. Ihr Gefieder war schneeweiß und ihre Leber geschwollen. Darum war sie eitel und melancholisch.

Ihr Herr, der Holzknecht Garcia Mendez y Jugar da Ponte, erklärte dem Pfarrer von Los Palacios, Andres Bernaldez, dem berühmten Chronisten des Mohrenkriegs, die Gans sei fast wie ein Mensch, gescheit und treu, außerdem von reinstem Geblüt und gleichsam katholisch; sie nicke wie betend mit dem Kopfe und drücke beim Amen so fromm die Äuglein zu wie der Herr Pfarrer.

Die Leute von Los Palacios, einem Landstädtchen nahe bei Sevilla, beneideten den Garcia und murmelten, diese Gans sei in Wahrheit eine verzauberte Mohrin, die für einige Stunden in der Nacht menschliche Gestalt wieder annehme und dem Holzknecht gefügig sei. Garcia schwieg dazu, er hieß die Gans El Chico, nach dem letzten König der Mohren, Boabdil.

Eines Tages war die Gans gestohlen. Garcia lief heulend zum Haushofmeister des Herzogs von Sidonia und bezichtigte einen gewissen Jago, einen Sklaven des Herzogs. Jago leugnete, ward gefoltert, gestand, was man wünschte, und ward vom Herzog statt zur fälligen Todesstrafe zum Verlust der rechten Hand begnadigt.

Gemäß dem königlichen Beispiel Ferdinands und Isabellas, die bei Autodafés in ihren Residenzen die Chorknaben der königlichen Kapelle singen ließen, damit der fromme Gesang die Lästerreden der brennenden Ketzer, Juden oder Mohren, übertöne, ließ der dicke Sidonia bei allen Justizakten in seinem Herzogtum seine Kapelle passende Musikstücke spielen, zur Erheiterung des Volks, zur Erbauung der Delinquenten und zum

Kunstgenuß der Kenner. Als des Herzogs Henker dem geständigen Gänsedieb Jago, der im Herrendienst alt und grau geworden war, die rechte Hand abgehackt hatte, indes die Kapelle eine sanfte Weise spielte, und der Herzog Sidonia mit einigen Freunden, darunter auch dem Herzog von Cadix, auf einer Tribüne die blutige Oper genoß, da wies man dem Holzknecht Garcia die abgehackte rechte Hand Jagos und den bestraften Delinquenten, der freilich nicht mehr so komplett war, wie ihn Gott einst geschaffen hatte. Da schrie der störrische Knecht, ohne einen Blick auf Haupt- und Nebenpartie Jagos zu werfen, er wolle seine Gans wieder haben, nichts als seine Gans, seine ganze Gans, unvermindert und lebend; denn es sei eine besondere Gans, von reinstem Geblüt und fast menschlich. Garcia schwor, er pfeife aufs Leben, wenn er nicht seine Gans wiederfände. »Oder«, schrie er schluchzend, »hast du meine Gans gefressen?« und blickte endlich auf und sah dem verarmten (oder ent-armten?) Sklaven Jago forschend ins Gesicht und stutzte und schlug sich auf den Schenkel und begann zu lachen und wieherte dermaßen vor Gelächter, daß der Henker und seine Knechte mitlachten, übrigens verarmte Herren von kastilischem Adel (der eher Diener oder Henker als Schuster oder Kaufmann ward, nach dem Gebot der kastilischen Ehre). Sidonia fragte den Knecht: »Warum lachst du?«
Garcia erwiderte: »Weil es so lustig ist. Ihr habt nämlich dem Falschen die Hand abgeschnitten, dies ist Jago der Jäger, die Gans hat aber Jago der Koch gestohlen.« Da lachten die Henker, das Volk und die Freunde des Herzogs schallend über den gelungenen Verwechslungsscherz.
Nur der Herzog, mehr musikalisch als witzig, befahl, den Holzknecht Garcia sogleich aufs Rad zu flechten, wegen leichtfertiger Anklage. Ferner ordnete der dicke Sidonia an, unermüdlich in der Rechtspflege, man solle Jago den Koch unverzüglich hängen, den wahren Dieb; hingegen müsse Jago der Jäger sein

Amt und seine Hütte verlieren, da er durch falsches Geständnis das Gericht irre geführt und verspottet habe. Da er jedoch am Diebstahl der Gans unschuldig sei, solle seine rechte Hand christlich begraben und die Gans ihm überlassen werden, falls nicht Jago der Koch sie schon verspeist habe.

»O gerechter Herzog!« rief das Volk. »Ein neuer Salomo!« riefen die Henker und flochten den Holzknecht aufs Rad und hingen Jago den Koch an den Füßen auf, dem Gesetz der frommen Königin Isabella zufolge. Die Kapelle intonierte ein neues Musikstück.

Die Gans lebte noch. Sie war gar nicht gestohlen worden, sie hatte sich nur verlaufen. Ein Gänsehirt fand sie. Man überwies die Gans von Amts wegen dem entlassenen Jäger Jago. Er fütterte sie mit Körnern, die er für sie stahl, und trug die tragische Gans, die ihn seine rechte Hand und zwei Menschen das Leben gekostet hatte, in die Alhambra zu Granada und bot sie der Königin Isabella zum Geschenk an, im Rausch der Begeisterung über den Fall Granadas, dem damals fast alle Spanier und viele Christen in Europa erlagen, der Papst Innozenz der Achte ebenso wie König Heinrich der Siebente von England.

Der biedere Jäger Jago, einarmig wie viele Invaliden, ward mit seiner Gans unterm Arm von Isabella empfangen. Jago überreichte ihr die berühmte Gans, die mit den unnützen, prächtigen Flügeln schlug, er erzählte ihre Geschichte. »Ihr Gefieder«, sagte er, »ist schneeweiß. Sie ist mein ganzer Besitz. Nimm sie hin, Königin. Denn du hast Granada erobert, und bist ein Apostel der Christenheit.«

Isabella war gerührt. Sie wandte sich an ihren Hof und sagte: »Seht. So liebt mich mein Volk.« Sie dankte dem Jäger Jago und entließ ihn mit Ausdrücken der Gnade. Ihre königliche Würde bestrickte den einfachen Mann aus dem Volke dermaßen, daß er seine Absicht vergaß, um eine kleine Rente für sich zu bitten.

Ferdinand, gastfreundlich und geizig, ergriff die Gelegenheit und bat seinen Großvater, den Admiral Don Fadrique: »Bleibe, und speise heute mit uns zu Mittag, es gibt heute bei uns eine Gans!«

Die Gans schmeckte, mit Kastanien gestopft, vorzüglich. Isabella ließ sich aus dem Gefieder der berühmten Gans einen Kiel schneiden, den sie für große Stunden aufhob.

Mit dieser Gänsefeder sollte Isabella die berühmten Taten des Jahres 1492 unterschreiben: Den endgültigen Vertrag von Granada; die Ernennung ihres Beichtvaters Talavera zum Erzbischof von Granada; die Ernennung des unbekannten Bruders Ximenes zu ihrem neuen Beichtvater; den Heiratskontrakt ihrer ältesten Tochter Elisabeth mit dem Erbprinzen von Portugal, Alonso; die Verlobungsverträge ihres einzigen Sohnes Don Johann mit der Prinzessin Margarete, Tochter des Kaisers Maximilian; ihrer Tochter Johanna mit dem Erzherzog Philipp, Sohn und Erben des Kaisers Maximilian; ihrer Tochter Katharina mit Arthur, Prinzen von Wales, dem Erben Englands. Mit der gleichen Feder sollte Isabella die Ernennung des genuesischen Webers und Seemanns Christoph Kolumbus zum kastilischen Admiral und Vize-König aller Reiche und Inseln, die er entdecken würde, unterschreiben. Zuletzt unterschrieb sie noch das Edikt, betreffend die Vertreibung aller Juden aus Spanien. Da die Königin schon im Zuge war und es liebte, die großen Entscheidungen zu häufen, wollte sie gleich ein zweites, von Torquemada vorbereitetes Edikt zur Vertreibung aller Mohren aus Spanien unterschreiben, doch verschob sie es schließlich um zehn Jahre, aus politischen Rücksichten und auf den Rat Mendozas, der ihr vorstellte, es mache keinen guten Eindruck, wenn sie mit demselben Gänsekiel den Vertrag und den schändlichen Bruch des Vertrags unterschreibe. So legte Isabella die Feder der tragischen Gans beiseite und hob sie zehn Jahre auf. Am 12. Februar 1502 wird Isabella mit dem gleichen

Gänsekiel das Mohrenedikt zu Sevilla erlassen, das alle Mohren unter Bruch feierlichster Verträge und Eidschwüre enteignete und aus Spanien vertrieb. Auch dies wird Isabella aus Menschenliebe tun, wie sie sagen wird, und um Christi willen.

Isabella saß und regierte in der Alhambra zu Granada und freute sich ihrer Kinder, die bei ihr geblieben waren, außer der bigotten Elisabeth, deren Hochzeit in Lissabon mit Prunk, Turnieren, Theateraufführungen, Militär- und Seeparaden und Bällen gefeiert wurde.

Isabella unterschrieb noch viele kleinere Gesetze mit diesem berühmten Gänsekiel. Sie verwandelte die Alcavala, eine Umsatzsteuer von zehn Prozent, eine Kriegssteuer während der Mohrenkriege, in eine dauernde Steuer und schuf damit eine der wirksamsten Regierungsmaßnahmen zur Unterdrückung von Handel und Gewerbe. Sie machte aus der Hermandad, deren gesetzliche Zeit abgelaufen war, eine Miliz zur ständigen Unterdrückung aller bürgerlichen Freiheit. Niemals wurden in Spanien vor oder nach Isabella so viele königliche Verordnungen ohne Befragung der Cortes erlassen. Jeder Einfall Isabellas ward zur königlichen Verordnung. Jede königliche Dummheit ward Gesetz. Isabella eiferte gegen den Luxus ihrer Untertanen und ruinierte den Ackerbau und die Bauern durch die Mesta und Majoratsgesetze. Ein Blinder namens Montalvo sammelte ihre Gesetze. Sie verbot den Verkauf von Schiffen an Fremde, um die Fremden vom Handel auszuschließen, da die Spanier den Handel wie die Pest verachteten und die Juden und Mohren vertrieben hatten. Sie verbot also gleichsam den Handel. Sie verbot die Ausfuhr der edlen Metalle. Da Metalle den Hauptexporthandel Spaniens bildeten und der Goldreichtum durch die Ausbeutung der Eingeborenen in den Bergwerken Amerikas unermeßlich stieg, entstand durch das Ausfuhrverbot eine ungeheure Preissteigerung aller Waren, und das Land verarmte. Isabella verbot die Seideneinfuhr aus Neapel, um die Seidenfabrikanten in Granada zu fördern, und ruinierte sie, indem sie durch Gesetz allen Spaniern, außer Mitgliedern des königlichen Hofes, verbot, Seide zu tragen. Darauf verbot sie die Ausfuhr von Seidenwaren und ließ die Einfuhr des rohen Stoffes zu. So vernichtete sie sowohl den Bau wie auch die Fabrikation der Seide in Spanien. Isabella erließ zuerst Gesetze zum Schutz der Maultiere, und als sie erreicht hatte, daß die blühende Pferdezucht ruiniert war und Spanien, statt die berühmten arabischen Gäule zu exportieren, zwanzigtausend Pferde aus Frankreich alljährlich importieren mußte, verbot sie bei Todesstrafe den Spaniern, auf Mauleseln zu reiten. Gegen den Pferdeschmuggel schritt in ihrem Auftrag der würdige Großinquisitor Torquemada ein und befahl, die Pferdeschmuggler als rückfällige Ketzer zu verbrennen. Nebeneinander brannten zu Gottes Ehre Deisten und Pferdeschmuggler. Durch ihre verfehlten Weidegesetze produzierte Isabella eine Serie von Hungersnöten, wie sie zuvor in Spanien unbekannt waren. Der Getreidemangel war ein Merkmal ihrer frommen Regierung. Die fruchtbarsten Gegenden Europas, das alte Mohrenreich von Granada, wurden unter ihrem Einfluß zur Sandwüste. Isabella verband geringe Kenntnisse und finstere Grundsätze mit jenem entschlossenen Willen zur Erneuerung und zum Umsturz, den Diktatoren mit Revolutionären teilen. Sie gab Gesetze und verwarf sie durch neue Gesetze und stieß diese wieder durch andere Verordnungen um, alles mit der Leichtigkeit eines Taschenspielers. Nachdem sie eine Million Juden und getaufter spanischer Juden verbrannt, vertrieben und ruiniert hatte, nachdem sie zwei bis drei Millionen spanischer Mauren vernichtet und ausgetrieben hatte und durch falsche Kolonisationsmethoden eine blühende Stadt wie Sevilla fast entvölkert hatte, munterte sie durch neue Gesetze Fremde zur Ansiedlung in Spanien auf. Es kamen Deutsche, Genuesen, Florentiner und Levantiner, bereicherten sich in fünf bis zehn Jahren und verließen Spanien mitsamt den verdienten Millionen. Spanien ward bald von fremden Kaufleuten so ausgebeutet, wie es begann, seine Kolonien auszubeuten. Hatte Isabella darum die spanischen Kaufleute und Industriellen, die Juden und Mohren vertrieben?

Es gab viele kluge Leute in Spanien, die ernstlich die Meinung verfochten, das Mißgeschick und die Tränen, die allen blendenden Erfolgen und goldenen Eroberungen und weltbedeutenden Taten der Königin Isabella entsprangen, rührten vom Fluch her, der auf dem Gänsekiel der tragischen Gans ruhe. Wenn in der Folge zwölf Millionen Indianer in achtunddreißig Jahren geschlachtet wurden von jenen Spaniern, die auszogen, nur um Ungläubige zum holden Geist des Christentums zu bekehren, so wären an diesem beispiellosen zwölfmillionenfachen Mord nicht Isabella, nicht Ferdinand, nicht ihr Enkel Karl der Fünfte, der Kaiser der Welt, schuld, und nicht die katholische Kirche und ihre entartete Tochter, die Inquisition, und nicht die wilden Spanier und nicht die unvollkommene Erziehung des Menschengeschlechts, sondern nur die tragische Gans trüge allein Schuld, und zwar hätte der letzte Mohrenkönig Boabdil diese Gans des Holzknechts Garcia Mendez y Jugar da Ponte verflucht, weil Garcia zum Spotte die Gans nach ihm El Chico, Kleiner, benannt habe. Die Gans sei schuld an der unmenschlichen Austreibung der spanischen Juden, und der spanischen Araber, denen Europa ein gutes Viertel seiner wunderbaren Zivilisation verdanke, zum Beispiel Aristoteles, Pulver, Seidenfabrikation, Buchstabenrechnung, Astrologie, die künstliche Bewässerung, das Papier, die Galanterie, die Eifersucht, die Zauberbücher und Ritterromane und so fort. Die Gans war schuld, daß Spanien, eines der schönsten und üppigsten Länder Europas, zu einem der ärmsten Länder wurde; die Gans war schuld, daß die Spanier, eines der edelsten und unglücklichsten Völker Europas, nicht nur die halbe Welt eroberten, sondern sie auch verdarben und verloren, und statt mächtig elend wurden, blutig statt stark, bigott statt erhaben. Die Gans sei schuld, daß die neue Freiheit, die hier in Spanien zuerst erblühte, untergegangen war, die Gans sei schuld am größten Feinde des wahren Christentums, an der Inquisition, die tragische Gans sei schuld! Welche Gans?

»Welche Gans?« fragen andere und leugnen frech die ganze Geschichte dieser Gans, ja einige verzweifelte Freigeister behaupten, es gebe gar keine Gänse!

Kolumbus

Wieder stand Kolumbus vor den Königen, wieder sprach er vom Kreuz und vom Gold, von Heidenbekehrung und den zauberhaften Reichen Zipango, Mangi und Cathay an den Ostküsten Asiens, und malte sie in den byzantinischen Goldfarben des Marco Polo. Indes er sprach, in der Halle der Ambassadoren zu Granada, und die Könige zu berauschen versuchte, fühlte er schon zum voraus die schreckliche Enttäuschung, die er schon hundertmal empfunden hatte, vor dem König Joao von Portugal, vor dem Rat von Genua, vor dem König von Frankreich, vor Herzögen, Grafen, Doktoren und Gelehrten, Mönchen und Matrosen, denen er seine Begeisterung mitteilen wollte und die ihn verspotteten oder gelassen seinen Worten wie Märchen lauschten. Indes er die altgewohnten, oftgeübten Schwärmerreden aussprach, übersah er wiederum sein schrecklich verfehltes Leben, seine vertane Größe, seine enttäuschten Träume. Geboren in einer Weberhütte in einem Dorf bei Genua, mit vierzehn Jahren Schiffsjunge, fuhr Kolumbus zur See nach allen bekannten Erdteilen, ließ sich mit dreißig Jahren in Lissabon nieder, heiratete ein mittelloses Mädchen, das er in einer Klosterkirche betend sah, hatte einen Sohn, den er Diego nannte, lebte vom Verkauf von See- und Landkarten, die er anfertigte, studierte viele Reisebeschreibungen und die hinterlassenen Papiere seines verstorbenen Schwiegervaters, eines bedeutenden portugiesischen Seefahrers, der die Insel Porto Santo kolonisiert und regiert hatte, kam langsam auf die Idee, den westlichen Seeweg nach Ostasien zu finden, korrespondierte mit bedeutenden Gelehrten darüber, besonders mit Paulo Toscanelli aus Florenz, einem der gelehrtesten Männer der damaligen Zeit, dessen Mitteilungen ihn sehr erleuchteten. Damals arbeitete er seinen genauen Entwurf aus und glaubte, den Ruhm und die Verdienste schon zu ernten. Da begann die schreckliche Kette seiner Leiden und Demütigungen. Endlich gelangte er vor König Joao von Portugal, endlich hörte Joao ihn an, hielt ihn hin und horchte ihn aus und versuchte, ihm seine Pläne und Ideen zu stehlen, und sandte andere Männer heimlich, nach des Kolumbus Plänen. Da dem König Joao dies mißlang, entließ er den Kolumbus in Ungnade. Kolumbus floh, seine Frau starb; mit dem Söhnchen Diego auf dem Arm landete er in Palos in Andalusien, klopfte um ein Stück Brot an die Klosterpforte von La Rabida, dessen Abt Juan Perez ihn freundlich aufnahm, ihn bewirtete, ihm Empfehlungen an den Herzog Medina Sidonia gab, der ihn hinauswarf, und an den Herzog von Medina Coeli, der ihn zwei Jahre bewirtete und ihn dann fortschickte, mit einer dürren Empfehlung an die Könige beider Spanien. Die hatten ihn hingehalten und vertröstet. Er fuhr nach Genua und machte dort seine Vorschläge und ward verspottet. Der König von Frankreich schrieb ihm gnädige Briefe. Bevor er von Spanien schied, ging Kolumbus noch einmal ins Kloster bei Palos, um Abschied von seinem Freunde Juan Perez zu nehmen. Er hatte sieben Jahre in Spanien verbracht, hatte am Busen eines schönen und armen Mädchen seine Enttäuschungen nur brennender empfunden und seine zornigen Tränen nur bitterer verspürt, seine Geliebte war gestorben und hatte ihm ein Söhnchen, Fernando, hinterlassen, nun klopfte er wieder an die Pforte des Klosters La Rabida bei Palos, in zerlumpten Kleidern, ohne Geld, ohne wahre Aussichten, mit nichts ausgerüstet als den verwegenen Träumen und der verlachten Gewißheit, seine Träume seien berufen, der Menschheit mehr zu dienen als siebenzig Könige von der Sorte, die ihn wie einen Schwindler, wie einen Scharlatan, wie einen Hund behandelten. Der treue Prior Perez, der wenig von der Schiffahrt und viel von Menschen verstand, ein ehemaliger Beichtvater der Königin Isabella, reiste nach Santa Fé, erhielt eine Audienz, rühmte seinen Freund und bekam eine kleine Summe für Kolumbus, daß er sich ein paar neue Hosen, ein neues Wams und ein Maultier kaufen und anständig bei Hofe erscheinen könne. Kolumbus kaufte sich ein paar Hosen, mietete ein Maultier, ritt nach Santa Fé, ergriff ein Schwert, focht gegen die Mohren, sah, wie Boabdil die Hände der Könige küßte, erlebte den Fall Granadas, gleichgültig verdrossen, was schierte ihn eine Stadt mehr oder weniger, da er eine halbe Welt, da er ganz Indien zu entdecken, zu erobern gedachte? Er verachtete diesen ganzen, lästigen Mohrenkrieg, der ihn hinhielt, der ihm die schönsten Jahre seines Lebens auffraß. Inzwischen tummelte er sich, ein wenig gekannter Mann, im öden Troß zudringlicher Bittsteller und brütete in den Ecken der Vorzimmer und hing seinen Welteroberungsplänen nach, ein Kerl in zerrissenen Hosen, mit grauem Haar, von gemeiner Abkunft, ein Ausländer, fast wie ein Narr behandelt. Mit vollkommener Gleichgültigkeit, ja mit tiefer Verachtung beobachtete er den lauten Jubel der versammelten Christenheit über die Zerstörung einer hübschen Stadt.

Endlich berief man ihn zur Audienz. Da saßen Ferdinand und Isabella, gebläht vom leeren Stolz der Sieger, da saß ihr Beichtvater Talavera, der neue Erzbischof von Granada, ein gütiger und gelehrter Mann, der nichts von den sogenannten Fortschritten menschlichen Wissens hielt, der dreimal, an der Spitze gelehrter Kommissionen, das heißt von Kasuisten und Rabulisten, Mönchen und Theologen, ihn schnöde abgefertigt hatte; im Rat von Salamanka hatte dieser milde Talavera des Kolumbus Pläne »für eitel, unausführbar und auf zu schwachen Gründen beruhend, um die Unterstützung der Regierung zu verdienen« bezeichnet. Nun musterte der gleiche Talavera, noch mehr emporgehoben, ihn, den tiefer herabgesetzten Kolumbus und starrte hämisch auf den neuen, von den Bettelpfennigen der Könige gekauften Rock des Kolumbus. Kolumbus sprach und sprach, vor seinen Augen verschwammen die freundlichen Gesichter seiner Freunde Deza, des neuen Erzbischofs von Sevilla, und des Großkanzlers und Großkardinals von Spanien, Mendoza, und der Marquise Moya, und der Aragonesen Santangel und Sanchez, der beiden reichen, getauften Juden, alle verwandelten sich zu bösen Fratzen. Kolumbus spürte eine gefährliche Wut. Diese mittelmäßigen Figuren wuchsen und wuchsen, und er, ihnen tausendmal überlegen, ward ärmer und kleiner. Er verachtete schon sich selber, er wußte nicht mehr, glaubte er wirklich an seine Worte, an das Gold, an die Heidenbekehrung, an die byzantinischen Seifenblasen des Marco Polo, an sein erhabenes Endziel, mit dem Gold der entdeckten Länder einen großen Kreuzzug auszurüsten und das Heilige Grab in Jerusalem zu befreien, war das wirklich der Traum seines Lebens; ein Grab in Jerusalem? Oder wollte er den Westweg finden, nichts sonst? Es gab ihn, er wußte das, er glaubte daran, er wollte ihn finden, in diesem Jahre und jetzt, er hielt die Wahrheit in Händen, den Westweg, ihn allein wollte er! Und alles andere, Gold und Kreuz, Menschheit und Ruhm, war nur ein heiterer Vorwand seiner träumenden Seele? Er wußte es nicht mehr. Er hörte wie durch dicke Wände die freundliche Stimme der Königin: »Und was fordert Ihr also, Señor?«

Den Westweg, wollte er antworten, und Euren Tod, wollte er

antworten, er haßte sie alle, dieses Zwerggesindel auf den Thronen und in den Palästen Europas, das die Macht und das Gold und die Schiffe und die Gewalt der Gesetze besaß und ihn ausschloß und ihn so lange unterdrückte, bis andere, schlechtere, ihm den Ruhm stahlen, den Westweg nach Indien. Er nahm sich zusammen und sprach würdevoll: »Ich fordere für mich und meine Erben den Titel und die Macht eines Vizekönigs und Admirals aller von mir zu entdeckenden Reiche und Inseln und ein Zehntel all ihrer künftigen Erträge!«

Talavera, der neue Erzbischof von Granada, erklärte laut schreiend: »Das ist Anmaßung! Das wäre unpassend für Ihre Hoheiten! Die Frechheit eines hergelaufenen Abenteurers in gepumpten Hosen!«

Isabella betrachtete den kuriosen Menschen, der nichts besaß und wie ein König zu Königen sprach. Sie sagte: »Señor! Ihr seid die Art bei Hofe nicht gewohnt. Ihr habt es nicht mit kleinen Reedern, mit Handelsleuten zu tun. Wir können Euch einen kleinen Titel versprechen, das wollt Ihr doch, vielleicht den Titel Don und ein Amt, wenn es Euch glückt, als Kapitän eines unserer Schiffe?«

Kolumbus starrte sie an, als sei sie verrückt. Die Königin empfand plötzlich den ganzen Menschen als eine ungeheuerliche Beleidigung. Sie erkannte den Empörer. Er verdroß und ekelte sie. Sie blickte zu Ferdinand. Es war wie stets vergeblich, in seinem Gesicht zu lesen. Sein Gesicht drückte Majestät aus, sonst nichts. Unbewußt verglich Isabella das Gesicht dieses Abenteurers Kolumbus mit dem Antlitz des Königs. Plötzlich fühlte sie wieder, wie schon in der vorigen Audienz dieses Genuesen, Mitleid mit ihm. Sie sagte: »Also habt Ihr Euch bedacht?«

Kolumbus antwortete: »Ich fordere für mich und meine Erben den Titel und die Macht eines Vizekönigs und Admirals aller Reiche und Inseln, die ich entdecke, ferner ein Zehntel ihres Ertrages.«

Er sprach seinen Satz zu Ende, obwohl Ferdinand und Isabella mitten in seinen Worten aufstanden und den Saal der Ambassadoren verließen, gefolgt von Mendoza, Deza, der Marquise Moya und dem ganzen Hofe. Grübelnd blickte Talavera, Erzbischof von Granada, der allein mit Kolumbus blieb, auf den frechen Bittsteller. Er dachte: Das ist ein Narr. Ich will für ihn beten. Das ist kein Schwindler, der ist toll!

Kolumbus starrte ihn an. Talavera erklärte leise: »Die Audienz ist beendet, Señor.«

Mit ruhiger Würde verbeugte sich Kolumbus und verließ den Saal der Ambassadoren und schritt durch die Gärten der Alhambra herab bis zum Dom von Granada, wo er sein Maultier angebunden hatte, und band es los und bestieg das brave Tier und ritt durch Granada und Santa Fé, er ritt fort, fort aus Spanien! Der enttäuschte Mann ritt auf seinem Maultier, groß und schwankend, da er des Wegs nicht achtete. Ein Wind hatte ihm seinen Hut fortgetragen, und er war weitergeritten. Seine Haare, einzelne noch rot, wie ursprünglich all sein Haar, die meisten aber schon ergraut, wehten im Wind. Kolumbus ritt die Landstraße dahin, der Staub hüllte ihn ein, er ritt und dachte: Nur fort aus Spanien! Ach, ein halbes Leben verloren – bin ich ein Narr? Ich habe die Weisheit mit Löffeln gegessen. Wie ist sie mir bekommen? Wehe! Hineingeboren in eine wunderbare Welt, die eben aufwacht und den Schlaf sich aus den Augen reibt, den alten Glaubensschlaf von tausend Jahren, da endlich die Vernunft erstrahlt, als wäre sie das heitere Licht des ersten Morgens, da endlich das Leben lächelt, zerren diese Spanier, altmodische Ritter, neumodische Pfaffen, das neue Leben aus dem Sonnenaufgang der Vernunft zurück ins alte Dunkel ihres falschen Fanatismus. Bin ich darum im schönsten Jahrhundert der Menschheit geboren, habe ich darum den großen, seligen, stillen Blick ins verheißene Land getan, daß dann ein falscher Himmel gegen mich aufsteht, und der erhabene, einzig wahre Traum von einem schöneren Leben hinabfällt? So habe ich sieben Jahre verloren! Im Schoß eines Weibes fand ich gleichfalls den falschen Himmel. Ich Narr! Sie ist tot und mir blieb ein Söhnchen, ein Fernando. Indien oder ein Weiberschoß?

Das Maultier war stehengeblieben, am Rand der Straße, unter einem Maulbeerbaum. Tiefsinnig stand es vor einem Dornstrauch. Kolumbus gewahrte es nicht. Tiefsinnig starrte er in den weiten Himmel. Die Liebe einer Frau, murmelte er, oder ein König einer halben Welt. Ich habe gewählt – und fühle mich betrogen! Statt Glanz und Ruhm noch ein Sohn, zu einem Diego ein Fernando. Verhöhnst Du mich, Gott? Oder behalten wir am Ende immer, wenn wir Glück hatten, einen Menschen übrig, belebten Staub, Atem, Rauch, wie die Juden sagen? Da Kolumbus in die untergehende Sonne starrte, mit seinen müden, kleinen, bläulich grauen Augen, die so weit sahen, schien ihm plötzlich, als schöbe sich eine Wand fort, und er schaute. Er sah nichts als das Meer, das unendliche Meer, die Wellen stürzten vor ihm und wurden sanft und glatt, das Meer leuchtete grün und golden, und er schritt trockenen Fußes hindurch, den Westweg nach Indien!

Da hörte er seinen Namen rufen. Wer rief ihn? Er wollte nicht zurück. Er wollte nicht ... »Messer Colombo, Señor Colón, Don Cristóbal!«

Langsam wandte Kolumbus sich um. Vor ihm hielt auf einem schweißnassen Gaul Don Luis Santangel, Schatzmeister Aragons, getaufter Jude und Günstling des Königs Ferdinand.

Ein Gönner, dachte bitter lächelnd Kolumbus, was will der Kerl? Voll feierlicher Würde verbeugte sich Kolumbus.

»Messer Colombo! Messer Colombo! Ihr sollt zurück. Die Könige haben mich gnädig angehört. Sie erwarten Euch zur Audienz! Man nimmt Euch, Don Cristobal, man akzeptiert alles!«

»Ich will nicht mehr«, sagte Kolumbus.

»Aber Señor, was sagt Ihr? Die Königin Isabella ruft Euch zurück, Isabella selber!«

»So sagt der Isabella selber . . .«

»Still, Señor! Ich bat, ich bürgte für Euch. Ich zahle die Expedition, ich der getaufte Jude Luis de Santangel aus Saragossa. Ihr habt mein Wort und außerdem die Gnade der Könige Spaniens.«

»Ihr, Don Santangel! Ihr zahlt? Mein hoher Gönner, wie dank' ich . . .«

»Still, Señor. Seid still; denn ich, Don Luis de Santangel, ich glaube, daß Ihr den Westweg findet, versteht mich gut, ich mache jetzt das größte Geschäft meines Lebens!«

»Ah«, sagte Kolumbus, »seht Ihr das Gold?«

»Gold habe ich genug. Ich sehe den Ruhm. Gestehe ich es Euch nur ein, Señor, ich bin ehrgeizig!«

Kolumbus ritt zurück. Die Könige waren gnädig, wie Könige sind. Sie unterschrieben feierlich und siegelten mit jedem Eidschwur den Vertrag, gesonnen wie eh und je, ihn zu brechen, wenn es vorteilhafter wäre, ihn nicht zu halten; mit feierlichen Gesichtern saßen Ferdinand und Isabella und siegelten und unterschrieben, zu Santa Fé, den 17. April 1492. Sie, als Beherrscher der Weltmeere, ernannten den Genuesen Christoph Kolumbus zum Admiral, Vizekönig und Oberbefehlshaber aller Inseln und Reiche, die er im Westmeer entdecken würde. Ferdinand und Isabella unterschrieben. Er erhielt das Vorrecht, drei Bewerber für die Regierung jedes dieser Reiche vorzuschlagen, damit die Krone einen davon wähle. Ferdinand und Isabella unterschrieben. Er sollte die ausschließliche Gerichtsbarkeit über alle Handelssachen erhalten, ein Zehntel aller Erzeugnisse und Gewinne innerhalb der Grenzen seiner Entdeckungen, und außerdem noch ein Achtel, wenn er, Kolumbus, den achten Teil zu den Ausgaben beitrug. Dies ward ihm und seinen Erben auf ewige Zeiten gesichert, mit dem Vorrecht, vor ihre Namen den Titel ›Don‹ zu setzen. Ferdinand und Isabella unterschrieben.

Der Hafen Palos erhielt königliche Order, zur Strafe für irgendein Vergehen, zwei Schiffchen zu liefern. Die Stadt Palos widerstrebte. Kein Matrose wollte ausfahren. Sie sagten, sie hätten keine Lust, in den sichern Tod und in die Hölle zu segeln. Die Familie Pinzon, Seeleute zu Palos, lieferte ein drittes Schiff aus ihren Mitteln, wofür Kolumbus mit ihnen seinen künftigen Gewinn teilen wollte. Hundertzwanzig Menschen schifften sich auf den drei Schiffen ein. Sämtliche Unkosten der Krone beliefen sich auf siebzehntausend Gulden und waren von Santangel geliehen. Alle drei Schiffe faßten einhundertsechzig Tonnen. Nur ein Schiff, das Admiralschiff, Santa Maria geheißen, hatte ein Verdeck. Die Kriegsflotte, wie sie hieß (und der Name war der einzige Pomp), war angewiesen, fern von den afrikanischen und anderen überseeischen portugiesischen Besitzungen sich zu halten. Kolumbus und sein Schiffsvolk, außer den Juden, nahmen das Abendmahl und beichteten und stachen am Morgen des 3. August 1492 in See und sagten der Alten Welt Lebewohl, um nach Indien zu segeln.

Es war dies aber die geringste Unternehmung, die Isabella je zur See tat; sie besaß eine Kriegsflotte von einhundertzwanzig Schiffen und sie hatte schon große See-Expeditionen ausgerüstet, große und ansehnliche Unternehmungen. Dieser Kolumbus war ihr nur ein paar Dukaten wert. Ferdinand gar konnte den Kerl nie leiden.

Da die Schifflein am Horzizont entschwanden, blieb eine düstere Trauer im andalusischen Städtchen Palos zurück. Es war ein Freitagmorgen.

Kolumbus, Don Cristóbal Kolumbus, nahm in seiner Kajüte gegen Mittag des 3. August 1492 sein Tagebuch und schrieb:

»In nomine D. N. Jesu Christi. Nachdem die allerchristlichsten, allerhöchsten, allererhabensten und allermächtigsten Fürsten, der König und die Königin von Spanien und den Inseln des Meeres, unsere Souveräne, in dem gegenwärtigen Jahre 1492 den Krieg gegen die Mauren in Europa mit der Einnahme der großen Stadt Granada beendigt hatten, und ich E.E.M.M. von den Ländern Indiens und von einem Fürsten, welcher Großchan, das heißt in unserer Sprache König der Könige, erzählt hatte, wie oftmals er und seine Vorfahren nach Rom gesandt und um Lehrer unseres heiligen Glaubens, welche ihn darin unterweisen sollten, nachgesucht hätten, und daß der Heilige Vater sie ihm nie geschickt hätte, und also so viele Völker, im Götzendienst verharrend und verderbliche Grundsätze einsaugend, verloren gingen; fanden sich E.E.M.M. als katholische Christen und Fürsten, als innige Verehrer und Beförderer des heiligen christlichen Glaubens, und Feinde der Sekte Mahomets, und aller Abgöttereien und Ketzereien, veranlaßt, mich, Christoph Kolumbus, gleich darauf in demselben Monate zu beauftragen, mich nach den genannten Teilen Indiens zu begeben, die genannten Fürsten und die Völker und Länder zu sehen, und die Natur und Gesinnungen jener zu untersuchen, so wie die zweckdienlichsten Mittel, sie zu unserem heiligen Glauben zu bekehren, ausfindig zu machen, und mir zugleich zu befehlen, nicht wie gewöhnlich zu Lande nach dem Osten zu gehen, sondern eine Reise nach dem Westen zu unternehmen, und einen Weg einzuschlagen, den, soviel wir wissen, bis jetzt noch niemand betreten hat. E.E.M.M. befahlen mir also in demselben Monate Januar, nachdem Sie die Juden aus Ihren Königreichen und Staaten verbannt hatten, mit einer hinreichenden Eskadre nach den genannten Teilen Indiens zu segeln, und überhäuften mich zu diesem Ende mit großen Gunstbezeugungen, indem Sie mich adelten, mir erlaubten, vor meinen Namen hinfüro Don zu setzen, mich zum Großadmiral des Ozeans und zum beständigen Vizekönig und Gouverneur aller Inseln und Festländer, welche ich entdecken und erlangen sollte, und welche hinfüro im Ozean noch entdeckt oder erlangt werden möchten, ernannten und die Bestimmung trafen, daß mein ältester Sohn und überhaupt meine Nachkommen von Generation zu Generation mir in meinen Würden folgen sollten. Ich reiste daher am Sonnabend, den 12. Mai desselben Jahres 1492 von der Stadt Granada nach Palos, einem Seehafen, ab, wo ich drei zu solchem Dienst wohlgeeignete Schiffe ausrüstete, darauf, hinreichend mit Lebensmitteln und vieler Mannschaft versehen, am Freitage dem 3. August desselben Jahres, eine halbe Stunde vor Sonnenaufgang von diesem Hafen aus unter Segel ging, und meinen Lauf nach den Kanarischen Inseln nahm, um dann von hier aus nach Indien zu segeln, mich des von E.E.M.M. an die dortigen Fürsten erteilten Auftrags zu entledigen, und das, was Sie mir befohlen, auszuführen. Er ist nun meine Absicht, während meiner Reise von Tage zu Tage alles dasjenige genau aufzuzeichnen, was ich tun und sehen und erfahren werde. So wie ich denn, meine erlauchten Fürsten, jeden Abend alles, was den Tag über vorgefallen, und jeden Morgen, was während der Nacht geschehen, aufzeichnen werde, so habe ich mir auch vorgenommen, eine Karte zu verfertigen, auf welcher ich die Gewässer und Länder des Ozeans nach ihrer Lage angeben werde, und auch zugleich in ein eigens dazu verfertigtes Buch die Grade der Breite vom Äquator und der Länge vom Westen einzutragen. Übrigens wird es sehr notwendig sein, daß ich den Schlaf von mir fernhalte und mein einziges Augenmerk auf die Navigation richte, um alle jene Dinge auszuführen, welches große Arbeit sein wird.«

Ferdinand und Isabella ritten vor die Tore der Stadt Granada, die Straße entlang, die nach Portugal führte. Ferdinand seufzte. Isabella starrte schweigend in die Ferne, bis die Augen sie schmerzten.

Vor ein paar Monaten hatten die Könige ihrer ältesten Tochter Elisabeth, der wunderschönen Braut des Erben von Portugal, des Infanten Alonso, das fröhliche Geleite gegeben. Der Kardinal Mendoza hatte die fromme Braut nach Lissabon geführt.

Nun kam Elisabeth zurück, nach kurzen Monden des Glücks und der ehelichen Liebe, als Witwe, zwanzig Jahre alt. Der junge Erbprinz Alonso, schön und hold, war auf der Jagd, abseits, vom Pferd gefallen und blieb tot liegen. Zigeuner plünderten ihn nackt. Wilde Hunde fraßen an ihm. Bauersleute trugen mitleidig den nackten, toten Jüngling vors Kirchentor. Ein Franziskanermönch erkannte den Prinzen. Der Zufall führte einen Teil der Jagdgesellschaft vorbei, die den Prinzen suchte; die Infantin sah als erste den Mönch und den nackten Leichnam vor der Kirche, mitten im Glanz des Sommermittags, sie erschrak, sie wußte nicht warum, und zitterte so, daß sie von ihrem Pferd herabglitt. Ihre Begleiter sammelten sich um sie, hoben sie auf, sie aber stieß alle fort und schrie laut: »Alonso! Mein süßer Alonso!« und stürzte wie rasend zur Kirchenstufe, stieß den Mönch fort, da er sich ihr entgegenstellte, als wollte er ihr den schrecklichen Anblick sparen, und kniete nieder und flüsterte: »Alonso!« und versuchte, ihn zu küssen, und sah die Bisse in seinem Fleisch, das offen lag, und fuhr in einem schreienden Ekel zurück und beugte sich nochmals über ihn, um ihn trotzdem zu küssen, denn sie liebte ihn doch, er war ihr das Liebste auf der Welt, ihr teurer als Leben, Eltern, Gott und die ganze Erde.

»Alonso!« rief sie, »vergib mir! Ich bitte dich! Aber ich kann

nicht! Ich kann nicht! Ich kann dich nicht küssen. Mich ekelt!«
Und sie kroch auf dem Bauche fort von dem scheußlichen
Leichnam.

Mit Gewalt schleppten ihre Begleiter sie weg und brachten sie
nach Lissabon. Sie aber wollte nicht bleiben, sie wollte nicht
essen, nicht trinken, nicht mehr zu Bett gehen. »Ich esse nicht«,
schrie sie. »Seht ihr nicht, daß es sein Fleisch ist? Ich trinke
nicht! Es schmeckt nach seinem Blut. Ich gehe nicht ins Bett.
Darinnen liegt er! Ich will heim! Nach Kastilien! Laßt mich
heim!«

Nun ritt sie heim, die Könige ritten ihr entgegen. Isabella sah
noch im Blick, der mit Tränen getüncht war, das holde Bild
ihrer liebsten, schönsten, frömmsten Tochter. Sie sah noch die
hundert Pagen, die hundertzwanzig Ehrenjungfrauen, die sechzig edeln Ritter, die vielen Bischöfe und voran den prunkenden
Großkardinal von Spanien, den reichen Mendoza. Da trabten
ein paar Reiter, eine tief verschleierte Frau, sie stieg ab, sie fiel
zu Boden und kniete. Was will das Weib, dachte die Königin
Isabella und sprang vom Pferd und schrie schon. Ihr Schrei
mischte sich mit dem Schrei ihrer ältesten Tochter. »Mutter!«
rief Elisabeth, Witwe und zwanzig Jahre alt, »Mutter!«

»Mein Kind!« stammelte Isabella. Die Infantin schlug die
Schleier zurück. Isabella erschrak. Ihr Kind sah schöner aus als
je, mit blassen Wangen und melancholischen Augen, die wie
brennende Kohlen glühten; aber im süßen, holden Gesicht war
ein schrecklicher, neuer Zug eingegraben, ein Zug der nackten
Wollust, in den Augen und um den Mund.

Da Isabella und ihre älteste Tochter in den Gärten der Alhambra saßen, zwischen den tausend Säulen, die von Gold und
Elfenbein schimmerten, und der Lorbeer neben den Orangen-
bäumen und Zypressen im Wind seine starren, strengen Blätter
still wiegte und die hundert Fontänen rauschend blinkten, gestand die blasse, unglückselige Infantin ihrer Mutter: »Er be-

sucht mich nachts. Er kost mit mir. Er sagt, er liebt mich doch!«
»Wer?« fragte mit zitternden Lippen die Königin Isabella. Aber sie wußte es. Da Isabella nachts mit ihrem Gatten Ferdinand zu Bette lag, hörten sie die schrecklichen Schreie ihrer ältesten Tochter durch sieben Türen. Isabella erhob sich hastig.
»Bleib«, rief Ferdinand, »deine Tochter ist wahnsinnig!«
Isabella sah ihren Gatten verächtlich an.
Er sagte mit undurchdringlicher Miene: »Zwölftausend Dukaten gab ich ihr als Mitgift. Wo finde ich den neuen Mann für deine Tochter?«
»Was sprichst du?«
»Ist es dir nicht klar?« fragte er. »Sie muß wieder heiraten. Hast du vergessen, wieviel Mühe ich wegen dieser Ehe mit Portugal hatte? Mir liegt nicht so viel an Portugal wie dir! Ich will meinem Sohn Johann Europa hinterlassen. Er kränkelt. Er wird nichts erobern. Ich will ihm ein Weltreich hinterlassen. Noch nie war es so leicht, eine halbe Welt zu gewinnen. Wir sind groß geworden, Isabella. Laß mich handeln! Wir werden wachsen. Diese Sache mit Portugal – ein Unfall! Unsere Tochter tut mir leid. Aber hast du gesehen? Sie ward schöner. Ich habe sie genau beobachtet. Sie kann einen Kaiser fordern, so schön ist sie geworden. Und ist sie nicht unsere Tochter?«
»Ferdinand«, rief Isabella und fühlte einen Schmerz, der sie in der Kehle würgte, als preßte eine mächtige Faust ihren Hals, »Ferdinand, kannst du jetzt an solche Pläne denken?«
»Wann denn, Liebste?« fragte der König, ernsthaft würdig.
Isabella beugte sich übers Antlitz ihres Gatten. Beim zuckenden Schein der Kerze fand sie kein menschliches Gefühl in seinem Antlitz. Plötzlich begannen die Schreie ihrer Tochter Elisabeth von neuem.
Doppelt entsetzt floh Isabella und lief im Nachtkleid in einen der Gärten und warf sich an den Rand eines Springbrunnens,

dessen marmorne Schale im Schein des Mondes wie Silber glänzte. Isabella weinte und murmelte, ohne sich dessen bewußt zu sein: Ein Zeichen! Ein schlimmes Zeichen!

Und die Träume

Isabella hatte schwere Träume. Sie träumte oft, daß sie durch die Nacht reite. Der Himmel ist verhängt. Der Wind saust. Und es beginnt zu regnen. Der Regen rauscht und erfüllt den ganzen Raum zwischen Erde und Himmel. Isabella fühlt im Traume eine unerträgliche Schwermut und erwacht. Sie erwacht, und es ist dunkel, oder eine Kerze beleuchtet die Nacht. Es dunkelt und Isabella weint, vor Schwermut. Und in dieser Schwermut ruhen Todesangst und Todeswollust beisammen, unerträglich. Wenn der Morgen graut, verlieren sich Angst und Trauer und die Königin vergißt die Träume.

Einmal, da sie nachmittags unter einem blühenden Myrtenstrauch einschlief, träumte sie, daß sie wahnsinnig sei, das heißt, im Traume glaubte sie, alle Menschen seien wahnsinnig, nur sie allein sei vernünftig, und sie sah das Tun ihres Ferdinand, ihrer Kinder, ihrer Minister, ihrer Völker und der anderen Menschen. Mit Riesenschritten ging sie an allen vorbei, wie durch eine maurische Basargasse. Sie sagte zu allen laut: »Ihr treibt es falsch!« Und wunderte sich, daß keiner sie verstand. Schließlich blieb sie allein auf einem wüsten Feld, am Horizont blitzte es, sie sah schärfer und erkannte, es waren die Flammen eines ungeheuren Scheiterhaufens, sie begann zu laufen, sie rannte, sie wollte den Horizont greifen, er rannte vor ihr davon, endlich stand sie vor dem Scheiterhaufen, ein riesiger, alter Mann stand gebückt und schürte das Feuer, er erhob sich, ein Riese, aber auch sie stieß mit dem Scheitel an die Sterne, sie fragte den Greis: »Torquemada, wen verbrennst du?« Und er deutete auf das Autodafé, und sie sah in Angst und Schrecken, daß Christus mit dem Kreuz verbrannte. »Was tust du?« schrie sie.

Und Torquemada murmelte: »Ketzer! Lauter Ketzer!«

»Du verbrennst Gott!« rief sie.

Da begann dieser Schwermutsregen herabzurauschen und löschte das Feuer aus, und den Greis, und den Gott, der Wind sauste und es dunkelte und Isabella erwachte und wußte, im Traum war sie wahnsinnig. Und sie weinte sehr.

Papst Alexander der Sechste

Am andern Morgen rief Isabella ihren Kanzler Mendoza. »Helft mir«, bat sie. »Ich rede zu Gott. Meine Worte sind taub. Gibt es keine Heiligen mehr in Spanien? Bin ich ganz verlassen?«

»Man bedarf ihrer vielleicht nicht mehr?«

»Träumt Ihr, Mendoza? Die Kirche, verweltlicht und verjudet, bedürfte keiner Reformation. Sind es noch Mönche, sind es schon Heiden? Die Bischöfe vermieten Bistümer und vererben sie ihren Bastarden. Unsere Gesetze für Kebsweiber der Geistlichen und die Mönchshuren sind Euch nicht genug? In welchem andern Christenreich erkennen die Gesetze solche Heidenzustände an? Die Kirche verödet. Sixtus der Vierte, ein Franziskaner, gab allen Bettelmönchen das Recht, Beichte zu hören, das Abendmahl und die letzte Ölung zu reichen. Seitdem führen sie in Wahrheit alle geistlichen Ämter. Jedoch, sie sind verdorben. Man schachert um jede Pfründe in den geistlichen Orden. Man scheut weder Dolch noch Gift. Der Verfall der Orden wird die ganze Christenheit verderben. Euch ersah ich zum Heiligen Vater. Ihr solltet die Kirche reformieren. Ihr solltet Spanien und uns fördern! Umsonst überwies ich bedeutende

Summen unserm römischen Gesandten, umsonst vermochte Ferdinand seinen Vetter Ferrante von Neapel, baren Einfluß auf die Kardinäle zu nehmen. Roderigo Borgia war reicher als wir, der Schamlose, und kaufte die Tiara. Er heißt Alexander der Sechste – o Simonie! Was für ein Mensch! Ein Spanier, aber der liebt nicht Spanien. Er liebt nur sich, lebt nur für sein Vergnügen, kennt nur seinen Ehrgeiz. Man sagte, er lachte schallend vor Vergnügen, der neue Papst zu sein. Das ist nicht die Art, Mendoza, nicht die Sitte! Er ist sechzig Jahre alt und buhlt wie ein Jüngling. Die Laster und sein Nutzen regieren ihn. Ferdinand sagt, der neue Papst denke nur daran, seinen Söhnen Italien zum Erbe zu lassen. Glaubt Ihr daran? Welch ein Zeichen, Mendoza? Sollen Heiratsgeschäfte des Papstes die Weltpolitik, sollen die Geschäftssorgen eines Familienvaters die Politik des Christentums beeinflussen?«

Mendoza errötete. Auch er war Familienvater, auch er versorgte seine Bastardkinder prächtig mit Titeln, Geld und Lehen. Auch er war üppig. Hastig begann er: »Der älteste Sohn des Papstes, dieser Cesar Borgia hält den Heiligen Vater, Rom und den Kirchenstaat in seinen Klauen. Er ließ den eigenen Bruder im Tiber ersäufen, seinen Schwager von Bravos überfallen, und als der Verwundete, von Frau und Schwester gepflegt, genas, und ihn der Papst bewachen ließ, um vor dem Sohn den Schwiegersohn zu wahren, erklärte Cesar: ›Was am Mittag nicht geschah, wird sich zu Abend tun lassen‹, drang ins Zimmer seines Schwagers, warf dessen Frau und Schwester heraus, rief seinen Henker und ließ den Schwager erwürgen, um ungestört mit der eigenen Schwester zu buhlen. Den Liebling Alexanders, Peroto, der fliehend unter dem Mantel des Papstes sich barg, erstach er am Busen Alexanders des Sechsten, daß des Knaben Blut dem Heiligen Vater ins Gesicht spritzte. Jede Nacht findet man Erschlagene zu Rom, Gläubiger oder Feinde Cesars. Ist das noch christlich?«

»Ich kenne den Heiligen Vater recht gut«, sagte Isabella. »Der Kardinal Roderigo Borgia war es, der mir empfahl, Euch zu meinem Kanzler und zu Spaniens Kardinal zu machen, und dabei war er der Freund Carillos!«

Isabella starrte zu Boden und seufzte. »Ein neues Zeichen«, murmelte sie. »Mendoza, ich bin unruhig. Habt Ihr mir einen neuen Beichtvater gefunden?« »Er wartet im Vorzimmer auf mich«, antwortete Mendoza. »Er heißt Ximenes, ein heiliger Mann, ein fähiger Mann, fromm und talentvoll. Wird er Eurer Majestät gefallen? Ihr saht ihn vielleicht schon, im Haus des Herzogs Sidonia, an jenem Tag, da Torquemada den Ketzer Castillo anklagte und im Zorn das Haus verließ.«

»Ximenes, sagt Ihr? Wie sieht er aus? Ich erinnere mich nicht.«

»Soll ich ihn wie zufällig hereinführen?«

»Ein Heiliger, glaubt Ihr? Und weise, sagt Ihr? Und er heißt Ximenes?«

»Er ist erleuchtet!«

»Ruft ihn! Ich bin sehr neugierig, Mendoza! Ich liebe die Menschen, ach, ich liebe sie!«

Ximenes

Isabella prüfte den Bruder Ximenes mit Blick und Wort. Er ändert nicht die Miene, da er mit einem Male vor der Königin stand. Er schlug die Augen nicht nieder. Seine scharfen Blicke schienen aus großer Ferne zu kommen, sie entblößten und übersahen. Der Mann hat wunderbare Augen, dachte Isabella, Adleraugen, so nackte Blicke, so ohne Menschlichkeit, Vogelaugen. Ein ungewöhnlicher Mensch, dachte sie, aber ein Heide. »Seid Ihr ein Christ, Bruder?« fragte sie plötzlich.

Mendoza sah überrascht die Königin an. Er lebte fast zwanzig Jahre in ihrer nächsten Nähe, er glaubte, sie ganz zu durchschauen, sie besser zu kennen als sich, da sich zu erkennen ja am schwersten ist, und doch handelte sie immer überraschend und sagte immer fremde, ungeheuerliche, zuweilen unbegreifliche Worte. Hatte er nicht erzählt, daß dieser Ximenes fast ein Heiliger war?

Der Bruder Ximenes antwortete nicht. Sein Blick durchdrang die Königin.

»Wie alt seid Ihr?« fragte sie.

»Sechsundfünfzig Jahre.«

»Warum lebt Ihr so strenge?«

Der Mönch blickte zu Boden. Eine sanfte Röte bewölkte sein blasses, zerfurchtes Gesicht, auf dem das ungekämmte Haar wie Moos wucherte. Seine tiefliegenden, geröteten Augen, seine starke, gebogene Nase, sein schmaler Kopf, sein abgemagerter Leib, seine blutlosen, schmalen Lippen, die dicken, bläulichen Andern auf seinen dürren Händen, die rauhe, wollene Kutte, ein großer, ungeschälter Stecken, auf den er sich stützte, seine ganze Erscheinung erinnerte an einen der uralten Wüstenheiligen. Er sah wie ein Hundertjähriger aus, aber von jener Sorte, die hundertfünfzig Jahre alt wird.

»Habt Ihr Furcht?« fragte ihn Isabella plötzlich.

Da richtete der Greis sich auf und ließ seinen Stecken los, daß er mit einem dünnen Klang umfiel. Langsam bückte er sich, den Stecken aufzuheben, er ächzte mühsam. Der Großkardinal und die Königin sahen aufmerksam der Anstrengung des Greises zu. Endlich hatte der Mönch den Stecken erfaßt und erhob sich. Er reckte sich, und nun sah man erst seine wahre Größe.

»Ich habe keine Furcht vor Menschen«, erwiderte er und blickte der Königin in die Augen. »Ich geißele mich, weil ich manchmal zu wenig Furcht vor Gott habe.«

»Und die Hölle?« fragte Isabella.

»Sie ist nicht für mich gemacht«, antwortete der Mönch stolz. »Ich spotte der schwachsinnigen Bilder, die unsere Maler vom

Teufel und von seinem Reiche entwerfen. Die wahre Hölle brennt in unserer Brust.«

»Der Kardinal erzählt mir«, sagte Isabella, »der Ruf Eurer Heiligkeit dringe durch ganz Spanien. Seid Ihr zufrieden?«

Ximenes lächelte sanft. Das Lächeln verwandelte nicht nur sein Antlitz, sondern auch sein ganzes Wesen, seine ganze Erscheinung. Der Geruch der Wüste, der ihn umschwebte, wich, und eine milde Rührung, ein urväterliches Behagen entströmte ihm. Er ließ ein leises Lachen hören, ganz hoch und kindlich. »Ich bin nicht eitel, Majestät. Ich bin kein Heiliger. Ich bin ein ganz gewöhnlicher Mönch, ein Bettelmönch, ein Franziskaner, und befolge die Regeln meines Ordens, die ich liebe. Ein Heiliger bedarf mehr als nur Gehorsam. Mir fehlen Weisheit und Werke, und der Wille, um ein Heiliger zu sein. Ich bin ein Bettelmönch, und ganz unkundig der Worte bei Hof, und nicht gemacht, um mit Königen und anderen Großen zu sprechen. Der Kardinal verkennt mich. Wie alle, die erhaben denken und fromm fühlen, schätzt er mich für seinesgleichen. Ich bin hochmütig und unpassend und verworfen.«

»Und doch sagt mein Kanzler, Ihr seid recht geschickt in Geschäften. Ihr durchschaut, sagt er mir, die törichten Verbrämungen aller menschlichen Geschäfte. Ihr seht durch die hundert Hüllen der Eitelkeit.«

»Wer gewohnt ist, Gott anzuschauen«, erwiderte der Mönch lächelnd, »hat klare Augen.«

»Warum also entzieht Ihr Euch?« schrie Isabella mit einem Male. »Warum versperrt Ihr Euch? Was gibt Euch den Hochmut, Bruder? Glaubst du, wir kennten nicht die Wollust des stillen Lebens? Uns dürstete nicht nach dem berauschenden Trank der Einsamkeit? Liebst du die Menschen nicht, Bruder?«

Gleich darauf entließ die Königin gnädig den Kanzler und den Mönch.

Einige Tage später teilte Mendoza dem Ximenes seine Berufung zum Beichtvater der Königin Isabella mit. Ximenes stellte die Bedingung, alle Verpflichtungen seines Ordens erfüllen und in seinem Kloster bleiben zu dürfen, außer sein Amt rufe ihn zum Hofe.

Ximenes de Cisneros, 1436 in Tordelaguna geboren, Sohn armer Leute, ward der Kirche geweiht, erhielt ein Stipendium, lernte in Alcala Latein, Griechisch, Hebräisch, ging mit vierzehn Jahren auf die Universität zu Salamanka, machte sein Baccalaureat, ging nach Rom, kehrte sechs Jahre später, infolge seines Vaters Tod, nach Spanien zurück, mit einer Bulle des Papstes versehen, die ihm die erste mittlere Pfründe bestimmte, die im Erzbistum Toledo erledigt würde. Da der Erzpriester von Uzeda 1473 starb, nahm Ximenes Besitz von dieser Pfründe und ward vom Erzbischof von Toledo, dem wackern Carillo, dem diese Gewohnheit des Papstes, seine Hirten zu bestellen, anmaßend vorkam und der die Pfründe in seiner gewöhnlichen Großmut irgendeinem Freund versprochen hatte, in den Turm von Uzeda eingesperrt, und da Ximenes den sanften Gründen des Erzbischofs nicht wich, warf der ihn in den Turm von Santorcaz, der als Gefängnis für renitente Geistliche eingerichtet war. Da Ximenes sechs Jahre diesen nachdrücklichen Gründen widerstand, entließ ihn Carillo, dem zuletzt gefiel, wie lange Ximenes seine eigenen Rechte wahrte. Carillo dachte, vielleicht wird solch ein Charakter auch fremde Rechte wahren? Da Ximenes frei und im Genuß seiner Pfründe war, tauschte er sie 1480 gegen eine Kaplanstelle von Siguenza, lernte fleißig, vor allem Hebräisch und Chaldäisch, die Sprachen Gottes. Mendoza lernte ihn kennen, machte ihn zu seinem Vikar und übertrug ihm die Geschäfte seines Bistums. Eines Tages legte Ximenes alle Geschäfte nieder, verzichtete auf seine Ämter und Pfründen, die ihm zweitausend Dukaten und zwanzigtausend Sorgen jährlich brachten, und trat in die strengste aller mönchischen Brüderschaften, in den Observantenorden der Franziskaner, und ward Novize im Kloster San Juan de los Reyes zu Toledo, welches Ferdinand und Isabella hatten bauen lassen, infolge eines Gelübdes im Erbkrieg gegen Alonso von Portugal. Im Kloster schlief Ximenes auf dem harten Fußboden, mit einem Holzscheit als Kopfkissen, trug Haartuch auf dem nackten Körper, fastete, wachte, geißelte sich, ärger als St. Franziskus, legte am Ende des Jahres das Ordensgelübde ab, wobei er seinen Namen Gonzalo mit dem Namen Franz tauschte. Da der Ruf seiner Heiligkeit bald die Menge zu seinem Beichtstuhl lockte, wurde ihm erlaubt, ins Kloster unserer lieben Frau zu Castanar, inmitten eines dichten Kastanienwaldes, zu ziehen. In einer dunkeln, bergigen Einöde baute er sich mit eigenen Händen eine winzige Hütte, mehr für einen Hund als einen Menschen, und studierte Tag und Nacht die Heilige Schrift, lebte von grünen Kräutern und Quellwasser, kasteite sich, fastete und überließ sich allen Entzückungen des Geistes und ging mit himmlischen Geistern um. Seine Vorgesetzten verwiesen ihn, nach drei Jahren, ins Kloster von Salzeda, wo er bald zum Guardian erhoben ward und die Stiftungen verwalten mußte.

Mendoza sagte von ihm: »Solch ein Mann wird nicht lange im Schatten eines Klosters ruhen. Dieser wird einst auf meinem Stuhle sitzen.«

Die dreißig Silberlinge

Tot waren die beiden Helden des Mohrenkrieges, die Herzöge von Cadix und von Sidonia, am selben Tag gestorben, wenige Zeit nach der Eroberung Granadas. Die Königin Isabella weinte an den offenen Gräbern. Sie kehrte zurück nach Granada und dachte in der Stille der Gärten, unter der seligen Bläue des Sommerhimmels, ihrer toten Freunde. Da sie zum Palast schritt, schien ihr, hinter jeder Säule stünden die wohlbe-

kannten Figuren der beiden edlen, kaum erst gealterten Jünglinge. Sie meinte, das rote Haar Don Juans zu sehen, wie zu seiner besten Zeit, und das weiche Antlitz des dicken Herzogs,
wie gebadet in Musik. Sie ertappte sich dabei, wie sie eine Lieb-
lingsweise Sidonias trällerte. Sie hätte beiden gerne zugewinkt
und wagte nicht, sich umzukehren, aus Angst, sie zu sehen, aus
Angst, sie nicht zu sehen. »Nimmer«, sagte sie plötzlich, »ich
sehe euch nimmer!« Die Tränen strömten aus ihren Augen. Da
sah sie vor der Treppe einen knienden Mann, im fußlangen
Judenmantel, den Judenfleck auf der Brust. Sie erschrak. Was
will der fremde Jude? Da erkannte sie Abravanel, der zwölf
Jahre ihr Finanzminister war und der nun verbannt war wie
seine Brüder alle, dreihunderttausend spanische Juden, vierhunderttausend, achthunderttausend, wer kennt die Zahl genau? Noch ein Toter, dachte Isabella, und wagte weder weiter
noch zurück zu gehen, als sei sie festgebannt. Sie fühlte eine
abergläubische Furcht vor dem Verbannten, Verfluchten, Vertriebenen. Endlich wich die grauenvolle Lähmung.
»Was sucht Ihr?« fragte sie.
»Gnade!«
Isabella sah, auch der war alt geworden, ein vorzeitiger Greis.
Eben blühte er noch? Ich will mich in einem Spiegel anschauen,
beschloß sie.
»Wie alt seid Ihr?« fragte sie, wider Willen.
Abravanel stand auf und antwortete: »Fünfundfünfzig Jahre
alt, und habe nicht verlernt, an die Güte von Menschen zu glau-
ben. Und bete seit dreißig Jahren zu meinem Gott für Eure
Größe. Und glaube, daß Ihr die Menschen liebt. Und flehe im
Staub für meine Brüder, dreimal hunderttausend spanische
Juden, oder mehr. Mitleid mit dreihunderttausend spani-
schen...«
»Nichts da. Ihr seid Juden. Keine Spanier!« sagte die Königin.
»Mitleid mit soviel Menschen! Mit Kindern, die an der Mutter

Brüsten spielen! Mit Greisen, die nur noch Gottes Namen an-
beten.«

»Falsche Götter«, sagte Isabella.

»Wollet gnädig bedenken . . .«

»Keine Gnade!« rief die Königin. »Der Zutritt zur Alhambra
ward Juden verboten. Etwaige Gesuche richtet an meine Kanz-
lei. Ich warne Euch. Es ist umsonst. Ihr wolltet denn das Sakrament der Taufe empfangen.«

Abravanel erhob sich ächzend, um fortzugehen. Er wandte sich
wieder um und kniete nochmals und fiel zu Boden und stieß die
Stirn gegen die Steine und schrie: »Denkt an unsere Verdienste!
Denkt an unsere Opfer! Seit mehr als zweitausend Jahren leben
wir Juden in Spanien. Denkt an Gott. Wenn Ihr einst vor Ihn
tretet . . .«

»Sterbe ich mit ruhigem Gewissen und rühme mich vor Ihm,
daß ich die Ketzer verbrannt, die Mohren unterworfen, die
Juden ausgetrieben habe. Die Juden, Christi Mörder, Kinds-
mörder, sind Mörder! Der Jude Pacheco vergiftete meinen Bruder Alfons. Der Jude Giron wollte meiner Mutter und mir Gewalt tun. Juden schändeten meinen Vater, meinen Bruder
Heinrich, mein Reich. Juden sind Spötter, Ketzer, Verräter,
Mörder!«

Abravanel schwieg entsetzt. Ist sie toll? fragte er sich? Toll, wie
ihre Mutter, ihre Tochter, ihr Bruder Heinrich, ihre Ahnen
Transtamare, die Brudermörder, und die Heiligen Ferdinand
und Ludwig, Menschenschlächter aus Glaubenstollheit! Lauter
Tolle?

»So gönnt«, bat er, »uns fernern Aufschub wenigstens!«

»Gott will nicht länger warten. Fort mit Euch!«

Abravanel schluchzte laut. Sein grauer Bart zitterte. Er strählte
ihn mit allen zehn Fingern, ohne es zu merken.

»Habt Ihr denn kein Geld im Ausland?« fragte Isabella spöttisch.

Da stand Abravanel auf und wandte sich fort und ging und begegnete dem König. Ferdinand rief: »Don Isak!«, reichte ihm gnädig die Hand zum Kuß und führte ihn in ein Gemach der Königin. Die Könige setzten sich.

Abravanel kniete von neuem. Wie seit drei Monaten, da lang befürchtet und doch mit unvermuteter Gewalt das königliche Edikt erschienen, die Vertreibung der Juden betreffend, summte ihm der ganze Text im Kopf, sah er stets den Wortlaut vor Augen:

»Da böse Geister, verführt von Juden, vom Glauben abfielen, gaben wir den Juden Ghettos und schufen gegen die Ketzer die Inquisition, die seit zwölf Jahren mit den Schuldigen aufräumt. Die Juden lügen. Die Juden sind Rebellen. Die Juden predigen abscheuliche Lehren von Freiheit, Gerechtigkeit und Wahrheit, die alle falsch sind. Sie beschneiden Christen, geben ihnen Brot und Fleisch, ungesäuertes Brot, Fleisch geschächteter Ochsen. Die Juden sagen, Mosis Gesetz sei einzig wahr. Das gestanden Juden und verführte Christen – das ist bewiesen! Begeht ein Verein ein großes abscheuliches Verbrechen, straft das Gesetz alle, Geringe und Höhere, Unschuldige und Schuldige, an Freiheit und Leben. Darum, nach reiflicher Erwägung und dem Rat und mit der Billigung so mancher Prälaten, Granden, Ritter unserer Reiche und anderer Männer von Kenntnis und Gewissen, befehlen wir unsern Juden insgesamt, wes Standes, Alters und Geschlechts auch immer, binnen drei Monaten unsere Reiche zu verlassen und nie zurückzukehren, bei Todesstrafe und Konfiskation. Wer nach dieser Frist Juden beherbergt, Juden hilft, Juden schützt, verfällt mit seinem Eigentum der Krone. Verboten ist allen Juden ohne Unterschied die Ausfuhr von Gold und Silber und gemünztem Geld und andern nach dem Gesetz zur Ausfuhr untersagten Waren, bei Todesstrafe, bei Konfiskation, verboten!

Granada, 30. März 1492.   Ferdinand und Isabella.«

Stets summte dieser Text im Kopfe Abravanels, stets sah er ihn vor Augen. »Sprecht ohne Furcht!« bat Ferdinand. »Was wünscht Ihr? Nur nichts mehr von dem Edikt!«

»Ich bitte nicht meinetwegen. Ich bin ein alter Mann. Mich verdrießen die Geschäfte schon. Ich habe vor, ein paar Bücher noch zu schreiben. Im Exil finde ich die Muße. Mich jammert nur mein Volk. Zu mir kommen sie. Vor mir weinen sie. Sie sagen: Wir lieben Spanien seit zweitausend Jahren. Hier ruhen unsere Väter in den Gräbern. Im Schlafe sprechen wir kastilisch! Man schlug uns oft. Schlagt uns wieder, nur duldet uns! Ich sehe die Tränen meiner Brüder. Das Heilige Land, sage ich Ihnen, ist unsere Heimat. Das Buch ist unser Erbe, darin Gott hineingeschrieben: Der Mensch soll nicht den andern schlagen. Aber auch, der Mensch soll keines andern Schläge dulden, nur Gottes Schläge. Denn er züchtigt uns aus Liebe, wie ein Vater. Und seine Welt ist unser Vaterhaus. Wir, spreche ich zu ihnen, wir sind die echten Söhne Gottes; wir, lehre ich, wir sind überall bei Ihm, mit Sternen schrieb er seine lichte Spur an allen Himmeln. Seine Sonne leuchtet uns in allen vier Ecken der Welt. Aber der Mensch ist schwach. Wir wissen es. Und von seiner Schwäche lebt er. Darum sei gnädig, o Ferdinand. Gut. Du vertreibst uns. Was dann, o großer König? Wird ein Kastilier zum Wechsler, ein Aragonese zum Handelsmann? Fremde werden kommen, Fremde werden wirklich wuchern, Genuesen, Levantiner, Griechen, Deutsche. Ich liebe Spanien und darum warne ich. Aber denkt an Eure Größe! Denkt an den Ruhm! Soll man durch die Jahrhunderte mit Fingern auf Euch weisen, diese vertrieben arme Menschen aus ihrem Vaterlande, nur um des Fehls, an Gott zu glauben?«

»Ihr lästert!« rief Isabella. »Ihr seid ein Ketzer.«

Da gab Abravanel der Wache einen Wink, und es traten zwölf Negersklaven mit zwölf schweren Säcken ein. »Laßt diese meine Eideshelfer sein!« bat Abravanel.

»Zwölf?« fragte Ferdinand. »Genügen nicht zwei? Und was sollen sie bezeugen?«

Abravanel winkte. Da entleerten die zwölf schwarzen Sklaven ihre Säcke, und ein Glanz und Klimpern hoben an, von lauter goldenen Dukaten, die fielen, klirrten, rollten, funkelten, hüpften und hoch sich schichteten zu gelben Hügeln, golden tönend, golden schimmernd, eine reizende Musik aus Gold, ein glänzend kaltes Feuer, ein Scheiterhaufen, brennend von Dukaten, ein himmlisch Autodafé.

Die Augen der Könige funkelten.

»Dies«, sagte mit gerührter Stimme der Jude, »sind dreißigtausend Dukaten.«

»Dreißigtausend?« fragte Ferdinand.

»Dukaten«, ergänzte Abravanel.

Isabella lächelte verlangend.

»Wir Juden bieten zehnmal soviel den Königen.«

Fragend blickte Ferdinand von Isabella zu Abravanel, vom Juden zur Königin, da trat unbemerkt, auf unhörbaren Sohlen, der barfüßige Großinquisitor Torquemada ein und zog aus seiner rauhen Kutte ein Kreuz und trat zum höchsten Goldhaufen und stieß mit den nackten Zehen des rechten Fußes gelinde ans gelbe Metall. Die Dukaten klirrten zitternd, ein paar Goldstücke rollten fort. Der Greis, dessen Augen trotz seinen zweiundsiebzig Jahren flammten, ließ das Kreuz des Herrn auf den Goldhügel fallen und sagte leise: »Judas Ischariot hat seinen Meister für dreißig Silberlinge verkauft. Ihr wollt ihn von neuem gegen dreißigtausend verkaufen. Hier ist er, nehmt ihn und verhandelt ihn!«

Mit steifen, mühseligen Greisenschritten verließ der Großinquisitor das Gemach, so still unhörbar wie ein Schatten, ein Schatten des Gewissens. Ein abgekartetes Spiel, dachte Abravanel. Was will ich noch? Kann man zu Tieren von Mitleid reden? Sind das Menschen? Haben die ein Herz im Leib? Soll man mit einem Volk zusammenleben, das Gott zu dienen glaubt, indem es Juden schlachtet? O Zion, wie tief fiel deine entartete Tochter! Ihr wolltet durch die Inquisition uns, unsern Samen, unsern Geist aurotten. Die Inquisition verjagt uns, sie trifft uns nicht. Sie trifft Spanien. Dorren wird es! Seine Bewohner werden als Knechte leben in Zittern und Verblendung, vor dem Geheimnis bangen, nach dem Wunder schreien, der Autorität ewig bedürftig, ist das keine Strafe? Ist das nicht die Hölle? Was wollt ihr noch? Ihr vertreibt uns nun? Ihr sagt, ihr habt gute Gründe und gebt an: Einen Knabenmord in Saragossa vor zweihundertzweiundvierzig Jahren und eine Hostienschändung in Segovia vor achtundachtzig Jahren. Darum einhundertsechzigtausend Judenfamilien ausgetrieben, wovon ein Viertel vielleicht verderben wird vor ihrer Zeit. Einhunderttausend Menschen etwa auszurotten, Grund genug! Oder sind diese beiden verblichenen und verjährten Aftergründe nicht so gut, so schlecht wie jeder Grund, Menschen zu vernichten? Sind wir Juden nicht Narren? Jammern, aus der Mitte moralischer Ungeheuer fortzukommen? Ich sehe Heil und Glück. In fernen Ländern werden wir blühen und frei sein und an das Gute glauben dürfen! Und wir beklagen uns, kurzsichtige Toren!

Abravanel blickte auf und erstaunte. Er fand sich mit Ferdinand allein. Abravanel freute sich, daß Isabella so still davongegangen war. Er hatte ihre Güte endlich satt. Ihre kahle Größe verdroß ihn. Sie ist groß – zu welchem Ende? Machte sie Menschen glücklich oder fromm? Die Tränen stiegen dem ältlichen Mann in die Augen. Er weinte um seinen zerbrochenen Traum, den falschen Traum von der Größe eines Menschen. Wir sind alle wie Gras, erinnerte er sich.

»Du weinst?« fragte Ferdinand lieblich und legte den Arm um die Schulter des Juden. »Fällt dir der Abschied so schwer? Wechselt man mehr als ein Haus? Siehe, auch ich wohne unter Fremden. Die Kastilier sagen es mir. In Barcelona weiß ich, warum ich lebe, und bin zu Haus. Dort gibt es freie Menschen, andere Menschen als hier, Jude!«

Abravanel sah seinen König an. Täuschte ich mich? dachte er. War dieser der Gute? Und ich wußte es nicht?

Ferdinand bückte sich und hob eine Handvoll Dukaten auf und freute sich ihres Klangs und Glanzes. »Der Bruder Thomas Torquemada«, sagte er, »wuchs recht hoch. Ihr müßt also ziehen. Aber wir sollten Freunde bleiben, Isak. Du kennst meinen Sinn. Ich liebe Italien. Nun zog der achte Karl von Frankreich, ein Jüngling, mit einer Armee von Schweizern und Franzosen wie Hannibal über die Alpen, besetzte Florenz, wo er die Medicis vertrieb, marschierte durch Mailand und rückte in Rom ein. Papst Alexander der Sechste und sein Sohn, der Lotterbube Cesar Borgia, sperrten sich in die Engelsburg ein. Karl zog nach Neapel, mein Vetter Ferrante, der Bastard meines Onkels, starb, siebzig Jahre alt. Sein Sohn Alfons dankt zugunsten seines Sohnes Ferdinand ab, den vertreibt Karl von Frankreich, heißt sich König von Sizilien und Jerusalem, schmückt sich mit meinen Titeln, erobert mein Reich Neapel, das zu Aragon gehören sollte, und nennt sich Kaiser und will Europa mit Füßen treten. Ich dulde das nicht! Zwar hat Karl zuvor seine Versöhnung erkauft, mit Heinrich von England, dem Deutschen Kaiser Max und, zu Barcelona, mit mir und Isabella, indem er mir Cerdagne und Roussillon zurückgab. Ich verrate dir ein Geheimnis, das bald publik wird. Ich habe einen beispiellosen Bund gegründet, Spanien, Österreich, Rom, Mailand und Venedig vereinen sich für fünfundzwanzig Jahre zur Wahrung ihres Gebiets und Rechts, stellen ein Heer von vierundfünfzigtausend Mann und, dies verrate ich dir, Jude, weil ich dir vertraue, es gibt in dieser Liga von Venedig geheime Klauseln betreffs des Krieges gegen Frankreich: Schlage ich die Franzosen, regiere ich Europa. Darum rate ich dir und deinen Brüdern, Abravanel, stellt euch gut mit mir! Sonst zittert, Juden!«

»War es diese Drohung, was Eure Majestät mir mitteilen wollte?«

»Ich biete dir die gesamte Leitung meiner Finanzgeschäfte in Italien an, für Krieg und Frieden. Was liegt dir an Spanien? Vielleicht hast du Verluste in meinen spanischen Reichen, vielleicht auch nicht. Du bist geschickt. Das ist bewiesen. Ich weiß das. Weiß vielleicht mehr, als du glaubst? Willst du, Abravanel? Was kümmert dich dein Volk? Völker sind undankbar, Jude. Handle wie ich! Du kannst Millionen verdienen, ich werde dich in Italien zum Grafen, zum Herzog machen, und in Rom hast du dein Geld sicher. Nun?«

»Nein«, erwiderte Abravanel. »Ich habe die Geschäfte satt. Ich will schreiben.«

»Wer liest schon Bücher?« fragte Ferdinand und lächelte ungläubig. »Was bewirkt ein Buch?«

»Ich danke Eurer Majestät. Mit Wehmut scheide ich, auch mit Empörung, und auch mit Schmerzen. Ich schüttle den Staub Spaniens von meinen Füßen.«

»Wie du willst, Jude. Grüße mir zu Rom den sechsten Alexander. Er gab mir und der Königin dieser Tage den Titel: Allerkatholischste Könige. Wir sind sehr stolz. Er schenkte uns für ewige Zeiten zwei Neuntel von seinem Zehnten. Das macht uns reich. Sagt dem Heiligen Vater, wir sind ihm dankbar, und Spanien sei frei von Mohren, Ketzern, Juden! Sagt ihm das! Und sagt Alexander von mir, Ihr seid der letzte große spanische Jude gewesen, und ich schickte Euch als Gegengabe nach Rom.«

Abravanel neigte sich.

Ferdinand wies auf die Dukaten: »Und Euer Geld, Señor?

»Ich lasse es morgen holen.«

»Morgen? Wird morgen nichts fehlen, Jude?«

»So wird es Euch fehlen, Majestät. Uns Juden ist verboten, gemünztes Gold aus Spanien fortzutragen.«

»Ah«, rief Ferdinand und begann, ausgelassen zu lachen. »So wolltet Ihr uns mit unserm Gold bestechen, Jude? Echt jüdisch!«

Abravanel ging schweigend fort. Das lustige Gelächter des Königs hallte ihm auf den Treppen nach. Der Jude trug den Nachhall mit sich in die Fremde.

Lacht, ihr Mächtigen, lacht! dachte der fromme Jude. Ihr lacht, solange Gott schweigt. Denn wenn er zu sprechen anhöbe... ach, dachte Don Isak: Wer ist so stumm wie Du, o Gott? Du siehst zu und schweigst.

Der Auszug aus Ägypten

»Gott!« schrien die Juden, »und Du siehst zu und schweigst?« Sie warteten auf Wunder. Die Welt stand schon fünftausendzweihundertzweiundfünfzig Jahre. Seit zwölf Jahren schwebte Isabellas Schwert über ihnen. Das Schwert war hölzern. Mit dürrem Holz speiste sie die Flammen der Inquisition. Auf Holzpapier schrieb sie die billigen Gesetze ihrer Diktatur. Die klügsten Juden begriffen sogleich: Torquemada brennt Christen und meint Juden. Die Tapfersten liefen zur Zeit davon. Die Geschäftigen versuchten den großen Handel. Die Abravanel und Aboab halfen, Granada zu erobern. Sie dachten, das Tier zu sättigen, und trugen ihren Lohn davon. Das Tier zerriß sie nach der Mahlzeit. Die Menge, ihrer Propheten spottend, pflegte ihre kurzen Tage. Neunundachtzig Tage nach dem Fall Granadas warteten sie auf den Aufgang einer neuen Gnadensonne. Es dämmert schon, sagten sie untereinander. Da kam das Juden-Edikt, die schwarze Nacht brach an. Die Juden hörten die Worte und verstanden nicht, sie lasen den Text und lächelten ungläubig. Sie sagten seufzend: »Das trifft viele.« Und dachten nicht an sich. Wie taub und blind gingen sie in ihren Gassen, wie verzaubert saßen sie in ihren Häusern, noch jäteten sie ihre Äcker und Weinberge, noch ernteten sie Vorrat für den Winter; der besserte noch den Stall aus, jener begann noch ein Geschäft. Als der Tag da war, saßen viele ungerüstet. Die Könige in ihrer unbegreiflichen Gnade gaben drei Tage Aufschub. Jetzt fiel die Lähmung von den Juden ab. Jetzt sah man die gemeine Verzweiflung. Wie ängstliche Kinder liefen sie hin und her, als trieben sie ein irres Spiel. Manche ließen stehen, was stand, und liegen, was lag, und weilten drei Tage und drei Nächte auf den Totenäckern der Väter, sie zerrissen ihr Gewand, streuten Asche auf ihr Haupt, schlugen ihre Brust, klagten an und klagten. Viele liefen hin und her, die neunzig Tage lang, boten an, boten aus, Häuser und Äcker, Gold und Silber, Geld und Vieh, ihre ganze Habe, von Tag zu Tag fielen sie und ihre Preise von Stufe zu Stufe herunter. Höhnisch standen die Christen in den Judengassen, schweigend schritten sie durch die Judenhäuser, sie musterten die Juden und ihre Habe und boten nicht und hatten Zeit, die Juden und ihre Preise purzelten schon, nach neunzig Tagen gab es alles umsonst. Glücklich pries sich der Jude, der seinen Palast für einen Esel, seinen Weinberg für einen Mantel tauschte. In Aragon schickte der schlaue Ferdinand seine Beamten in die Häuser der Juden. Steuerschulden, sagten sie und nahmen alles in Beschlag, Steuern muß jeder zahlen, Jud und Christ, erklärte Ferdinand. Ich mache keine Unterschiede. In den Synagogen schrien die Juden zu Gott. Da drangen fromme Mönche ein, schwangen die Weihwasserkessel und luden voll Liebe zur Taufe: »Kommt, ihr beschnittenen Judenschweine. Christus wartet schon. Die christliche Liebe tauft euch!« Die Rabbiner fluchten hebräisch. Sie warnten händeringend: »Hütet euch, Juden. Die Christen reden von Liebe und schüren die Feuer schon. Sie spenden ein paar Wassertropfen und enden mit tausend Bränden. Hinter jedem Mönch lauert Torquemada. Flucht den

Weihwasserkesselschwingern, Taufewucherern, Himmelshurern, Gotteshändlern! So ihr treu bleibt, wird Gott das Wasser spalten, ihr werdet durchziehn trockenen Fußes ins gelobte Land.« Mit lechzenden Lippen schlürften die Juden die ewige Verheißung, die jahrtausendalte. Sie gaben das Vaterland auf, um die Religion zu wahren. Die Juden opferten das Gold, hielten Gott die Treue. Sie ließen Häuser und Herden, Rang und Glück, Heimat und Herd, und hielten ihre Meinung fest. Sie gingen nicht durch das Joch der Sklaverei wie das Volk von Spanien. Sie ließen dem König seine Meinung und blieben bei ihrer. »O treulose, halsstarrige, ungläubige Juden«, seufzte Bernaldez, Pfarrer und Chronist von Los Palacios, und zählte die magere Ernte seiner Täuflinge, kaum drei Juden auf tausend ließen sich taufen.

Die Juden sangen: »Besser Freiheit als Leben, höher Gott als der König, erst Gewissen, dann Gold.« Entsetzt sahen sie den Haß ringsum. Was haben wir getan? Der greise Torquemada versandte gefälschte Briefe von Juden aus Konstantinopel an die spanischen Juden: »Tauft die Körper. Wahrt die Seelen. Rächt die Synagogenschändung. Macht Eure Kinder zu Priestern und Kirchenschändern. Rächt die Morde an Euren Kindern. Macht sie zu Ärzten, die alle Christen morden!«

Torquemada fabrizierte einen falschen Judenbrief aus Portugal: »Die Erde ist gut, das Volk dumm, das Wasser gehört uns, Ihr könnt kommen; uns wird alles gehören.« Torquemada und Isabella sprachen Vertreibung und dachten Vernichtung. Der Greis gab ein Edikt: »Handel und Umgang mit Juden ist Ketzerei. Juden schlafen mit Christinnen, Christen mit Jüdinnen. Das ist Ketzerei. Verbrannt wird . . .«

Auf allen Straßen Spaniens zogen die Juden in langen Zügen, zu Pferd, auf Eseln und Maultieren, die meisten zu Fuß. Greise schleppten sich, Frauen die Kinder, Männer trugen Hausrat. Alle Töchter über zwölf Jahre hatten die Juden mit Jüngelchen verheiratet, damit keine Jungfrau schutzlos ins Exil ziehe. Nun hüpfte das Bräutchen neben dem kindlichen Bräutigam, und beide weinten laut vor Hunger und Müdigkeit. Kranke stöhnten im Staub, Greise in der Glut der Sonne. Die spanischen Bauern standen am Rand der Straßen und sahen das Elend der Juden, und es dauerte sie. Hastig ängstlich bekreuzten sie sich. Sie vergossen Tränen und wandten sich ab, in der Furcht ihres Herzens, vor denen, die um Brot und Wasser flehten. Stärker als das Mitleid war die Angst vor Torquemada. Sie waren gerührt und rührten sich nicht, sie hoben die Blicke und keine Hand. Auf vorgeschriebenen Straßen zogen die Juden, die Hunde folgten ihnen, die eigenen und die fremden. Auf demselben holpernden Karren führte der reiche Jude denselben dürftigen Trödel wie der arme. Viele reiche Juden hatten ihr Gold verteilt an arme Juden. Am Rand der Straßen oder mitten auf dem Feld lagerten die Juden, viele fielen um und standen nicht mehr auf, sie starben vor Hunger, vor Durst, vor Verzweiflung. Wöchnerinnen gebaren zu früh, Greise starben zu spät. Die Bauern riefen mit Tränen in den Augen: »Juden, tauft euch. Ihr zieht ins Elend. Bleibt und seid Christen.« Da hoben die Rabbiner höher die heiligen Thorarollen und der Schammes schlug die Trommel und der Kantor spielte die Zimbel und die Kindlein sangen die tiefsinnig alten Mutterlaute, das sanfte chaldäische Gemurmel, die alten hebräischen Weisen, so voll Jubel und Tränen! Der finstere Torquemada ritt trotz seinen zweiundsiebzig Jahren auf täglich frischen Pferden auf den Heerstraßen Spaniens und hielt schweigend und furchtbar die große Heerschau des Unglücks und sättigte sein Herz mit den Tränen Israels. Nach Portugal zogen achtzigtausend Juden und hofften auf die Rückkehr und gingen in die Nähe. Der König Joao überwand die Skrupel seines christlichen Gewissens und nahm von den Juden drei Dukaten per Kopf für freien Durchzug nach Afrika. Für acht Dukaten per Kopf gab er sechzig

Familien das Recht, ein Jahr in seinem Reich zu verweilen. Wer die Frist überschritt, ward Sklave. Da die Juden die Zahl überschritten, nahm Joao ihnen die Kinder und ließ die unschuldigen Kleinen auf den unbewohnten, erst eben entdeckten St. Thomasinseln aussetzen und umkommen. Die Könige von Spanien trieben die Juden über die Grenze und verboten ihnen, Gold auszuführen und nahmen ihnen alles. Der König von Portugal ergriff die über die Grenze kamen und verkaufte sie als Sklaven, sie zahlten denn mit Gold ihre Freiheit. So machten alle Könige ihr Geschäft, jeder kam auf seine Rechnung, legal und mit gutem Gewissen. Und Gott schaute zu, unter Stummen ein König. »Gott«, schrien die Juden, »und Du siehst zu und schweigst?«

Ans Meer zogen die frömmsten Juden, zu den Häfen Cadix und Santa Maria. Da die Juden die sanfte Bläue des Meeres sahen, stießen sie schreckliche Schreie aus und rissen sich die Haare und sangen: »Schüttle Dein Haupt, Herr. Schicke den Wunderwind, schlage die Wellen, daß die Wasser sich teilen und wie Mauern stehen zur Rechten und zur Linken. Weise Deine große Hand, Herr! Deine Rechte tut große Wunder. König immer und ewig!«

Und die alten Jüdinnen nahmen Pauken, um wie Mirjam den frommen Reigen zu tanzen, wenn das Meer sich teilte. Die Juden lagen auf Steinen und warteten auf Wunder, sie rauften ihre Bärte und schlugen ihre Brust, und die Tage stiegen auf und zogen hernieder, die goldenen Sterne funkelten und verblaßten, ein Wind kam und ein Wind ging, aber ewig rauschten die vollen Wasser. Da lobten die Juden die Toten, die schon gestorben waren. Und besser daran waren, als die noch lebten. Und besser als alle beide ist der noch nicht ist. Und das Beste wäre freilich, nie geboren zu sein!

Auf fünfundzwanzig sehr minderwertigen, sehr überteuren Seglern (Ferdinand und Isabella, die katholischen Könige, bewucherten noch die vertriebenen Juden!) fuhren die Juden in die Berberei. Von Ercilla, wo Christen wohnten, zogen die Juden durch die Wüste, nach Fez, und fielen in die Hände von Räubern, die zogen die Juden nackt aus und zerschnitten die Kleider und fanden manchmal ein wenig Gold, eingenäht, und zerschnitten die Sättel und fanden zuweilen ein paar Dukaten. Danach notzüchteten die edlen Wüstensöhne die Töchter und Weiber der Juden, die zitternd dastanden, und metzelten, die sich widersetzten. Viele ältere Jüdinnen schrien: »Schont die Unschuld!« Da warfen die Räuber sie nieder und suchten nicht das, sondern schnitten ihnen die Bäuche auf und wühlten in den warmen Gedärmen nach zerschnittenen und verschluckten Dukaten, und fanden statt Gold nur Kot. Da trieben sie Mäuler und Kamele und die lieblichsten Jungfrauen hinweg und entschwanden, ihr weißer Burnus glänzte schon ferne. Die nackten Juden schritten im Wüstensand und hatten Durst und Hunger und fraßen das trockene Gras der Steppe und fanden nur Frost und Sterne nachts, und Glut und Sand am Tage und verzweifelten am Herrn (Wir suchen Dich. Aber bist Du zu finden?) und viele verdarben und viele kehrten um nach Ercilla. Mit dem Ysop, dem praktischen Fegewisch, tauften die Priester der Christen die Juden in Haufen.

Nach Italien kamen die Juden zusammen mit der Pest. Ferdinand sparte und betrog sie mit zu kleinen Schiffen und verdorbenem Proviant. Die Juden reisten durch ganz Italien, die Pest folgte auf dem Fuße. Zwanzigtausend Neapolitaner kamen an der Pest um. Ein Schiff mit sechshundert Juden fuhr von Hafen zu Hafen, zwei bittere Jahre lang, kein König öffnete sein Reich den armen Juden, Mütter, vor Abzehrung taumelnd, trugen verhungernde Kinder auf den müden Armen und starben mit ihnen. Andere erfroren, manche verdursteten, zum Spaß versagte ihnen der Schiffskoch das Wasser. Alle waren seekrank. Der Kapitän ließ sie hungern und peitschen und trieb sie wie

Vieh in den Schiffsbauch und mordete, die noch Geld besaßen, und nahm den Vätern die Kinder und verkaufte sie in die Sklaverei, der Erlös bezahlte die Passage der Eltern. In Genua erlaubte man ihnen drei Tage Rast, um ihr Schiff auszubessern und auf dem Hafendamm, der rings vom Meer umspült war, zu ruhen.

Die üppigen Ärzte und Bankiers, die stolzen Gelehrten, die gebildeten, frommen Lehrer wankten gleich abgezehrten Gespenstern, mit grünlichen Mienen, in zerrissenen Fetzen, so leichenhaft umher, mit erstorbenen Augen, wie Tote, die wandeln. Viele fielen um und starben auf dem Steindamm. Die Sterbenden fielen auf die Toten, und die Fleischhügel begannen zu stinken. Der Gestank hob sich auf wie ein Leuchtturm. Die Pest brach aus.

Nach Konstantinopel fuhren fünfzigtausend Juden. Der Großtürke, ein wilder Muhammedaner, nahm sie liebreich und zärtlich auf, gut wie man zu Verfolgten sein soll; menschlich wie es unter guten Menschen üblich sein soll. Er fragte: »Nennt man diesen Ferdinand staatsklug, der sein Reich so verarmt, um mein Reich zu bereichern?«

Im Meer versanken viele Juden, auf scheiternden Schiffen, die Fische fraßen der Märtyrer Gebein. Piraten fingen viele und verkauften sie als Sklaven. Jeder vierte Jude kam um. Sie wurden bestohlen, belästigt, beleidigt, betrogen und abgeschlachtet, an vielen Orten, wo Menschen wohnten.

Papst Alexander der Sechste, lasterhaft, aber nicht gefühllos, erbarmte sich ihrer. Seine schöne Tochter Lukretia Borgia, das Familienbett und Beilager der Sippe, das süße Hürchen, bat ihren Heiligen Vater um Gnade für die Juden, er öffnete den Hafen Ankona, und andere Fürsten Italiens folgten und boten Asyl, Rom, Neapel, Venedig, die Mediceer, die Sforza.

Nach Navarra, nach Deutschland, nach England, nach Holland und Dänemark zogen die spanischen Juden, nach Asien, Afrika,

Europa und bald nach Amerika. Es zogen aus Spanien zweihunderttausend, wie andere sagen, achthunderttausend Juden, wer wollte sie zählen? Pico de Mirandola schrieb: »Die Leiden der Juden, woran die göttliche Gerechtigkeit ein Ergötzen hatte, waren so groß, daß sie uns Christen mit Mitleid erfüllten.«

Ja, der Genuese Senarega gab in der Tat zu, ›die Maßregel habe einen leichten Anstrich von Grausamkeit‹.

»Gott, und Du siehst zu, und schweigst?«

Sechstes Buch

Das Weltreich

Ferdinand und Isabella zogen durch Spanien. Die Bauern und die Bürger jubelten den Katholischen Königen zu.

»Vielleicht«, sagte Isabella zu Ferdinand, »waren unsere Völker ehedem freier, wir machten sie glücklicher.«

Prüfend betrachtete Ferdinand seine Frau. Glaubte sie wirklich den Unsinn? Oder belog sie ihn, und vielleicht auch sich? Völker, dachte Ferdinand, ein dumpfer, stinkender Haufen, gut für große Zwecke. Opfer für Höhere, Bausteine für der Könige Größe. Wie pöbelhaft Isabella spricht! Das ist ihr ganzer Zauber. Darum liebt sie das Volk. Es erkennt sich in ihr!

Die Könige genossen die milden Tage in Barcelona. Die Infantin Elisabeth trauerte, fastete, betete. Der Erbprinz Johann hustete, fieberte, träumte. Die Infantin Johanna zeigte ihren Eltern offene Verachtung, lachte über die schweren Rosenkränze und riesigen Kreuze ihrer ältesten Schwester Elisabeth, versuchte heimlich ihren Bruder aufzuhetzen, er dachte wie sie, aber er fühlte anders und hatte nicht den Mut, den geliebten Vater und die verhaßte Mutter durch offene Auflehnung zu kränken. Er war müde und – im Verborgenen – mokant, ein satirisches Veilchen. Er lachte mit Johanna, über den Hof und besonders über ihre Lehrer Deza, Palencia und Martyr, die sie den Mucker, den Streber und den Träumer tauften. Sie irrten dreimal. Isabella ahnte die geheime Revolte dieser beiden Kinder. Sie schwieg und verdoppelte ihre Strenge. Sie erzog ihre Kinder wie ihre Untertanen, launisch, grausam und nicht ohne Größe. Johanna sagte: »Unsere Mutter, das Schlachtfeld.« Johann nannte sie: »Die eiserne Jungfrau.« Beide Kinder liebten einander vor allen Geschwistern. Isabella war eifersüchtig auf diese Kinderliebe.

315

Eines Freitags hatte Ferdinand öffentliches Gericht gehalten, von acht bis zwölf Uhr, für die armen Leute, er war erschöpft von der Fülle seiner Gerechtigkeit, er ließ seine Wache und Höflinge voranmarschieren und zauderte eine halbe Minute in einer kleinen Kapelle. Da er eine Freitreppe hinabzusteigen sich anschickte, stürzte ein Mensch aus einem dunkeln Winkel, wo er seit dem Morgen sich versteckt hatte, und stieß ein Messer dem König in den fetten Nacken. An einer goldnen Kette, einem Geschenk Isabellas, glitt die Schneide ab und traf zwischen die Schultern Ferdinands. Er schrie: »Heilige Maria, schütze uns! Verrat!« Die Wachen stürzten auf den Attentäter, verwundeten ihn mit ihren Dolchen an drei Stellen und wollten ihn abtun. Ferdinand, neugierig und geistesgegenwärtig, rief: »Schont ihn. Ich will den Anstifter wissen!« Und fiel in Ohnmacht. Man trug ihn in den Palast. Das Volk lief auf die Straßen. Der König ist tot! schrien die Bürger. Er ist tot! schrie el vulgo, die Vaganten, die Klosterbettler, die Marionettenspieler, Ablaßkrämer und Sklaven. Die Bürger schrien klagend, el vulgo schrie jubelnd. Man hat ihn erschlagen, den König! Isabella lief ans Fenster des Palastes, sie sah, das Volk griff zu den Waffen und rottete sich zusammen, sie schickte einen Pagen auf die Straße, er kam nicht wieder, sie schickte Diener und Wachen, endlich kam ein junger Baske zurück und meldete stramm: »Seine Majestät, König Ferdinand ist erschlagen!«
»Wie?« fragte Isabella und fiel um.
Getreu dem Reglement wiederholte der junge Soldat auf die Frage Ihrer Majestät der Königin: »Seine Majestät sind tot!«
Dann erst ging er fort, um die Ohnmacht zu melden. Als Isabella zu sich kam, befahl sie, noch da man sie trug, um sie zu Bett zu bringen: »Sogleich den Konnetabel, den Admiral zu mir! Schließt alle Tore des Palastes! Sofort mit großer Wache die Infanten aufs größte Schiff im Hafen!« Sie sprang auf die Füße. Sie rief: »Verbergt mir nichts! Wo ist die Leiche? Ich

will sie sehn! Ich will zum Volk reden. Bringt meinen Degen!
Meine eisernen Hosen!«

»Majestät«, sagte Gonzalo, der sogleich in den Palast geeilt
war, »Seine Majestät lebt, er ist verwundet, doch nicht gefährlich, die Ärzte sind bei ihm.«

»Er lebt? Ferdinand!«

Da sie ihn sah und er ihr mühsam zulächelte, unter starken
Schmerzen, brach sie in Tränen aus und begann zu schreien und
küßte seine Hände, seine Füße.

»Ferdinand, du lebst! Daß du lebst!«

»Nun, nun«, machte der König und biß die Zähne zusammen
vor Schmerzen. Indes schrie das Volk auf den Straßen: »Gebt
die Mörder heraus!«

Isabella fragte: »War es ein Katalonier?« Sie hatte ein schlechtes Gewissen, und der vergiftete ältere Bruder Ferdinands, der
holde Prinz Carlos von Viana, hatte noch Freunde in Barcelona.

Am siebenten Tag, da die Wundärzte ein Stück eines verletzten
Knochens entfernt hatten, begann die Wunde zu eitern, und die
Ärzte bereiteten die Königin vor, daß man das Schlimmste
fürchten müsse. Isabella, voll ihrer alten, bewährten Energie,
wich weder Tag noch Nacht vom Lager des Königs, betete,
fastete, reichte ihm mit eigenen Händen jede Medizin, gelobte
den Madonnen der Nachbarschaft nicht unbeträchtliche Summen und ging barfuß und rang mit dem Engel des Todes und
vertrieb ihn. Ferdinand genas und nach drei Wochen war er
imstande, auf einen Balkon für drei Minuten zu treten. Das
Volk tobte vor Wonne, die armen Leute wallfahrten barfuß ins
nahe Gebirge, etliche sogar auf Knien, das Volk freute sich.

Der Attentäter, ein sechzigjähriger Bauer, vor kurzem durch
Ferdinands Edikt aus der Sklaverei befreit, erklärte, er sei der
rechtmäßige Besitzer der Krone Aragons. Er wollte Ferdinand
töten und so zu seinem Recht kommen. Er sei bereit, seine Ansprüche aufzugeben, wenn man ihn in Freiheit setze. Ferdi-

nand hielt ihn für verrückt und wollte ihn freilassen. Isabella ordnete die gewöhnliche Strafe für Verräter an. Man fuhr den Hochverräter in einem Karren durch die Straßen, schnitt ihm die verbrecherische Hand ab, man kneipte die Brust mit rotglühenden Zangen, dann riß man ihm beide Augen aus, schnitt ihm die andere Hand ab, dann stieß man ihm rotglühende Eisen in die Nasenlöcher und brannte den ganzen Körper, dann schnitt man ihm beide Beine ab und warf den Rest in den Ofen und streute die Asche in den Wind.

Da Karl der Achte von Frankreich von der Venezianer Heilsliga erfuhr, zog er mit seinem halben Heer über die Alpen zurück und genoß Ruhm und Jugend in Grenoble. Friedrich von Neapel bat seinen Vetter um Hilfe. Ferdinand rief Gonzalo von Cordova. »Meine Frau«, sagte er ihm, »hält Euch für einen Feldherrn. Beweist es in Italien! Ich gebe Euch eine Flotte und eine Armee. Gott gebe Euch Glück. Dankt der Königin.«
Gonzalo von Cordova nahm Abschied von Isabella. Er war vierzig Jahre alt und sah zuweilen noch wie ein Jüngling aus. Die Königin fuhr dem Knienden durchs Haar und klopfte ihm die Wangen.
»Ich bin müde, lieber Gonzalo. Ich fühle manchmal noch das alte Feuer, mein Herz glüht noch, ich träume noch zuweilen von großen Dingen, die ich tun will. Gonzalo, ich bin eine alte Frau . . . still! Ich bin fertig. Nun soll Ferdinand sich erweisen. Er ist klug. Das ist er. Ich lasse ihn regieren. Ich sehne mich zuweilen nach Ruhe. Ich habe nicht alles gut gemacht. Da sind meine Kinder, da ist noch viel. Ich setze mein ganzes Herz auf deine Größe. Sei groß für mich! Du bist ein guter Mensch. Ich kenne dich. Gonzalo, seid stets ein Ritter, aber vergeßt nie: Die Größe kostet Opfer. Der Ruhm ist teuer. Und Erfolge bezahlt man mit Gewissensschulden! Ich sage dir, ich spüre meinen Untergang.«

»Majestät!«

»Still, Gonzalo. Ich merke viele Zeichen. Du beginnst erst...«

»Hoheit! Ihr seid viel jünger«, stammelte Gonzalo.

»Ich bin ein Jahr älter als du und sehne mich nach Frieden. Die Welt spottet über unsre Wünsche. Sie tobt fort.«

»Ohne Euch taumelte Spanien. Ihr seid Spanien.«

»Still, Gonzalo. Und kehrt als Sieger heim! Ich wollte, du würdest ein sehr großer Mann!«

Im Frühjahr kamen Briefe von Christoph Kolumbus. »Ich bin zurück, in Spanien. Ich habe meine Unternehmung glücklich ausgeführt. Ich habe auf dem Westweg jenseits des Ozeans Land entdeckt. Laßt feierliche Aufzüge halten, ordnet Freudenfeste an, schmücket die Tempel mit Zweigen und Blumen; denn Christus freut sich auf Erden wie im Himmel ob der zukünftigen Erlösung der Seelen. Auch über den zeitlichen Gewinn wollen wir uns freuen, der nicht nur Spanien, sondern auch der ganzen Christenheit daraus entspringen dürfte.«

Am Freitag, den 3. August 1492 stach Kolumbus von Palos in See; am Freitag, den 12. Oktober 1492 entdeckte er Land; am Freitag, den 15. März 1493 landete Kolumbus gegen Mittag im Hafen von Palos; sieben Monate, elf Tage war er unterwegs. Ein Schiff war untergegangen, ein Schiff hatte ihn meuterisch verlassen. Schreckliche Stürme zwangen den Heimkehrenden, zuerst auf der portugiesischen Insel St. Maria, einer der Azoren, zu landen. Der Gouverneur wollte ihn fangen und töten, auf Befehl des Königs Joao. Durch sein weises und großes Betragen entkam Kolumbus und landete im Tajo. König Joao empfing den Admiral mit Respekt und Ärger. Joao hatte die Projekte abgelehnt, nun fürchtete er, die Entdeckung sei innerhalb der Meere und Grenzen seiner Herrschaft Guinea geschehen. Er erwog, den Kolumbus auf der Stelle zu töten, da mit seinem Tod das Unternehmen wahrscheinlich beendet wäre;

denn die Kastilier taugten für solche Taten nicht. Da Joao vor
Spanien zitterte, erwies der gottesfürchtige König dem Admiral
große Gunst und entließ ihn lebend.
Die Leute von Palos jubilierten. Der ganze Ort zog in die Kirche, die biedern Schiffer sahen große Gewinste voraus. Kolumbus zog durch Spanien, von Süden nach Norden. Er hatte zehn
Indianer exportiert, einer war zur See gestorben, drei lagen
krank, sechs zogen mit. Er schmückte sie mit goldenen Hals-
und Armbändern und putzte sie mit Federn heraus, sie hielten
Papageien und Kolibris auf den Schultern, und Gold in Staub
und Klumpen und viele fremdartige Gewächse in den Händen
und führten unbekannte Tiere. Mitte April kam er nach Barcelona. Erst die sechs Indianer, dann die Papageien und ausge-
stopften Vögel und Tiere, und die Pflanzen, danach Kolumbus
zu Pferde, und der junge Adel, so zogen sie ein. Das Volk stieß
sich. An den Fenstern und auf den Balkonen blühten die Damen
wie Orchideen und andere Schlinggewächse. Auf allen Dächern
standen Neugierige und Gläubige.
Ferdinand und Isabella, der Prinz Johann und Mendoza saßen
auf dem Marktplatz unter einem goldenen Thronhimmel.
Kolumbus kniete. Ferdinand hob ihn auf und setzte ihn neben
die Könige; die Könige gaben ihm diese ausgesuchte Ehre, er
gab ihnen Amerika. Er nannte das Land Mangi oder Kathai,
mit den bunten, alten Namen des Marco Polo, er hatte gar keinen Sinn für Originalität. Er schenkte die Neue Welt den
Europäern, sie machten geziemenden Gebrauch davon. Ihm lag
am guten Alten! In der Ferne standen die getauften Juden Sanchez und Santangel, sie hatten die Expedition bezahlt, sie freuten sich in der Stille. Kolumbus schenkte jedem einen Papagei,
und dem Prinzen Johann einen lebenden Indianer.
Ferdinand und Isabella baten den Admiral um Bericht.
Er erzählte von den Inseln, vom Himmel, von den Früchten,
vom Gold und von den Menschen. Das Gold konnte man neh-

men, die Menschen taufen. Sie gehen nackt, Männer und Weiber. Sie gehen ganz nackt. Sie sind schwach und ohne Waffen. Es gibt genug Gold. Man kann alle taufen. Sie haben keine Götzen. Es sind gute Menschen, sie schenken alles, sie geben Gold für ein Stück Glas, sie geben um der Freude des Gebens willen, sie sind schön und edel und leben in einem ewigen Frühling.

Ferdinand und Isabella fielen auf die Knie; Hof, Volk, Infant und Kolumbus desgleichen; die Königliche Kapelle, ein Erbstück des fetten Sidonia, spielte: Te deum laudamus. Die gelehrte Welt geriet in einen Taumel; die gebildete Welt ward aufgeregt; die fremden Könige waren neidisch; Peter Martyr hatte zuvor den phantastischen Matrosenmönch nie beachtet, jetzt schwärmte er laut und richtig. Man nannte das Land Westindien. Kolumbus durfte mit Ferdinand ausreiten. Die Könige zahlten ihm tausend Dukaten und den Preis von zehntausend Maravedi, der dem verheißen war, der als erster Land sah. Der jüdische Matrose Juan Rodriguez de Triana, der auf Wache war, sah als erster Amerika. Isabella verwies ihn des Landes und zahlte die Summe dem Kolumbus, sie haßte die Juden. Ferdinand und Isabella ernannten einen indischen Rat und gaben Auftrag, eine neue Expedition für Kolumbus zu rüsten, sie gaben ihm siebzehn Schiffe mit fünfzehnhundert Mann und zwölf spanischen Geistlichen als Missionaren, darunter den jungen Las Casas, den künftigen Freund und Biographen des Kolumbus. Las Casas liebte die Menschen und litt unter den Leiden der Indianer. Um sie zu retten, verschuldete er, aus Menschenliebe, den Negerhandel.

Mendoza lud Kolumbus zu Tisch. Als der Vorsitzende des Indischen Rates, Señor Fonseca, fragte, was schließlich so groß daran sei, auszufahren, bis man lande, sei das nicht der Matrosen Gewohnheit, man finde eben, oder finde nicht, machte Kolumbus diesen öden Witz mit dem Ei, das er einknickte. Er tat es, weil er die Menschen verachtete und besonders den

Pöbel bei Hofe. Er dachte: Da ich die Gemeinheit der menschlichen Natur kenne, kann ich ihnen das Genie nur als einen Scharlatan erklären. Sie haben keinen Geist und werden die einfache Natur Gottes nie begreifen. Sie brauchen Papageien, Mangi und Zipango, oder Pangi und Zimango.

Ferdinand und Isabella schrieben an den Heiligen Vater: »Große Völker warten auf die Taufe.« Alexander der Sechste erließ eine Bulle und verlieh als Herr der Welt aus reiner Großmut, aus unfehlbarer Kenntnis und aus Fülle apostolischer Gewalt den spanischen Königen alle Länder, die sie gegen Westen fahrend entdecken würden, und den Portugiesen alle Länder gegen Osten. Der Heilige Vater verteilte so die Welt.

Alexander der Sechste
und Torquemada

Alexander der Sechste lud den Großinquisitor Torquemada vor den Stuhl Petri nach Rom. Er lud ihn einmal, zweimal, endlich erschien der Greis vor dem Greise. Der Papst Alexander empfing den Großinquisitor im Schlafzimmer. Sein Sohn Cesar und seine Tochter Lukretia saßen am Fenster. Alexander war über sechzig, Torquemada über siebzig Jahre alt. Sie verachteten und haßten sich doppelt, weil sie Landsleute waren, Spanier beide. Alexander saß in einem seidenen Schlafrock und las laut lachend aus der Komödie Mandragola des Messer Niccolo Macchiavelli vor, als man den Großinquisitor von Spanien hereinließ. Alexander las die Stelle lachend zu Ende, legte die Handschrift beiseite und betrachtete mit einer bösen Neugier den Alten. Torquemada war barfuß und trug seine gewöhnliche Tracht, eine verblichene, schmutzige, schier vergreiste Kutte. Alexander hob aus dem roten Pantoffel von Saffian seinen weißen Fuß und reichte ihn dem Großinquisitor zum Kuß.

»Du bist Dominikaner?« fragte Alexander. Er wartete nicht auf eine Antwort und fuhr nachlässig fort: »Da ich zum Papst gewählt wurde, hatte zuvor der Florentiner Bruder Girolamo Savonarola eine Vision. Eine Hand am Himmel trug einen flammenden Degen mit der Inschrift: Gladius Domini super terram cito et velociter. Du verstehst Latein? Bruder Girolamo deutete seine Vision auf mich. Hast du auch Visionen?« Der Papst erwartete keine Antwort. Er fuhr fort: »Bruder Girolamo war der stärkste italienische Verbündete des achten Karl von Frankreich, und doch hing des Bruders Schwert am Himmel und er besaß nur das Wort. Du hast Feuer und nimmst Geld. Du hast zehntausend verbrannt und hunderttausend verdorben. Du hast die achthunderttausend Juden aus Spanien vertrieben. Warst du es nicht, Bruder Thomas? Gestehe! Wieviel Millionen hast du bei den Ketzern gestohlen? Ist es wahr, daß du vor dem Tod zitterst und ein Horn eines Einhorns auf deinem Eßtisch hast und glaubst, damit das Gift zu bannen? Ihr Spanier liebt die Gifte. Hast du Angst, Bruder? Puh! Ich möchte auch nicht an Gift sterben! Du übertreibst, Bruder. Fromme Christen flohen nach Rom und erzählen, du habest sie wegen Ketzerei verfolgt, ich prüfte sie und fand nur einen Fehl an ihnen. Sie sind reich. Du bist ein Dieb, ein Räuber, ein Mordbrenner, guter Bruder. Du gehorchst mir nicht. Du fürchtest die Könige mehr als Gott. Deine Könige Ferdinand und Isabella haben ein Gesetz erlassen: Wer auf einem Maultier reitet, ist ein Ketzer und wird verbrannt. Sie protegieren die Pferdezucht. Das ist ihre Sache. Du aber widerstrebst nicht und verbrennst auf deinen Scheiterhaufen, die auf Mauleseln reiten. Ward Christus darum gekreuzigt? Stieg er darum herab, und ist das Christenliebe? Ferdinand und Isabella verboten, Pferde nach Frankreich zu handeln, und du verfolgst die Schmuggler als Ketzer und verbrennst sie. Das scheint uns übertrieben, Bruder. Du gräbst Knochen aus und machst ihnen den Prozeß. Das geht zu weit. Außerdem bist du verrückt, Bruder. Du steigst auf die Dächer, um Juden zu suchen, prüfst den Rauch. Du siehst überall Juden. Man hat mir hinterbracht, du nenntest mich einen Juden, einen Marranen; und wolltest mir den Prozeß machen, wenn ich in Spanien säße, mir und meinen Kindern; du fabelst, in meiner Familie flösse jüdisches Blut.

Dies ist zuviel. Ich habe den Bruder Girolamo Savonarola exkommuniziert! Und als er störrisch war und Briefe schrieb an die Könige von England, Spanien, Frankreich, Ungarn und den Kaiser, ich sei nicht mehr der Papst und hätte meinen Stuhl gekauft, sei lasterhaft, kein Christ und glaubte nicht an Gott, warf ich ihn ins Gefängnis, folterte ihn, verbrannte ihn öffentlich mit noch zwei andern. Ich verbrannte ihn, Bruder!« Alexander stockte, starrte den Greis an, dessen Augen glühten.

Torquemada schwieg.

»Antworte«, brüllte plötzlich Alexander.

Don Cesar Borgia erhob sich und trat näher, er spielte mit einem Dolch und blickte auf seinen Vater. Alexander warf einen zärtlichen Blick auf seinen Sohn und schaute sich nach seiner Tochter um. Lukretia zeigte ein bezauberndes Lächeln. Sie erhob sich auch. Cesar und Lukretia lehnten rechts und links am Lehnstuhl des Heiligen Vaters, fast wie Karyatiden.

Alexander lächelte zärtlich. Er war der beste Vater und liebte all seine Kinder mit der Glut der späten Leidenschaft. Er schloß unvermutet still: »Thomas Torquemada! Ich setze Euch von allen geistlichen Ämtern ab. Ich exkommuniziere Euch! Ich scheide dich von der Gemeinschaft der Gläubigen und der himmlischen Gemeinschaft. Geh!« Der Heilige Vater griff zur Komödie des Florentiners.

Torquemada entfernte sich schweigend. Er kehrte nach Spanien zurück und ging in ein Kloster zu Avila. Nachts träumte er von Juden und schrie im Traum mit einer hohen, kindischen Greisenstimme: »Brennt, Brüderchen, brennt!«

Mendoza lag im Sterben. Er war sechsundsechzig Jahre alt. Seit einem Jahr lag er zu Bett in seinem Palast zu Guadalaxara, und litt große Schmerzen von einem Geschwür an den Nieren. Zwanzig Jahre hatte er Isabella gedient, ihr Kanzler und Erzbischof von Toledo und Großkardinal, der »Dritte König von Spanien!« Nun war er alt und müde und hatte genug vom Leben und von der Königin Isabella. Er hatte Großes gewirkt und gut regiert, er hatte viel geliebt und hinterließ eine Menge Bastarde, sie standen um sein Krankenlager herum, liebevoll und dankbar, Mendoza schickte sie fort. Er hatte viel gewonnen und viel gegeben, auf seine Kosten baute man zu Toledo in zehn Jahren ein Findelhaus, damit die Armen ihre Kinder nicht mehr in Brunnen und Pfützen warfen und im Wald aussetzten oder vor die Kirchtüren legten, wo die Hunde sie fraßen. Isabella zog in die Nähe von Guadalaxara und ritt alle Tage zum Palast Mendozas und pflegte des Rates mit ihm.

Sie saß an seinem Bett. Er wollte pissen und konnte nicht, infolge seines Nierengeschwürs. Er dachte an nichts anderes, als daß er nicht mehr pissen konnte.

»Wen soll ich zu Eurem Nachfolger machen, Eminenz?«

Der Kardinal schwitzte. Er sah die Königin kläglich an. Er versuchte zu lächeln. »Wählt den Bruder Ximenes«, riet er, und drehte sich auf die andere Seite. Er hatte gebeichtet und die letzte Ölung erhalten.

Isabella wich nicht von seinem Bett. Was wollte sie noch? Mendoza flüsterte: »Geht endlich! So geht doch! Laßt mich die armen paar letzten Stunden allein. Ich habe Euch satt. Ihr saugt allen die Seele aus!«

Isabella wankte und wich nicht. Später kam der Kardinal wieder ein wenig zu Kräften. Man brachte ein paar Rosen. Gierig sog er den Duft ein. Da er die Königin immer noch neben seinem Bett sah, ließ er sich aufsetzen und sprach laut, mit seiner gewöhnlichen Stimme: »Ich sehe, Eure Majestät nimmt viel Anteil. So wißt, daß ich große Reue trage; denn ich habe viel gesündigt. Aber die schwerste Sünde beging ich Euretwegen, Königin Isabella. Die Sünde gegen meine Königin, den legitimen Herrn von Kastilien!«

»Schweigt!« flüsterte Isabella mit blassen Lippen.

»Ferdinand«, erklärte Mendoza, »hat das Testament Heinrichs. Isabella, wir beide haben Unrecht getan an der rechtmäßigen Erbin Kastiliens, an der Tochter des Königs Heinrich, Johanna Beltraneja, die Ihr zum Spott Joanna die Nonne heißt. Sühnt das Unrecht. Vermählt Euren Sohn Johann mit Johanna von Kastilien! Denkt an den Himmel! Denkt an Euer Seelenheil. Sühne, Isabella!«

Die Königin Isabella stand auf. Sie war so weiß wie der Kalk. Sie stammelte: »Der gute Mann faselt schon.« Sie verließ Guadalaxara, ohne sich noch um Mendoza zu kümmern. Er starb sieben Tage darauf unter schrecklichen Schmerzen.

An seinem Grabe weinte Isabella kläglich. Sie weinte um ihr Leben. Darum war sie fünfundzwanzig Jahre Königin von Spanien, darum hatte sie ihr Reich groß gemacht, darum ein Leben lang für Gottes Größe gekämpft, darum ihrem Volk alle Tage, alle Gedanken, alle Kraft ihres Lebens geopfert, daß am Ende ihr treuester Diener sie schmähte, ihre Krone falsch, ihre Regierung angemaßt und sie einen Usurpator heiße? Bin ich noch immer nicht König von Kastilien? War alles umsonst? Habe ich wirklich gesündigt? Hat jene Spanien groß gemacht? Nein! Und du hast unrecht, sagte sie stille zum Toten, ein Leben lang warst du weise, um doch als Narr zu sterben. Und ist so das Ende aller Weisheit? Daß sie stinket und närrisch redet? Und gilt nur das Ende vor Dir, o ewiger Gott im Himmel? Worauf siehst Du? Prüfe mich! Ich habe das Gute gewollt! Bitterlich weinte die Königin Isabella am Grabe Mendozas.

Ferdinand liebte seinen Bastard Alfons mehr als alle seine legitimen Kinder. In ihm erkannte er sich wieder. Alfons war schlau, fröhlich und stark. Da er sechs Jahre alt war, machte ihn sein Vater zum Erzbischof von Saragossa. Nun war er vierundzwanzig Jahre alt und immer noch Erzbischof von Saragossa. Er hatte schon mit den schönsten Frauen von Saragossa geschlafen und hatte viele Bastarde in Aragon.

»Vater, ich sterbe vor Langeweile«, rief er und klopfte dem König Ferdinand auf die Schulter. Ferdinand war dreiundvierzig Jahre alt, und Vater und Sohn schliefen mit denselben Mädchen und hatten sich viel zu erzählen. Da Mendoza starb, bat Ferdinand seine Frau, den Erzbischof von Saragossa zum Primas von Toledo und damit zum Kanzler zu machen.

»Deinen Bastard?« fragte Isabella. Sie hatte den Papst um die Ernennungsbulle gebeten. Da sie kam, rief sie Ximenes und gab sie ihm. »Öffnet!« befahl sie.

Ximenes las die Überschrift: An unsern ehrwürdigen Bruder Franzisco, Ximenes de Cisneros, erwählten Erzbischof von Toledo, ließ den Brief fallen und rief: »Das ist nicht für mich!« und ging und verließ die Stadt und weigerte sich sechs Monate lang, bis der Papst eine zweite Bulle schickte und ihm befahl, das Amt anzunehmen. Ximenes fügte sich und nahm demütig den ersten Posten des Königreichs Spanien und ließ ihn nicht mehr aus den mächtigen Händen und tat wie ein König, zu seiner Zeit. Er lebte aber weiterhin, wie ein Bettelmönch sollte, in Armut, und kasteite sich. Er hatte fünf oder sechs Mönche seines Ordens in seinem Palast bei sich, und ebensoviel Esel in seinem Stall. Die Esel wurden alle glatt und fett. Denn weder ritt der Erzbischof und Kanzler Ximenes, noch erlaubte er es den Brüdern. Da ihn der Heilige Stuhl ermahnte, im Glanz zu leben, der seiner Würde zukam, kaufte er Wagen und Pferde und schaffte ein großes Gefolge an. Unter Seide und Pelz seiner Gewänder trug er die grobe Franziskanerkutte, brauchte weder im Bett noch im Kleid Leinwand, schlief auf einer Holzpritsche, die von Purpur und Gold umkleidet war. Ximenes begann, die Bettelorden zu reformieren, vor allem seinen eigenen Orden, dessen Mitglieder, Mönche und Nonnen, in Wollust und Palästen schwelgten und in prächtigen Gärten hurten und tranken, bei Lautenspiel und Gesang. Ximenes trieb sie aus ihren wollüstigen Klosterpalästen und nötigte sie, keusch und arm zu leben. Mehr als tausend Mönche zogen in die Berberei, da sie lieber mit den Ungläubigen, als keusch und arm leben wollten. Sie hatten die Lehre ihrer Kirche vergessen, daß der Fromme mit den irdischen Leiden die himmlischen Freuden erkaufte. Sie mißtrauten dem frommen Handel. Der General der Franziskaner fuhr von Rom zu Isabella und forderte, daß sie den unwissenden und ehrgeizigen Ximenes absetze. »Er ist unfähig.«

»Seid Ihr bei Sinnen?« fragte Isabella. »Wißt Ihr, zu wem Ihr redet?«

»Ja«, erwiderte der General, »ich bin bei Sinnen und weiß sehr gut, mit wem ich rede, mit der Königin von Kastillien, einer Handvoll Staub nur, gleich mir.«

Alexander der Sechste schickte ein Breve und mahnte zur Milde. Doch Isabella eiferte ihren Kanzler Ximenes an. Da der Hof nach Granada ging, bat Ximenes den alten Erzbischof von Granada, Talavera, ihm in der Bekehrung der Mohren helfen zu dürfen. Ximenes begann zu predigen und Geschenke zu verteilen. Er zahlte jedem Mohren, der sich taufen ließ, eine Summe Geldes. Bald taufte er sie mit dem Ysop, dem praktischen Fegewisch. Jene, die weder durch Gründe noch Geld von der Lehre Christi zu überzeugen waren, ließ Ximenes in den Kerker werfen, hungern und foltern und krummfesseln, bis sie den Irrtum einsahen. Auf diese Art hatte Ximenes schöne Erfolge. Ximenes verbrannte auf großen Scheiterhaufen alle arabischen Handschriften, Abschriften des Koran, wissenschaftliche und poetische Werke, er verbrannte viele hunderttausend. Schließlich schlugen die Mohren drei Diener des Ximenes tot. Sie sagten, der Kanzler tue ihnen Unrecht. Hundertmal hätten die Könige Ferdinand und Isabella den Vertrag beschworen, der ihre Religion schützte. Die Mohren schienen verwundert. Sie dachten in ihrem einfältigen, heidnisch rohen Sinn, man schwöre Schwüre, um sie zu halten. »O blinde Heiden«, seufzte die fromme Isabella, als sie erfuhr, daß die Mohren versucht hatten, den Palast von Ximenes zu stürmen, um den Erzbischof zu erschlagen.

Ferdinand und Isabella, empört ob der Frechheit der Mohren, vertrieben sie aus Granada, gegen Vertrag und Menschlichkeit, und ließen den Erzbischof durch den Papst zum Kardinal von Spanien ernennen. Fünfzigtausend Mohren waren in Granada bekehrt worden, man hieß sie Morisken, und die Inquisition verbrannte sie später zu Tausenden als Ketzer. Der Rest der Mohren floh in die Berberei oder kam um. Der gütige Talavera rief aus: »Ximenes hat größer gesiegt als Ferdinand und Isabella. Diese haben nur den Boden, jener hat die Seelen erobert.«

Nun erließen Ferdinand und Isabella, um ihre Größe zu beweisen, ihr Edikt gegen die Mohren. Alle ungetauften Mohren mußten binnen zehn Wochen Spanien verlassen, sie durften weder Gold noch Silber noch verbotene Waren forttragen, bei Strafe des Todes und der Konfiskation.

Isabella beging die große Sünde, ihre Gedanken ihrem Beichtvater zu verschweigen. Sie sah täglich neue Zeichen und deutete sie auf ihren Untergang.

»Gott, hast Du mich verlassen!« schrie sie nachts in ihrem Bett. »Ich ergebe mich nicht«, rief sie. »Schlage mich! Triff mich! Ich will leben! Ich will siegen! Ich habe noch nicht genug. Schlage mich, Gott!«

Die Feinde Ferdinands starben. Tot war Karl von Frankreich. Er war zu gierig. Er lebte zu hastig. Er träumte zu hoch. Tot war Joao der Perfekte, von Portugal. Diego Cam entdeckte für ihn den Kongo und Angola. Bartholomeo Diaz umfuhr für ihn das Kap der Guten Hoffnung. Covilhāo drang bis Abessinien. Joao teilte den Ruhm mit allen. Er war zierlich und zerschlug den Adel. Auf Joao folgte Emanuel der Glückliche. Er hatte sich in die spanische Elisabeth verliebt und warb in Lissabon um die frische Witwe. Elisabeth starrte auf Emanuel, auf seine wulstigen Lippen, auf seine schwarzen Ringellocken. Sie verstand ihn nicht. Er ekelte sie. Nun war er König von Portugal. Nun freite er um die Hand der Infantin.

»Niemals«, schwor Elisabeth.

»Er liebt dich«, hielt ihr Isabella vor, strenge und ungeduldig.

Elisabeth warf einen furchtsamen Blick auf die Mutter. Sie spielte mit den roten Korallen und mattglänzenden Perlen ihres riesigen Rosenkranzes, an dem ein pfundschweres Kreuz aus Gold hing. Sie flüsterte:

»Er hat mir's verboten.«

»Wer?«

»Der Tote. Gestern nacht lag er bei mir und schwor: Du stirbst, wenn du Emanuel heiratest. Ein Kind wird dich töten.«

»Wer?« wiederholte schaudernd Isabella und entsetzte sich vor ihrer ältesten Tochter und beschloß, sie zu retten. Elisabeth ward schöner von Tag zu Tag, sie ward schlanker und blasser, nur ihre Wangen und Lippen glühten immer röter, ihre Augen funkelten von Fieber und Sünde, ihr Mund lächelte rätselhaft und sinnlich.

»Ich mag nicht heiraten«, bat Elisabeth und kniete vor ihrer Mutter und barg ihr Haupt im Schoß der Mutter. Sie flüsterte: »Ich mag mit keinem andern Mann zu Bett gehen. Das ist sehr gemein, Mutter. Ich trank aus Gold und bin berauscht vom Wein. Ich mag keinen Rausch von Hefe aus irdenem Krug.«

»Das ist Poesie«, erwiderte trocken Isabella. »Spanien muß einig werden. Portugal muß uns zufallen. Und vergiß nicht diese Nonne Joanna!«

»Was geht das mich an?« fragte verzweifelt Elisabeth und erhob sich und zerriß ihren Rosenkranz, die Perlen und Korallen rollten, rote und weiße Kugeln, lautlos über den Teppich; das Kreuz fiel auf die Füße Isabellas, die aufstand.

Mutter und Tochter maßen sich mit den Blicken. Ich hasse dich, dachte die Tochter. Ich liebe dich, dachte die Mutter. Aber ihre Gefühle glichen Zwillingen, sie waren zum Verwechseln.

»Du mußt Emanuel heiraten«, sagte sanft Isabella.

»Ich werde sterben.«

»Man stirbt nicht so rasch. Du wirst Kinder haben.«

»Ein Kind wird mich töten. Ich weiß es.«

»So hast du deine Pflicht erfüllt.«

»Ich will aber leben, Mutter!«

»Wie?« schrie Isabella und zog die Tochter an den Haaren. An den Haaren würde sie ihre Kinder zum Glück schleifen. »Hab’ ich dich darum zur Welt gebracht, daß du nicht gehorchst? Was habe ich dann von dir?«

»Mutter!«

»Du bist verrückt. Ich sperre dich ein. Ich verstoße dich.«

»Gut, Mutter. Ich gehorche. Aber ich stelle eine Bedingung.«

»Du willst Portugal heiraten?«

»Unter einer Bedingung; ich will nicht umsonst sterben.«

»Ich tue alles für dich.«

»Meine Bedingung gilt dem König von Portugal.«

»Woran denkst du, Elisabeth? Du mußt Kinder haben.«

»Fürchte nichts, Mutter! Als Hochzeitsgeschenk fordere ich die Vertreibung der Juden aus Portugal!«

»Das? Aber, das ist eine erhabene Forderung! Bist du so fromm? Ja, du bist mein Kind. Nur – ob es passend ist als Hochzeitsgabe . . .?«

»Der Tote gestand mir, er sah damals plötzlich mitten im Wald einen spanischen Juden, einen von denen, die wir vertrieben haben und die den König von Portugal bestachen, daß er sie in seinem Reiche wohnen lasse. Mein frommer Gatte erschrak vor dem Juden, fiel vom Pferd und brach das Genick. Die Juden sind schuld. Es liegt ein Fluch auf Portugal.«

König Emanuel, ein aufgeklärter, moderner Monarch, weltberühmt durch seinen Untertan Vasco da Gama, der von Portugal nach Calicut segelte und also den Seeweg nach Ostindien fand, Emanuel glaubte nicht an den bösen Blick der Juden. Es sind Handelsleute, ich brauche sie für den Handel mit Ostindien. Seufzend vertrieb er die Juden aus Portugal, einhunderttausend Familien, alteingesessene Portugiesen und die spanischen Flüchtlinge; denn die Liebe brennt heißer als Feuer und Kohle. Welcher Jude binnen drei Monaten nicht emigrierte oder sich taufen ließ, ward in die Sklaverei verkauft. Spanien verbot den Durchzug der Juden. Der König schrieb den Juden die Häfen vor. Die Juden kamen, die Schiffe blieben aus. »Macht fort«, schrien die Portugiesen. »Die Frist verstreicht.« »Schiffe! Schiffe!« schrien die Juden. »Die Frist verstreicht.« Gleichmütig rauschte der blanke Ozean. Selig lächelnd verkaufte der verliebte Emanuel die Juden in die Sklaverei, er schied Gatten und Eltern und Kinder, einzeln fanden sie leichter zur Religion der Liebe. Man trieb die Juden zu Tausenden vor die Kathedralen und taufte sie mit dem Ysop, dem praktischen Fegewisch. Wer protestierte, ward erschlagen. Viele Juden sprangen in die Flüsse, als suchten sie unter Fischen Glaubensfreiheit und Mitleid, die Fische fanden Futter. Da der sechste Alexander die Greuel vernahm, rief er die Juden nach Rom. »Hat man euch mit Zwang getauft, es gilt nicht. Lebt bei mir nach Mosis Ge-

setz oder wie ihr wollt. Zu Rom brennen keine Autodafés.«
König Emanuel erzürnte, und riß sich aus den glühenden Um-
armungen Elisabeths, die er in Calatrava empfangen und stille
geheiratet hatte, und gebot: »Welcher getaufte Jude aus Portugal zu fliehen versucht, muß sterben!« Die sanften Fürsten Italiens, der Großherzog von Toskana, Cosme de Medici, Hercu-
les de Ferrara, Emanuel von Savoyen, ferner die liberalen
Städte London und Amsterdam, erbarmten sich der Verfolgten
und nahmen die Vertriebenen liebreich auf.

Der König von Italien

Der Ruhm Gonzalos schien über Italien. Sein Glanz strahlte
über den Städten Spaniens. Der Stolz der Spanier ward unge-
messen. Wir haben die Heiden geschlagen. Wir haben die
Juden vertrieben. Wir haben Westindien entdeckt. Wir sind
ein mächtiges Volk geworden. Wir haben die großen Könige
Ferdinand und Isabella und »Den ungekrönten König von Italien«. So hießen sie den Gonzalo von Cordova.
Im Triumph kam Gonzalo an. Man hatte Märchen von seinen
Heldentaten berichtet. Sein Glanz und Prunk, die Fülle seiner
Sklaven und der großartige Aufzug seines Gefolges machten
die Märchen wahr. Jeder Hauptmann Gonzalos trug Gold und
Juwelen einer Stadt Italiens am Leib. Sie prunkten mit Strau-
ßenfedern, Hermelin und Sammet, von Perlen blitzten Schuhe
und Hüte, ein Soldat Gonzalos blinkte golden wie eine Mon-
stranz.
Ferdinand empfing seinen Feldherrn gemessen. Man flüsterte in
Italien und Spanien, Gonzalo wolle König von Italien werden.
Und der Feldherr verfuhr schon wie ein Monarch, schenkte
Burgen und Dörfer seinen Soldaten, erhob Hauptleute zu Grafen, trat mit fürstlichen Ehren auf und sprach wie ein König.

Isabella umarmte ihren Liebling vor dem ganzen Hofe, sie küßte ihn mehrmals und sagte laut: »Ich bin stolz auf dich, mein Gonzalo!«

Gonzalo sah die Königin an, er bog das Knie und beugte sein Haupt tiefer und verbarg seinen blassen Schrecken, seine Augen wurden feucht. Isabella war gezeichnet, er sah es zitternd, gezeichnet vom vorzeitigen Alter, von Kummer, von Krankheit, und vom Tode. Sie wird sterben, dachte Gonzalo, und wäre fast aufs Gesicht gefallen.

Die Königin hob ihn auf und lachte vor Freude, ihren liebsten Ritter wieder zu haben. »Ihr bleibt nun in Spanien und laßt Euch feiern«, sagte sie fröhlich. »Mein Herz war die ganzen Jahre bei Euch in Italien, da ihr Reggio einnahmt und Calabrien erobert habt und die Franzosen samt ihren Schweizern und Deutschen in fünfzig Gefechten schlugt, nichts half ihnen, nicht der Ritter Bayard ohne Furcht und Tadel, Ihr triebt sie aus Italien, nahmt Ostia den Räubern, zogt in Rom im Triumph ein und wurdet im Vatikan vom Papst Alexander empfangen. Euer Gespräch mit ihm...«

Gonzalo lachte. Er erinnerte sich recht gut der Szene. »Der alte Borgia erklärte mir«, sagte Gonzalo, »ich kenne deine Könige. Sie verdanken mir viel, ich ihnen nichts.«

»Und Ihr?« fragte Isabella. »Was gabt Ihr zur Antwort?« Sie kannte sie, aber sie hatte nie genug, Gonzalo zu hören.

»Ich erwiderte: Freilich kennst du sie, da du Spanier bist und ihr Untertan und mit Wohltaten von ihnen überhäuft wurdest. Meine Armee kam nach Italien und hob deinen Ruf und befreite Ostia von Räubern und dich von Franzosen. Reformiere dein Haus, reinige deine Sitten, ehre Isabella!«

Ferdinand blickte mit undurchdringlichen Mienen auf seinen Untertan. Der gefiel ihm nur wenig.

Gonzalo sah seinen König an. »Euer Vetter«, sagte er. »König Ferdinand von Neapel, ritt mir mit dem Feldherrn von Venedig und dem Legaten des Papstes, Cesar Borgia, entgegen und nannte mich ›Großer Feldherr‹, ›il gran Capitano‹, und gab mir zwei Städte und sieben Dörfer und machte mich zum Herzog von St. Angel. Die Neapolitaner lieben mich. Ich hatte es nicht leicht. Ihr schicktet mir weder Gold noch Soldaten, noch Schiffe, noch Lebensmittel und Waffen, nichts außer einem guten Rat. Ihr schriebt mir: ›Nährt Euch vom Lande!‹ Ich tat es. Die armen Hirten und Bürger von Italien! Euer guter Vetter, der junge Friedrich, starb mit achtundzwanzig Jahren vor zuviel Liebe. Er war in seine Tante vernarrt, heiratete sie und erschöpfte sich in ihrem Bett. Sein Onkel Friedrich, sein Nachfolger, ist weniger hitzig.«

Ferdinand sagte kühl: »Wir danken für Euern Bericht, Señor. Wir haben Frieden geschlossen mit Frankreich. Ludwig der Zwölfte und ich, wir verstehen uns.«

»Man sagt«, begann Gonzalo, »Ihr hättet in geheimer Klausel abgemacht, Neapel zwischen Frankreich und Spanien zu teilen. Euer Vetter von Neapel und ich waren treue Waffengefährten.«

»Nun, nun«, sagte Ferdinand, »ruht Euch aus, ruht Euch aus, geht aufs Land, auf Euer Gut in Andalusien, erholt Euch, Señor.«

Isabella umarmte und küßte den verdutzten Gonzalo noch einmal und sagte nachdrücklich: »Mein großer Feldherr. Wir sehen uns bald, recht bald und lange. Wir werden Euch für gute Zeit an unserem Hof behalten.«

Da Ferdinand und Isabella allein blieben, sagte der König: »Wir werden es nicht mehr erleben. Aber unser Erbe! Von Byzanz bis Gibraltar, von Westindien bis Afrika, das spanische Weltreich!«

»Gib acht«, bat Isabella, »du träumst zu groß, Ferdinand.«

»Europa ist reif. Es wartet auf seinen Herrn.«

»Und du willst ein Weltreich gründen?« fragte die Königin.

»Wer sonst?« schrie Ferdinand.

Wo war seine Ruhe hingekommen? Isabella sah einem Löwen ins Antlitz. Sie erstaunte. Wer war das? War das ihr kahler Ferdinand? Der leichtfertige Fuchs? Der treulose Spieler?

»Soll ich ewig im Schatten meiner Frau leben?« sprach Ferdinand leise, und seine Augen funkelten schrecklich. Plötzlich verflog sein Zorn, und er lächelte wieder und sagte: »Isabella. Haben wir beide nicht großartig gesiegt?«

»Und du willst wirklich die Welt erobern?« fragte Isabella. Plötzlich ergriff sie ein wütendes Gefühl. Sie wurde zornig. Sollte der größer sein als sie? Da kam ihr ein Einfall, und sie begann spöttisch zu lächeln. Sie dachte: Mein armer, lieber Ferdinand! Du machst die Rechnung ohne mich. Ein Weltreich?

Siebentes Buch

Tod und Vergeltung

Gott schlug wie mit einem Hammer auf die Königin Isabella. Je
härter er sie traf, um so stolzer hob sie ihr Haupt. »Du schlägst
die Gerechten«, sprach sie zu Gott. »Schlage mich!«
Und Gott schlug sie.
Isabella schritt neben ihrer zweiten Tochter Johanna am Meer
entlang, am Pier von Laredo. Die tausend weißen Segel der spanischen Armada knatterten im heftigen Winde. Die stolzeste
Armada Spaniens, einhundertdreißig Segler mit fünfundzwanzigtausend Mann und tausend Kanonen, war bereit, die Infantin Johanna, das ›Schwiegermütterchen‹, nach Flandern zu
fahren, zur Hochzeit mit dem Sohn des Kaisers, Philipp dem
Blonden, Philipp dem Schönen, dem Herrn von Holland, dem
fröhlichen Habsburger. Stolz blickte Isabella auf ihre Flotte und
auf ihre Tochter, sie war stolz auf all ihre Werke. Auf Deck der
einhundertdreißig Karavellen stand die Blüte Spaniens, die
Söhne und Töchter der Grafen und Ritter, um das Königskind
zum Kaisersohn zu geleiten, um es auf dem Meere gegen die
Kriegsschiffe Frankreichs zu schützen, das in Italien Krieg mit
Spanien führte und vom großen Feldherrn Gonzalo de Cordova in immer neuen Schlachten geschlagen wurde. Stumm
und böse schritt neben der Mutter die sechzehnjährige Johanna
durch den nassen Sand. Sie musterte den überwölkten Himmel,
der dunkel drohend überm Meer herabsank, sie spähte nach der
höchsten Wolke, die stechend weiß und strahlend aus einem
andern Himmel zu kommen schien, sie zählte die tausend Segel,
eifersüchtig auf jedes, sie überblickte Matrosen, Wellen, Sand
und Soldaten, gegen fünfundzwanzigtausend Menschen, aufge-
boten zu ihrem Schutz und ihrer Größe. Ungewandt und hastig
schritt das kleine Mädchen voran, mit keinem Blick sah sie auf

ihre Mutter, die neben ihr ging, kein Wort erwiderte sie auf ihre Ermahnungen und Fragen. Nur fort, dachte das Mädchen, fort aus Spanien, ich ersticke darin. Hört diese schreckliche Frau nie zu reden auf? Will sie mich bis zur letzten Minute demütigen? Weiß sie nicht, daß ich sie hasse? Glaubt sie, ich danke ihr, daß sie mich geboren hat? Sieht sie nicht, daß ich häßlich bin? Bin ich wirklich häßlich? Nie wird mich einer lieben. Was für einen Narren haben sie mir zum Mann gekauft? Er heißt Philipp der Blonde. Wie kläglich muß ein Mann sein, von dem man nichts zu sagen weiß, als daß er blond ist? Vielleicht schwitzt er? Vielleicht wird er mich schlagen? Ich werde ihm noch auf dem Schiff, da er mich zu begrüßen kommt, sagen: »Ich hasse Euch, Señor Blondhaar!« Sicher hat er eine flache Stirn und ist dumm. Vielleicht ist er fromm? Meine Mutter zwang mich, zu knien. Du mußt Gott danken, sagte sie. Wofür? fragte ich. Da riß sie mich am Haar. Einmal sagte ich ihr die Wahrheit: Ich glaube nicht an Gott. Da schlug sie mich. Meine Nase ist zu lang. Ob sie wirklich so lang ist? Aber ich habe große Augen? Sie sind schön. Gonzalo hat es gesagt, der große Feldherr. Ich hasse auch ihn. Sicher ist er der Liebhaber meiner Mutter. Ich hasse sie. Sie hat Johann nicht erlaubt, mich bis zum Meer zu begleiten. »Mein Engel ist zu schwach. Die Reise wird ihm schaden.« Mich schickt sie in den Sturm. Sie standen vor dem Admiralsschiff. Isabella schwieg schon lange. Der Admiral Don Fadrique Henriquez, der Sohn des alten Henriquez, kniete im Sande, sein weißer Schifferbart wehte im Winde, er war der Onkel des Königs Ferdinand und geleitete die Infantin Johanna nach Flandern zum Sohn des Kaisers, und fuhr zurück mit der Tochter des Kaisers, Margarete von Österreich, der erwählten Braut des Infanten Don Johann, des Prinzen von Asturien, des ›Engels‹ Isabellas. Die Hände hob Isabella ein wenig ins Leere und stand am Pier und sah auf die Armada, auf das große Admiralsschiff, das hinausfuhr, sie hob die Hand, um zu winken, auf halbem Wege stockte die Hand. Ohne Wort, ohne Kuß, ohne Umarmung war Johanna plötzlich von der Seite ihrer Mutter gegangen, über die Brücke aufs Schiff. Isabella sah, wie die Söhne der Grafen vor der Infantin knieten, wie die Infantin auf die Ferne des Ozeans deutete. »Johanna«, flüsterte Isabella. Die Matrosen lösten die Anker und holten das Seil ein. »Johanna«, sagte laut die Königin. Das Admiralsschiff drehte sich, und Johanna stand auf der Brücke und wies auf die gelblich schimmernden Wolken. Das Schiff fuhr schon. Und das Volk auf den Schiffen und das Volk am Ufer grüßten einander, die spanischen Brüder im großartigen Stolze. »Johanna! Johanna!« schrie die Königin Isabella. Das Mädchen stand mit dem Rücken zu Spanien und deutete mit einer unbeholfenen, eckigen Gebärde auf die knatternden Segel.

»Mein Gott«, flüsterte Isabella, »hassen sie mich so, meine Kinder? Ach, wofür lebte ich? Schlägst Du mich so? O Gott!«

Isabella begann auf die Briefe Johannas zu warten, sie wartete vergebens. Die Wolken wichen nicht mehr vom Himmel, die Winde sausten Tag und Nacht, der Regen strömte. Tags rief Isabella die ältesten Matrosen aus Asturien und Biscaya und fragte sie ängstlich genau nach dem Kurs der Flotte, nach dem Wetter im Norden, nach tausend Dingen. Die alten Schiffer mit den weißen Schifferbärten, die ruhigen Fischer schwiegen lange und redeten wenig. Aber was sie sagten, war unverständlich, zwischen Luv und Lee, Takelage und Klabauter, die Rahen und Brassen, Ostnordost drei Strich sieben Faden und Vordersteven hinterbackbordallemannindiebrassentakelagewantenunterundüber, die Worte kreisten wirbelnd im Hirn Isabellas, sie schaukelten hinab und hinauf, wie die Schifflein im Nordsturm, holüberundmannüberbord!

Nachts, wenn der Seesturm an die Türen und Fenster des Palastes rüttelte, schickte Isabella eilige Boten zu den Schiffen und forschte zitternd und fragte. Die Schiffer schwiegen bedeutend nachdenklich. Danach stritten sie lange. »Holüberholunter und bei südlichem Wind vor Klippen und Nebel und wenn es nicht regnet allemannindiebrassen und mannüberbord.«

Verzweifelt, den Tod im Herzen, einen Wirbelsturm im Kopf, entließ Isabella die Schifferbärte. Da der Tag dämmerte und das Sausen der Stürme nachließ, schlief sie ein und träumte von ihrer Mutter, der Königin Isabel. Die Mutter kam im weißen Trauergewand von großer Ferne auf sie zu und führte zwei kleine Mädchen an den Händen. Langsam kamen sie näher. Isabella erkannte die Mutter, aber nicht die Mädchen; ein dichter Schleier bedeckte ihre Gesichter undurchdringlich. Die Königin Isabel sah jung aus, wie einst zu Arevalo, da sie um König Juan getrauert hatte, und blickte böse ihrer Tochter ins Gesicht. Isabella fragte: »Bist du in Spanien?« Da verwandelte sich ihre Mutter langsam und unaufhörlich, sie ward älter und älter, wie vierzig oder fünfzig Schleier fiel es von ihrem Gesicht, Isabella begriff sogleich, das waren die gelebten Jahre der Mutter, sie erkannte jedes neue Gesicht, so sah sie noch in Arevalo aus, so schon in Madrigal, so in Madrid, so schon im Kloster, da war sie schon wahnsinnig, da wurde sie alt, da ward sie zur Greisin, das hörte nicht auf, das ging immer rascher, die Königin Isabel ward immer runzliger, immer welker, sie schrumpfte ein, sie wurde winzig, das Köpfchen immer kleiner und greiser, das Körperchen verjüngte sich immer stärker, schließlich war sie nicht größer als die beiden kleinen Mädchen, die sie an beiden Händen hielt. »Was treibst du, Mutter?« schrie Isabella im Traum. »Halt ein!«

»Ich bin tot«, antwortete die verhutzelte Greisin.

»Und wer sind die Kinder«, fragte die Königin von Spanien.

»Willst du sie sehen?« fragte die Witwe von Kastilien.

Isabella nickte.

»Dir graut nicht?« fragte Isabel. Und schauerlich lächelnd zog sie die Schleier vom Haupt des linken Mädchens, und zog so heftig Schleier nach Schleier, daß mit dem letzten Schleier die Haut an den Wangen des Mädchens mit fortgerissen ward. Aber das offene Fleisch des Mädchens zur Linken blutete nicht. Isabella erkannte ihre Tochter Johanna. Isabella nickte und sagte zu ihrer winzigen Mutter: »Ich wußte es. Johanna ist tot. Ich weiß es lange. Und das andere Mädchen?«

»Dir graut nicht?« fragte die Mutter und kicherte. Und da wußte Isabella wieder, daß Isabel wahnsinnig war. Sie ist ja wahnsinnig, dachte Isabella. Aber ihre Mutter riß ohne Mühe die Schleier vom anderen kleinen Mädchen, und Isabella erkannte sich. Auf einem kleinen Kinderkörper saß ihr eigenes, erwachsenes, altes Haupt, nur ein wenig älter noch, nur mit größerer Verzweiflung in den Zügen als jetzt.

»Du bist tot«, sagte die verrückte Mutter.

Und Isabella glaubte es ihr im Traum und sagte: »Ich wußte es.«

»Ist es schön?« fragte die Mutter, und Isabella erwachte. Gegen Mittag kamen Boten und berichteten vom Tode der Königin Isabel. Sie sei ganz still und ohne Schmerzen gestorben. Kurz vor ihrem Tode winkte sie ihrem Beichtiger und flüsterte ihm ins Ohr: »Ich habe eine große Sünde verschwiegen.«

»So beichtet«, sagte der Beichtiger.

»Die Königin Isabella ist gar nicht meine Tochter.«

»Wie?« fragte halb erschrocken der Beichtiger.

»Sie ist mein Sohn«, sagte die Königin. »Ich bin eine gemeine Stubenfliege. Ich sterbe verlassen und einsam. Nehmt meine Flügel und schickte sie zu Isabella, der Landeskönigin, aber zerbrecht sie nicht, sie sind zart.«

Am Nachmittag kamen mehrere Schiffer mit den weißen Schifferbärten und meldeten betreten, Trümmer von großen Schiffen seien an den Strand von Biscaya herangetrieben.

»Erkennt man . . .?«

». . . nein . . .«, sagten die Schiffer und strichen die Bärte. »Vielleicht sollte man beten?« Die Schiffer gingen. Isabella kniete und betete.

Eine Woche später kamen Briefe vom Admiral Henriquez. »Die Flotte, von Stürmen schwer beschädigt, mußte in englischen Häfen ausgebessert werden. Mehrere Schiffe sind untergegangen. Viele Spanier sind ertrunken oder vor Kälte und Fieber gestorben. Die Infantin Johanna ist wohlbehalten in Flandern gelandet. Erzherzog Philipp jagte in Luxemburg. Nach vier Wochen kam er nach Lille, und man hielt Hochzeit, mit Pracht und Prunk. Johanna ist rasend verliebt in den schönen Philipp. Philipp ist höflich gegen das junge Mädchen.«

Von Johanna kam kein Brief. Sie schrieb nicht. König Heinrich der Siebente von England hatte ihr dreimal geschrieben, da sie in England war; Johanna hatte ihm nicht erwidert.

Isabella dankte Gott auf den Knien. »So schonst du mich, Gott?« fragte sie schier verwundert. Nun wartete sie auf die Rückkehr der Flotte und die Tochter des Kaisers, Margarete von Österreich , die Braut ihres Engels, Don Johann.

Die Tage gingen im Schritt, die Wochen im Trab, die Monde im Galopp. Ich habe keine Zeit mehr, dachte Isabella, und wartete. Sie hatte keine Lust mehr, große Dinge zu tun. Oft saß sie still und hing dem lange Vergangenen nach. Zuweilen schien ihr alles wie Rauch und Schatten. Aus Gewohnheit vollbrachte sie noch große Taten; süß sind die Mühen um große Werke.

Da man ihr die zweite Rückkehr ihres Admirals Kolumbus meldete, vergaß sie alle Klagen wider ihn und empfing ihn mit Rührung. Sein Bart war ergraut, sein Gesicht von Alter und Enttäuschung zerfurcht, seine hohe Gestalt gebeugt; statt der goldenen Gewänder trug er wieder die alte, zerschlissene Dominikanerkutte. Sie sah wieder den Finger des Todes. Kolumbus hob an, von seinen Neidern zu reden.

»Meine Neider am Hofe . . .«

Isabella betrachtete den großen Mann. Er hatte neue Inseln entdeckt, Wildgänse, Ananas, Menschenfresser. Er hatte eine
Stadt gebaut und aufgegeben, sie war ungesund. Er suchte in
Westindien den Ganges, um ihn hinabzusegeln, nach Jerusalem
und Cadix, er hatte seinen Ganges nicht gefunden. Er wollte
zum Glauben bekehren und schickte Indianer zum Sklavenmarkt nach Sevilla, um für den Erlös Schafe und Schweine für
die Neue Welt zu kaufen. Isabella mußte es ihm verbieten. Er
hatte vom Gold geprahlt, da kamen sie wieder, halbverhungert,
die gelbe Farbe des Fiebers, das Fiebergold auf den Wangen, in
zerschlissenen Gewändern. Er zog als Admiral aus und stritt
zur See mit jedem Matrosen einzeln, über die Route, über dies,
über jenes. Er war ein großer Mann und hatte bedeutende
Pläne und erhabene Illusionen, er fand eine neue Welt, Fieber
und Menschenfresser – die Sache kostet uns Geld, und der wird
ewig groß träumen.

»Man klagt mich an«, sprach bitter Kolumbus. »Der Pöbel
summt: Große Kosten, geringe Gewinne. Seit Vasco da Gama
den Seeweg nach Ostindien um Afrika herum fand, spotten sie
über mich. Der heißt mich grausam; der heißt mich schwach; der
verkündet, ich stünde nicht mehr in Gunst. Wo bleibt der
Ruhm? fragen mich alle. Wo bleibt das Gold? Ich erneuere
meine Verheißungen. Ich erneuere mein Gelübde, das Heilige
Grab zu befreien! König Ferdinand gab mir Mörder aus den
Gefängnissen mit, sie morden in der Tat in Westindien, wie sie
in Spanien mordeten. Man klagt mich an. Richtet also!«

Isabella bot in seltsamer Rührung ihrem Admiral die Hand zum
Kusse. »Rüstet zum drittenmal! Ich habe mein Geld schon
Schlechteren gegeben und für schlechtere Dinge!«

Vor Ostern kam die Armada. Winterstürme hatten einen Teil
der Flotte zerstört, viele Spanier ertranken wegen der Habsburger Hochzeiten. Margarete, hübsch, trotz der Habsburger

Lippe, geistreich und siebzehn Jahre alt, dichtete, da ihr Schiff zu scheitern drohte, ihre eigene Grabschrift:
»Ci gist Margot, al gentil' damoiselle,
Qu'a deux maris, et encore est pucelle.«
Mit vier Jahren war sie dem Dauphin Karl verlobt worden, Karl der Achte verschmähte sie sieben Jahre darauf und nahm Anne de Bretagne; Paris expedierte die kleine Margot nach Holland zu ihrem Bruder Pilipp. Sie sah Johanna und spottete über die glühende Liebe der spanischen Infantin. »Ins Bett befohlen und toll verliebt«, sagte sie lachend zu ihrem Bruder Philipp, der selten mit Johanna schlief und häufig sie betrog und ihren Hofstaat hungern und darben ließ, er liebte die Spanier nicht. Johanna ward schwanger.
Nun landete Margarete in Santander. In Burgos sah sie Don Johann. Der blonde Engel und die geistreiche Pucelle liebten sich vom ersten Blick an, sie hielten sich bei den Händen und ließen sich nicht mehr los, rasch machte Ferdinand Hochzeit, er war achtzehn und sie war siebzehn, sie liebten und brannten.
Margarete schrieb an Philipp: »Die Königin heißt ihn ›Mein Engel‹, schon ist er gefallen. Er hat ganz schmale Hände, blonde Locken und eine süße, reine, adlige Kinderstirn, er ist sehr töricht und sehr gut; indem ich von ihm schreibe, merke ich, daß ich verliebt bin; spotte nicht, Philipp; schweig vom befohlenen Bett; wenn er wirklich ein Engel wäre, ich erschrecke, Philipp; ich liebe ihn wirklich. Grüße Deine braune Johanna und die blonden Antje, Mintje und Katje.   La Pucelle.«
Auf der Hochzeitsreise hatte Johann starkes Fieber, zu Salamanka, nach einem Ball, den die Studenten ihm gaben. Die Ärzte rieten, das junge Paar für einige Monate zu trennen. Der Prinz verzehre sich im Bett seiner Frau. Isabella sagte: »Sie lieben sich vor allem mit der Seele.«
»Das ist unsere Meinung«, sagten die Ärzte, »eben diese Art Liebende sind unersättlich.«

Ferdinand schlug vor, Margarete zu Elisabeth nach Portugal zu schicken.

»Sie lieben sich so«, sagte errötend Isabella, »die Trennung tötet. Da ich jung war, liebte ich nicht anders.«

Ferdinand lächelte spöttisch und blickte prüfend auf seine Frau und erschrak im Innern. Seit Jahren sah er sie, ohne sie anzuschauen. Wie alt sie ist, dachte er. Wie krank sie aussieht. Sie leidet.

Eine halbe Nacht lag er wach und grübelte: Liebte ich sie damals? Er erinnerte sich nicht mehr genau. Wie flüchtig sind die Gefühle der Menschen! Mit einem Male faßte ihn eine unerklärliche Wehmut, er nahm eine Kerze und trat leise ins Schlafzimmer der Königin. Vor der Schwelle wollte er umkehren. Isabella schlief nicht. Sie saß auf ihrem Bett und beschaute beim matten Kerzenlicht in einem silbernen Spiegel tiefsinnig ihre Zunge und murmelte vernehmlich: »Ich bin nicht gesund. Ich bin nicht mehr gesund.« Ihr Gesicht glich so deutlich dem Gesicht ihres toten Bruders Heinrich, daß es den armen Ferdinand kalt überlief und er sie bei Namen nannte. Isabella wandte ihm langsam, ohne zu erschrecken, ihr Gesicht zu, nachdenklich, nur vergaß sie, die Zunge hineinzutun, und sah einer Närrin gleich. Entsetzt flüsterte Ferdinand (und nun wußte er mit einemmal, er hatte sie nie geliebt!): »Isabella!« Da tat sie die Zunge in ihre anständige Lage, ins Gehege der Zähne, machte ihr gewohntes Gesicht, und lächelte gescheit und ernsthaft.

»Mit einer fernen Neugier denke ich oft«, sagte sie, »an deine Außenpolitik, Ferdinand. Du schließest komplizierte Verträge, brichst sie, oft im Augenblick, da du sie unterschreibst, du machst öffentliche und geheime Staatsverträge, mit Klauseln, mit Geheimklauseln, manche hältst du, die meisten hältst du nicht. Das ist eine Kunst, und ich kenne die Absicht. Du wirst Erfolge haben, aber nicht lange. Du wirst untätig bleiben; denn schließlich wird niemand dir glauben.«

»Mir?« fragte Ferdinand. »Man glaubt meinen Kanonen, meiner Armee, der spanischen Armada glaubt man. Ich habe deine Heilige Hermandad in eine Volksmiliz verwandelt, zählte alle waffenfähigen Männer zwischen zwanzig und vierzig Jahren in Spanien, berufe jeden zwölften, besolde ihn, solange er dient, und befreie ihn solange von Abgaben. Den andern elf sagte ich, ich riefe sie nur in dringlichen Fällen, riefe ich sie aber, müßten sie kommen und Spanien verteidigen. Zweimal jährlich mustere ich unsere Völker, außer Geistliche, Hidalgos und Arme. Mit mir schließt man Verträge!«

Isabella sah nachdenklich ihren Gatten an. Er wird fett, dachte sie, er wird langsam alt. Aber er überlebt mich. Schließlich sagte sie: »Ich weiß, du bist fromm, Ferdinand. Aber deine Außenpolitik hat nichts mehr mit Gott zu tun.«

Da Ferdinand ihr die Wange küßte und sie verließ, löschte sie die Kerze und begann ihr unendliches Gespräch mit Gott, das sie seit ihrer Kindheit führte. »Ich habe eine Rechnung mit Dir. Ich wäge Schuld und Sühne wie Du, ich liebe die Menschen und strafe sie wie Du. Ich habe Mitleid und achte des nicht, wie Du. Doch bin ich kurzatmig; Du atmest aus und ein und Jahrtausende sind dahin. Wie ein Sandkorn unter Deinem Fuße ist die Welt. Du spürst uns nicht. Einmal sandtest Du Deinen Sohn, tausendmal Deine Heiligen, daß sie Fürsprache halten. Ich bin müde. Prüfe mich, wenn es Dich gut dünkt. Aber vergiß nicht, daß ich schwach bin.«

Sechs Monde lang liebten Johann und Margarete, einen Frühling und einen Sommer lang. Im September kam ein Reiter aus Salamanka. »Don Johann stirbt!«

Isabella lag krank zu Bett. Sie hob sich auf und machte sich fort und ritt bis vor den Palast zu Salamanka. Vor der Türe stand Margot und schluchzte. »Mutter«, stammelte sie.

Isabella trat ans Bett ihres kranken Sohnes. Sie setzte sich und versuchte zu lächeln. »Mein Engel«, flüsterte sie mit zitternden

Lippen. »Du wirst wieder gesund werden.« Sie log. Sie glaubte nicht daran. Ihr Sohn erkannte es. Er saß halb aufrecht, zwischen seidenen Kissen. Seine Locken fielen über seine edle, kindliche Stirn. Sein Gesicht war schöner als je. Die Königin schlug vor seinem ruhigen Blick die Augen nieder.

»Und bereust du also, Mutter?« fragte Don Johann mit seiner lieben, schwachen Stimme.

Isabella begann zu zittern.

»Ich meine nicht, daß du jetzt versuchst, mich zu belügen. Auch paßt das gar nicht zu dir. Ich meine, daß du mein Leben zerstört hast. Schon vor meiner Geburt, da du mich trugst, schontest du mich nicht, rittest in Krieg und zu Belagerungen. Weshalb? Wegen eines elenden Dorfes oder einer törichten Stadt! Diese Stadt mehr oder weniger hat meine Lungen zerstört, liebe Mutter. Wärest du lieber im Bett geblieben alle neun Monate! Ich lebte so gerne! Ich liebe das Leben mit Margot. Sie wird ein Kind von mir haben. Ich hätte so gerne mein Kind noch gesehen, Mutter, mein erstes, mein einziges Kind. Schlecht hast du mich ausgerüstet, Mutter. Dafür aber bist du sehr berühmt und hinterlässest deinen Erben viele Reiche. Ich danke schön, liebe Mutter. Meinem Vater empfehle ich meine liebe Frau, und dir mein Kind; hüte es besser, Mutter. Ach, ich liebte Margot mehr als mein Leben. Zerstöre meinem Kinde wenigstens nicht das Leben. Laß dieses Kind sein eigenes Leben führen. Deine Kinder haben alle ihr Leben gewollt! Umsonst! Ihr eigenes Leben, Mutter!«

Isabella flüsterte mit leichenhaft blutlosen Lippen, ihr war, als sterbe sie: »Johann, mein Kind, bete, mein Engel. Bete zu Gott, daß du wieder gesund wirst!«

»Ich will nicht beten«, sagte lächelnd Johann. »Ich glaube nicht an Gott. Keines deiner Kinder glaubt an Gott, liebe Mutter. Weder Elisabeth noch Johanna noch die kleine Katharina, sie alle sind Ketzer. Nur Maria glaubt vielleicht? Aber sie ist dick und dumm. Und sie ist so gesund! Vielleicht, liebe Mutter, können nur Gesunde an deinen Gott glauben?«

Entsetzt erhob sich Isabella, sie zitterte an Händen und Füßen, sie verließ das Zimmer und sandte dringende Boten zu Torquemada, dem heiligen Greis. Auf seinem Maultier ritt der Fünfundsiebenzigjährige eilig nach Salamanka. Vor der Türe zum Krankenzimmer Johanns lag Isabella, und kniete auf der Schwelle und umfaßte die Knie des Greises und schrie unter Stößen der Tränen und Schmerzen: »Hilf, Vater! Er stirbt! Mein Engel, mein alles! Bete, Vater. Bete mit ihm. Er ... glaubt ... nicht, Vater. Er glaubt nicht an Gott. Hilf, heiliger Mann!«

Die Königin lag am Boden und klammerte sich an die nackten Füße des Greises und küßte sie inbrünstig. Der Greis schickte alle aus dem Krankenzimmer, die Ärzte, den bleichen König Ferdinand, die schluchzende Margot, und versperrte das Zimmer. Er blieb den halben Tag allein mit dem sterbenden Jüngling. Da er die Türe aufschloß und herauskam, lag die Königin noch auf der Schwelle. »Habt Ihr geholfen, Heiliger Vater? Wie geht es ...«

»Betet für seine Seele!«

Da schrie Isabella und erhob sich taumelnd und schlug mit der Faust die Brust des Alten: »Warum rieft Ihr mich nicht? Daß ich ihn küßte und mit meinen Lippen sein Leben hielte? Du hast ihn gemordet! Warum?«

»Der Infant wünschte, allein zu sterben. Er schied im Frieden mit Gott.«

»Du lügst!« schrie die Königin und fiel um. Indes man sie zu Bett brachte, ging mit seinen steifen Greisenschritten, auf klatschenden, nackten Sohlen, der schreckliche Torquemada fort. Er starb sieben Tage danach, in der Zelle seines Klosters, da er sich geißelte und betete, auf den Knien starb er.

Die Prinzessin Margarete gebar drei Monate darauf ein totes

Kind. Ferdinand sagte bitter zu Margot: »Dein Sohn hat viel verschmäht. Ich wollte ein halbes Weltreich ihm hinterlassen.«
Margot schwieg. Bald reiste sie nach Hause zu ihrem Vater, dem Kaiser. Nun war Elisabeth die Erbin von Spanien. Sie war schwanger. König Emanuel und Elisabeth kamen aus Lissabon. Die Cortes von Kastilien huldigten der Königin von Portugal, der Erbin Kastiliens. Sie fuhren nach Saragossa. Elisabeth sah schön unnd blaß aus. Sie lächelte und war gut zu ihrer Mutter.
»Ist die Reise dir zu mühselig?« fragte Isabella ängstlich ihre Tochter.
»Was liegt daran«, erwiderte ruhig lächelnd Elisabeth. »So oder so, die Stunde ist da.«
»Welche Stunde?« fragte grausend Isabella und wußte schon, was ihre Tochter meinte.
In Saragossa weigerten sich die Cortes von Aragon. »Wir Aragonesen lassen uns nicht von Weibern regieren. Wenn Eure Tochter einen Sohn gebärt – ihm wollen wir schwören.«
Elisabeth gebar einen Sohn und starb die Stunde darauf, in den Armen ihres weinenden Emanuel. Isabellas Haare ergrauten in einer Nacht. Ihr Enkel erhielt den Namen Miguel in der Taufe. Der König von Portugal, Emanuel, weinte wie ein Kind und freite um Maria, die dritte Infantin. Die Hochzeit ward in der Stille gefeiert. Sechs Monate darauf starb Miguel. Isabella hatte ihn mehr geliebt als all ihre Kinder. Kastilien und Aragon hatten dem kleinen Miguel geschworen. Er war Erbe von Spanien und Portugal, vom Königreich Neapel und beiden Sizilien und beiden Indien, er hatte die schönsten Aussichten und starb. Die Königin Isabella fiel in ein hitziges Nervenfieber. Sie redete irre und tobte. Sechs Frauen mußten sie halten, daß sie sich nicht zum Fenster herabstürze. »Die Juden haben mich verflucht!« schrie sie. Sie rief Gott an. »Schlage mich!« Sie genas.
Ihre Tochter Johanna hatte einen Sohn geboren, Karl. Isabella prophezeite: »Dieser Don Carlos wird Kaiser der Welt sein!«

Sie lud ihre Tochter Johanna und den schönen Philipp nach Spanien. ›Kommt, Ihr seid die Erben, bringt Euren Sohn Carlos, wir wollen ihn krönen!‹

Isabella hatte nur noch die jüngste Tochter bei sich, die kleine Katharina, die Braut des Prinzen Arthur von Wales. König Heinrich der Siebente von England trat in die Liga gegen Frankreich ein und bat und forderte: »Schickt uns die Braut. England wartet auf Eure Catherine! So schickt sie!« Isabella zögerte. Sie küßte das kleine Mädchen den ganzen Tag. »Du bist mir geblieben. Ich muß dich wahren.«

Schließlich schrieb der spanische Gesandte zu London, der Dr. Puebla: ›Schickt Ihr die Infantin jetzt nicht, so ist es aus mit dem Bund.‹

Da gab endlich die Königin ihre Tochter her. Sie erhielt zweihunderttausend Dukaten als Mitgift, vom Gold der vertriebenen Juden und Mohren. Damals hing Heinrich der Siebente von England den falschen Prätendenten Parkin Warbek auf, und Ferdinand schrieb dem König seitdem nicht mehr ›Lieber Vetter‹, sondern ›Lieber Bruder.‹ Katharina kam mit eintausendeinhundertfünfzig Spaniern nach England, darunter den schönsten Hoffräuleins Spaniens, auf ausdrücklichen Wunsch des Königs Heinrich des Siebenten. Katharina war am 22. April von Granada abgereist und war am 2. Oktober in Portsmouth. Am 14. November ward sie getraut, zu St. Paul in London, sechs Monate darauf starb Arthur, Prinz von Wales. König Heinrich ließ die junge Witwe darben, warb aber um sie so heftig, als wollte er sie heiraten. Katharina erklärte, Prinz Arthur habe seine Ehe nicht konsumiert, und heiratete Heinrich, den neuen Prinzen von Wales, sie kränkelte in den Londoner Nebeln und schrieb verzweifelte Briefe an ihre Mutter nach Spanien.

Damals kam der spanische Gesandte beim Vatikan, Don Garcilaso de la Vega, und berichtete sein Gespräch mit dem Heiligen

Vater, dem Papst Alexander dem Sechsten. Die spanischen Könige hatten dem Papst einen scharfen Brief geschrieben, weil der Heilige Vater mit Ludwig dem Zwölften von Frankreich verhandelte, der Mailand erobert und Sforza gefangen hatte und sich Herzog von Mailand und König von Neapel nannte, und daran ging, Neapel zu erobern. Garcilaso hatte den Brief der Monarchen dem Papst Alexander vorgelesen. Sie schrieben: »Hütet Euch, Alexander! Eure Sitten sind abscheulich. Eure Wahl ist nicht kanonisch. Ihr habt den Kardinal Gherardo bestochen, er war fünfundneunzig Jahre alt und schwachsinnig.«

»Schweigt!« schrie Alexander und riß dem Abgesandten das Blatt aus den Händen, um es zu zerreißen. Garcilaso entriß es ihm wieder, das Handgemenge war nur klein. Alexander schöpfte neuen Atem und bemerkte trocken: »Ich sitze auf Petri Stuhl nicht illegal, wie deine Könige auf Kastiliens Thron, mit schlechtem Gewissen, als Usurpatoren!«

»Ihr stehlt die Kirchengüter!« schrie Spanien.

»Ich hatte die Absicht«, erwiderte Rom, »Benevent meinem jüngern Sohn, dem Herzog von Gandia zu geben. Dein König Ferdinand aber hält zu Unrecht Sizilien, ein Erbteil der Päpste!«

»Der Tod deines Sohnes«, schrie Spanien, »ist Gottes gerechte Strafe für deine Sünden, Papst Alexander!«

»Gott schlug deine Könige härter«, brüllte Rom, »er schlug Isabella für ihre Sünden wider die Kirche mit eisernem Hammer! Dich aber, frecher Garcilaso, lasse ich in den Tiber werfen!«

So hatte der Heilige Vater geschrien und versöhnte sich bald und weihte Frankreichs und Spaniens Vertrag über die Teilung Neapels. Ohne Recht und Gesetz setzten beide Mächte den König Friedrich von Neapel ab, den Vetter Ferdinands, und Gonzalo eroberte zuerst die spanische Hälfte Neapels, danach wandte er sich gegen die Franzosen, trieb sie aus Italien und zog zu Neapel im Triumphe ein, der große Feldherr.

Das Königreich Neapel huldigte dem König Ferdinand von Aragon, er war in sieben Jahren der achte König Neapels.

Da Isabella von Garcilaso hörte, daß der Papst von Gottes Strafe sprach, weinte sie mit einem Male laut und schrie: »Gott! Bin ich schuldig? Ich bin geschlagen. Endige! Ich bin besiegt. Da ich jung war, sagte ich: Ich bin Sein Anwalt. Mit mir stirbt die Weisheit. Herr, es geht ohne mich. Ich habe ein Herz und bin nur gering. Der Verstörer Hütten haben die Fülle. Ruhe haben, die wider Gott toben, die ihren Gott in der Faust führen. Schlage mich nicht mehr, ich zerbreche.«

Und Gott schlug sie. In Toledo empfingen die Könige und der Kardinal Ximenes den schönen Philipp und seine junge Frau. Mutter und Tochter fielen sich in die Arme, lachend und weinend. »Liebste Mutter!« rief Johanna und küßte zärtlich die fahlen Wangen und grauen Haare der Mutter und fühlte eine ängstliche Rührung. Wie schmal war die Mutter, wie schwach, wie abgezehrt, ihre Lippen glühten fieberisch, ihre königlichen Augen blickten so matt, ein glückliches Lächeln milderte jetzt die Kummerfalten um ihren Mund. Isabella sah ihre Tochter, die war wieder gesegnet, im siebenten Monat. »Mein süßes Kind«, stammelte Isabella, und umarmte kraftlos und zugleich zehrend ihre Tochter, »wie glücklich bin ich!«

Isabella suchte die Gegenwart ihrer Tochter und saß viele Stunden an der Wiege ihres Enkels Don Carlos. Die Cortes von Kastilien, die Cortes von Aragon huldigten der Erbin beider Spanien, der Erzherzogin Johanna und ihrem Sohn Don Carlos. »Er wird König beider Spanien sein«, prophezeite Isabella, »und Karl der Erste heißen.«

»Mehr«, bemerkte Johanna stolz, »er wird Kaiser vom Heiligen Römischen Reich Deutscher Nation sein und Kaiser Karl heißen.«

»Der wievielte?« fragte Isabella.

Johanna war verwirrt und wußte es nicht. Man mußte den

Blonden fragen, den Schönen. Der Jüngling lachte und gestand, er wisse es nicht genau, der Fünfte, glaube er, aber vielleicht der Sechste?

»Also Kaiser Karl der Fünfte«, entschied Isabella. »Ein Spanier!« fügte sie in nationalem Stolze bei.

»Ein Habsburger«, stieß plötzlich böse die Erzherzogin Johanna hervor und nahm ihrer Mutter das Knäblein fort, »ein Habsburger!« wiederholte sie herausfordernd. »Siehst du nicht die Unterlippe?«

Isabella lächelte zerstreut.

Ihr Lächeln ist herzzerreißend, dachte Johanna und spürte mit einemmal eine rasende Lust, die Mutter zu schlagen, das Tier! Das böse Tier! Sie begann zu keuchen.

»Was hast du?« fragte Isabella erschrocken.

»Hinaus!« schrie Johanna. Ihr Gesicht war merkwürdig verzogen.

Isabella entsetzte sich und ging. »Sie ist toll!« flüsterte die Königin Isabella und bedeckte mit der Hand ihren Mund. »Meine Tochter Johanna ist toll.«

Am Abend erklärte der Herzog Philipp, er habe Geschäfte in Flandern, er müsse Spanien verlassen. Seine Schwiegereltern baten bestürzt, er möge in Spanien noch bleiben, bis Johanna niedergekommen sei, in ihrem Zustande könne sie nicht die weite Reise machen. Wenn er allein fahre, würden Kummer und Sehnsucht ihr schaden.

Philipp, einige zwanzig Jahre alt, lustig, sinnlich und träge, haßte die Spanier, ihre Grandezza, ihren schweren Ernst, ihre Prahlereien, ihre schwarzhaarigen und zugesperrten Mädchen. Seine Freunde, die Flamen, flüsterten ihm ein: Wir ersticken in Spanien. Philipp freute sich schon auf Paris und auf Holland. »Ich muß reisen«, sagte er, »die Geschäfte.«

»Große Geschäfte?« fragte Ferdinand.

Philipp schwieg störrisch.

Isabella bat: »Bleibt noch in Spanien. Ihr sollt es regieren, lernt das Volk kennen; es ist ein gutes, großes, stolzes Volk; der Spanier liebt seine Könige.« Philipp reiste. Er fuhr, trotz des Kriegs zwischen Spanien und Frankreich, über Paris, er bewunderte den König Ludwig und liebte die Pariserinnen. Je näher er und die Flamen ihrem Holland kamen, um so lauter lachten sie. Philipp umarmte täglich seine Freunde und schrie: »Die Spanier leben nicht, langweilige Tote; nachts wechseln sie Liebesworte mit der Madonna; ein Kirchhof ist Spanien mit blutigen Balkonen und Lautengeklimper; Gespenster aus dem vorigen Jahrhundert! Ich liebe mein Holland, das Land der Blumen, der Freiheit und der verliebten Blondinen. Holland, der Garten Europas, der Tempel der Musen, der Sitz des Geistes, das freiste Land in Europa! Ach, meine guten Niederländer, euch lieb' ich!«

Johanna war von Tag und Stunde an, da Philipp fortfuhr, abwechselnd toll und melancholisch; sie saß Tag und Nacht auf ihrem Bett, im vollen Hofstaat, eine kostbare Perlschnur um den Hals, und starrte zu Boden und begann manchmal zu schelten, auf spanisch, worein sie flämische Gassenworte mischte, bald schalt sie: »Du wasserblonde Katje (oder Antje, oder Mintje), ich schneide dir die Haare ab, ich reiße dir die Augen aus; äugle nur; Philipp ist mein; er ist mein, o Felipe hermose, o schöner Philipp; er ist fern, fern, fern. Ich liebe dich. Hörst du. So komm! So komm!«

Sie rührte weder Speise noch Trank an, wusch sich nicht, schnitt ihre Nägel nicht, kämmte ihr Haar nicht, und sah bald noch häßlicher als gewöhnlich aus, einer tollen Äffin gleich. Endlich gebar sie ihren zweiten Sohn, zu Alcala de Henarez, wo der Kardinal Ximenes den Palast Mendozas erworben und mit den fürstlichen Einkünften seines Erzbistums Toledo eine glänzende Universität errichtet hatte; Alcala wetteiferte mit dem ›Athen Spaniens‹, mit dem gelehrten und tollen Salamanka.

Man taufte den Neugeborenen nach dem Großvater Ferdinand. Die Ärzte hofften, die Geburt werde das Gemüt der jungen Mutter aufhellen. Johanna ward noch trüber, sie schrie: »So laßt mich zu ihm, laßt mich nach Flandern, zu meinem blonden Abgott!«

Da Philipp im November, nach einem Jahr, ihr schrieb: »Warum kommst Du nicht nach Flandern? Hier ist es lustig, wir tanzen und hören viel Musik!« beschloß sie ihre Reise, und da Isabella zärtlich sie bat, bis zum Frühjahr zu warten, da mit Frankreich Krieg sei und die See stürmte, verließ Johanna eines Abends ihr Gemach im Schlosse zu Medina del Campo, im Hemd und allein und barfuß, und brach nach Flandern auf, mit einem Windlicht und einer großen Dogge, ihrem Lieblingshund. Ein Diener sah sie durch den Regen und Sturm im Hofe tappen und sprach sie an, ihr Gefolge kam dazu und bat und kniete. Mit schmerzlich starrem Antlitz sah Johanna an ihnen allen vorbei und hob das Windlicht, als wollte sie die schwarze Sturmnacht erhellen, der Regen durchnäßte ihr Hemd und ihr Haar, sie aber tappte weiter. Endlich kam der Bischof von Burgos, der schon zu Bett gelegen, und gab den Befehl, die Burgtore zu verschließen und die Brücke aufzuziehen. Die Erzherzogin schlug leise stöhnend mit den geballten Fäusten an die schweren Tore: »Macht auf! Macht auf! Ich bitt euch. Ich muß nach Flandern! Zu meinem blonden Abgott! Macht endlich auf! Cid!« rief sie ihre Dogge! »Pack sie! Zerreiße sie! Ich lasse euch hängen! Vierteilen, so ihr nicht öffnet! Ich siede euch in Öl, ich verbrenne euch. Ich denunziere euch als Juden! Öffnet!« So schrie und tobte sie und blieb bis zum Morgen und schlug um sich und warf den Mantel, den ihre Leute ihr umlegten, zu Boden und fror in ihrem kurzen Hemdchen, bis die Sterne zerrannen im blassen Licht des Morgens und der Hahn krähte.

Da der Bischof einen Reiter nach Segovia sandte, schickte Isabella, die krank zu Bett lag, den Admiral Henriquez und den Kardinal Ximenes zu Johanna, und folgte in einem Reisewagen. Ximenes und Henriquez erreichten nur, daß die Erzherzogin, mit Dogge und Windlicht, für eine Stunde am Morgen sich in eine elende Gesindeküche in der Nähe begab. Danach ging sie wieder zum Tor, mit einem neuen Windlicht, als wollte sie dem Tage leuchten. Sie schlug ans Tor und winselte, und ihre Dogge heulte. Endlich kam Isabella und umarmte ihre unglückliche Tochter. »Wohin willst du?« fragte sie.

»Nach Flandern, Mutter. Philipp wartet. Lies den Brief!«

»Komm«, sagte Isabella, »gib ihn mir!«

»Geh«, sagte Johanna, »in meinem Bett, unterm Kissen liegt er. Geschwind! Geschwind! Ich muß fort! Das Schiff wartet schon. Er friert.«

»Wer?«

»Mein blonder Abgott! Er steht am Pier zu Brügge, im Wind und wartet. Mich friert.«

»So komm zu Bett.«

»Ich darf nicht, Mutter. Er schilt. Siehst du ihn? Er hat ein leichtes Herz. Er küßt alle Blonden, Mutter. Ich reiße ihm die Haare aus!«

»Komm, gib mir seinen Brief«, bat Isabella.

Gespannt lauschten außen die Bauern und die Bürger der Stadt Medina del Campo, die der Lärm, den der Auftritt machte, vors Tor gelockt hatte, und lauschten innen im Burghof die Ritter und Höflinge und Diener.

Johanna näherte sich mit einem listigen Ausdruck ihrer Mutter und sagte: »Wenn du mich jetzt nicht sogleich gehen läßt, sag' ich dem Volk die Wahrheit!«

»Johanna«, bat die Königin, »komm zu Bett. Ich sterbe im Frost. Ich bin krank.«

Johanna trat einen Schritt zurück und schrie hallend: »Du bist altmodisch. Du willst ewig leben! Genug Unheil! Genug Verbrechen! Genug Mord! Schau deine Hände an, sie sind blutig! Verdeck sie, Mörderin! Büße! Geh ins Kloster wie deine Mutter, die Tolle. Von wem hab' ich's? Stirb also! Mach endlich Schluß! Denn du bist eine Usurpatorin! Der Heilige Vater zu Rom sagt es. Du schadest nur! Wir, deine Kinder, wir sind erst für die Krone geboren! Weißt du nicht, daß ich morgen die Königin von Spanien bin?«

Endlich gelang es Isabella, durch eine List ihre Tochter ins Bett zu bringen. Da Johanna merkte, sie sei eingesperrt, tobte sie wie eine Löwin. Seit damals hieß sie beim Volk ›Juana la loca‹, Johanna die Verrückte.

Im Frühling, da ihr Zustand sich besserte, brachte man sie zu Schiff nach Holland. Philipp verliebte sich in eine Freundin Johannas, eine schwarzhaarige Sevillanerin namens Flores, und küßte und umarmte sie. Eines Abends, auf einem Ball im Rathaus zu Gent, packte Johanna die schöne Flores bei ihren üppigen, schwarzen Locken und schnitt sie der Schönen mit einer silbernen Schere ab, sie schnitt Flores kahl wie eine Ratte. »Liebt er dich so, der blonde Gott?« fragte sie höhnisch ihr schreiendes Opfer.

Philipp kam herzu und nannte die Erbin beider Spanien eine tolle Äffin und verweigerte künftig jeden Verkehr mit ihr.

Da die Briefe aus Flandern kamen, erkrankten Ferdinand und Isabella, beide, am Kummer und Fieber. Isabella zitterte nicht um ihr Leben, nur um das Leben Ferdinands. Sie lagen entfernt voneinander, jeder in einem anderen Flügel des Schlosses. Isabella glaubte den Berichten der Ärzte nicht.

»Lebt er noch? Lügt ihr nicht? Verschweigt mir nichts!« Sie sah so abgezehrt und blaß aus, und die Ärzte sprachen so trübe, daß Abgesandte der Cortes von Kastilien kamen und vor dem Bett der Königin knieten und baten, sie solle Anordnungen für den Fall ihres Todes treffen, da die Erbin beider Spanien doch toll und deren Mann ein Habsburger sei und morgen vielleicht der Deutsche Kaiser. »Wir wollen keinen Deutschen in Spanien. Wir wollen keinen Habsburger. Il Felipe hermose bringt Flamen, uns zu regieren!«

Isabella erklärte herzlich: »Ich danke meinen treuen Cortes von Kastilien. Ich werde mein Testament machen und Anordnungen treffen für den Fall meines Todes.«

Da die Königin die schnöden Worte der Cortes so liebreich wiederholte, begannen die alten Männer zu weinen. Ihre Bärte bebten. Isabella tröstete sie liebreich. »Ihr, meine guten Bürger«, sagte sie, »ihr, meine tapferen Ritter; ihr, meine holden Gottesstreiter. Ja, ihr seid die Leute, mit euch wird die Treue sterben. Neue Zeiten kommen, prophezeie ich, eine neue Welt; was aber die wissen werden, wußten wir auch. Wir taten große Dinge. Nie liefen wir der Wonne der Menschen nach, Lautenspiel und Gesang. Wir haben groß gebaut; und nie sagten wir zur Wollust: Schwester, und zum Lachen: Bruder. Unsere Enkel werden weiterkommen, und zuletzt werden die Besten sagen: Ja, bei den Großvätern ist Weisheit und der Verstand bei den Alten gewesen. Aber vielleicht vergessen sie uns wie den Wind vom vorigen Jahr. Denn man gedenkt des Weisen nicht immerdar, ebensowenig als des Narren, und die künftigen Tage vergessen alles. Und wie der Narr stirbt, also auch der Weise!«

Damit entließ die Königin die betrübten Cortes. Ferdinand ward wieder gesund und besuchte sie. Auch Isabella stand vom Bette auf und wankte wie ein Schatten im Schlosse zu Medina del Campo umher.

Dort sah Isabella ihren Admiral Kolumbus zum letztenmal. Er hatte Trinidad entdeckt und die Terra Firma, den Kontinent Amerika. Ihn hielt er für eine kleine Insel und hieß ihn Isla Santa. Da er krank war, sah er Amerika nur von der Brücke eines Schiffes. Seine Matrosen traten die Erde Amerikas. In

Hispaniola hatte sich eine Partei gegen ihn erhoben. Die politische Geschichte Amerikas beginnt mit der Revolution gegen ein Genie. An der Spitze der Revolutionäre stand ein Matrose namens Roldan. Der Admiral und der Matrose schrieben den Königen. Wenn König Ferdinand ausritt, umringten ihn oft Scharen zerlumpter Rückkehrer aus der Neuen Welt und forderten laut die Zahlung der Rückstände und hießen Kolumbus einen Betrüger. Sie schrien: »Hat er darum so viele tapfere Hidalgos hinweggeführt, daß sie ihr Grab suchen gingen im Reiche der Eitelkeit und des Betruges, das er entdeckt hat?«

Da kam der Brief Roldans, eines Parteiführers. Die Könige kannten diesen Roldan nicht und schickten, seinen Vorschlägen gemäß, einen Richter mit höchster Vollmacht, den Franz Bobadilla, einen Herrn vom Lande, einen armen Ritter von Calatrava, der fuhr und auftrat und Häscher gegen Kolumbus schickte, die Ketten mit sich führten.

Da sie vor Kolumbus kamen und er sie ansah, traten sie zurück. Sein Koch, namens Espinosa, legte ihm die Fesseln an. Man warf ihn in einen Turm, in Ketten, bei Wasser und Brot. Bobadilla schrieb den Königen: »Der Christoph Kolumbus wollte mit Hilfe von Indianern und Menschenfressern sich zum König der Neuen Welt machen. Er trieb Sklavenhandel und hat Perlen gestohlen.«

Als Villejo mit der Wache kam, fand er ihn in finsterer Laune. Kolumbus glaubte, man führe ihn aufs Schafott, und dachte an seinen Ruhm, und er zitterte. »Villejo«, fragte er den Offizier, »wohin führt Ihr mich?«

»Auf das Schiff, Señor, wo wir uns einschiffen.«

»Uns einschiffen«, wiederholte der Admiral wie träumend. »Villejo, sagt Ihr mir die Wahrheit?«

Man brachte ihn, mitten durch Flüche und Geschrei des Volkes wie einen Mörder gefesselt, an Bord, wo man ihm die Fesseln belassen sollte, auf Befehl Bobadillas; vielleicht aus Furcht,

Kolumbus möchte, durch einen Zufall begünstigt, nach der Insel Hispaniola zurückschwimmen? Auf hoher See wollte der Kapitän die Fesseln aufschließen. Kolumbus weigerte sich. Der Kapitän erklärte: »Zu den Zeiten von Rom und Hellas hätte man diesem Statuen errichtet, Tempel erbaut und göttliche Ehren erwiesen.«

In Ketten führten sie ihn durch Cadix, in Ketten durch Sevilla, in Ketten durch Toledo, Madrid, Madrigal und Medina del Campo. Das Volk stand auf den Straßen und schrie: »Kolumbus in Ketten! O Undank der Könige!«

Mit den Ketten rasselnd trat er vor die Könige. Man nahm sie ihm ab. Die Ketten klirrten. Isabella betrachtete den großen Greis, den gichtischen Rücken, die gebleichten Haare, das zerfurchte Gesicht, die erhabene Haltung, die edlen Gebärden. Kolumbus blickte vom König zur Königin, von Isabella zu Ferdinand, auf die Gesichter des Hofes, er suchte und fand kein menschliches Antlitz. Er begann, von seinen Feinden zu reden. Er sprach bitter von seinen Verdiensten. »Ich habe das arme Spanien bereichert. Ich verschenkte eine Neue Welt an Kastilien. Die Könige haben unterschrieben und gesiegelt. In Ketten führten sie mich durch Spanien. Ich fordere strenge Bestrafung der Schuldigen! Bestätigung meiner Verträge! Mein Recht! Mich klagt man an, ich hätte Perlen gestohlen, mich, den Kolumbus. Die Verleumdungen verächtlicher Menschen haben mir mehr geschadet, als alle meine Dienste mir genützt haben. Eine Welt ist mein Denkmal. Spanische Ketten sind mein Lohn. Mein Richter wollte mein Amt. In mein Zimmer hänge ich diese Ketten und nehme sie in mein Grab mit.«

Ferdinand hatte Lust, den frechen Ausländer auszuweisen. Seiner Gewohnheit gemäß forschte er im Antlitz der Königin.

Sie fühlte Mitleid mit dem gichtischen Greis, dem erhabenen, lächerlichen! Schon begann Kolumbus die alte Rede, Gold und Taufe, Mangi, Zipango, das Heilige Grab und Sklavenhandel, die Menschenfresser und Papageien, die alten Märchen, das heroische Eiapopeia. Sind alle großen Männer toll? dachte schaudernd Isabella. War ich es auch? Ist Tollheit Größe? Ist Größe Tollheit? Armer, alter Mann!

Sie erklärte laut: »Wir bestätigen Euern Vertrag Punkt für Punkt. Wir entsenden als Gouverneur nach Hispaniola den Nikolaus Ovando, einen Ritter von Alcantara, um Euretwillen. Ihr wäret dort Eures Lebens nicht mehr sicher. Wir bleiben gewogen.«

Kolumbus wollte erwidern: Ich habe Euch alles gegeben. Nun braucht Ihr mich nicht mehr. Er schwieg und dachte: Das ist nicht Isabella, man hat sie vertauscht, eine falsche Königin, ohne Dank, ohne Größe, eine tückische Greisin! Sie haben meinen Vertrag zerrissen, Diebe! Eidbrüchige! Er warf einen letzten Blick auf Isabella und dachte: Eine Tote, und ihm grauste. Er ging mit Grandezza. Isabella sah auf den gichtischen Greis und dachte: Ein Narr! und ihr grauste.

Die Könige gaben dem armen Ritter Nikolaus Ovando zweiunddreißig große Karavellen und zweitausendfünfhundert Mann, darunter Söhne aus besten kastilischen Häusern. Niemals war eine so große spanische Armada nach Westen gefahren. Kolumbus veröffentlichte ein Buch mit Prophezeiungen. Er verkündete für das Jahr 1655 den sicheren Weltuntergang. Er riet, alle Entdeckungsreisen zu beschleunigen, um rasch noch die Seelen der Heiden zu retten. Er verriet, ihn habe Gott dazu erwählt. Er schrieb demütige Bettelbriefe an beide Könige, an Leute vom Hofe, an die alte Amme des toten Infanten Johann. Die Gicht verbog ihm die Finger und Füße, er konnte nicht mehr schreiben, noch zu Pferde sitzen. Auf dem Maultier zu reiten, war bei Strafe des Todes verboten. Sein Gold unterschlug die Regierung. Sein Richter Bobadilla wuchs von Tag zu Tag in der Gunst der Könige. Kolumbus lebte in Mangel und von Schulden. Er diktierte Klagebriefe. Die

Könige vergaßen den Fremden ohne Rang, ohne Geld. Zuletzt, seiner steten Petitionen müde, gaben sie ihm vier kleine Fluß-kähne, verrottet und zwanzig Tonnen der größte, lebensge-fährlich für Fahrten auf dem Tajo oder Guadalquivir.

Kolumbus, alt und gebrechlich, sagte: »Was ich prophezeite, habe ich alles erwiesen: Land im Westen. Ich habe das Tor ge-öffnet. Andere mögen einziehen. Sie tun es schon und heißen sich die Entdecker. Meinen Spuren folgen sie.«

Er reiste ab, litt vor Jamaika Schiffbruch, kehrte nach Spanien zurück und starb. König Ferdinand hatte ihn stets unfreundlich behandelt. Sechs Jahre nach des Kolumbus Tod stellte er auf die Leiche einen Riesenstein und ließ eingraben:

A Castillo y a Leon,
Nuevo mundo dió Colon.

Die Neue Welt schenkte Colon
An Kastilien und Leon.

Die Königin Isabella starb an einem Mittwoch, kurz vor zwölf Uhr mittags, am 26. November 1504. Sie war vierundfünfzig Jahre alt. Dreißig Jahre lang trug sie die Krone. Als sie die letzte Ölung empfing, wollte sie ihre Füße nicht entblößen las-sen. So keusch war sie. Als sie ihre Höflinge um ihr Bett ver-sammelt sah und die Geistlichen, die Chronisten, die Ritter, die Pagen weinten, winkte sie mit dem Finger und befahl: Lächeln! Sie bat, man solle ihre Kinder rufen. Mehrmals verlangte sie nach Don Johann und machte ihm zärtliche Vorwürfe, daß er sie verlassen habe. »Dich habe ich geliebt«, sagte sie. Sie suchte auf ihrer Bettdecke nach ihrem Sohn. »Wo bist du, Johann?« fragte sie ängstlich. Keine ihrer Töchter war bei ihr. Maria saß in Lissabon. Sie war jedes Jahr schwanger und gebar Kind um Kind. Katharina von Aragon weinte in London; der Nebel drückte; ihr Schwiegervater, König Heinrich der Siebente, stellte ihr nach; ihr Gatte Heinrich, künftig der Achte, betrog und höhnte sie. Johanna heulte in Flandern, verliebt und verrückt. Ihre Söhne Karl und Ferdinand fürchteten sich vor der Mutter.

In den Gräbern moderten schon Elisabeth und ihr Sohn Miguel, Don Johann und sein totgeborener Sohn. Johanns Witwe Margot hatte neu geheiratet und war wieder Witwe. Alle waren fern, fern war Ferdinand. Indes schon der Todesschweiß ihr Gesicht bedeckte, und ihr Bauch, von der Wassersucht emporgetrieben, wie ein Berg im Erdboden schwankte, fragte die Königin: »Ist Ferdinand gekommen?«

»Noch nicht«, erwiderte Kardinal Ximenes, der neue Großinquisitor von Spanien.

Ferdinand grollte seiner sterbenden Frau. Vor drei Tagen hatte er sie aufgefordert, ihr Testament zu machen, noch ehe sie sterbe. »Johanna ist toll!« schrie er, »worauf wartest du? Wer soll Kastilien regieren?«

»Du?« fragte spöttisch seine Frau. Da ritt Ferdinand nach Salamanka und schwor, er kehre nicht um, ehe nicht Isabella ihr Testament geschrieben habe.

Am letzten Tage fühlte Isabella ihr Ende und schickte nach Salamanka. »Ich sterbe. Denke an unsere Liebe!«

»Das Testament«, ließ Ferdinand erwidern. »Ich will Kastilien endlich regieren!«

Isabella fragte: »Ist er gekommen?«

Niemand antwortete. »Durst!« flüsterte sie. »Solcher Durst! Schlage mich nicht. Ich kann nicht mehr. Dein Hammer erschlägt mich. Ich habe meine Seele gerettet. Animam meam salvavi. Ich bin nicht gekommen, die Welt zu erlösen. Wer vermöchte es? Wer hält die Waage? Wer stellt das Gewicht? Was ist der Preis? Ist Ferdinand da?« fragte sie. »Will er nicht kommen? Wie? Das Testament? Herr! Nun hast Du mich ganz zu Dir heraufgehoben. Willst Du mich ganz zerschlagen, mit tausend Hämmern? Ich bin nur ein Mensch. Schlage mich! Triff gut! Du triffst die Königin beider Spanien. Du siehst mein Werk. Ist es ungenügend, Herr? Bist Du noch nicht zufrieden? Hast Du mein Werk verworfen? Hast Du Spanien verworfen? So schlage mich! Verschone Spanien!«

»Denke an das Heil deiner Seele«, bat der Großinquisitor Ximenes.

Isabella winkte ihm mit den Augen. Ihre Hände und Arme waren aufgequollen, stinkendes Wasser floß aus den offenen Blasen. Sie winkte dem greisen Ximenes. »Bist du Ferdinand?« fragte sie ihn. Bis zuletzt behielt ihre Stimme den tiefen, vollen Klang. »Du bist Ferdinand. Wie jung du bist. Wie schön. Ach, er ist zwanzig. Ese es! Ferdinand!« schrie sie plötzlich mit einer grellen Kinderstimme, wie im höchsten Entsetzen. Dann sagte sie wieder mit klarer und tiefer Stimme: »Und er ist doch kleiner als ich.«

Drei Stunden nach ihrem Tode fand man das Testament. Die Unterschrift der Königin war ganz unleserlich. Sie mußte es wohl am letzten oder vorletzten Tage unterschrieben haben? Es entsprach durchaus und sehr genau den Wünschen Ferdinands. Er hätte es selber nicht günstiger schreiben können. Die einen folgerten, Isabella habe ihn bis zuletzt sehr geliebt; die andern, Ferdinand habe das nachgelassene Testament gefälscht. Sie verwiesen auf die Hochzeitsbulle, die er vor dreißig Jahren schon gefälscht hatte. Das Testament bestimmte den König Ferdinand von Aragon zum alleinigen Regenten von Kastilien, bis zur Volljährigkeit seines Enkels Karl, im Falle der Abwesenheit oder Unfähigkeit der Tollen.

Am Tage nach Isabellas Tode trugen Ritter und Geistliche den Sarg von Medina del Campo nach Granada. Sie zogen durch Arevalo, Toledo und Jaen. Ein Sturm machte sich auf und schrie von Medina del Campo bis Granada, zweiundzwanzig Tage und Nächte. Er hob die Brücken und entwurzelte Bäume und brach Wälder; er zertrampelte Häuser und peitschte die Flüsse über alle Ufer, daß sie die Ebenen überschwemmten und die Straßen in den Fluten ertranken. Die Sonne schien nicht mehr, die Sterne glänzten nicht, zweiundzwanzig Tage lang. Die Gießbäche schwemmten Pferde und Maulesel hinweg. Viele Mönche und Ritter ertranken in den Fluten. Am 18. Dezember 1504 wurde Isabella im Franziskanerkloster der Alhambra zu Granada begraben. »Passeavase il rey moro...« Der Sturm schrie, die Bäume ächzten, die Glocken wimmerten, die Mönche sangen feierlich klagend: Miserere! Miserere!

Die Leiche Isabellas war noch nicht kalt, da sich Ferdinand huldigen ließ, als Regent von Kastilien, prompt, wie Isabella nach dem Tode des Königs Heinrich. Ferdinand berief die Cortes. »Bestätigt, daß meine Tochter Johanna toll ist! Schwört mir!« Die Cortes schworen. Das Protokoll sandte der König seiner Tochter nach Flandern. Ferdinand hob zu regieren an. Nun, dachte er, bin ich frei. Nun werde ich die Welt gewinnen.
Der Sohn Pachecos, der Sohn Girons, und Don Juan Manuel, ein Neffe Carillos und spanischer Gesandter bei Kaiser Max, erhoben die Häupter. Die alten Rebellen rebellierten aufs neue. Der Habsburger Erzherzog Philipp schrieb an Ferdinand: »Tritt ab. Deine Zeit ist um. Die Stunde Habsburgs hat geschlagen. Habsburg regiert in Spanien!«
Ferdinand erwiderte hochmütig: »Willst Du ein fremdes Volk regieren? Ein Deutscher soll Spanien befehlen? Komm! Versuche es!«
Indes wuchs die Rebellion der kastilischen Granden. Sie witterten neue Freiheit und Größe. Was Namen hatte, ging unter die Rebellen.
»Habsburg oder Transtamare? Die Freiheit!« schrien die Granden.
Nur Johanna schrieb: »Vater. Du hast recht. O falsches Habs-

burg! Treulose Familie! Sie betrügen alle, lieber Vater!« Philipp von Habsburg setzte seine Frau in Haft. Die Tolle ward toller. Kaiser Max und sein Sohn Philipp boten dem Vizekönig Gonzalo von Cordova die Krone Neapels, wenn er von Ferdinand abfalle. Die Habsburger schlossen einen Geheimbund mit Frankreich. Der Glanz der spanischen Krone verblich.

Da sah Ferdinand, sein Reich drohe zu zerfallen. Neapel, Kastilien, die Neue Welt und Szilien, sollte alles verloren sein? Bin ich nicht mehr Ferdinand? Fürchten sie mich nicht mehr? Habe ich mich verändert? Habe nicht ich Spanien geeinigt? Wer schlug Portugal? Wer plünderte Malaga? Wer stürmte Granada? Wer vertrieb die Juden und Mohren? Wer gewann Neapel? Soll alles nichts sein, nur weil eine Frau starb? Noch bin ich der Löwe. Noch habe ich Krallen und Zähne. Er bot seine Hand der gealterten Nonne Joanna, der Beltraneja, der Tochter Heinrichs. Er ließ ihr sagen: »Du bist die echte Königin von Kastilien. Dich will ich heiraten. Du sollst regieren. Ich helfe Dir zu Deinem Recht. Willst Du mein Weib sein?«

»Nein, Señor!« sagte die Nonne.

Da heiratete König Ferdinand die Nichte Ludwigs von Frankreich, Germaine de Foix, die Enkelin der Elenore de Foix, der Schwester Ferdinands, die einst, um zwanzig Tage Königin von Navarra zu heißen, die eigene Schwester Blanka vergiftete, die erste Frau Heinrichs. Germaine zählte siebzehn, Ferdinand mehr als dreimal soviel Jahre. Er ließ sich in derselben Kirche zu Dueñas trauen, wo er fünfunddreißig Jahre zuvor mit Isabella getraut ward. Die zweite Braut war jünger als damals die erste. Die Hochzeitsfeier Ferdinands folgte dem Begräbnis Isabellas wie Donner dem Blitz. Er heiratete aus Rache gegen Habsburg, aus Verzweiflung, aus Ehrgeiz, und vielleicht auch aus Wollust. Vor allem haßte er die Familie Habsburg. Hab' ich für Habsburg gelebt, für Habsburg meine Seele verkauft und verraten, für Habsburg gelogen, betrogen, gekämpft und gedacht und gehandelt, für Habsburg gemordet? Isabella war verflucht. Ich will Spanien retten. Habsburg wird es verderben. Kann ich ihnen nicht Kastilien entreißen, nicht Granada, nicht Amerika, so will ich meinem künftigen Sohn Aragon geben, Neapel, Sizilien. Habe ich ein Weltreich gewonnen, damit Habsburg es erbe?

Philipp kam mit einer deutschen Armee nach Kastilien. Die kastilischen Granden schickten ihm Truppen. Die kastilischen Städte verschlossen ihre Tore vor Ferdinand von Aragon. »Was willst du in Kastilien? Geh heim nach Aragon! Wir wollen keine Ausländer!«

Gestern noch König beider Spanien, zog er heute wie ein Landstreicher durch Kastilien und fand nirgend, sein graues Haupt niederzulegen. Kein Grande blieb ihm treu. Die Höflinge mieden ihn. Die Bauern blickten finster. Die Bürger höhnten hinter verschlossenen Toren. Philipp verbot eine Begegnung zwischen Vater und Tochter, Ferdinand und Johanna. Schließlich mußte Ferdinand feierlich schwören: Ich danke in Kastilien ab und erkenne Philipp Habsburg als Regenten von Kastilien; denn ich beschwöre, meine Tochter Johanna ist toll.

Er entfloh nach Neapel, er zitterte um die Krone Neapels, er mißtraute Gonzalo de Cordova. Er war Isabellas Geliebter, dachte böse Ferdinand. Vielleicht schliefen sie nie zusammen. Vielleicht küßten sie sich nie heimlich. Doch buhlten sie zusammen. Ich setze ihn ab. Ich schicke ihn fort. Ich mache ihn wieder klein! Und so geschah es.

Philipp stellte vor den Cortes den Antrag, sein Weib Johanna ins Tollhaus zu sperren. Inzwischen sperrte er sie in den Palast. Der schöne Habsburger vertrieb aus allen Ämtern die Spanier und setzte seine Freunde, die Niederländer hinein. Nach sechs Monaten starb er, Philipp der Erste, der Blonde, der Hübsche, Johannas Abgott; er starb am Ballspiel. In Burgos spielte er Ball, bekam Krämpfe im Ballhaus, brach Galle und Blut und starb in vierundzwanzig Stunden in den Armen der tollen, tränenlosen Johanna. Am Ballspiel starb ihr blonder Abgott. Der Florentiner Militärsachverständige Messer Niccolo Macchiavelli erklärte, er glaube nicht an Vergiftungserscheinungen durch Ballspiel. Philipp der Schöne, der erste Habsburger auf spanischen Thronen, starb achtundzwanzig Jahre alt. Die Kastilier sahen sich nach neuen Regenten um, bis der kleine Karl volljährig ward; sie schickten zum König Emanuel von Portugal, sie fragten beim Deutschen Kaiser Max an; überall, nur nicht bei Ferdinand von Aragon. Den wollte keiner, um keinen Preis, nimmer und niemals. Ferdinand biß sich die Lippen blutig und lächelte voller Grandezza und machte seine majestätische Miene. Sie gelang ihm nur schlecht. Er ward dick und kahlköpfig und aufgequollen. Er sah recht gemein aus. Schließlich regierte in Kastilien Johanna die Wahnsinnige. Sie war toll. Sie vergoß keine Träne um den Tod ihres Abgotts. Im verfinsterten Zimmer saß sie unbeweglich, den Kopf auf die Hand gestützt. Sie sagte, sie bete für Philipp. Manchmal ließ sie die Genter Musikanten spielen. Sie liebte die Stadt Gent. Dort hatte sie ihren Sohn Karl geboren, im Jahre 1500. Damals war Philipp zu ihr sehr höflich. Der Sarg Philipps stand unter ihrem Bett. Einmal ließ sie ihn öffnen, erst die Hülle aus Blei, dann den Holzsarg, und berührte mit den Fingerspitzen die zerfallenen Reste und sagte mit verzückten Mienen: »Mein schöner Engel. O, er ist schön!« Dabei weinte sie nicht, sie weinte nie mehr, seit sie in Holland die Haare ihrer Nebenbuhlerin abgeschnitten hatte. Den Sarg ließ sie in einen schwarzverhängten Wagen mit vier Rappen legen und fuhr spazieren; sie reiste nur nachts; so zieme es sich, wenn man seiner Seele Sonne verloren habe. Sie ließ in allen Orten Leichenfeiern abhalten, als sei Philipp frisch gestorben. Davon bekam sie nie genug. Eine Wache wachte stets, daß kein Weib ihm nahen könne. Noch raste sie vor Eifersucht. Da sie einst nachts mit dem Sarg auf einem

Friedhof eines Klosters kampierte, entdeckte sie, daß es ein Nonnenkloster war, und tobte vor Eifersucht und schaffte ihren Philipp sogleich ins freie Feld und lagerte mit ihrem Hofstaat und ließ die Särge öffnen, um zu prüfen, ob keine Nonne ihren Philipp entwendet.

»O schlimmer Philipp«, sagte sie und rührte mit dem Finger an die modernden Reste und sagte erklärend zu den Grafen Kastiliens: »Er ist blond. Die Blonden liebt man bei uns zu Lande.«

Indes erloschen im Nachtwind die Fackeln, und alle standen grausend im Finstern vor den stinkenden Resten des ersten Habsburgers auf spanischen Thronen. So regierte die Königin von Kastilien, die beschworene Erbin beider Spanien, von Leon, Aragon, Granada, Kastilien, Neapel, Sizilien. So regierte Johanna die Verrückte, Juana la loca, lange Jahre in Kastilien. Darum die Mühen der großen Könige Ferdinand und Isabella, darum Genie, Mord und Diktatur, Usurpatoren und Schlächter, darum Millionen Menschen geschlachtet, die Juden vertrieben, die Mohren vertrieben, die Indianer geschlachtet, die Spanier geknechtet, die brennenden Autodafés, die Heiligen und die Könige, die Kriege und Verträge und Lug und Betrug und Zensur und Sklaverei, und ein halbes Weltreich begründet, damit eine verrückte Königin regiere und mit der Fäulnis öffentlich buhle? Darum Greuel, Blut und Knechtschaft? Und darum die Reinheit des Blutes gepriesen und darum die eigene Nation vergöttert und blinder Nationalismus verherrlicht, damit aus der Ferne eine fremde Familie komme, die Familie Habsburg mit der komischen Lippe, und Spanien regiere?

Ferdinand haßte die Habsburger. Er dachte nur daran, das Werk seines ganzen Lebens zu zerstören. Er hängte sich wie ein Affe an seine junge Frau und beschlief sie täglich. 1509 gebar Germaine einen Sohn. Nach zwei Stunden starb er. Ferdinand verzweifelte und nahm einen Haufen Aphrodisiaka, um seine schwindenden Kräfte zu stärken. An einem dieser Mittel ver-

giftete er sich. Er siechte langsam hin. Die Ärzte sagten, er habe die Wassersucht. Sein Herz litt. Das Atmen wurde ihm schwer. In Städten glaubte er zu ersticken. Er lebte mitten auf dem Feld und schlief im Wald. Er jagte den Hirsch und weinte viel. Da er einmal zusammenbrach, trug man ihn in ein winziges Dörfchen. Er fürchtet sich vor dem Tode. Niemand durfte von seiner Krankheit zu ihm reden. Die Ärzte kamen und sprachen von der Jagd. Er wollte nicht beichten. Dem Beichtvater verbot er das Zimmer. Als er erfuhr, das Dörfchen heiße Madrigalejo, entsetzte er sich. Eine maurische Hexe hatte ihm einst prophezeit, in Madrigal sterbe er. Seitdem mied er die Stadt Madrigal, wo seine Frau Isabella einst geboren war. Ihre Geburt brachte mir kein Glück, sagte er zuweilen. Hätte ich sie nie gesehen! Nun klammerte er sich an eine andere Prophezeiung eines jüdischen Astrologen, er werde nicht sterben, bevor er nicht Jerusalem erobert habe. Er verweigerte die Sterbesakramente. Dem Holländer Adrian von Utrecht, dem Gesandten seines Enkels Karl, der in Gent lebte, verbot er, zu ihm zu kommen. Er fürchtete, Adrian werde ihn töten, im Auftrag Karls, des Erben von Spanien, des Habsburger Sprößlings! Adrian hatte nur den Auftrag Karls, Zeuge des Todes Ferdinands zu sein, um sogleich die Regierung in den Ländern Ferdinands zu übernehmen, in Aragon, Neapel und Sizilien. Schließlich empfing Ferdinand den Adrian, da dieser dem König zuschwor, er dürfe sogar noch Kastilien regieren, wenn die Königin Johanna sterbe, solange Ferdinand lebe. Da die Ärzte Ferdinand schon aufgegeben hatten, versprach Adrian alles im Namen des sechzehnjährigen Karl von Habsburg, der auf den Tod seiner Großväter wartete, um König von Spanien und Kaiser von Deutschland zu werden. Da Adrian kam, ließ Ferdinand ihn hinauswerfen. Er sagte: »Der kam nur, um mich sterben zu sehen.«
Nun faßten auch die Ärzte Mut und sagten: »König Ferdinand! Deine Stunde ist da. Begleiche deine Rechnung mit Gott!«

Ferdinand jagte seine Hunde auf die Ärzte. Danach gewann er seine Fassung wieder und begann, Testamente zu schreiben und zu zerreißen, immer neue, immer andere Testamente. Im ersten Testament ernannte er zum Regenten seiner Reiche seinen jüngeren Enkel, den Infanten Ferdinand, den zweiten Sohn Johannas. Im zweiten Testament berief er Ximenes. Im dritten Testament vermachte er alles der tollen Johanna, aus Bosheit.

»Mag es lieber verderben, als Habsburg gehören!«

Seiner Frau Germaine, die ihn mit jedem Pagen betrog, ließ er eine kleine Rente. Das letzte Testament unterschrieb er eine Stunde vor seinem Tode. Er starb zwischen ein und zwei Uhr morgens, am 23. Januar 1516. Er ward vierundsechzig Jahre alt und wurde in Granada begraben, neben Isabella. Seine Landsleute, die Aragonesen, hießen ihn den ›König Unterrock‹. Sie taten ihm Unrecht.

Inhalt

Erstes Buch:
Die Könige beider Spanien

Die Krönung 7
Ein Weib 14
Der Philosoph auf dem Thron 18
Wer ist der König? 19
Die Vergewaltigung 21
Musik 27
Die Doggen 30
Die Demütigung 33
No se gano Zamora en una hora 37
Die Könige 45
Auf Engelsflügeln 52
Die Schlacht von Toro 57
Talavera 64
Don Quixote 66
Ist das Ende so? 75
Der muntere Greis 84

Zweites Buch:
Die Diktatur

Die Familie Gottes 91
Die heilige Hermandad 93
Dreihunderttausend Dukaten 99
Die schöne Richterin 104
Don Juan 112

Zehn geistliche Herren 114
Zehn Juden 126
Die Diktatur 133
Die fremden Gesandten 156
Der neue Cid 163

Drittes Buch:
Der Großinquisitor Torquemada

Die Folterkammer 171
Der Wettlauf 186

Viertes Buch:
Die Eroberung Granadas

Mein Freund Gonzalo 223
Ferdinand der Europäer 229
Ferdinand plündert Malaga 237
Die großen Projekte 245
Das Erdbeben 251
Der Triumph der Christenheit 256

Fünftes Buch:
Die Vertreibung der Juden aus Spanien

Die tragische Gans 267
Kolumbus 274
Das Zeichen 285
Und die Träume 288
Papst Alexander der Sechste 289
Ximenes 291
Die dreißig Silberlinge 295
Der Auszug aus Ägypten 304

Sechstes Buch:
Das Weltreich

Amerika 315
Alexander der Sechste und Torquemada 322
Mendoza stirbt 325
Der Kampf mit Gott 327
Die Hochzeitsgabe 330
Der König von Italien 333

Siebentes Buch:
Tod und Vergeltung

Der Hammer 339